国家社会科学基金项目资助

晚明江南
社会治安研究

吕　杨◎著

浙江大学出版社

序

在明代政治史研究中,学界对明代社会治安研究关注不多,相关成果薄弱。故研究该问题,可资借鉴的成果不多,难度较大。吕杨同志不畏困难,选择晚明江南社会治安作为研究对象,精神可嘉!

晚明是中国历史发展中的一个特殊时代,晚明史研究长久不衰,人才辈出。而明代江南史也是学术界研究的重点,成果丰硕。能够独辟蹊径,研究晚明时期江南社会治安问题,足见吕杨同志具有较强的问题意识。这也是需要充分肯定的!

《晚明江南社会治安研究》是吕杨同志所承担的国家社科基金项目的同名结项成果。该成果对晚明江南社会治安问题进行了较为系统的考察。从其引用的史料来看,种类繁多,涉及正史、实录、政书、文集、方志、笔记、族谱、碑刻、判词等。在具体论述中,能够在充分吸收前人研究成果的同时,注重宏观与微观的结合,评述较为客观,有自己的见解。

基于学界对江南西界和南界争议极大的现状,吕杨同志界定了明代江南的地域范围,认为明代江南地区应为长江以南,环太湖流域,受吴文化影响,且持吴语太湖片方言交流的地区。同时他提出了江南地域界定并非泾渭分明,文化的影响力亦非简单的行政区划所能阻隔,故研究亦涉及受江南文化影响的徽州、宁国、太平、绍兴等地。由于"治安"一词,古今之意并不相同,故对"治安"一词进行了较为详细的探索。其他如"盗贼"与"贼盗"的区别,讼师群体、保甲制度、三姑六婆群体等,皆能溯本追源,仔细考证分析。对于明代南北两京五城兵马司的性质问题,不囿于成说,认为明代两京五城兵马司绝非警察机构的雏形。在讨论中枢治安管理机构时,认为都察院并非单纯的监察部门,而是集侦查、审判、检察、监察、军事指挥诸权于一身的综合机构,各类事权极大。他又以南京陪都的司法流程为例,认为巡城御史负责预审、人理寺负责法纪监督和审判审查、刑部负责审判,三者相互配合,分工明确,且又存在一定的制约关系,彼时已出现了与现代刑事审判程序相类似的流程。在讨论南京教案时,视角独特,认为南京教案的司法过程完全是南京礼部越权执法,非法审判,因南京教案"激活"了中国传统文化的"排异机制",故南京三法司对南京礼部越权执法不闻不问,最终默认审判结果。对于南京中枢机构司法范围及其对江南社会秩序的影响,对于"盐徒""打行""访行""讼师""三姑六婆""车船店脚牙"等群体对江南社会治安的破坏等问题,亦是先考源流、再论影响,有独到的见解。

吕杨同志总结了明代司法官员在治安管理领域的办案特点,即政治案件经济办、经济案件政治办、思想案件邪教办、邪教案件刑事办。他认为明代司法官员采取此四类办案手段,不仅能够最大程度地实现司法目标,同时亦能够有效地平息舆情,减轻办案的各种压力。此类表述观点新颖,令人耳目一新。可以说,《晚明江南社会治安研究》既有重要的学术价值,又有重要的现实意义。

吕杨同志于2004年考入西北师范大学,由我来指导攻读中国古代史专业明清史方向的硕士学位。在校期间,他能努力克服自己"非科班出身"的不足,勤奋学习,认真研读明史的基本资料——《明实录》和《明史》,在此基础上博览群书,勤于思考,进步很快。2005年,全力协助我主办180多人参加的第十一届明史国际学术讨论会,为会议的成功举办付出了辛勤的汗水。会后,又负责会议论文的收集、整理、输入等工作,使140万字的会议论文集得以顺利出版。2007年获得硕士学位后,吕杨考入南京大学,师从夏维中教授攻读中国古代史专业博士学位,其博士学位论文《佞幸与明代政治研究》选题新颖,史论结合,具有较高的学术价值。《晚明江南社会治安研究》是吕杨同志阶段性的研究成果,能够出版,值得庆贺!

学无止境,希望吕杨同志能够通专结合,不断思考,追求卓越,有更多更好的成果问世!

是为序。

田澍

2021 年 10 月 1 日于兰州黄河之滨

目　录

绪　论 ………………………………………………………… (1)

　一、选题缘由及意义 ………………………………………… (1)

　二、相关学术研究述评 ……………………………………… (1)

　三、何处是"江南" …………………………………………… (5)

　四、释"治安" ………………………………………………… (7)

第一章　明代社会治安体系 ………………………………… (10)

　第一节　明代国家治安管理机构 ………………………… (10)

　　一、法定治安管理机构——三法司 ……………………… (11)

　　二、其他中枢机构的治安管理权 ………………………… (13)

　第二节　军事治安司法机构 ……………………………… (15)

　　一、五军断事官(经历司) ………………………………… (15)

　　二、驻京军事力量:京营军、上值军 ……………………… (15)

　　三、五城兵马司 …………………………………………… (16)

　　四、特殊的军事机构——锦衣卫 ………………………… (16)

　　五、东厂(含西厂、内行厂) ……………………………… (22)

　第三节　明代地方治安管理机构 ………………………… (24)

　　一、省级治安管理机构 …………………………………… (24)

　　二、府县治安管理机构及其职能 ………………………… (26)

　第四节　基层治安组织 …………………………………… (28)

　　一、里甲坊厢 ……………………………………………… (28)

　　二、民壮乡兵 ……………………………………………… (30)

　　三、保甲 …………………………………………………… (31)

　　四、总甲火甲 ……………………………………………… (36)

第二章　明代江南特殊中枢机构的治安职能

　　　　——晚明南京社会秩序及其管控措施 ………… (39)

　第一节　南京中枢机构治安职能概述 …………………… (39)

　第二节　南京锦衣卫的职能和地位 ……………………… (42)

　第三节　南京中枢机构治安管理分工及司法流程 ……… (46)

一、南京治安机构管辖范围及司法流程 …………………………… (46)

二、五城兵马司非城市警察机构 …………………………………… (50)

第四节 南京振武营兵变及其平息 …………………………………… (52)

第五节 疯狂的贵族——刘世延黑恶势力案 ……………………… (58)

第六节 南京社会治安及其管控措施 ……………………………… (72)

第七节 刘天绪邪教案 ………………………………………………… (76)

第八节 傲慢与偏见——南京教案与意识形态管控 …………… (81)

一、相关学术研究述评 ……………………………………………… (81)

二、西洋教士南京传教的影响 …………………………………… (82)

三、沈㴶发难与越权涉外司法 …………………………………… (84)

四、南京礼部锻炼成狱 ……………………………………………… (88)

第三章 贼盗与盐徒
——晚明江南社会秩序的威胁与管控 ……………………… (94)

第一节 释"贼"与"盗" ……………………………………………… (94)

第二节 晚明江南地区的"贼盗"问题 …………………………… (97)

一、苏松常镇治安力量概况 …………………………………… (97)

二、苏松匪患 ………………………………………………………… (102)

三、常镇匪患 ………………………………………………………… (105)

四、浙北匪患 ………………………………………………………… (113)

第三节 晚明江南盐徒与社会治安 ……………………………… (125)

第四章 喇唬凶徒、打行、访行与讼师群体
——晚明江南市镇治安 ………………………………………… (140)

第一节 明前期的江南社会秩序 ………………………………… (140)

第二节 喇唬凶徒与社会秩序 …………………………………… (145)

第三节 打行与晚明江南社会治安 ……………………………… (154)

第四节 访行与江南社会秩序 …………………………………… (166)

第五节 讼师群体与江南司法秩序 ……………………………… (172)

第五章 "车船店脚牙,无罪也该杀"?
——晚明江南商业秩序 ………………………………………… (186)

第一节 牙行 ………………………………………………………… (191)

第二节 牙婆 ………………………………………………………… (201)

第三节 歇家 ………………………………………………………… (209)

第四节 脚夫 ………………………………………………………… (217)

第五节　船户、车夫 ……………………………………………（223）

第六章　晚明江南民变与地方政权应对方式探析
　　　——以崇祯宜兴民变为例 ………………………………（227）
　　第一节　宜兴民变之始末 …………………………………（228）
　　第二节　官府对民变的应对方式 …………………………（231）
　　　　一、宜兴地方官员处理方式 …………………………（231）
　　　　二、上级政府应对方式 ………………………………（232）
　　第三节　民变善后处理与审判 ……………………………（234）

结　语 ………………………………………………………………（239）

参考文献 ……………………………………………………………（246）

后　记 ………………………………………………………………（265）

绪　论

一、选题缘由及意义

晚明江南产业丰富,农、商、手工业发达;社会阶层复杂,官吏、地主、士绅、农民、行商坐贾、手工业者、雇工、游民等无所不包,传统社会及其转型期的各阶级、阶层,在江南地区应有尽有,江南地区可谓中国社会发展的一个缩影。

无论古代社会还是现代社会,公众安全、社会稳定都是政府行政的重点。治安是维护社会秩序,确保社会经济发展、良性运行的重要手段。晚明时期,由于政府放松对人口的管理,导致流动人口大量增加。江南社会经济迅速发展,提供了大量就业机会,吸引了大量的流动人口。由于人口流动频繁、数量庞大、良莠不齐,给江南社会带来新的矛盾。在经济发展的同时,新的意识形态产生,使政治要求也在发展之中,并形成了一股巨大的力量,冲击着传统秩序,产生了一系列的治安事件和刑事案件,特别是群体性事件频繁发生,造成江南社会动荡,成为影响江南社会治安的突出问题,在一定程度上制约了江南经济的发展。

当前中国社会同样处于社会转型期,人口流动频繁、治安问题突出,群体性事件频发,成为影响社会和谐、稳定和发展的重要问题,研究古代治安方略,考察得失,可以以史为鉴,为社会的稳定、和谐社会的建设,提供有益的历史借鉴。

二、相关学术研究述评

学术界通常将晚明的时间上限界定在嘉靖或万历时期,下限,毫无疑问即是崇祯十七年(1644),农民军攻陷京师,明朝灭亡。无论晚明的上限时间起始于嘉靖还是万历,学术界对晚明的研究成果颇多。但主要集中于政治、军制、经济、社会文化以及中外关系领域,对社会治安问题的研究则相对较少。

关于江南史的研究,在明清史学界可谓显学,研究成果颇丰,但相关研究成果主要集中于最初的明清资本主义萌芽讨论，以及此后的明清江南社会经济专题研究。近二十年来，我国大陆学者樊树志、王家范、李伯重、范金民、夏维中等，我国台湾学者徐泓、刘士吉、王鸿泰、巫仁恕等，日本学者小山正明、森正夫、滨岛敦俊等，从多角度对明清江南地区社会经济问题进行了有益的探讨，研究范围主要集中于江南市镇的结构、空间布局、商业发展、土地赋役、科举、宗族、民变以及江南社会生活等领域。而对于江南社会治安仍然涉及较少。史学界对古代社会治安问题，关注不多，综合性研究较少，对于晚明江南治安问题的研究，目前尚未见专门论著。之所以出现江南社会治安研究薄弱的局面，主要是因为学术界前辈及同仁往往将"治安"与现代社会治安概念混同，认为治安问题的研究应并入法制史研究领域。法制史研究领域，却主要关注法律制度的变迁等宏观问题，有和政治制度史趋同的趋势。社会史研究领域，主要关注社会变迁问题，对社会变迁中产生的治安问题，又往往忽略，故社会治安史的断代研究出现了薄弱的局面。现有关于古代社会治安的研究人员，大多为公安院校及各级公安机关的警务人员，其成果一般是针对现代治安管理的特点，对古代治安机构及其相关职能进行的简要介绍。

学术界对明代社会治安的研究，基本是在研究政治史或社会史某个专题时，才进行讨论。例如朱绍侯先生对中国古代治安范畴进行了划分，并概要地介绍了明代基本治安制度①。李洵先生对地方官员的治安职能进行了简要阐述②。柏桦先生讨论了明代州县官员的行政职能、权力范围和中央对地方的控制③。关于明代社会基层组织治安职能的研究，夏维中先生认为以里甲组织为基础，粮长、里甲构成了明初江南地区完整的基层组织体系，并在农村社会控制中发挥重要的作用。杜婉言先生、方志远先生认为明中期以后，人口流动造成里甲制渐趋崩溃，其职能由催征钱粮转为维护治安④。关于社会治安组织的研究，何朝晖先生认为明代县的弓兵、民壮、火甲、保甲等，中期以后相辅而行，共同构成地方治安体系⑤。秦汉时期在县中设立的县尉，专司巡捕，掌管一县治安，明代亦有巡捕官，但王泉伟先生认为，明代巡捕官并不是一个具体官职，其运行方式一般是从县丞、主簿、典史

---

① 朱绍侯：《中国古代治安制度史》，开封：河南大学出版社，1994。
② 李洵：《论明代的吏》，《明史研究》第 4 辑，合肥：黄山书社，1994。
③ 柏桦：《明代州县政治体制研究》，北京：中国社会科学出版社，2003。
④ 白钢主编：《中国政治制度通史·明代卷》（杜婉言、方志远撰），北京：人民出版社，1996。
⑤ 何朝晖：《明代县政研究》，北京：北京大学出版社，2006。

中产生。嘉靖后,巡捕官的职权逐渐向典史集中,典史也被称为"县尉",故其趋势亦是向古代回归,但终明一代统一的县巡捕官制度并未建立①。

　　前辈学者梁方仲先生认为明代后期由于政治的腐败,民兵、民壮组织成为破坏治安稳定的因素之一②。陈宝良先生亦认为民兵无赖化是民兵扰民的根本原因,而巡检司、保甲与火甲等乡村体制既是社会安定的保障,又是社会相对稳定的前提③。商传先生认为晚明崇奢的风气导致了社会治安的混乱④。南炳文先生讨论了明代秘密宗教对社会生活和治安的影响⑤。秦宝琦先生对影响江南社会治安的帮会、秘密社会的形成、活动等进行了分析。赵轶峰先生认为晚明商业领域诈骗现象的产生,是商品经济发展引发的社会风气变迁的结果,与政府和法律的控制力不足,经济生活保障能力微弱有直接关系⑥。陈宝良先生认为生员的无赖化是影响江南社会治安的重要因素之一⑦。郝秉健先生认为打行、访行等流氓组织的出现是社会转型期的产物,从侧面揭示了江南经济的发展⑧。

　　关于锦衣卫的研究,丁易先生于1948年完成的力作《明代特务政治》,可谓研究明代锦衣卫制度的奠基之作。该书对明代锦衣卫的机构设置、职能、运作方式等进行了阐述,对锦衣卫出身的佞幸也有介绍。他认为锦衣卫的建立,体现了君主专制的进一步强化。其研究成果,使学界对锦衣卫的职能有了一定的了解。但该书撰写目的是因为"蒋帮特务的镇压、逮捕、屠杀也就越发来得厉害",作者"想到利用历史事实绕个弯儿来影射"⑨,所以以阶级斗争观点,将锦衣卫定名为"特务机构",这一观点直至今日还被学界普遍认同⑩。楼劲、刘光华二位先生则对锦衣卫的监察职能予以正面评价⑪。朱绍侯、陈鸿彝等先生从治安、警政、侦查学的角度,概述性介绍了锦衣卫的

———————

① 王泉伟:《明代县巡捕官初探》,《江苏警官学院学报》2010年第5期。

② 梁方仲:《明代的民兵》,《梁方仲文集》,广州:中山大学出版社,2004。

③ 陈宝良:《明代的民兵与乡兵》,《中国史研究》1994年第1期。

④ 商传:《关于晚明竞奢风气的一点看法》,《学习与探索》2012年第5期。

⑤ 南炳文:《佛道秘密宗教与明代社会》,天津:天津古籍出版社,2001。

⑥ 赵轶峰、孙强:《晚明经济生活中的诈骗现象二则》,《沈阳电力高等专科学校学报》2004年第1期。

⑦ 陈宝良:《明代生员与地方社会:以政治参与为例》,《明史研究》第8辑,合肥:黄山书社,2003。

⑧ 郝秉健:《晚明清初江南打行研究》,《清史研究》2001年第1期。

⑨ 丁易:《明代特务政治》,北京:中华书局,2006,第531页。

⑩ 韦庆远:《明代的锦衣卫和东西厂》,北京:中华书局,1979;王恩厚:《明代的镇压机构"锦衣卫"》,《中学历史教学》1982年第5期;栾成显:《论厂卫制度》,《明史研究论丛(一)》,南京:江苏人民出版社,1982;南炳文、汤纲:《明史》,上海:上海人民出版社,2003。

⑪ 楼劲、刘光华:《中国古代文官制度》,兰州:甘肃人民出版社,1992,第443页。

侦查职能①。廖元琨先生在其硕士学位论文中,较详细地探讨了锦衣卫在政治和法制上所起的作用,对锦衣卫在监察、治安等方面所起的正面作用予以肯定②。张金奎先生更为详细地阐释了锦衣卫形成过程、基本职能等问题,是目前学界对于锦衣卫研究最翔实的论著。他认为由于亲军都尉府品级设计存在缺陷,以及仪鸾司不便以文职统率隶属军队系统的校尉等原因,在朱元璋于洪武十三年(1380)恢复亲军制度之后,锦衣卫很快成为皇帝的唯一禁卫机构。但过于繁复的演化过程使锦衣卫的职能非常庞杂③。

　　民变,是影响社会治安的重要群体性活动。关于晚明群体性事件的研究,李文治先生在民国时期即著有《晚明民变》④,他系统分析了晚明民变产生的原因,认为民变是由于政治败坏、豪右横行、土地集中、官吏贪婪,天灾伴随人祸而产生。但李文治先生的研究对象是晚明李自成、张献忠的农民军,鲜有涉及江南问题。前辈学者谢国桢先生、傅衣凌先生,对明季的江南民变进行了开拓性的研究。傅衣凌先生、侯外庐先生等在 20 世纪 50 年代提出生员层与市民运动存在密切关联的观点。由于受到当时政治环境和既定理论框架的影响,侧重于用阶级斗争理论去看待民变,民变的进步性被夸大。近二十年来学术界对明代中后期江南民变进行了较为深入细致的探讨,取得了较丰硕的成果。如刘志琴先生认为民变"基本上是示威式的城市骚动,完全出于自发的状态","对统治者与人民的矛盾起着缓冲和调解的作用"⑤。巫仁恕先生在专著《激变良民》中较全面地探讨了明清城市民变的整体问题,采用社会学家查尔斯·帝利的分析方法,考察民变的构成要素。他认为明清民变是"中国城市史上第一次形成群众集体抗争的空间,而且参与者身份广泛,并且以经济性问题为主","形成了中国前现代传统群众的集体行动模式"⑥。其侧重点依然是强调民变发生的原因、探寻解决民变的有

---

① 近年来对古代治安、侦查的研究较多,很多研究都涉及锦衣卫,如朱绍侯:《中国古代治安制度史》,开封:河南大学出版社,1994;陈鸿彝:《中国古代治安简史》,北京:群众出版社,1998;刘光明:《我国古代秘密侦查技术源流探析》,《湖北警官学院学报》2003 年第 3 期;万川:《中国警政史》,北京:中华书局,2006;江卫社:《明朝的"秘密警察":极权统治的血腥工具》,《北京人民警察学院学报》2006 年第 5 期,等等。除朱绍侯先生,其余进行此类研究的人员多数为公安院校教师或公安机关警务人员,因专业原因,在阐述锦衣卫职能时,一般都是概述性介绍,基本承袭丁易先生的观点。

② 廖元琨:《明代锦衣卫行为研究》,西北师范大学 2007 年硕士学位论文。

③ 张金奎:《锦衣卫形成过程述论》,《史学集刊》2018 年第 5 期。

④ 李文治:《晚明民变:底层暴动与明朝的崩溃》,北京:中国电影出版社,2014。

⑤ 刘志琴:《试论万历民变》,《明清史国际学术讨论会论文集》,天津:天津人民出版社,1982,第 694—695 页。

⑥ 巫仁恕:《激变良民——传统中国城市群众集体行动之分析》,北京:北京大学出版社,2011。

效方式,并未提及治安体系的构建及地方防控体系所发挥的作用。

日本学者佐伯有一、栗林宣夫、森正夫、夫马进等多倾向用绅民之间的经济矛盾来解释社会问题的发生。滨岛敦俊、森正夫二位先生则对环境变动下的社会反应和社会中下层在不同环境下的社会地位与作用进行了深入的探讨①。岸本美绪先生认为明末社会舆论是以个人品德作为政治斗争的焦点,这是晚明江南地方的政治特质,而这种风气往往导致地方社会骚动,直至演变成民变②。川胜守先生认为乡绅阶层通过结交官府和利用自己的优免权掠夺土地,致使大量农村人口流入城市,这些人或从事工商业,或充当吏胥衙役和游手无赖,成为城镇里的寄生阶层③。上田信、川胜守等先生认为晚明江南都市中的无赖群体已有组织,靠士绅、大贾撑腰保护,常参与民变,反映出国家控制支配能力的衰落④。

既有的海内外学术成果,使我们对明代社会治安管理有了一定了解,但综观既有研究,目前对于人口流动的研究重点多放在移民、流民、区域经济开发等方面;对于古代社会治安史研究尚处于起步阶段,既有研究也仅限于概要性介绍。明清江南区域史研究虽然在区域史研究中比较成熟,成果众多,但学术界尚未见对晚明社会治安管理问题进行深入研究,亦未见利用社会史、经济史、法制史相关研究方法对晚明江南社会治安问题进行专门探讨。所以,结合社会史、经济史与法制史对晚明人口流动及其影响与社会治安管理进行专门探讨,无疑是非常必要的,研究晚明江南社会治安可以深化、补充本领域相关学术研究。

三、何处是"江南"

所谓"江南",从地理范畴宏观而言即长江以南。但明清时代文本所记述之江南,以及当代人文学者所言之江南并非广义上的长江之南,而多指今环太湖地区。例如王家范先生认为所谓江南以苏、杭为中心,涵盖苏州、松江、常州、嘉兴、湖州、杭州六府⑤。刘石吉先生则将江南范围从苏、松、常、

①　濱島敦俊:《明代江南農村社会の研究》,東京大學出版會,1982。
②　岸本美緒:《明清交替と江南社会——17世紀中国の的秩序問題》,東京大學出版會,1999。
③　川勝守:《中国近世都市の社会構造——明末清初、江南都市について》,《史潮》新6号,1979。
④　上田信:《明末清初·江南の都市の「無賴」をめぐる社会関係——打行と脚夫》,《史学雜誌》90—11。
⑤　王家范:《明清江南市镇结构及历史价值初探》,《华东师范大学学报(哲学社会科学版)》1984年第1期。

嘉、湖、杭六府扩大至应天(江宁)、镇江和太仓州①。洪焕椿、罗仑等先生在
界定江南范围时,认为明清江南以太湖流域为中心,包含苏、松、常、镇、嘉、
湖、杭七府②。樊树志先生在统计明清江南市镇时,除了苏、松、常、嘉、湖、
杭六府外,涵盖了应天(江宁)、镇江、宁波、绍兴、金华、太平、宁国、池州、徽
州等府,将江南的范围延伸至今浙西、皖东南地区③。李伯重先生将江南界
定为同属太湖流域的今苏南、浙北,即明清时期的应天(江宁)、镇江、常州、
苏州、松江、湖州、嘉兴、杭州八府和太仓州④。而陈学文先生将江南界定为
太湖流域,即苏、松、常、嘉、湖、杭六府⑤。范金民先生则将江南界定为西、
北至长江,南临杭州湾,东到东海,太湖镶嵌其中,包括今南京、镇江、常州、
无锡、苏州、上海、嘉兴、湖州、杭州⑥,与刘石吉、李伯重二位先生界定范围
基本一致。周振鹤、冯贤亮先生则在参考地理学、自然科学领域学者对太湖
流域界定的基础上,认为明清江南地区应为苏、松、常、嘉、湖五府与太仓州
全部,以及镇江府大部和杭州府的余杭、海宁二县⑦。杨念群先生认为江南
分为地理和文化两个范畴。"明代两浙地区的农业经济发展居全国前列,故
'江南'的涵义已超出了纯地理范围,而被赋予了'经济富庶区域'的涵义。"
而文化意义的江南则"在帝王和地方士子的想象中被赋予了不同的涵义。
'江南'在文人的心目中往往代表着某种固定和封闭的意象,更像是一幅色
泽不变的心灵地图"。"清人眼里的'江南'往往是与典雅别致的园林,丝竹
飘荡的游船,文人雅士的宴集,轻歌善舞的名妓风流密不可分。"⑧国外汉学
界对江南的界定,特别是日本汉学界,在研究江南时,多受日本著名学者森
正夫先生、滨岛敦俊先生所界定范围影响,大多将江南范围界定在苏、松、
常、嘉、湖五府⑨。

综上所述,各位学者虽然对明清时期"江南"界定不尽相同,但范围基本

① 刘石吉:《明清时代江南市镇研究》,北京:中国社会科学出版社,1987。
② 洪焕椿、罗仑:《长江三角洲地区社会经济史研究》,南京:南京大学出版社,1989。
③ 樊树志:《明清江南市镇探微》,上海:复旦大学出版社,1990。
④ 李伯重:《简论"江南地区"的界定》,《中国社会经济史研究》1991 年第 1 期。
⑤ 陈学文:《明清时期杭嘉湖市镇史研究》,北京:群言出版社,1993。
⑥ 范金民:《明清江南商业的发展》,南京:南京大学出版社,1998。
⑦ 参见周振鹤:《释江南》,《中华文史论丛》第 49 辑;冯贤亮:《明清江南地区的环境变动与社会控制》,上海:上海人民出版社,2002。
⑧ 杨念群:《何处是"江南"?——清朝正统观的确立与士林精神世界的变异》,北京:生活·读书·新知三联书店,2010,第 12—13 页。
⑨ 参见森正夫:《明代江南土地制度の研究》,同朋舍,1988;滨岛敦俊:《明代江南農村社会の研究》,東京大學出版會,1982。

集中于长江以南环太湖流域,东南北界限基本一致,即北临长江,东到东海,南到杭州,而西界则众说纷纭,莫衷一是。笔者认为,明代江南地区应为长江以南,环太湖流域,受吴文化影响,且持吴语太湖片方言交流的地区,即明代应天、苏、松、常、镇、嘉、湖、杭八府、太仓一州。虽然明代镇江府、应天府并非完全意义上的吴语区,但镇江不仅地域属江南,而且在历代中央政府行使地方协调、管辖权时,多将常、镇划为一体。明代实行分守道、分巡道制度,常州府与镇江府同为一道,是时并称为常镇道。顾炎武在《天下郡国利病书》中亦将常、镇二府设为一卷进行论述。直至 20 世纪 60 年代末,仍由镇江专区管辖两市事务。可见常、镇两地地缘相近、人文相亲,文化大体类似,故将镇江列为江南并无不当。由于永乐迁都后,应天府继续保留中央班子,城市依旧为京都的地位,仍为南方的政治中心。由于特殊的城市地位,应天府在明代为多元文化汇聚之地,吴文化对当地文化亦影响颇深。应天府对江南各府县在政治、经济和文化等领域的影响力甚大,不应视而不见,理应进行深入讨论。故本书所讨论的江南西界为长江,即包含明代应天府所辖各县及镇江府所辖各县。此外,江南地域界定并非如国界般泾渭分明,分毫不差。区域文化、民俗的影响力亦并非因过界即戛然而止,依然可以在界定范围之外产生影响。因此,本书在讨论江南社会治安时,对金华、绍兴、太平等地亦略有涉及。

四、释"治安"

"治安"一词从字面解释,"治"与"乱"相对,即为治理、稳定之意;"安"则是与"危"相对,即社会安全、稳定,平稳运行。各类现代辞书对"治安"解读大同小异,例如《辞源》解释为"政治清明、国家安定","后称社会秩序安宁为治安"①。所谓"治安"即为治理、管理;亦有治理得好,安定太平之意②。《法学辞源》对"治安"的解读为"政治清明、国家安定","今称为社会治安,国家公安机关履行职责,依法维持社会秩序的安定"③。

---

① 《辞源》,北京:商务印书馆,1983,第 956 页。
② 参见王力主编:《王力古汉语字典》,北京:中华书局,2000,第 580 页;陈复华主编:《古代汉语词典》(缩印本),北京:商务印书馆,2007,第 2026 页。
③ 李伟民主编:《法学辞源》,北京:中国工人出版社,1994,第 804 页。

　　"治安"一词最早见诸文献为战国时成书的《管子》①。《管子·形势解》篇中托管仲之言,提出"治安百姓,君主之则"的观点②。韩非子在《显学》中提出"急耕田垦草以厚民产""修刑重罚以为禁邪""征赋钱粟以实仓库""必知介而无私解,并力疾斗所以禽虏"四点社会治理理念,认为"此四者所以治安也"③。《史记》中有"殷周有国治安皆千余岁","有大星曰南极老人,老人见,治安;不见,兵起","凡古圣王,饮食有节,车器有数,宫室有度,出令造事,加费而无益于民利者禁,故能长久治安"④。《孔子家语》托用孔子之语,认为"君子之音,温柔居中,以养生育之气,忧愁之感不加于心也,暴厉之动不在于体也。夫然者,乃谓治安之风"⑤。"治安"一词在古代汉语的语境中一般是治国安邦之意,为治理社会,使社会有序运行,社会安定。鲜见如现代公安警务工作中的"治安"之意。陈鸿彝先生将"治安"分为三种形态:"大治安"指的是国家政治、经济、文化、军事、内政、外交等方针的制定、实施,是国家政治秩序,经济秩序、社会生活秩序的总和。"中治安"指国家通过司法系统,对社会依法实施的行政管理,以及由此而建立起来的基层社会生活的有序状态。"小治安"指的是当今公安系统内治安业务部门的基层、基础工作及其成效。⑥

　　无论古今,治安都是国家机器的行政职能,国家依靠行政、法律手段和军事、警察等安全力量,对社会实施权威管理,其任务是确立、维护和发展社会的良性政治、经济秩序,是维持国家和社会稳定、发展的基础,是国家和社会安全的保障。安全是人类社会赖以生存、发展的必要条件之一,所以大至国家,小至社会团体乃至个人家庭,无不利用各种治理的方法以达到安全发展的目的。治安管理的直接目的,就是通过管理,保护公民的合法权益,保护公私财产的安全,社会治安秩序的稳定。因此,保护合法行为,限制、取缔

---

① 众所周知,管仲、孔子均为春秋时期人物,但《管子》为战国士人托名而成的著作,古今学者多将此类文献归为"伪书"。宋濂《诸子辨》认为《管子》非管仲之作,胡应麟《四部正讹》认为《管子》一书真伪相杂。姚名达《古今伪书考》则直接认定《孔子家语》为三国时期王肃的伪作。故本书亦不将《管子》视为春秋时期文献,而将其归为战国时期文献,将《孔子家语》归为中古时期文献。参见张传玺主编:《中国古代史教学参考手册》(第二版),北京:北京大学出版社,1995,第215、220页。

② (战国)托名管仲:《管子校注》卷二十《形势解第六十四》,北京:中华书局,2004,第1168页。

③ (战国)韩非著,陈奇猷校注:《韩非子新校注》卷十九《显学第五十》,上海:上海古籍出版社,2000,第1147页。

④ (西汉)司马迁:《史记》卷十《孝文帝本纪》,北京:中华书局,1959,第419页;卷二十七《天官书》,1306页;卷八十七《李斯列传》,第2560页。

⑤ (三国)王肃注:《孔子家语》卷八《辩乐解第三十五》,上海:上海古籍出版社,1990,第88页。

⑥ 参见陈鸿彝:《中国古代治安简史》,第2—3页。

非法行为,打击违法犯罪行为,是依法管理的具体体现。本书讨论的晚明时期江南社会治安即属于"中治安"的范畴,但在讨论明代国家管理顶层设计时,涉及制度确立、中枢机构管理权限等,则为"大治安"的范畴。

第一章　明代社会治安体系

古往今来,治安主体是维护社会治安的控制力量,国家中枢治安管理机构,是实现社会治安管控的核心与权威。从司法角度而言,虽然古代中国在上古时期即已初步实现了科层制,出现了政、法分离的雏形。然而在实践中,随着强化中央集权的历史进程,政与法在中枢机构形分而实不分,故从中央机构到地方州县基层政权,多数时期,政法不分,由主官统御所辖机构、政权的各项行政司法权力,行政力量主导并控制司法机构的运行。隋唐时期以三省六部分管庶务,然而作为司法机构的刑部、审判机构的大理寺,在司法运行中皆受宰相的控制。洪武十三年(1380)废除宰相制度,六部及其他中枢机构直接向皇帝负责,但在帝制时期,强化中央集权,实际是地方分权;强化皇权,不仅是削弱相权,同时也是弱化中枢机构的事权。因此,在实际的司法运行过程中,司法机构不仅受制于皇权,而且还受到中枢其他机构的掣肘。

第一节　明代国家治安管理机构

明代的制度设计中,其中枢机构的很多职能部门不仅具备相应的行政职能,而且同时具备一定的司法职能。且不论法定司法机关刑部、大理寺,单论与刑部、大理寺并称为"三法司"的都察院,从制度层面而言,其最初定位并非司法机构,而是监察机构。随着洪武时期大狱屡兴,司法事务不断增加,都察院不仅被赋予了司法权力,而且为巩固皇权,都察院各类事权不断增加,分割、侵夺刑部、大理寺很大一部分司法职能和治安管理职能,加之皇权赋予的司法权力和制度文化的惯性,都察院虽然依旧保持"风宪"的监察职能,但却拥有侦讯、参与审判等权力,几乎达到了侦、审、检、监四权合一的程度。两京的巡城御史负责指挥五城兵马司维护辖区治安,打击违法犯罪行为,已拥有预审、羁押人犯的权力。明中叶开始,无论是九边驻军,还是明末围剿农民军、抗击满洲寇边,提督军务者均由出自都察院系统的官员担任。成祖迁都后,南京都察院虽然事权有所减少,但仍掌握从九江府到松江府的长江下游江防事务。基于此,终明之世,都察院都被视为司法机构。户部除了相应的财税管理职能外,又承担了户籍管理的职能。户籍管理工作是当代公安机关重要的治安管理职能,在古代则被分割到行政机构管辖,而非司法机构管理。此外,由于明代实行军民合一的卫所制度,军户在内地多与民户杂居,无论是地方行政机构,还是军事司法机构,都承担了相应的治安管理职能。礼部不仅对学校、宗教场所拥有管辖权,明初还有"普法宣传"的责任,不仅有治安管理权,而且还有一定的司法权。诸如此类治安司法职能事例不胜枚举,故本章先对明代中枢各机构及相关军事机构的治安职能述要。

一、法定治安管理机构——三法司

1. 刑部。明代刑部"掌天下刑名及徒隶、勾覆、关禁之政令",下属"十三司各掌其分省及兼领所分京府、直隶之刑名"①,洪武十五年(1382),朱元璋下诏重申,"凡有逮系罪人,不许自理,俱付刑部鞫问"②,以制度的形式明确了刑部为明代最高政法机构和审判机构的地位。明代刑部集立法、审判、检察、司法、治安管理等多种司法权力于一身。

2. 大理寺。明代大理寺正堂掌印官为正三品,在品秩上低于刑部尚书,但因其为审判、检察职能合一的最高司法机构,"掌审谳平反刑狱之政令",故品稍低而权力重。大理寺官员负责"分理京畿、十三布政司刑名之事。凡刑部、都察院、五军断事官所推问狱讼,皆移案牍,引囚徒,诣寺详谳",各类案件未经大理寺评允,"诸司毋得发遣,误则纠之"③。"(刑部)狱成俱送大理寺审录,允乃断之。若三审而不允,则调问"④。"洪武二十六年定,在外都司、布政司、按察司,并直隶卫所府州。一应刑名问拟完备,将犯人就彼监收。具由申达合干上司、都司并卫所申都督府。布政司并直隶府州申呈刑部。按察司呈都察院。其各衙门备开招罪,转行到寺详拟。凡罪名合律者,回报如拟施行。内有犯该重刑,本寺奏闻回报。不合律者,驳回再拟。中间或有招词事情,含糊不明者,驳回再问"⑤。两京刑部拟定的刑事案件的判

① (清)张廷玉:《明史》卷七十二《职官志一》,北京:中华书局,1974,第1755页。
② 《明太祖实录》卷一五〇,洪武十五年十二月丙戌,上海:上海书店出版社,2015,第2368页。
③ (清)张廷玉:《明史》卷七十三《职官志二》,第1781—1782页。
④ (明)陶尚德、庞嵩:《南京刑部志》卷二《司刑篇·今定职掌》,南京:南京出版社,2015,第175页。
⑤ (明)申时行:(万历)《明会典》卷二一四《大理寺·详拟罪名》,北京:中华书局,1989,第1073页。

决结果,必须经大理寺"审允"方能生效,交付执行。宣德三年(1428),宣宗敕谕三法司,明确称"我国家稽古为治,建三法司,刑部掌邦宪,都察院兼理刑名,大理寺审允轻重"①。由此可见,明代大理寺具有检察机关的法纪监督、司法监督职能。

3.都察院。都察院在明初制度设计中,最初只定位为单纯的监察机构,朱元璋认为"御史掌纠察,朝廷纪纲尽系于此,而台察之任尤清要"②,但在实际运行过程中,随着事权增多,都察院在行使监察权力的基础上,增添了司法权、检察权、治安管理权,并分割(侵夺)了部分刑部、大理寺的审判权。洪武十七年(1384)闰十月癸丑,朱元璋下诏,"命天下诸司刑狱皆属刑部、都察院详议平允,又送大理寺审覆,然后决之"③。从制度上明确了三法司的职能和分工,特别是确定了都察院的司法审判权力。嘉靖二年(1523),左都御史金献民针对刑案径送锦衣卫镇抚司的司法弊端,在奏疏中旧事重提,言道"祖宗稽古,建设刑部、都察院,专以理刑为职,不得参以他务,所以明法守也"④。强调在最初的制度设计中,都察院被定位为司法审判机关,而非单纯的风宪衙门。

都察院监察御史"职专纠劾百司,辩明冤枉,提督各道,为天子耳目风纪之司。凡大臣奸邪、小人构党、作威福乱政者,劾。凡百官猥茸贪冒坏官纪者,劾。凡学术不正、上书陈言变乱成宪、希进用者,劾。遇朝觐、考察,同吏部司贤否陟黜。大狱重囚会鞠于外朝,偕刑部、大理谳平之。其奉敕内地,拊循外地,各专其敕行事"。十三道监察御史,则负责"主察纠内外百司之官邪,或露章面劾,或封章奏劾。在内两京刷卷,巡视京营,监临乡、会试及武举,巡视光禄,巡视仓场,巡视内库、皇城、五城,轮值登闻鼓"。外派的巡按御史由于是"代天子巡狩",其事权尤大,"举劾尤专,大事奏裁,小事立断",其治安管理权力包括"按临所至,必先审录罪囚,吊刷案卷,有故出入者理辩之。诸祭祀坛场,省其墙宇祭器。存恤孤老,巡视仓库,查算钱粮,勉励学校,表扬善类,剪除豪蠹,以正风俗,振纲纪。凡朝会纠仪,祭祀监礼。凡政事得失,军民利病,皆得直言无避"。⑤ 十三道监察御史"各理本布政司及带管内府、监、局、在京各衙门、直隶府、州、卫所刑名等事"⑥。在南北两京,由

---

① (明)陶尚德、庞嵩:《南京刑部志》卷三《祥刑篇》,第 295 页。
② (清)张廷玉:《明史》卷七十三《职官志二》,第 1771 页。
③ 《明太祖实录》卷一六七,洪武十七年闰十月癸丑,第 2559 页。
④ 《明世宗实录》卷二八,嘉靖二年六月乙卯,上海:上海书店出版社,2015,第 774 页。
⑤ (清)张廷玉:《明史》卷七十三《职官志二》,第 1768—1769 页。
⑥ (明)申时行:(万历)《明会典》卷二〇九《都察院一·各道分隶》,第 1042 页。

都察院系统的巡城御史统领五城兵马司,肩负维护两京治安的重任。南京都察院操江御史则负责管理上至九江、下到长江入海口的整个长江下游地区的江防事务。在地方无论是督、抚,还是巡按御史均集诸多行政、司法权力于一身。

二、其他中枢机构的治安管理权

1. 户部。户部是管理经济事务的中央机构,"掌天下户口、田赋之政令"①。无论古今,人口、户籍管理都是社会治安管控的重要职能。明代户籍主要分为军、民、匠、灶四类,洪武时期即实行户帖、户籍制度,作为控制人口,征发赋役的依据。官府每年进行一次人口调查②。黄册制度化后,户部十年造一次黄册,详核土地、户籍。此外,户部治安职能还有管理进京漕粮存放仓场,宏观管理、指导各布政司、府州县赋役征收、钞关、盐引,打击走私等治安行政管理职能。

2. 礼部。明代礼部"掌天下礼仪、祭祀、宴飨、贡举之政令",负有"以学校之政育士类,以贡举之法罗贤才,以乡饮酒礼教齿让,以养老尊高年,以制度定等威,以恤贫广仁政,以旌表示劝励,以建言会议悉利病,以禁自宫遏奸民"之责任③,即负责礼仪、教化等方面的事务。其治安管理职能除指导打击自宫人员外,主要体现在礼部所辖主客司具备处理外交事务和少数民族事务职能方面。由于礼部执掌祭祀,故与祭祀相关的诸如天文、地理、卜筮、音乐等特殊行业及相关从业人员的管理,均由礼部负责。特别是教坊司及其隶籍的乐户,即使是在明代亦属于特殊行业、"重点人口",从礼部对此类行业、人员的管理权力来看,已经完全具备了相应的治安管理职能。

洪武时期,礼部还负有指导地方开展"普法宣传"的职能。晚明南京教案,即由南京礼部会同巡城御史联合办案,由南京礼部官员协调巡城御史,由南京五城兵马司抓捕欧洲教士和本国教民。从礼部官员避开司法机构单独预审教士和教民而未遭言官指责的事例看,中枢机构至少拥有其管辖领域的预审权力,但正式司法审判则必须移交法定司法机构办理。

3. 兵部。兵部是以武装力量维护政权、保卫国防安全的最高军政机关。

---

① (清)张廷玉:《明史》卷七十二《职官志一》,第 1740 页。
② 明历朝实录中,每年十二月份都会记载当年的耕地、税收、人口数。顾诚、彭勇等先生认为明历朝实录中记载的人口应为非军籍人口、耕地也是非卫所土地。
③ (清)张廷玉:《明史》卷七十二《职官志一》,第 1746、1748 页。

其治安管理职能主要体现在"以关津诘奸细,以缉捕弭盗贼,以快壮简乡民"①,即盘查搜捕奸细,抓捕匪盗,训练民壮、乡兵维护基层治安,以及驿传管理、抓捕逃兵等方面。永乐迁都后,南京兵部一度形同虚设。宣德八年(1433),南京兵部尚书黄福获得参赞南都机务的权力。成化二十三年(1487),南京兵部尚书参赞机务成为定制,南京兵部的治安职能为"抚恤人民,禁戢盗贼"②。

4. 工部。工部治安职能相对其他中枢机构较少,其治安管理职能主要体现在虞衡司执掌"山泽采捕","凡诸陵山麓,不得入斧斤、开窑冶、置墓坟",都水司负责牌、符、火药生产及其工艺保密等事项,同时也负责度量衡管理③。

5. 六科。六科在制度设计中定位为中枢监察机构,各科的都给事中官阶仅为正七品,左右给事中的品级为从七品,与监察御史制度相类似,六科制度也是执行"以小制大"监察理念的产物。从直观判断,六科"掌侍从、规谏、补阙、拾遗、稽察六部百司之事",似乎与治安司法关系并不大,但六科拥有纠劾内外侵占隐瞒田土官员、与锦衣卫官员轮值登闻鼓、参与"大狱廷鞫"等职能④。此外六科还拥有"凡锦衣卫奉旨提取罪犯,从本科批驾帖","凡岁终,法司问拟过轻重罪囚,开数送本科类奏","凡法司奏差勘事,审录决囚等项官员,都察院奏差御史、巡按及监生、书吏人等,赴各该清军、刷卷、提学、巡盐、巡茶、巡关等项御史处书办,各该给内府精微批文,各具手本赴本科,照各批文定限,转发各衙门给付。事完,各赍原批赴本科,转送内府销缴"等权力⑤。万历初,在京师发生了王大臣持刀混入宫禁事件,张居正与冯保趁机兴起大狱,欲借此案倾陷政敌高拱,"冯珰密差数校至新郑,声云:'钦差拿人。'胁高文襄,令自裁,家人皆痛哭,高独呼校面诘,索驾帖观之。诸校词穷,谓'厂卫遣来奉慰耳'。非高谙典故,几浪死矣"⑥。引文中所言"驾帖"是厂卫抓捕官僚的凭证,类似现代社会的逮捕证、刑事拘留证。六科之刑科掌控批"驾帖"的权力,类似行使检察权。

6. 太常寺。太常寺"掌祭祀礼乐之事,总其官属,籍其政令,以听于礼

---

① (清)张廷玉:《明史》卷七十二《职官志一》,第 1753 页。

② (清)张廷玉:《明史》卷七十五《职官志四》,第 1833 页。

③ (清)张廷玉:《明史》卷七十二《职官志一》,第 1760—1761 页。

④ (清)张廷玉:《明史》卷七十四《职官志三》,第 1805—1806 页。

⑤ (明)申时行:(万历)《明会典》卷二一三《六科》,第 1065 页。

⑥ (明)沈德符:《万历野获编》卷二十一《驾帖之伪》,北京:中华书局,1959,第 534 页。

部"①,其本身为负责祭祀的中央机构,治安管理职能很少,但其下属的"僧、道录司掌天下僧道",负责僧道度牒发放等宗教管理事务,具备一定的治安管理职能②。

第二节　军事治安司法机构

一、五军断事官(经历司)

五军都督府是明最高军事指挥机构,统领除上十二卫之外的全国武装力量。执行军法官员称五军断事官。洪武十三年(1380)"改都督府为五军都督府,分领在京各卫所,在外各都司、卫所,以中军都督府断事官为五军断事官。(洪武)十五年,置五军十卫参军府,设左、右参军。(洪武)十七年,五军各设左、右断事二人,提控案牍一人,(洪武)二十三年,升五军断事官为正五品,总治五军刑狱。分为五司,司设稽仁、稽义、稽礼、稽智、稽信五人,各理其军之刑狱"③。五军断事官在建文帝时期一度革除,"刑名俱归法司问理",成祖靖难后,恢复洪武旧制,但断事官一职并未恢复,改置为"五军都督府经历司",由"其断事官分理事务"④,军队中枢系统的司法管辖权被分割到由文官构成的三法司。各都司断事官虽未废除,但其司法权限在一定程度上被抑制。至于锦衣卫拥有侦查、预审、纠察、检察、监察诸多权力的问题,因锦衣卫为特殊军事机构,其相关职能,将在本节第四部分进行讨论。

二、驻京军事力量:京营军、上值军

京营军、上值军的最主要职能是拱卫京师,武装保卫都城安全。洪武三年(1370)二月,设置"留守卫指挥使司。国初尝设都镇抚司总领禁卫,后隶大都督府,秩从四品,统领各门千户所,寻改宿卫镇抚司。至是,升为卫,专领军马,守御各城门及巡警皇城与城垣造作之事"⑤。洪武二十七年(1394)十月,朱元璋以圣旨的形式重申京军的治安职能:"设置军卫专一防奸御侮,保安良善。其管军人员镇守各处者,务在设法守御,机无暇时,倘有草窃,即

---

① (清)张廷玉:《明史》卷七十四《职官志三》,第1796页。
② (清)张廷玉:《明史》卷七十四《职官志三》,第1817页。
③ (清)张廷玉:《明史》卷七十六《职官志五》,第1857—1858页。
④ (明)申时行:(万历)《明会典》卷二二七《五军都督府·经历司》,第1116页。
⑤ 《明太祖实录》卷四九,洪武三年二月丁亥,第972页。

时扑灭,使一方宁靖。"①京军具体治安职能为守卫京师九门,紫禁城武装保卫。其组建的巡捕武装或独立,或协助锦衣卫、五城兵马司维护京城治安;担负或协助地方武装力量执行或参与京畿,甚至是直隶地区的武装捕盗、剿匪,镇压城乡暴动、起义等任务。

三、五城兵马司

五城兵马司是明代两京的治安管理机关,官修《明史·职官志》认为兵马司并非军事机关,故将其与太常寺、光禄寺等中枢机构归在一卷。兵马司虽然在建制上隶属军方,兵员最初也由都督府调拨、补给,其后南北两京兵马司的主要兵员来自两京城内应役的火甲。火甲均为民户,不属于军方管辖。兵马司担负"京城巡捕之职",负责"巡捕盗贼,疏理街道沟渠及囚犯、火禁之事","境内有游民、奸民则逮治。若车驾亲郊,则率夫里供事"②,"讥察奸伪。夜发巡牌,旗士领之,核城门扃鐍及夜行者",其管辖范围"南抵海子,北抵居庸关,西抵卢沟桥,东抵通州"③。南京五城兵马司与京师五城兵马司治安职能完全一致,其管辖范围为应天府府城及附郭上元、江宁二县,大致为今南京市主城区范围。从兵马司的职能而言,其职责为管理和维护两京治安。早在洪武元年(1368)年底,兵马司一度管理京城市场。太祖"诏中书省,命在京兵马指挥司并管市司。每三日一次校勘街市斛斗秤尺,稽考牙侩姓名。时,其物价在外府州各城门,兵马一体兼领市司"④。此举似可视为明政权初建,京师市场尚处于军管状态的写照。此外,从其归属看,五城兵马司并非由五军都督府统领,而是由都察院系统的巡城御史指挥。从其兵员构成看,明初至中叶,两京五城兵马司兵员由都督府调拨,类似于承担内卫职能的武装警察部队。晚明时期,两京五城兵马司的士卒基本来自当地火甲,由服徭役的民户充任,故从其兵员身份而言,晚明的兵马司已蜕变为治安联防队、保安队的性质。

四、特殊的军事机构——锦衣卫

锦衣卫是明代的一个特殊的军事组织,集仪仗队、御前侍卫、警备、治安、刑侦、特工、内卫、纠察、监察、工程兵等多项职能于一体,现代各国各军

---

① (明)陶尚德、庞嵩:《南京刑部志》卷三《详刑篇》,第 322 页。
② (清)张廷玉:《明史》卷七十四《职官志三·五城兵马》,第 1814—1815 页。
③ (清)张廷玉:《明史》卷八十九《兵志一·京城巡捕》,第 2189 页。
④ 《明太祖实录》卷三七,洪武元年十二月壬午,第 744 页。

兵种均无法与其对应。

中国自古以来，历代统治者在确保统治秩序的过程中，十分重视以严刑峻法保障其权威和政令的有效运行。就明代而言，建国伊始，北方蒙元残余势力颇大，扰害边塞。南方富民兼并土地，隐匿赋税，部分江浙文人依旧怀有"故国情思"，眷恋蒙元及张士诚统治，不附新朝。很大一部分开国功臣骄奢不法，跋扈自恣。面对内忧外患的局面，明太祖朱元璋在颁行律令敕的谕旨中，表明了自己严于法治的想法。如明太祖在洪武元年（1368）正月十八日《颁行律令敕》中称"今所定律，芟繁就简，使之归一，直言其事，庶几人人易知而难犯，《书》曰'刑期于无刑'，天下果能遵令而不蹈于律，刑措之效，亦不难致。兹命颁行四方，惟尔臣庶体予至意"①。洪武二年（1369）二月，明太祖又对群臣说："故今严法禁，但遇官吏贪污蠹害吾民者，罪之不恕"，"苟贪贿罹法，犹行荆棘中，寸步不可移。纵得出，体无完肤矣，可不戒哉？"②明太祖深知，单纯以谕旨劝诫，从道德方面对臣民进行约束，不可能达到效果最大化。只有通过严刑峻法，以刚猛治国，对臣民起到震慑，方能使效果最大化，确立统治秩序，达到事半功倍的作用。

洪武元年（1368），朱元璋即派夏煜、高见贤、杨宪、凌说为检校，不隶属于任何部门。"四人以伺察搏击为事"③，"察听在京大小衙门，官吏不公不法，及风闻之事，无不奏闻"，"惟务劾人，李善长等人畏之"，朱元璋称"此数人譬如恶犬，则人怕见"④。随着政权的逐渐巩固，单纯依靠四位文职检校的秘密侦缉活动去监视臣民、清除异己，显然是不够的。古代君主为了防止大权旁落，常常用身边的近侍或宦官参与国家大政，朱元璋也不例外。由于朱元璋对宦官不甚信任，不委以重任，使宦权处于蛰伏状态，设立侍卫亲军，既能保卫皇帝人身安全，又能侦查臣民，控制臣下，保障统治秩序有效运行，由侍卫亲军组建的特别侦查机构也就应运而生。锦衣卫作为侍卫亲军之一，逐渐被赋予了侦缉、刑讯的权力。

明初设上十二卫为皇帝亲军，不隶属于五军都督府，由皇帝直接指挥，锦衣卫即其中一卫。初为元至正二十四年（1364）朱元璋任吴王时所设的拱卫司，最初品秩仅为七品，隶属于都督府，后改为拱卫指挥使司，品秩升为正

---

① 《皇明诏令》卷一《颁行律令敕》，《元明史料丛编》第一辑，台北：文海出版社有限公司，1984，第27—28页。
② 《明太祖实录》卷三十九，洪武二年二月甲午，第800页。
③ （清）张廷玉：《明史》卷一百三十五《夏煜传》，第3919页。
④ （明）刘辰：《国初事迹》，《四库全书存目丛书》史部，第46册，济南：齐鲁书社，1997，第16页。

三品,很快又改名为都尉司。洪武三年(1370),朱元璋将都尉司改为亲军都尉府,隶属于正五品的仪鸾司。其职能是纠察朝仪时仪仗军士、朝参官员的违规行为,并无侦查、刑讯权力。最终于洪武十五年(1382),撤销仪鸾司建制,改置锦衣卫,秩从三品。洪武十七年(1384),又将锦衣卫指挥使升为正三品,从此遂为定制。"锦衣所掌者,乃卤簿仪仗之事","独领校尉力士","盖御座则夹陛而立,御辇则扶辕而行,出警而入跸,承旨而传宣,皆在所司,而诏狱所寄,则又重矣"①。锦衣卫拥有巡查、缉捕、理诏狱的权力,是锦衣卫与其他侍卫亲军最大的区别。明代士人陈际泰认为锦衣卫"其任专仪卫卤簿之事,稍予以刑法纠察为兼官,以重其权。盖其本职,则汉执金吾也。其纠察,则司隶也"②。明末士人孙承泽认为"锦衣卫与在京诸卫,即唐人十六卫之遗制"③。清代学者则认为锦衣卫源自五代时期后唐明宗"设侍卫亲军马步军都指挥使,乃天子自将之名"④。锦衣卫作为侍卫亲军,进行侦查、刑讯活动,具有一定的历史传承性,并非朱元璋独创。明代之前,很多朝代都曾存在由皇帝侍卫亲军组建的侦缉、刑讯组织。如汉代"诏狱"、唐代"丽景门",五代"侍卫司狱"、宋代"皇城司狱"等。

锦衣卫自洪武十五年(1382)正式建立,直至明亡,几乎与整个明王朝相始终。锦衣卫本为皇帝的仪仗部队,最终发展成为集仪仗、护卫、侦缉、刑讯、特工于一体的组织,体现了明代皇权扩张,力图在政治体制上消除一切危及皇权的因素,最大限度地扩张皇权,强化君主专制的特点。朱元璋认为"设五府、六部、都察院、通政司、大理寺等衙门,分理天下庶务,彼此颉颃,不敢相压,事皆朝廷总之,所以稳当"⑤,充分表现出朱元璋视外廷为皇权首要威胁的思想。因此,在明初的政权结构的设计中,必然产生出以内制外、内外相制、以小制大、相互制衡的权力运行模式。厂卫侦缉职能、巡按御史制度,以及正统之后监、阁并行辅政模式等,均源于朱元璋的这种政权结构设计。

锦衣卫作为皇帝直接控制的国家机器,对巩固皇权,保障皇权有效运行,发挥着重要的作用。明初,锦衣卫侦缉对象以京畿地区的中高级官员为

---

① (清)孙承泽:《春明梦余录》卷六十三《锦衣卫》,扬州:江苏广陵古籍刻印社,1990,下册第 426 页。

② (明)陈际泰:《已吾集》卷十《兵志议》,《四库禁毁书丛刊》集部,第 9 册,北京:北京出版社,2000,第 675 页。

③ (清)孙承泽:《春明梦余录》卷六十三《锦衣卫》,下册第 426 页。

④ (清)张廷玉:《明史》卷九十五《刑法志三》,第 2334 页。

⑤ 《明太祖实录》卷二三九,洪武二十八年六月己丑,第 3478 页。

主。明初侦办的大案，多有锦衣卫参与，以打击开国武臣为目的的蓝玉案，起因即"锦衣卫指挥蒋𤧚告玉谋反"①。锦衣卫下辖两镇抚司，洪武十五年（1382）设北镇抚司，专理诏狱，"天下重罪逮至京者，收系狱中，数更大狱，多使断治，所诛杀为多"②。而南镇抚司则主要负责管理本卫军匠，也兼理刑狱。洪武后期，统治秩序已稳定，政治格局完全确立，异己及被朱元璋认为有潜在谋反可能的勋臣被诛戮殆尽。同时，朱元璋也认识到了法外用刑的危害，"洪武十九年十二月，命焚锦衣卫刑具。先是天下官民有犯者，俱命属法司，其有重罪逮至京者，或令收系锦衣卫狱，审其情辞，司事者因而非法陵虐。上闻之怒曰：讯鞫者，法司事也，凡负重罪来者，或令锦衣卫审之，欲先得其情耳。岂令其锻炼，而乃非法如是。命取其刑具悉焚之，系囚送刑部审理"③。洪武二十六年（1393）朱元璋再次重申，"诏内外狱毋得上锦衣卫，大小咸经法司"④，在一定程度上缓和了锦衣卫法外用刑、秘密缉捕所造成的政治恐慌气氛。

　　成祖靖难后，锦衣卫权力得到进一步扩大。就建制而言，明代一般一卫为5600人，辖五个千户所。而锦衣卫在洪武时期就辖两镇抚司十四所，永乐北迁后，除两镇抚司外，下辖十七个千户所，又分领銮舆、擎盖等十司及驯象所，远远超过卫的建制。锦衣卫还拥有"凡本卫军政官员，例免考察"的特权⑤，这也是其他亲军所没有的特权之一。由于锦衣卫地位尊崇，待遇远高于其他卫的侍卫亲军，故又有众多"恩功寄禄"的冗员⑥。仅嘉靖初期，即革除寄禄冒衔者2199人，隆庆四年（1570）又清除冒滥官旗者1115人⑦。

　　自成祖时期开始，锦衣卫的法外用刑的权力恢复，除了侍卫亲军的职能外，其执行秘密侦查、情报搜集，维护京城社会治安等权力呈逐步扩大的趋势。例如锦衣卫北镇抚司，其镇抚虽然只是从五品的武官，但权力极大，与巡按御史相类似。二者都是明代制度设计中"以小制大"理念运用于政治实践的产物。在制度上，锦衣卫指挥使是南北镇抚司镇抚的直接上级，但成化十四年（1478），宪宗下令为锦衣卫北镇抚司镇抚"增铸印信"，"凡问刑，悉照

---

①　（清）张廷玉：《明史》卷一三二《蓝玉传》，第3866页。

②　（清）张廷玉：《明史》卷九十五《刑法志三》，第2335页。

③　（明）陶尚德、庞嵩：《南京刑部志》卷三《祥刑篇》，第289页。

④　（清）张廷玉：《明史》卷九十五《刑法志三》，第2335页。

⑤　（明）申时行：（万历）《明会典》卷二二八《上十二卫》，"锦衣卫"，第1119页。

⑥　（明）申时行：（万历）《明会典》卷二二八《上十二卫》，"锦衣卫"，第1118页。

⑦　（清）孙承泽：《春明梦余录》卷六十三《锦衣卫》，下册第427页。

旧例,径自奏请,不经本卫,或本卫有事送问,问毕,仍自具奏,不呈堂"①。"一切刑狱毋关白本卫,即卫所行下者,亦径自上请可否,卫使毋得与闻。故镇抚职卑而其权日重"②。"鞫问奸恶重情,得实,具奏请旨发落。内外官员有犯送问亦如之。旧制俱不用参语,成化元年,始令复奏用参语"③。所谓"参语",即北镇抚司的讯问笔录、预审结果和处理意见。由于锦衣卫北镇抚司所侦审的案件,绕过法定司法机构,直接上报皇帝,而皇帝掌握终审裁定权,故镇抚司的预审结果,直接影响三法司对案件的定罪量刑。北镇抚司按照司法程序将案犯、卷宗移送三法司,三法司也只能按照锦衣卫北镇抚司的"参语"意见来定罪量刑。

世宗即位后,开始了旨在革除正德弊政的嘉靖革新,一度革除正德时期滥授的大量锦衣传奉官和冗员。朝臣以此次革新为契机,纷纷进谏,试图扭转镇抚司法外用刑的局面。刑部尚书林俊言:"专任镇抚,文致冤狱,法纪大坏。更化善治在今日,不宜复以小事挠法。"御史曹怀亦进谏言:"朝廷专任一镇抚,法司可以空曹,刑官为冗员矣。"④二人建议,均未被世宗采纳。世宗为巩固权力,仍放任锦衣卫监控朝臣。世宗之所以如此,是因为大礼议以世宗的全胜告终,并不在于张璁、桂萼等议礼新贵有多大的理论优势——事实上议礼新贵也无理论优势可言,而在于世宗此时已拥有了完全服从自己的武装,并对议礼大臣进行了残酷的暴力镇压,故世宗放任锦衣卫势力发展。嘉靖时期锦衣卫权势愈加膨胀,锦衣佞幸陆炳统领锦衣卫时,"威行宫省,内外慑息,不称官,不称号,惟曰陆堂,至用以止小儿啼云"⑤。陆炳用事时,"厂权不及卫使陆炳远矣"⑥。锦衣卫权力达到巅峰。陆炳去世后,虽然卫权不如厂权,但锦衣卫将领并不完全受制于东厂。万历初发生王大臣案时,次辅张居正与司礼大珰冯保勾结,欲借此案族诛高拱。然而,锦衣卫指挥使朱希孝坚决抵制了冯、张欲穷治的要求,权倾一时的冯保、张居正也对其无可奈何。是时虽然"卫犹不大附厂也"⑦,但已逐渐走向衰落。万历后期,著名的"妖书案",即完全由东厂独立侦办,整个侦查过程,锦衣卫根本无

① (明)申时行:(万历)《明会典》卷二二八《锦衣卫·镇抚司》,第1120页。
② (清)张廷玉:《明史》卷九十五《刑法志三》,第2336页。
③ (明)申时行:(万历)《明会典》卷二二八《锦衣卫·镇抚司》,第1120页。
④ (清)张廷玉:《明史》卷九十五《刑法志三》,第2337页。
⑤ (清)傅维鳞:《明书》卷一百五十六《残酷传》,《丛书集成初编》第3956册,上海:商务印书馆,1936,第3085页。
⑥ (清)张廷玉:《明史》卷九十五《刑法志三》,第2332页。
⑦ (清)张廷玉:《明史》卷九十五《刑法志三》,第2332页。

权过问,在谳审曦生光时,锦衣卫指挥使与东厂提督共同参与,表面上看,厂卫并无高下之分,但万历后期,沈德符听闻卫帅"刘守有每谒首珰必叩头"①,其势已完全在东厂之下。

明末魏忠贤擅权,"东厂番役横行"②。天启时期,锦衣卫指挥使田尔耕、镇抚许显纯成为魏忠贤的打手,完全受制于东厂。崇祯时期,虽然锦衣卫权力仍不及东厂,"听寺人役使",但在皇帝心中已是"法司、锦衣皆刑官"③,将锦衣卫视同三法司。虽然在明思宗心目中锦衣等同于三法司、虽然皇帝对各类案件拥有终审裁定权,但法定司法程序,即使是独裁的明代皇帝也不能公开违背和破坏,只能在形式上做足姿态。崇祯时期郑鄤案的司法程序很有代表性,思宗一心想杀郑鄤,但由于证据不足,刑部、锦衣卫都不能结案,最后此案移交东厂,由东厂提督曹化淳主持会审,方审出了结果。东厂之所以能结案,并非曹化淳及东厂理刑人员的讯问水平有多么高超,而是因为会审时郑鄤面对其亲弟弟的指证,而"主动"认罪的结果。东厂结案后,将郑鄤移交三法司,最终由三法司拟定郑鄤斩刑,而非由东厂直接定罪量刑。思宗在执行前,又下令加等,改为磔刑④。通过郑鄤案可知,虽然思宗一心想置郑鄤于死地,但苦于没有证据,此案拖了四年才有了判决结果。在晚明没有三法司定罪量刑,即使是最高统治者也束手无策,最多是授意将当事人"瘐死"厂卫狱中而已。皇帝所掌握的司法权是死刑复核等终审裁定,以及加减刑罚等级、宣布特赦的权力,而非直接定罪量刑的权力。

此外,万历时期的"妖书案",虽由东厂独立侦办,但嫌疑人曦生光最终由三法司判决,而非东厂判决。嘉靖初任刑部侍郎的张璁曾言道:"祖宗设三法司以纠官邪,平狱讼。设东厂、锦衣卫,以缉盗贼,诘奸宄。自今贪官冤狱仍责法司,其有徇情曲法,乃听厂卫觉察。盗贼奸宄,仍责厂卫,亦必送法司拟罪"⑤。因此,从妖书案、郑鄤案的司法流程可知,无论是锦衣卫还是东厂,厂卫对案件审理只是预审,其预审结果虽然直接报给具有终审裁定权的皇帝,且预审结果能直接影响三法司的定罪量刑结果,但预审完全不等同于司法审判,通俗地说,审判是既有"审"又有"判",而预审则是有"审"而无"判"。从法理而言,预审最多只是司法建议权,无论古今,预审结果均不等

---

① (明)沈德符:《万历野获编》卷二十一《禁卫》,"锦衣帅见首珰礼"条,第537页。
② (清)张廷玉:《明史》卷三百五《宦官传二》,第7820页。
③ (清)张廷玉:《明史》卷二百五十五《刘宗周传》,第6584页。
④ 郑鄤案始末及司法流程,参见拙文:《晚明与党争旋涡中的江南缙绅——明末郑鄤案考论》,《常州大学学报(社会科学版)》2019年第2期。
⑤ (清)张廷玉:《明史》卷九十五《刑法志三》,第2337页。

同于审判结果,并无法律实效,不能交付执行。

五、东厂(含西厂、内行厂)

东厂是明永乐时期建立的一个由宦官指挥的特殊治安司法机构,按官修《明史》记载,东厂的职能为"缉访谋逆、妖言、大奸恶等"①,并负责秘密侦查官府,暗察、监视会审大案,及京内其他琐碎事,"凡中府等处会审大狱,北镇抚司拷讯重犯,本厂皆有人听记。具口词一本,挢打数一本,于本日晚或次日早奏进,每日兵部访看有无进部,有无塘报,京师各门、皇城各门关防出入,俱有事件奏闻。或地方失火,或雷击何物,亦奏闻之。又每月晦日奏报在京杂粮米盐醋面之价,凡禁地人命,亦皆有事件"。"凡各处办事打来事件,皆到内署,先见厂公心腹内官,发司房删润奏之"②。每月月初,东厂厂役通过抽签形式领取任务后,分散京城各处,执行"听记""坐记""打事件"等各项秘密侦查、监察任务。特别是"打事件"者,"至东华门,虽昏夜,投隙中以入,即屏人达至尊。以故事无大小,天子皆得闻之。家人米盐猥事,宫中或传为笑谑,上下惴惴无不畏打事件者"③。东厂人员构成:"凡中官掌司礼监印者,其属称之曰宗主,而督东厂者曰督主。东厂之属无专官,掌刑千户一、理刑百户一、亦谓之贴刑,皆卫官。其隶役悉取给于卫,最轻黠獝巧者乃拨充之。"④东厂还有使用关防印章的权力。明人沈德符言道:"自方印颁行之外,事寄稍关钱粮及军务机要者,俱得给关防,用之奏章。用之文移,与方印等。内臣关防之最重要者为东厂。其威焰不必言,即所给关防文曰'钦差总督东厂官校办事太监关防',凡十四字。大凡中官出差,所给原无钦差字面,即其署衔,不过曰内官、内臣而已。此又特称太监,以示威重。""掌厂内直房,又有钦赐牙章一方,凡打进事件奏闻者,用此印钤。盖直至御前,盖得比辅臣之文渊阁印,此亦僭窃极矣"⑤。东厂掌握关防及御赐牙章,足见其地位显赫,其他宦官机构望尘莫及。

官修《明史》认为西厂最初设立于成化十三年(1477),是年"置西厂,太监汪直提督官校刺事"⑥。《明实录》中西厂第一出现亦是在成化十三年

① (清)张廷玉:《明史》卷九十五《刑法志三》,第2331页。
② (明)刘若愚:《酌中志》卷十六《内府衙门职掌·东厂》,《四库禁毁书丛刊》史部,第71册,北京:北京古籍出版社,1997,第149页。
③ (清)张廷玉:《明史》卷九十五《刑法志三》,第2333页。
④ (清)张廷玉:《明史》卷九十五《刑法志三》,第2333页。
⑤ (明)沈德符:《万历野获编》卷六《内监·东厂印》,第154—155页。
⑥ (清)张廷玉:《明史》卷十二《宪宗纪二》,第174页。

(1477)，但《实录》未载西厂设置的具体时间，只言"时西厂行事，旗校以捕妖言图官赏。无籍者多为赝书诱愚民，而后以情告行事者捕之，加以法外之刑，冤死相属，无敢言者"①。从《实录》所记看，似应在成化十三年（1477）以前即已成立西厂。西厂"所领缇骑倍东厂，自京师及天下，旁午侦事，虽王府不免"。"先后凡六年，冤死者相属"。"正德元年杀东厂太监王岳，命丘聚代之，又设西厂，以命谷大用，皆刘瑾党也"。"瑾诛，西厂、内行厂俱革，独东厂如故"。② 西厂于成化十三年（1477）、正德元年（1506）两度设立，又于成化十八年（1482）和正德五年（1510）两度革除，共计九年时间。

内行厂为刘瑾用事时期建立，刘瑾"改惜薪司外薪厂为办事厂，荣府旧仓地为内办事厂，自领之。京师谓之内行厂，虽东、西厂皆在伺察中，加酷烈焉"③。从内行厂拥有监控东、西厂的权力而言，内行厂带有一定的内部监察和纠察色彩。刘瑾倒台后，内行厂被撤销，终明之世，再未恢复。内行厂共存在四年。

厂卫相比而言，锦衣卫侦查范围较广，而东厂负责秘密监察的职能较多。厂卫在侦查上有部分职能重合，即在政治类案件侦查方面，厂卫均负责侦缉。东厂更多地负责意识形态方面的案件侦查，如"妖言"之类。从东厂人员构成看，因其外勤侦查人员、情报搜集人员、内勤预审、文书档案管理等中层人员均为锦衣卫抽调的军人，从这个角度可以将东厂（西厂、内行厂）认定为准军事机构。由于"厂"既具有缉捕、预审、参与三法司案件审理权，又拥有对京畿地区各级理刑机构各类案件审理的司法监督权，故亦可以将"厂"认定为司法、治安管理机构。虽然东厂只有预审权力，并无审判、定罪量刑权，但在司法实践过程中，由于东厂地位特殊，其预审意见基本能左右三法司官员拟罪定刑。漫说是普通司法官员，即使在世宗大量清除宦官势力之后，因议礼骤贵的张璁，在朝中"得柄得君，钳制天下"④，"志骄气横，狎视公卿，虽桂萼亦不敢与抗，其余大臣颐指气使，无不如意。百司庶僚莫敢仰视"⑤。如此不可一世的张璁，在主持复审张福杀母案时，由于此案最初为东厂侦办审结，张璁明知是冤案，却因"事出东厂"，竟然"噤不一发"⑥，完全不敢与东厂硬碰硬，只能按照东厂的处理意见，依样画葫芦，枉法裁判。

---

① 《明宪宗实录》卷一六四，成化十三年三月乙亥，北京：中华书局，1974，第 2975 页。
② （清）张廷玉：《明史》卷九十五《刑法志三》，第 2331—2332 页。
③ （清）张廷玉：《明史》卷九十五《刑法志三》，第 2332 页。
④ （明）沈德符：《万历野获编》卷九《内阁·阁部轻重》，第 245 页。
⑤ 《明世宗实录》卷九一，嘉靖七年八月甲子，第 2100 页。
⑥ （清）谈迁：《国榷》卷五十四，嘉靖八年七月，北京：中华书局，1958，第 3404 页。

张璁之所以如此,是因为"东厂锦衣卫,诏狱所寄,兼有访察之威,人多畏惮。一有所逮,法司常依案拟罪,心知其冤,不敢辨理"①。

此外宦官机构司礼监的提督太监负责"督理皇城内一应仪礼刑名,及钤束长随、当差、听事各役,关防门禁,催督光禄寺供应等事"②,司礼监又是内廷治安司法管理机构。宦官违法犯罪行为均由司礼监审理,嘉靖时期,刑部尚书林俊欲夺回司礼监的司法权,曾上疏称"宫府一体,内臣所犯,宜下法司,明正其罪,不当废祖宗法"③。然而即使是以驭阉严格闻名的世宗,也完全不接受该建议。那思陆先生认为"明代司礼监是皇帝的秘书机关,因亲近皇帝,易受皇帝信任。皇帝授予司礼监批朱权,使其取得政治权力,其中当然也包含司法审判上的权力。这些出于皇帝授予的权力,具有法律效力,可以视其为司礼监有关司法审判的职掌"④。

第三节　明代地方治安管理机构

明代建国伊始,在制度设计上实行中央君主集权制度,一切大权收归中央,与中央集权相对应的,则是地方分权。明代地方实行三级管理,省级建制的地方行政管理机构为布政使司,是明代第一级行政机构。府为第二级行政机构,县则为第三级行政机构。明代的"州"分为两类,"有属州,有直隶州。属州视县,直隶州视府,而品秩则同"⑤。即一类直接隶属于布政使司的州,地位视为府,其下辖县,知州的品级低于知府,例如南直隶所辖14府4州,这里的4州属于第二级行政机构。另一类州隶属于府,不辖县,但知州品级高于知县,属于第三级行政机构。无论直隶州还是府属州,知州的品秩均为从五品。

一、省级治安管理机构

明代废除元的行省制度,改为布政使司,成祖迁都北京后,至正统时期,除藩属国和羁縻地区外,全国分为两京十三布政使司,即南北直隶(京师、南京)、山东、河南、山西、陕西、湖广、浙江、江西、福建、云南、贵州、四川、广东、

---

① 《明世宗实录》卷一○三,嘉靖八年七月甲午,第2418页。
② (清)张廷玉:《明史》卷七十四《职官志三》,第1819页。
③ (清)张廷玉:《明史》卷九十五《刑法志三》,第2341页。
④ 那思陆:《明代中央司法审判制度》,北京:北京大学出版社,2004,第48页。
⑤ (清)张廷玉:《明史》卷七十五《职官志四》,第1850页。

广西。各布政使司实行分权制度,三使分别为:布政使,管理民政;都指挥使,管理军事;按察使,负责司法。三使品级相当,均为正三品,各负其责,相互制衡。

(一)按察使司

一省治安管理职能主要由按察使司行使。按察使司设"按察使一人,正三品。副使,正四品,金事无定员,正五品。经历司,经历一人,正七品,知事一人,正八品。照磨所,照磨一人,正九品,检校一人,从九品。司狱司,司狱一人,从九品。按察使掌一省刑名按劾之事。纠官邪,戢奸暴,平狱讼,雪冤抑,以振扬风纪,而澄清其吏治。大者暨都、布二司会议,告抚、按,以听于部、院"。"副使、金事,分道巡察,其兵备、提学、抚民、巡海、清军、驿传、水利、屯田、招练、监军,各专事置,并分员巡备京畿"①。不难看出,掌一省政法、监察的按察使司管理面大、职责多、权力重,但备员却很少,除按察使、副使、金事外,其余职能部门官员品级较低,充分体现了明初制度设计中"品低权重""以小制大",以及分权制衡的政治理念。从其职能而言,按察使司集审判、检察、公安、监察、律政司法、狱政管理等诸多职能于一身,充分体现了我国古代政法不分、政刑不分、侦检审监一体的司法特点。

(二)布政使司

按照明代的制度设计,布政使负责一省行政事务,与按察使虽为同级官员,但由于其负责行政事务,除司法、军事外,几乎无所不管,故排名在按察使、指挥使之前。布政使的治安管理职责"会户版以登民数、田数"。布政使的僚属"参政、参议分守各道,及派管粮储、屯田、清军、驿传、水利、抚民等事,并分司协管京畿"。"经历、都事、典受发文移,其详巡按、巡盐御史文书,用经历印。照磨、检校典勘理卷宗,理问典刑名"②。可见布政使的治安管理职责主要是户籍管理,其僚属亦有一定的分管地方政法,兼理刑名等治安司法职责。

(三)都指挥使司

都指挥使司是明代省级武装力量训练、管理机构,按明代军事制度,都司主要官员一般为七人,即都指挥使一人,都指挥同知二人,都指挥金事四人。都指挥使为正二品武官,都同知为从二品,都金事为正三品。从品级而

---

① (清)张廷玉:《明史》卷七十五《职官志四》,第 1840—1841 页。
② (清)张廷玉:《明史》卷七十五《职官志四》,第 1839 页。

论,都指挥使和都同知品级均高于布、按二使,但军职官员不能染指地方行政、司法事务。而且都司虽然"掌一方之军政,各率其卫所以隶于五府,而听于兵部"①。很显然,其军事指挥、行动权力受到五军都督府和兵部的制约,都司对所辖卫所的权力被限定在日常训练、军政事务管理、屯田、巡捕等范围。军职人员违法犯罪,由都司的断事官处理。都司的治安职能主要表现为巡捕、协助地方打击匪盗,军事纠察和军事司法。

二、府县治安管理机构及其职能

(一)府

府作为控制地方的第二级行政管理机构,对于社会治理发挥直接作用。明代"知府掌一府志政,宣风化,平狱讼,均赋役,以教养百姓",拥有"每三岁,察考属吏之贤否,上下其考,以达于省,上吏部"的考察权,"凡诏敕、例令、勘札至,谨受之,下所属奉行。所属之政,皆受约束于府,剂量轻重而令之,大者白于抚按、布按,议允乃行。凡宾兴科贡,提调学校,修明祀典之事,咸掌之。若籍帐、军匠、驿递、马牧、盗贼、仓库、河渠、沟防、道路之事,虽有专官,皆总领而稽核之"。一府其他官员如"同知、通判分掌清军、巡捕、管粮、治农、水利、屯田、牧马等事"。"推官理刑名,赞计典。经历、照磨、检校受发上下文移,磨勘六房宗卷"②。明代府作为有效实施地方统治的主要机构,不实行分权模式,知府在其所辖范围内,囊括了一切行政、司法、官员考察等权力,各类事务无所不管。

府虽设通判,但明代通判并无宋代通判监督、制衡府尹的权力,只是府尹的佐贰官,分掌部分政务而已。一府掌管治安、司法官员为同知、通判和推官,其余官员分理行政庶务,各司其职。知府总揽行政、司法、人事、经济等决策大权。在治安严峻的地区,设捕盗通判一职,专司缉捕盗贼③。

(二)县

县是明代控制地方的第三级行政管理机构,最基本的统治单元,与府一样,县也不实行分权模式,知县作为一县最高长官"掌一县之政。凡赋役,岁会实征,十年造黄册,以丁产为差。赋有金谷、布帛及诸货物之赋,役有力役、雇役、借债不时之役,皆视天时休咎,地利丰耗,人力贫富,调剂而均节

---

① (清)张廷玉:《明史》卷七十六《职官志五》,第 1872 页。
② (清)张廷玉:《明史》卷七十五《职官志四》,第 1849—1850 页。
③ 《明世宗实录》卷一二五,嘉靖十年五月乙巳,第 3001 页。

之。岁歉则请于府若省蠲减之。凡养老、祀神、贡士、读法、表善良、恤穷乏、稽保甲、严缉捕、听狱讼,皆躬亲厥职而勤慎焉。若山海泽薮之产,足以资国用者,则按籍而致贡。县丞、主簿分掌粮马、巡捕之事。典史典文移出纳。如无县丞,或无主簿,则分领丞簿职"①。通过官修《明史》的记述,我们不难看出,由于直接面对广大百姓,知县的最主要职责是征收钱粮、签派赋役,以及教化百姓。早在洪武时期,明太祖即对即将赴任的知县强调"治民固以教化为本,而身又为教化之本"②。由于县为最基础的统治机构,县令虽然看似权重,但其行政权、人事权与司法权受到一定程度的制约。县令最大权力,莫过于在本县范围内发布行政命令,但这些地方政令多数局限于地方教化、催征钱粮,金派徭役而已。其人事权也只有选拔、荐举保甲长、里甲长、粮长、老人,任命县衙吏胥等。司法和军事权力一般是维护本地社会治安,打击违法犯罪行为,调解、审理各类民、刑事案件,但对各类刑事案件没有终审权,判决结果必须逐级上报,最终经三法司复核,才能生效。

县令的军事权力,表现在可以调集乡兵、民壮等非正规武装打击地方豪强,平定地方骚乱、暴乱和小规模武装叛乱。在日常政务运行过程中,虽然由县丞、主簿、典史负责具体的治安司法事务。但从"严缉捕"这一职责而言,知县作为一县治安管理的第一责任人,对于诸如社会影响恶劣的杀人、抢劫等重大刑事案件,以及民众群体性骚乱等治安、刑事案件,必须亲力亲为,迅速破案或平息事件,稳定当地社会秩序。

(三)州

明代州分为属州和直隶州两类。府属州如县级建制,直隶州如府级建制。州的行政长官为知州,其行政架构、职能及运行程序亦如府、县。

(四)其他地方治安管理机构

明代府州县层面最主要的治安机构为巡检司。明代巡检司最初于洪武二年(1369)设置,设立的初衷是广西地区接近瑶、僮等少数民族聚居区,各类冲突不断,社会混乱,治安极差,故在"关隘冲要之处设巡检司,以警奸盗",此后各地在"关津要害处俱设",用来"警备不虞",其职责为"专一盘诘往来奸细及贩卖私盐、犯人、逃军、逃囚,无引面生可疑之人"。巡检司的设置必须面奏皇帝,允许后,由"工部盖造衙门,吏部铨官,礼部铸印",由地方

---

① (清)张廷玉:《明史》卷七十五《职官志四》,第1850页。
② 《明太祖实录》卷二三二,洪武二十七年三月癸亥,第3392页。

政府在"丁粮相应人户内金点弓兵应役"①。巡检司兵源为当地签派的"徭役弓兵",并不是由军户组成的"正规军",故不应视为巡警的雏形,类似今治安联防队。巡检司的巡检、副巡检虽然"入流"但品秩为最低的从九品,巡检、副巡检原本为军职,洪武十三年(1380)改为杂职②。

府僧纲司、州僧正司、县僧会司,府道纪司、州道正司、县道会司,均为宗教人士担任,负责相应的宗教事务管理、协调,均为洪武十五年(1382)设置,但"设官不给禄"③。

第四节　基层治安组织

一、里甲坊厢

明代基层治安组织主要表现为坊厢制和里甲、保甲制度。坊、厢是城镇的基层组织。"凡置之都城之内曰坊,附城郭之外者曰厢。而原额图籍,编户于郊外者曰乡。坊厢分有图,乡辖有里"④。坊、厢一般按每十户设坊、厢长各一人,坊厢居民"有人丁而无田赋,止供勾摄而无征派","坊民听役",下户从事"催夫迎送"等各种力差⑤。

里、甲不仅是乡村的基层组织,同时也是赋役征收组织。按照明代基层管理制度,甲为最基础单位,十一户为一甲,十甲为一里,设里、甲长各一人,负责本里、甲相关事务,十年一轮。里甲长的最主要职责就是催征赋役,至于执行治安、司法职能的禁子、弓兵等,"悉金市民,毋役粮户"⑥。担任皂隶、禁子,其实是苦差事,"必须家道殷实,丁口众多,平日有行检者充之,然后上不亏于官,下不破其家也"。去两京应役者则要求当地"选其驯谨、强健、耐劳者"⑦。若被金役,琐事极多,应役者苦不堪言。里长的主要治安职能是肩负属地户籍管理的责任,按照《大明律》规定,一旦出现民不附籍,脱

① (明)官修:《诸司执掌》,《兵部·关津》,《续修四库全书》史部职官类,第748册,上海:上海古籍出版社,1995,第724页。
② (清)张廷玉:《明史》卷七十五《职官志四》,第1852页。
③ (清)张廷玉:《明史》卷七十五《职官志四》,第1853页。
④ (明)顾起元:《客座赘语》卷二《坊厢乡》,北京:中华书局,1987,第58页。
⑤ (明)顾起元:《客座赘语》卷二《坊厢始末》,第64—65页。
⑥ (清)张廷玉:《明史》卷七十八《食货志二》,第1904页。
⑦ (明)丘濬:《大学衍义补》卷三十一,《景印文渊阁四库全书》子部儒家类,第712册,台北:商务印书馆,1986,第407页。

漏户口的事件,属里长失职,其量刑为"至有脱户者一户至五户,笞五十,每五户加一等,罪止杖一百;漏口者,一至十口,笞三十,每十口加一等。罪止笞五十"。之所以对失职的里长实施刑法,嘉靖时期刑部郎中雷梦麟认为,"里长与人户杂处,近而易知","其知情者,皆为故纵",尤其是出现"若官司三次立案,行移文书,令里长取勘,已责取里长,不致扶同甘结文状,及又叮咛省谕,而里长犹不行用心检勘,或故纵及受财,以致脱漏隐蔽者,非官司之失,罪坐里长"①。不难看出,从明律的立法设计到律令具体实施,刑罚的实际执行中,里长在户籍管理工作中承担的法律责任非常大,甚至很容易成为府州县官员失职的替罪羊。在江南的湖区,还有一类与里长职能类似的基层水利管理人员,如塘长、圩长及公正②。所谓公正,"粮长之别名,一区之领户也"③。与里甲制并行的是"老人"(耆老)制度。里甲、老人制度是朱元璋乡村治理体系制度设计的重要组成部分。洪武二十六年(1393),"敕谕老人手榜及见丁著业牌面,沿门轮递,务要通晓法意"④,洪武二十七年(1394)四月,是时,由于各地百姓"多因小忿"而越级诉讼,诬告成风,故朱元璋在严禁越级诉讼的同时,"命民间高年老人理其乡之词讼",老人须为"民间耆民公正可任事者",其职责为"听其乡诉讼,若户婚、田宅、斗殴者,则会里胥决之,事涉重者,始白于官,且给教民榜,使守而行之"⑤。可见,老人的来源为乡里年长且德高望重者,其职责主要为法律宣讲、普法宣传、道德教化,会同里长调解民事纠纷,兼管乡村治安等。

洪武十五年(1382)八月,朱元璋下诏,对申明亭的职能混乱表示担忧,他说:"本以书记犯罪者姓名昭示乡里,以劝善惩恶,使有所警戒。今有司概以百姓杂犯小罪书之,使良善一时过误者为终身之累,虽欲改过自新,其路无由"。礼部随即根据朱元璋的要求,明确了申明亭的职能:"自今犯十恶、奸盗诈伪、干名犯义,有伤风俗及犯赃至徒者书于亭以示惩戒。其余杂犯,公私过误非干风化者,一切除之,以开良民自新之路,其有私毁亭舍,除所悬

① 《大明律》卷四《户律一·户役》,"脱漏户口"条,见(明)雷梦麟:《读律琐言》卷四,北京:法律出版社,2000,第118—119页。
② 林金树先生早在30多年前即详细论述了明代江南塘长设立的目的、职责、性质等问题。他认为塘长、圩长的性质与里甲长相类似,其主要职能为从事开河塘、疏通水道,管理维护水利工程,兼征钱粮,维护治安等。参见林金树:《明代江南塘长述论》,《社会科学战线》1986年第2期。
③ (明)徐光启:《农政全书》卷八《农事·开垦》,《景印文渊阁四库全书》子部农家类,第731册,台北:商务印书馆,1986,第114页。
④ (明)申时行:(万历)《明会典》卷二〇《户部七·读法》,第135页。
⑤ 《明太祖实录》卷二三二,洪武二十七年四月壬午,第3396页。

法令及涂抹姓名者,监察御史、按察司官以时按视罪如律"①。即申明亭不仅是基层组织讲读法律的场所,更是基层组织惩恶扬善的"警示教育"基地。

二、民壮乡兵

明代民兵组织很早就已形成。早在元至正十八年(1358),朱元璋即在其控制区沿袭元制设立"管领民兵万户府"。朱元璋认为"古者寓兵于农,有事则战,无事则耕,暇则讲武。今兵争之际,当因时制宜,所定郡县,民间岂无武勇之材?宜精加简拔,编辑为伍,立民兵万户府领之,俾农时则耕,闲时则练习,有事则用之,事平有功者,一体升擢,无功令还为民。如此则民无坐食之弊,国无不练之兵,以战则胜,以守则固。庶几寓兵于农之意也"②。不难看出,朱元璋在军事制度设计中,体现的是其"寓兵于农""兵农合一"的理念。然而建国后,明政府的正规武装实行卫所制度,即农闲练兵,遇警征调作战。卫所制与民兵制的运行模式非常类似,当时民兵属于"自备军械"签派,用来"团结防边"。由于部分民兵"为患乡里",加之明初统治秩序基本稳定后,已无大规模征伐战事,故民兵制度趋于沉寂。直至正统二年(1437),因为备边需要,开始招募"所在军余、民壮原自效者",政府"人给布二匹,月粮四斗",到了景泰初,因边关战事吃紧,即使是大同、紫荆关、倒马关这样的军事要塞"亦用民兵防守,事平免归"。"弘治七年立金民壮法。州、县七八百里以上,里金二人;五百里,三;三百里,四;百里以上,五。有司训练,预警调发,给以行粮,而禁役占放买之弊。富民不愿,则上直于官,官自为募。或称机兵,在巡检司者称弓兵"③。

民壮一般出于百姓自愿担任,实行供给制,带有一定的雇佣兵色彩。府一级民壮组织由府正堂官总辖,由兼任巡捕官的府同知、通判、推官统领。县一级民壮组织,由县令总辖,担任巡捕官的县丞、主簿、典史具体管理。民壮基本来自本乡本土,除非边海防出现严重危机而被征调,多数民壮组织的职能为保卫乡土,维护地方治安。"若郡县之民壮,固有司之亲兵"④,民壮的设立,使地方官员掌握了一定的军事指挥权,使之在遇到匪患、武装暴乱等恶性突发案件时,有更多的应急处置权力,对维护地方治安发挥更大的作用。

---

① 《明太祖实录》卷一四七,洪武十五年八月乙酉,第2302—2303页。
② 《明太祖实录》卷六,元至正十八年十一月辛丑,第69页。
③ (清)张廷玉:《明史》卷九十一《兵志三》,第2249—2250页。
④ (明)姚希孟:《代当事条奏地方利弊》,见(明)陈子龙编:《明经世文编》卷五〇一《姚宫詹文集》,北京:中华书局,1962,第5523页。

乡兵也是明代民兵组织的重要组成部分。虽然都属于民兵系统,但乡兵与民壮并不能混为一谈。万历十八年(1590)二月,兵部尚书田乐上疏条陈"防御要机",提出"简民壮""练乡兵""严保甲"等建议,并强调应查"民壮、乡兵、保甲应援训练诸法"①。从其奏疏的分类而言,在万历时期的兵部尚书眼中,民壮和乡兵完全不是一类。所谓乡兵,官修《明史·兵志三》解释为"随其风土所长应募,调佐军旅缓急",部分乡兵隶属军籍②。其人员构成除了民户外,还有诸如矿工、盐徒、僧兵、土司武装等。

民壮与乡兵的区别是,民壮按照所在地的户籍签派,属于职业雇佣兵,服役期间按照正规武装进行编制,定期训练,虽无军籍,但可视为正规的地方武装,其职责为维护社会治安,应急处置地方小规模叛乱、暴乱等突发事件。除非军情紧急,民壮一般不担任边海防重要关隘的守备、协防任务。相对民壮而言,乡兵来源更为广泛,且不论僧兵、土司武装等特殊乡兵,即使是各地由农民为主体构成的乡兵,一般也只是农闲时参与训练,部分有军籍,其职责也是维护地方社会秩序,保卫乡土安全,但乡兵一般不由地方政府调遣,也无巡捕官管辖,多由地方豪强、土司统领,官府也不为其发放粮饷,不视为正规地方武装。

三、保甲

保甲制度是中国古代一项古老的基层防控制度。《周礼》中即有"令五家为比,使之相保","五族为党,使之相救"的基层联防联控记述,唐代贾公彦认为此为"使五家相保,不为罪过"之意③。明人陈际泰认为"五家为比,十家为联,五人为伍,十人为联,此如后世保甲法也"④。战国时,商鞅变法,将这类五家联保制度细化为什伍连坐,即"令民为十五,而相牧司连坐,不告奸者腰斩,告奸者与斩敌首同赏,匿奸者与降敌同罚"。唐人司马贞解读为"五家为保,十保相连","牧司谓相纠发也。一家有罪,而九家连举发,若不纠举,则十家连坐。恐令不行,故设重禁"⑤。至北宋熙宁时期,在王安石的

---

① (明)王圻:《续文献通考》卷一百六十三《兵考》,《续修四库全书》史部政书类,第 765 册,上海:上海古籍出版社,1995,第 259—260 页。

② (清)张廷玉:《明史》卷九十一《兵志三》,第 2251—2252 页。

③ (东汉)郑玄注、(唐)贾公彦疏:《周礼注疏》卷十《地官·大司徒之职》,《景印文渊阁四库全书》经部礼类,第 90 册,台北:商务印书馆,1986,第 191 页。

④ (明)陈际泰:《已吾集》卷十《议·兵制议》,《四库禁毁书丛刊》集部,第 9 册,第 673 页。

⑤ (西汉)司马迁:《史记》卷六十八《商君列传》,第 2230 页。

建议下,宋神宗于熙宁三年(1070)十二月诏行保甲法①。这也是保甲制度第一次以法律形式颁布。《宋史·兵志六·乡兵》一卷,对保甲制度如是记述:

> (熙宁)三年,始联比其民以相保任。及诏畿内之民十家为一保,选主户有干力者一人为保长。五十家为一大保,选一人为大保长。十大保为一都保,选为众所服者为都保正,又以一人为之副。应主客户两丁以上,选一人为保丁。附保。两丁以上有余丁而壮勇者亦附之。内家赀最厚、材勇过人者亦充保丁,兵器非禁者听习。每一大保夜轮五人警盗。凡告捕所获,以赏格从事。同保犯强盗、杀人、放火、强奸、略人、传习妖教、造畜蛊毒,知而不告,依律伍保法。余事非干己,又非敕律所听纠,皆毋得告,虽知情亦不坐。若于法邻保合坐罪者乃坐之。其居停强盗三人,经三日,保邻虽不知情,科失觉罪。逃移、死绝、同保不及五家,并他保。有自外入保者,收为同保,户数足则附之,俟及十家,则别为保,置牌以书其户数姓名。既行之畿甸,遂推之五路,以达于天下。时则以捕盗贼相保任,而未肄以武事也。②

其后,保甲成为北宋后期乡兵的重要组成部分,数额庞大,至绍圣二年(1095),保丁竟达70余万,元符二年(1099)十一月,仅畿内保丁即达26万众。③ 不难看出,王安石对于保甲制度的设计,依旧沿袭商鞅"什伍连坐"的理念,只是在商鞅的基础上加以损益。其设立保甲的初衷是为了维护地方治安,打击各类暴力刑事犯罪。

明代建国之初即有类似宋代的保甲组织,实行类似的保甲制度。之所以未用"保甲"之名,可能是鉴于王安石的保甲法甫一实行,即遭到朝野的强烈反对,尤其是司马光、苏轼等人,曾多次上疏言保甲之弊端,朝野围绕保甲存废的争议一直持续到北宋灭亡。故明初对于乡村治理的制度设计中,并未公开采用"保甲"一词,但在制度实行过程中,实际上依旧因袭商鞅、王安石的基层治理理念,依样画葫芦,换汤不换药。故明人吕坤认为"国初设保甲之法,每十家为甲,甲有长;十甲为保,保有正。凡属甲内人民,各置兵器一件,甲长置锣一面,保正置鼓一面,或铳一杆,此非以作虚器,扰民生也。

---

① (元)脱脱:《宋史》卷十五《神宗纪二》,北京:中华书局,1977,第278页。
② (元)脱脱:《宋史》卷一百九十二《兵志六·乡兵三·保甲》,第4767—4768页。
③ (元)脱脱:《宋史》卷一百九十二《兵志六·乡兵三·保甲》,第4786—4787页。

诚虑夫除戎器用戒不虞,有武备可以无患。乡村有盗,守望相助者此民;大寇流劫,登城守陴,结寨入保者此民"①。不难看出,吕坤对于保甲制度评价甚高,认为实行保甲制度,在一定程度上能够实现真正意义的兵农合一,既可以邻里互助,维护地方社会秩序,又可以保境安民,防范大股匪寇或农民起义。这里需要说明的是,吕坤是晚明人士,其活动轨迹主要在嘉靖至万历时期。是时,法律意义上的保甲制度已经推行全国,故其语境中的"保甲"是对明初推行保伍及其他类似保甲制度的概括,其使用的"保甲"一词并不准确,不能视为法律意义上的保甲制度。

所谓保伍制度,是洪武初汉中知府费震赈济旱灾,招安因饥荒沦为匪盗的饥民而采取的措施。史载:"陕西旱,汉中尤甚,乡民多聚为盗,莫能禁。是时,府仓储粮十余万石,震即日发仓,令民受粟。自是攘窃之盗,与邻境之民来归者令为保伍,验丁给之,赖以全活者甚众。"②费震的救灾粮即按照保甲的模式,采取编伍的形式,验丁发放,本质上也是保甲制度在明初特殊时期的临时应急实践,虽然成效明显,但并未普遍推行。宣德元年(1426),广西率先实行保甲制度,巡按御史朱惠"以伍籍空虚,复奏籍民兵,编保甲,令自为守"③。

宣德二年(1427)五月,由于广西部分府县守备空虚,一些少数民族武装勾结山贼,经常劫掠府县。针对这种严重态势,朱惠再次建议"如永乐中防贼事例,于坊市乡村起集民款,编成排甲,置备器械,协同所在巡检司,牌兵委官管领,各守其地"④。从朱惠的建议可以看出,一是实行保甲制度,有利于镇压小规模武装暴动、防御小规模匪盗劫掠。二是永乐时期编制"排甲",已经初具保甲雏形,构建了城乡基础的防御体系。三是保甲武装"委官管领",说明了明代保甲制度承袭宋代保甲模式,恢复之初,即有演变为乡兵或与民兵组织合流的趋势。

正统十三年(1448)十二月,明政府在浙江丽水等县增设县丞,其职责为"专抚民,行保甲法"⑤。之所以增设县丞,是因为"福建浦城县知县张镛言,

---

① (明)吕坤:《摘陈边计民艰疏》,见(明)陈子龙编:《明经世文编》卷四一六《吕新吾先生文集二》,第4509页。

② (明)谭希思:《明大政纂要》卷三,《四库全书存目丛书》史部,第14册,济南:齐鲁书社,1996,第380页。

③ (明)苏濬:《民兵募兵序》,见(清)汪森编《粤西文载》卷五十二《序》,《景印文渊阁四库全书》集部总集类,第1466册,台北:商务印书馆,1986,第597页。

④ 《明宣宗实录》卷二八,宣德二年五月戊申,上海:上海书店出版社,2015,第736页。

⑤ (清)谈迁:《国榷》卷二十七,正统十三年十二月庚辰,第1753页。

丽水等县民相聚劫矿,宜各增置县佐职,专抚民,编成甲次,务令互相觉察,各安生业,不许冒给路引,影射出远,庶盗弭民安"①。从此次增设佐贰官专理保甲事务可以看出,是时明政府不仅广泛实施了保甲制度,而且已经开始设立专司保甲的职官。梁材针对处理郧阳流民的善后事宜,提出"近年流民或脱逃军匠,来历不明之人,给示晓谕,限三月之内,责令里老、保甲、邻佑、房主逐之还籍,毋许窝容居住,如过限逐之不去,及去而复来,许里老、保甲人等拿送州县,正官查照先年题准事例,问发边卫充军。窝主同罪,里老、保甲、邻佑人等,不举者,一体究治,如此则有籍者安之,而不致于转徙,无籍者去之,而不致于啸聚。民志定,版籍实,盗贼息矣"②。可以看出,保甲制度作为一项能够在短时期内奏效的基层治安管理制度,在成化、弘治时期,各地已经普遍使用。

正德时期,王守仁巡抚赣南时,曾实行"十家牌法","其法编十家共一牌,开列各户籍贯、姓名、年貌、行业,日轮一家,沿门按牌查察,遇面生可疑人,即报之官。如或隐匿,则十家同坐"。③ 王守仁针对江西地方官员将"十家牌法""多视为虚文,不肯着实奉行"的实际问题,重申严格执行"十家牌法"的重要性,要求"凡置十家牌,须先将各家门面小牌挨审的实,如人丁若干,必查某丁为某官吏,或生员,或当某差役,习某技艺,作某生理,或过某房出赘,或有某残疾,及户籍田粮等项,俱要逐一查审的实,十家编排既定,照式造册一本留县以备查考,及遇勾摄及差调等项,按册处分,更无躲闪脱漏"④。王守仁认为,实行保甲制度,保长是第一责任人,故再次申谕设置保长的必要性,他认为"在乡村遇有盗贼之警,不可以无统纪,合立保长督领庶众志齐一"。保长由"乡村推选才行为众信服者",保长的职责是"专一防御盗贼"。为避免出现保长"武断乡曲",成为乡村豪强势力,故民间词讼,不许保长参与。遇到盗警时,保长"统率各甲设谋截捕",各甲"俱听保长调度"。若某甲、某家遇警不出,"保长公同各甲举告官司,重加罚治"。⑤

① 《明英宗实录》卷一七三,正统十三年十二月庚辰,上海:上海书店出版社,2015,第3339—3340页。

② (明)梁材:《议处郧阳流通疏》,见(明)陈子龙编《明经世文编》卷一〇五《梁端素公奏议四》,第954页。

③ (明)雷礼:《皇明大政记》卷二十,正德十二年正月,《续修四库全书》史部编年类,第354册,上海:上海古籍出版社,1995,第376页。

④ (明)王守仁:《巡抚江西申谕十家牌法》,见(明)陈子龙编:《明经世文编》卷一三二《王文成公文集三》,第1303页。

⑤ (明)王守仁:《巡抚江西申谕十家牌法增立保长》,见(明)陈子龙编:《明经世文编》卷一三二《王文成公文集三》,第1304页。

　　王守仁的"十家牌法"与商鞅的什伍连坐、王安石的保甲法的理念,一脉相承,如出一辙,都是实行严格的属地化户籍管理,将保甲制度结合当地实际,进一步细化,采取残酷的连坐制度,鼓励举报,以期实现群防群治。虽然手段残忍,但效果显著。王守仁凭借此法,迅速平定赣南"山贼",故此法能够迅速推行全国。王守仁实行的"十家牌法"这一连保连坐方式,往往被后人视为明代保甲制度的完全确立①。

　　明中后期,保甲制度在全国范围内推行。例如海瑞,无论是知县任内,还是巡视南直期间,都大力推行保甲法。他要求年十五岁以上者,无论是原住居民,还是商贾、雇工,都必须尽数编为保甲,以实现"讦奸细,联涣散",并认为保甲制度能够使百姓"出入相友,急难相救,而且在法源上符合儒家先哲"古者井邻里邑比闾族党之意"的社会治理思想②。晚明张裕斋任华亭、丹徒县令时,"禁勾摄、立保甲"③。丘兆麟在巡按河南时,"察官吏、正风俗、修城池、行保甲、练乡兵"。且其"严保甲、练乡兵等事,明旨俞允,责成举行"④。保甲制度在晚明时期已成为维护社会治安、强化社会秩序管控的重要手段。

　　崇祯四年(1631)年底,面对内忧外患的局面,户部尚书毕自严在批复通镇修城的公文中指出,"通镇之为重地,而防御之当急矣",解决措施为"固人心、振士气、筑敌台、治火器、清保甲"⑤。针对江南地方无赖扰乱社会秩序,他认为"以保甲之法搜恶",方能实现"刑政清简"⑥。毕自严虽然一再强调保甲的重要性,然而明末内忧外患,法纪废弛,即使是中都凤阳府,也是"保甲竟成废格"⑦。

　　综上所述,明代自中期开始,人口流动增多,尤其是江南地区赋役负担沉重,赋役不均,放富差贫事件比比皆是,里甲逃亡日益严重。从嘉靖九年

---

①　(明)海瑞:《海忠介公集》卷二《告示·保甲法再示》,《四库全书存目丛书》集部,第406册,济南:齐鲁书社,1996,第489页。

②　(明)海瑞:《海忠介公集》卷二《告示·保甲告示》,《四库全书存目丛书》集部,第406册,第488页。

③　(明)陈继儒:《陈眉公集》卷七《序·贺张裕斋荣转常熟令序》,《续修四库全书》集部别集类,第1380册,上海:上海古籍出版社,1995,第111页。

④　(明)陈际泰:《已吾集》卷七《墓志铭·故少司马大中丞毛伯丘公墓志铭》,《四库禁毁书丛刊》集部,第9册,第644页。

⑤　(明)毕自严:《度支奏议》,《新饷司》卷二十五《覆通镇督治条议修城召买疏》,《续修四库全书》史部诏令奏议类,第486册,上海:上海古籍出版社,1995,第84页。

⑥　(明)毕自严:《度支奏议》,《四川司》卷五《覆御史刘兴秀条陈江南六款疏》,《续修四库全书》史部诏令奏议类,第488册,第504页。

⑦　(明)毕自严:《度支奏议》,《四川司》卷二《题覆凤阳巡抚土民复籍疏》,《续修四库全书》史部诏令奏议类,第488册,第335页。

(1530)桂蕚在江南地区推行一条鞭法起①,直至张居正柄国时推广全国。行使条鞭后,赋役合并,折为征银,分摊田亩中征收。取消力役,将户丁征派改为丁粮征派,赋役一律征银,取代了征收实物和力役的做法,由地方官吏直接办理征税解运,差役也由地方政府用银雇佣。条鞭的推行,简化了征收项目,废除了里甲排年应役制度,将原来由户、丁负担的里甲、均徭改为由田、丁负担,力役折银,在一定程度上削弱了农民的人身依附,使赋役征收打破了里甲界限,导致里甲制度名存实亡。而以强化户籍管理,实现联防联控为目的的保甲制度,则逐渐发挥了维护基层社会稳定的作用。

明代自永乐时期唐赛儿起义后,各地不同规模的起义、暴乱、骚乱、民变等事件一直持续到明末,特别是北部蒙古袭扰和沿海的倭患问题,一直困扰着统治者。实行保甲制度,既能够加强人口属地化管理,维护基本社会秩序,打击各类暴力犯罪,平息小规模起义、暴乱事件,又可以在边、海防地区发挥基础防范作用,对外敌入侵等突发事件,进行初步抵御,在一定程度上缓解了沿边、沿海兵力不足、守备空虚、捉襟见肘的窘迫局面。然而保甲制度在执行过程中也是弊端百出,尤其是实行“一家犯罪,九家连坐,甲长犯罪,保长连坐”这类残酷的株连手段②,虽然在表面上起到了强化治安的作用,但这种连坐制度,从法理而言,即使是在明代,也完全与《大明律》所规定的律条相抵触、与明代的司法理念相背离。尤其在山高皇帝远的边远地带,遇到发生匪盗劫掠等突发事件,因为地方保甲担心连坐而不敢告官,不仅导致民众损失惨重,而且加剧了官民对立,甚至将一些良民逼上绝路,不惜铤而走险,加入到匪盗之中,导致匪盗猖獗,治安问题愈发严重。

四、总甲火甲

总甲是明代基层社会组织和职役的统称,其主要职能为维护社会治安。关于总甲的研究,学界早在 20 世纪 80 年代即有所关注。伍丹戈先生认为总甲在城市设立,由市民担任③。韩大成先生认为火甲设立于城市,其下为总甲,总甲是差役性质④。对于总甲属基层社会组织,执行维护社会治安的职能等问题,学界并无争议,但对于总甲究竟属于城市组织还是乡村组织,

---

① 唐文基:《明代赋役制度史》,北京:中国社会科学出版社,1991,第 290 页。
② (明)赵炳然:《海防兵粮疏》,见(明)陈子龙编:《明经世文编》卷二五二《赵恭襄文集一》,第 2654 页。
③ 伍丹戈:《明代徭役的优免》,《中国社会经济史研究》1983 年第 3 期。
④ 韩大成:《明代城市研究》(修订本),北京:中华书局,2009。

其主要职能是维护城镇治安,还是维护乡村治安的问题上,学界有不同认识。例如伍丹戈、韩大成等先生的观点认为总甲为城市的差役之一,其执行的是维护城市社会治安的任务。但有些学者认为,总甲职责并非为维护城市治安,即使是少数民族地区和乡村也有总甲组织。如李默先生认为明代岭南少数民族聚居区即有"抚徭总甲"①。王昊先生提出了总甲既是乡里组织,也属于保甲组织,只是称谓不同,在乡村称保甲,而城市则称总甲的观点②。陈宝良先生则认为明代总甲制度多数在城市中实行,但在乡村社会,甚至是边疆地区实施总甲制度的事例也并不少见③。王裕明先生对明代总甲制度进行了较深入的分析,他认为"明代总甲设置广泛,社会治安系统、军事建制、徭役组织及商税机构等都设有总甲一职"④。

明代总甲、火甲制度大概始于洪武时期。清初顾炎武认为该制度是"太祖所行火甲良法也。每日总甲一名,火夫五名,沿门轮派。富者雇人,贫者自役,有锣、有鼓、有梆、有铃、有灯笼、火把,人执一器,人支一更,一更三点禁人行,五更三点放人行。有更铺可蔽雨雪,可拘犯人,遇有事则铺之甲乙灯火相接,锣鼓相闻。凡刀枪兵器与救火之具,一损坏有修铺家整理,独飞差与人命事,种种弊端皆总甲当之,甚至数年不结局,此最害事,所当急急更张者。都察院都御史丁公洞察其苦,变其法,以三等九则征钱,官行雇役,总甲火夫何其简便,实成祖北京所行法也。但夜间闻锣声一过,不复再闻,户聚一处,便于抵换,此更当一加意也"⑤。足见明代南北两京俱设总甲、火甲巡更守夜,维护治安。总甲、火甲隶属于五城兵马司,建立在城市坊厢组织基础上。顾炎武所言之"更铺",类似于今之社区警务室。其治安人员最初为按户轮值,与里甲、保甲轮值方式类似,万历以后改为雇役。成化时期士人陆容记述南京"今街市巡警铺夫,率以十人为甲,谓之火夫"⑥。弘治时期,京师已设立巡警铺⑦,说明至迟到弘治时期,两京均已完成巡警铺的设置,总甲制度在两京及各城镇基本普及。这里需要说明的是,成化以降,两京火甲经常成为豪势之家驱使的对象,"京城设铺甲火夫,以防火盗。比年

①　李默:《广东瑶官、瑶兵、瑶田考》,《广东社会科学》1989 年第 3 期。
②　王昊:《明代乡里组织初探》,《明史研究》第 1 辑,合肥:黄山书社,1991。
③　陈宝良:《明代的保甲与火甲》,《明史研究》第 3 辑,合肥:黄山书社,1993。
④　王裕明:《明代总甲设置考述》,《中国史研究》2006 年第 1 期。
⑤　(清)顾炎武:《天下郡国利病书》原编第八册《江宁庐安·火甲》,《续修四库全书》史部地理类,第 596 册,上海:上海古籍出版社,1995,第 67 页。
⑥　(明)陆容:《菽园杂记》卷十一,北京:中华书局,1985,第 139 页。
⑦　(明)陈洪谟:《治世余闻》上篇卷一,北京:中华书局,1985,第 7 页。

以来,为势家所役,财匮于供应,力疲于奔走"①。多数火甲沦为劳役,导致其所发挥的治安职能下降,两京各类治安案件、恶性刑事案件层出不穷。

总甲制度在宣德时期逐渐推广全国,针对河南境内盗贼猖獗的情况,李骥"设火甲,一户被盗,一甲偿之。犯者,大署其门曰盗贼之家"②。这种连坐的方式,其渊源依旧是商鞅、王安石的基层治理理念,而且为后世地方官所遵循。正德时期,为防范南下的刘六、刘七部队,常州知府李嵩在修葺城防的同时,"设巡警铺五十二所"③。这种依托坊、厢组织实行的联防联控城市总甲制度成效显著,不仅成功抵御了刘六、刘七的南下武装,而且嘉靖时期在防守倭寇袭扰方面也发挥了重要作用。晚明蔡献臣认为"总甲、保长原亦周礼北闾族党遗意"④,可见晚明时总甲、保甲并行,并发挥各自作用。然而,叶春及却认为"申明亭外,未闻巡警铺;里长甲首外,未闻总小甲也。总小甲立,有司只以徒役烦之,亦不能任盗贼,故又变为保甲。夫甲一耳,里变为铺、铺变为总,非所谓三保甲哉?故予于乡约之众甲而编之,即以责之巡警而统于保长,分铺而隶,不拘十甲一保之名,则庶乎简径易遵哉?"⑤他的意思很明确,认为实行总甲制度是画蛇添足之举,总小甲只是官府驱使劳役的对象,根本起不到维护基层社会稳定的作用,只有灵活实行保甲制度方能保一方平安。

---

① 《明孝宗实录》卷二〇八,弘治十七年二月庚申,上海:上海书店出版社,2015,第3874页。
② (清)张廷玉:《明史》卷二百八十一《李骥传》,第7202页。
③ (明)郑若曾:《江南经略》卷五《常州府》,合肥:黄山书社,2017,第399页。
④ (明)蔡献臣:《清白堂稿》卷十七《里老总保》,《四库未收书辑刊》第6辑,北京:北京出版社,1997,第527页。
⑤ (明)叶春及:《石洞集》卷七《惠安政书十二·保甲篇》,《景印文渊阁四库全书》集部别集类五,第1286册,台北:商务印书馆,1986,第512页。

第二章　明代江南特殊中枢机构的治安职能

——晚明南京社会秩序及其管控措施

　　明初定都今南京,永乐十八年(1420)北京建成,中枢机构北迁,至正统时期,正式确定了明代两京体制。政治中心虽然北迁,但在南京依旧保留了一套与京师军政中枢机构级别相当,形式上的中央行政、司法、监察班子和军事机关。由于政治中心北迁,特别是两京制度确立后,南京作为陪都,政治色彩已经大幅减退,虽然依旧保持政治中心的架构,但不过是徒具形式而已。南京这套形式上的中央班子,多安置年老、变相贬谪的失意官僚,亦有少部分"乞改南",蛰伏南都,以期东山再起的官员。总而言之,相对京师官员,"南京部臣政权不属,职事高简,为人臣养望之地,非古之行尚书省也"①,意即南都官员多数有职无权,含光混世而已。由于南京政府多数行政职能与京师中枢行政职能发生重叠,导致冗员问题严重,行政效率低下,以致万历三年(1575),神宗谕吏部称"南京职务清简,官不必备,先朝有一人兼掌六部者。自后南京员缺,非紧要者,不必一一推补"②。万历三年(1575)是江陵柄政时期,针对南京冗员问题,张居正在无法突破祖制,大刀阔斧进行改革的背景下,试图以缺员不补的手段,使南京各机构因缺员而自生自灭。虽然此事最终不了了之,但也足见南京冗员问题的严重。尽管如此,南京亦有少数官员、少数职能部门手握大权,对维护南都稳定,促进江南社会繁荣,发挥一定的作用。

第一节　南京中枢机构治安职能概述

　　明代南京又称南直隶,其辖区大致为今苏、皖、沪两省一市,治所为应天

---

① （清）嵇璜、曹仁虎:《续通典》卷二十六《职官·尚书省》,《景印文渊阁四库全书》史部政书类,第639册,台北:商务印书馆,1986,第383页。

② （清）龙文彬:《明会要》卷三十一《职官三·南京吏部》,北京:中华书局,1956,第514页。

府,即今南京市。自成祖迁都后,直至正统六年(1441),南京之名始定。南京的职官设置,除内阁外,与京师大体一致。南京各部副职只设右侍郎,无左侍郎。就权力而言,南京吏部尚书、兵部尚书、刑部尚书、都察院右都御史手握一定的实权。

南京吏部尚书掌握南京官员的自主考核权,"凡南京官,六年考察,考功掌之,不由北吏部"①。尽管掌握考核职权,但仍是"事权不属"②。

南京兵部尚书"参赞机务,同内外守备官操练军马,抚恤人民,禁戢盗贼,振举庶务,故其职视五部为特重"③。从《南畿志》记述可知,嘉靖时期,应天府城内驻军达三十七卫,城外驻军二卫,江北驻军十卫④,应天周边兵力约合二十七万四千余人。如此庞大的兵力,由守备太监、守备武臣和南京兵部尚书共同掌控,故南京兵部尚书位高权重。南京五军都督府只有中军都督府掌管城门钥匙,该职能类似城防司令,其余各都督府只是形式上负责所辖南京军卫的日常作训、管理,不过是徒具虚名而已。此外,南京五军都督府所辖各军卫协防南京治安,巡捕官来自各卫千户、牧马所百户,人员由南京兵部"会同外守备及都察院点选定委",都督府无选用权。巡捕官兵"分为两班更番于城内,分定信地,同各城弓兵及各卫巡捕余丁互相接济"⑤。但其巡捕人员捕获强盗后,只可以使用拶指、杖刑等"常刑"预审,而且要迅速移交给五城兵马司羁押,由五城兵马司按照案件轻重,在三或五日内移交法司⑥。无论是都督府巡捕官兵,还是五城兵马司,均无长期羁押和审、检等权力。

南京刑部在迁都后,因"四方刑名俱归北京刑部",一度形同虚设,直至宣德三年(1428)令南京刑部"止理京城词讼"。弘治元年(1488)将南京刑部司法管辖范围扩大至"附近常、镇等府县,滁州等处卫",而且受理的京外案件还必须是"干连紧关,人证必须提对者"⑦。成祖迁都后,对于应处决的重犯,命令南京刑部"连人卷解北京该部审奏裁决,宣德以后免解京,止送南京

① (清)张廷玉:《明史》卷七十五《职官志四》,第 1832 页。
② (清)嵇璜、曹仁虎:《续通典》卷二十六《职官·历代尚书》,《景印文渊阁四库全书》史部政书类,第 639 册,第 387 页。
③ (清)张廷玉:《明史》卷七十五《职官志四》,第 1833 页。
④ (明)闻人诠:《南畿志》卷三《志戎备》,《四库全书存目丛书》史部,第 190 册,济南:齐鲁书社,1996,第 159 页。
⑤ (明)施沛:《南京都察院志》卷八《堂上职掌》,《四库全书存目丛书补编》第 73 册,济南:齐鲁书社,1996,第 211 页。
⑥ (明)施沛:《南京都察院志》卷八《十三道职掌》,《四库全书存目丛书补编》第 73 册,第 224 页。
⑦ (明)陶尚德、庞嵩:《南京刑部志》卷二《司刑篇·今定职掌》,第 150 页。

大理寺审允"①,即可交付执行。故南京刑部只能"分掌南京诸司,及公、侯、伯、五府、京卫所刑名之事"②,虽然无各类案件的终审权,但掌管南都及其周边府县、卫所刑名的权力,亦足使南京官僚不敢对其小觑。

南京都察院受陈瑛、刘观掌院事时的风气影响,官员"效尤成风,赃秽狼藉"。宣德四年(1429),宣宗任命邵玘掌南京都察院事,在给邵玘的敕谕中,宣宗强调"近年南京都察院官萎靡不立,颓坏宪纪,非惟不能纠正诸司,亦致各道御史恬无畏惮。巡仓库者,通同监守纳户,恣为奸弊。巡钞法者,通同市井商贾,滥受货赂。甚者挟制诸司,肆行嘱托,贪利坏法,非止一端",要求邵玘"务革前弊","竭诚尽力,必公必明,纠正权邪,毋有畏避,毋放纵奸宄,毋枉害良善"③。故邵玘到任后"黜其不肖者二十余人,人服其公明",使南京都察院行政作风"为之一清"④。由于明代都察院事权极大,监察、司法、行政、军事指挥、运输、治水工程等各项权力,几乎无不涉及。明代职官以左为尊,南京都察院无左右都御史,实际负责人为右都御史,可见迁都后,明代统治者在制度设计上有意矮化南京都御史地位并弱化其权力。尽管如此,南京都察院仍然拥有包括"凡刷卷、巡仓、巡江、巡城、屯田、印马、巡视粮储、监收粮斛、点闸军士、管理京营、比验军器,皆叙而差之。清军,则偕兵部、兵科。核后湖黄册,则偕户部、户科","提督操江","领上下江防之事"的权力⑤。"奉敕提督并巡视九江至镇江、苏、松等处江道、沿江军卫、有司,盗贼之事皆属焉"⑥。嘉靖时期"总督操江兼管巡江都御史统制诸守备官",驻扎于江东门外新江口,所辖"操备官旗军一万一千四百八","巡下江御史所辖总督备倭都指挥"兵力分别驻于大江南北的金山、扬州诸卫,松江、盐城诸所等十七地,"巡上江御史所辖守备都指挥"各部兵力驻扎于安庆卫等四处⑦。"凡巡江巡仓等御史,嘉靖二十七年题准受理词讼,查盘仓库,审问因犯,禁革奸弊等项"⑧。南京都察院巡城御史统领各城兵马司管辖南京城内社会治安事务,弘治十四年(1501)又赋予了南京巡城御史对"南京权要家人承揽各处官解织造进用缎匹,强分机户银两者,听巡城御史拿问。权要故纵及占

---

① (明)陶尚德、庞嵩:《南京刑部志》卷三《详刑篇·处决重囚》,第491页。

② (清)张廷玉:《明史》卷七十五《职官志四》,第1833页。

③ (明)施沛:《南京都察院志》卷一《皇纶》,《四库全书存目丛书补编》第73册,第46页。

④ (明)王圻:《续文献通考》卷八十九《职官考续·御史台》,《续修四库全书》史部政书类,第763册,第499页。

⑤ (清)张廷玉:《明史》卷七十五《职官志四》,第1834页。

⑥ (明)申时行:(万历)《明会典》卷二一一《南京都察院》,第1057页。

⑦ (明)闻人诠:《南畿志》卷三《志戎备》,《四库全书存目丛书》史部,第190册,第160—161页。

⑧ (明)申时行:(万历)《明会典》卷二一一《南京都察院》,第1057页。

咨者,指实参奏"①的纠察权力。南京都察院集军事、司法、监察、治安管理、纠察等各项权力于一身。

此外,南京通政使司"掌收呈状,付刑部审理"②,如同司法部门立案机构,但无案件侦查、检察和审判权力。南京大理寺主要职能与京师大理寺基本相同,但处理南京普通刑事案件时,由南京刑部审理案件的各司拟定刑名,经南京大理寺"审允"后③,方能产生法律效力。南京大理寺"审允"这一司法流程,类似行使司法监督的检察权。

南京礼部职能与京师礼部职能类似,从南京《各寺僧规条例》可知,"凡内外僧官,专一检束天下僧人恪守戒律清规,违者从本司惩治;若犯与军民相干者,从有司惩治"。"在京在外僧道衙门专一检束僧道,务要恪守戒律,阐扬教法,如有违犯清规、不守戒律及自相争讼者,听从究治,有司不许干预。若犯奸盗非为,但与军民相涉,在京中礼部酌审,情重者送问"④。南京礼部的司法管辖范围,虽然号称"专一检束天下僧人",但实际上只能管辖应天府城内外的寺院、僧侣,以及进入南京的外地僧、道。南京僧人因内部纠纷而产生的普通治安案件,由南京僧录司、南京礼部受理;涉及僧道与其他军民的案件,情节轻微者,可由南京礼部审理;情节严重者,要移送南京司法机构审判,南京礼部无权审理。

第二节 南京锦衣卫的职能和地位

关于锦衣卫的相关职能,前文已经进行了概述,在此不再赘论。由于明代政治中心北移,在南京依然保留了锦衣卫的建制。两京制度确立后,留守南京的锦衣卫被称为南京锦衣卫。南京锦衣卫与京师锦衣卫相比,除了不再拥有皇帝警卫的职能外,其余职能与京师锦衣卫基本一致,即使是"理诏狱"的刑讯权力,从法理而言也并未失去,只是在实际运行过程中,南京锦衣卫的实权大幅减少。

迁都后留守的南京锦衣卫与南京其他留守各卫一样,很大程度上已沦为了屯田军,但由于其上十二卫亲军和皇帝近卫军的特殊地位,拥有其他军

---

① (明)申时行:(万历)《明会典》卷二一二《南京都察院》,第 1058 页。
② (清)张廷玉:《明史》卷七十五《职官志四》,第 1834 页。
③ 参见(明)王樵:《方麓集》卷一《钦恤疏》,《景印文渊阁四库全书》集部别集类,第 1285 册,台北:商务印书馆,1986,第 107—109、116—119 页。
④ (明)葛寅亮:《金陵梵刹志》卷五十二《各寺僧规条例》,南京:南京出版社,2013,第 610、611 页。

卫不具备的特权等,在史料中经常能看到官方对南京锦衣卫减免税粮的记载。例如"(嘉靖)十四年,题准南京锦衣卫屯粮内拨五千二百三十一石于滁州仓上纳,补足该卫岁用欠数,遇有闰月及或灾伤,听巡抚衙门径自处补,以省输挽。十五年,题准南京锦衣卫等四十二卫各屯田逃故坍江等项,即与查豁开垦,轻则量为升科以足原额"①。虽然官方对于南京锦衣卫一直有优免政策,但是也从侧面证明了留守南京的锦衣卫等亲军主要以屯种为主业的事实。

南京锦衣卫与京师锦衣卫一样,拥有"凡本卫军政官员,例免考察"的特权②。由于锦衣卫地位尊崇,待遇远高于其他侍卫亲军,所以南京锦衣卫"恩功寄禄"冗员尤多③。正统八年(1443)三月,瓦剌归附的也先土干被任命为"南京锦衣卫副千户,给衣服食米房屋器皿等物"④。正统十二年(1447)十一月,鞑靼归附官员阿儿脱台也被任命为"南京锦衣卫带俸镇抚,给冠带、房舍"⑤,南京锦衣卫成为归附少数民族军官的"安置点"。成化时期,传奉官众多,南京锦衣卫安置了相当一部分一步登天的传奉官。这些传奉官多数为冒功、乞恩的宦官弟侄,外戚亲眷和杂流等。仅已故太监黄赐家属获锦衣官者就有十余人,还"俱管事"⑥。弘治元年(1488)被清算的南京锦衣卫指挥佥事章瑾,本是御用监匠人,而且还有"鬻宝石,盗内府财物不可胜纪"的前科劣迹,因其"作奇巧"之物来谄媚宦官梁芳,被传升安置于南京锦衣卫任职⑦。弘治六年(1493)四月,孝宗认为"太庙配享功臣追封王爵者,俱系辅佐太祖高皇帝平定天下,大有勋劳之人,今其子孙有不沾寸禄,与编民无异,量加恩典,俾奉其祀。于是查取开平王曾孙常复、宁河王玄孙邓炳、岐阳王支孙李璿、东瓯王玄孙汤绍宗赴京,俱受南京锦衣卫指挥,使俾各仅其坟墓,以便奉祀"⑧。如此,南京锦衣卫成了一些失势开国功臣后裔的"收容所",这些人虽挂名锦衣卫指挥,但只食禄而不视事,其职责不过是奉祀祖坟而已。南京锦衣卫还是京师政治失意军官、外戚的"集中营"。例如天顺时期,权倾朝野的锦衣卫指挥佥事门达与本卫都指挥使袁彬产生矛盾,

———————

① (明)申时行:(万历)《明会典》卷四二《南京户部·屯田》,第295页。
② (明)申时行:(万历)《明会典》卷二二八《上十二卫·锦衣卫》,第1119页。
③ (明)申时行:(万历)《明会典》卷二二八《上十二卫·锦衣卫》,第1118页。
④ 《明英宗实录》卷一〇二,正统八年三月乙丑,第2060页。
⑤ 《明英宗实录》卷一六〇,正统十二年十一月丁未,第3118页。
⑥ 《明宪宗实录》卷二七一,成化二十一年十月壬寅,第4581页。
⑦ 《明孝宗实录》卷十一,弘治元年二月甲子,第266—267页。
⑧ (明)陈建:《皇明通纪法传全录》卷二十五《敬皇帝》,弘治六年四月,《续修四库全书》史部编年类,第357册,上海:上海古籍出版社,1995,第427页。

门达罗织罪名,构陷袁彬下狱。最终袁彬被谪"调南京锦衣卫,带俸闲住"①,直至英宗去世,门达倒台后,袁彬才重回京师锦衣卫任职。嘉靖时期,弘治、正德两朝不可一世的外戚张氏兄弟失势,昌国公张鹤龄被贬为南京锦衣卫指挥,但不过是"寄禄闲居,实禁锢之"②。嘉靖四十年(1561)三月,"南京锦衣卫指挥徐继勋献白兔,言得之凤阳府凤凰山下,遣成国公朱希忠告太庙,群臣疏贺"③。且不论是时朝堂政治氛围,徐继勋作为南京禁卫指挥使,居然无所事事,用号称中都凤凰山下的白兔作为祥瑞之兆,粉饰太平,去迎合世宗迷信道教的斋醮活动来邀宠。

尽管南京锦衣卫多数军官、校尉不务正业,但也不乏正义敢言之士。景泰三年(1452)九月,南京锦衣卫镇抚司军匠余丁华敏不顾自身仅是军匠余丁的卑微地位,愤而上疏,痛斥宦官干政的时弊,并直指宦官对朝政的十大害,其疏所指弊端句句是实。虽然最终朝堂部议结果又是不了了之,其建议未能实行④,但也足见南京锦衣卫普通军匠余丁关心国事、犯颜敢谏的勇气和正义之举。

在政治方面,南京举行武举时,"南京兵部尚书会同南京各府掌印官并南京锦衣卫掌印官于教场各考验",南京都察院"差御史一员监试"⑤。"遇皇太子千秋,笺文该差南京锦衣卫指挥一员赍捧"⑥。南京锦衣卫掌印官与南京兵部尚书、南京五军都督府各府都督一起考核武举生员,以及代表南京武官为皇太子生日奉笺等也是其尊显地位的表现。

在司法领域,"凡南京内官、内使有犯","情轻者暂发南京锦衣卫知在"。⑦ 南京审录重囚时,"但有该决重囚,会南京五府六部、都察院、通政司、大理寺、锦衣卫堂上官并六科"会审;凡处决重囚十人以上,必须由南京都察院御史和锦衣卫监斩官"赴京复命";"决囚相视照旧会南京锦衣卫

① (清)张廷玉:《明史》卷一百六十七《袁彬传》,第 4510 页。
② (明)范守己:《皇明肃皇外史》卷十四,嘉靖十三年十月,《四库全书存目丛书》史部,第 52 册,济南:齐鲁书社,1996,第 122 页。
③ 《明世宗实录》卷四九四,嘉靖四十年三月辛未,第 8198 页。
④ 《明英宗实录》卷二二〇,景泰三年九月辛卯,第 4746—4748 页。
⑤ (明)王圻:《续文献通考》卷四十七《选举考·武举乡试条格》,《续修四库全书》史部政书类,第 762 册,第 575 页。
⑥ (明)申时行:(万历)《明会典》卷二百二十七《五军都督府·南京中军都督府》,第 1117 页。
⑦ 《大明律》卷一《名例律·职官有犯》,《续修四库全书》史部政书类,第 862 册,上海:上海古籍出版社,1995,第 388 页。

官"①。南京锦衣卫在遇到重大案件时，行使类似检察权的司法监督职能。遇到突发事件，南京锦衣卫的监狱还能作为南京刑部监狱的备用监管场所，集中羁押囚犯。正德后期江西宁王叛乱，"南京戒严，刑部重监、轻监人犯，俱移锦衣卫狱，事宁复初"。之所以启用南京锦衣卫监狱，是因为此监狱"旧有大墙，总括三法司、京畿道在内"，"法司缓急有备，免越狱之虞"②。南京锦衣卫还会同其他驻南京军卫进行沿江保卫，领十六所，其兵力大体为"指挥二十八员，千户三十七员，百户七十九员，吏旗军校匠余二千四百余名"③。南京城内由"锦衣卫、五城兵马司禁约赌博，缉捕盗贼，巡城御史通行提调"，"在京捕盗官兵人等，遇有地方劫杀人财，不行用心缉捕，听锦衣卫堂上官并巡城御史指实参奏拿问"④。在南京的巡防工作中，南京锦衣卫不仅行使侦查、巡逻防控职能，而且还继续行使军事纠察、军法执行等权力。

此外，南京锦衣卫在弘治前还继续保留行使杖刑的权力。官修《明史·刑法志三》认为廷杖是明代刑法"不衷古制"的产物。由于政治中心北迁，使南京锦衣卫缺少了对朝臣行使廷杖的机会。迁都后，南京第一次廷杖大臣发生在成化十八年（1482），是时，宪宗指责南京御史的奏疏中有错字，命令南京锦衣卫在南京午门前将当事人各杖二十。此后二十余年南京再无廷杖事件，以致出现了正德时期刘瑾矫旨杖南京御史李熙，由于"南京禁卫久不行刑"，行刑杖技法早已生疏的情况。尽管南京锦衣卫接旨后，还特意选士兵练习了数日才行刑，仍出现了险些将当事人当场杖毙的事件⑤。南京锦衣卫之所以在正德时期已不会行刑杖，是因为按照惯例，南京都察院与南京刑部"当杖断罪囚时，例委御史、主事及南京锦衣卫千、百户会同杖断"，由于行刑场所距离南京锦衣卫驻地距离较远，监刑的千户、百户常常不能准时到达，以致执行拖延，负责行刑的锦衣卫校尉则借机敲诈勒索罪囚钱财，而且行杖后，往往天色已晚，犯人无处安置。因此，弘治十年（1497），时任南京都察院右都御史张悦上疏，请求不必再用南京锦衣卫人员行刑、监刑，地方火甲完全能胜任实施刑杖的任务。然而张悦的建议，引发了南京锦衣卫的不满，"南京锦衣卫复以旧例执奏，事下法司再议"⑥。由此可见，迁都后的南

①　（明）施沛：《南京都察院志》卷八《堂上职掌》，《四库全书存目丛书补编》第73册，第211页；卷八《十三道职掌·刑名事例》，第224页。
②　（明）顾启元：《客座赘语》卷十，"移囚"，北京：中华书局，1987，第346页。
③　（明）施沛：《南京都察院志》卷十二《操江职掌四》，《四库全书存目丛书补编》第73册，第342页。
④　（明）施沛：《南京都察院志》卷二十《五城职掌》，《四库全书存目丛书补编》第73册，第550页。
⑤　（清）张廷玉：《明史》卷九十五《刑法志三》，第2331页。
⑥　（明）施沛：《南京都察院志》卷四十《志余》，《四库全书存目丛书补编》第74册，第491页。

京,虽然鲜有杖刑朝臣的事件,但南京锦衣卫对普通军民实施杖刑的权力依旧保留,而且还不许他人染指。张悦的建议最终得到孝宗同意,南京锦衣卫行杖的权力被地方火甲取代,这也就是成化十八年(1482)南京午门廷杖多位御史时,南京锦衣卫校尉、力士能轮番执行,而至正德时期,新一代校尉、力士已经完全不谙杖刑技法的原因所在。

第三节　南京中枢机构治安管理分工及司法流程

明代南京作为南方政治、经济中心,是典型的古代大都会。应天府城中,军民无论贫富,杂居一城之中。在应天府城中聚集着各阶层人士,既有世袭罔替的贵胄,又有主政南直的官僚群体,还有拱卫南都的大量驻军,以及流动的商贾,更多的是社会底层的普通民众。南都复杂的社会结构和特殊的城市地位,在充满各种机会、诱惑的同时,各种社会矛盾也无处不在。在应天府城中,既有被商业发展及大都市诱惑所吸引来的大量流动人口,又有因贫困等原因铤而走险,从事不法行为的居民,还有特权阶层庇护下形成的地方黑恶势力,治安形势相对江南其他地区更为复杂。针对应天这样特殊的城市,明政府的社会管控模式也进行了适当的调整,形成了从基层组织到南京三法司这样一个多层次的管控模式,多头并举,维持南京社会有序运行。

一、南京治安机构管辖范围及司法流程

从永乐迁都到正统六年(1441)两京体制确立,直至明亡,南京中枢军政机构的管辖范围仅限于南直隶,就社会治安领域而言,这就使南直隶地区出现了职能重叠,多重管理的问题。如果没有一个明确的分工,必然出现权力边界模糊,越权执法、越权行政或推诿扯皮,行政效率低下的后果。以应天府为例,南京锦衣卫在迁都后已经失去了皇帝内卫的职能,但维护南都社会治安的职能,则依然在其权力范围之内。除南京锦衣卫外,南京城内留守军卫皆有巡防城市、维护治安的职能。南京"五城兵马司防捕之官,设于都城之内外"[①],其管辖范围为应天府城及其周边地区,这就与应天府及其上元、江宁二附郭县的治安管辖范围完全重叠。如果单纯从表面上看,似乎存在一个五级(南京军卫、兵马司、府、县、字铺或保甲)防控的体系,然而在实际

---

①　(明)闻人诠:《南畿志》卷一《总志一·南都纪》,《四库全书存目丛书》史部,第190册,第135页。

操作中,以京师为例,王天有先生认为"五城兵马指挥司掌管巡捕盗贼、疏通街道沟渠及囚犯、火禁之事,地位相当于宛、大知县,但不属于顺天府尹管理,而隶属于巡城御史"。"可见京师五城之权已不属于顺天府,顺天府权力多在京师城外"①。京师如此,南京亦然。"南京五城兵马指挥司各司职掌巡捕及街道沟渠囚犯等事,皆与五城兵马司同"②。应天府府城内的日常治安巡防工作则是由各巡城御史分管下的各城兵马司来进行,军卫只是起协防作用。如此一来,应天府城内的治安管辖权由南京都察院系统掌管,南京锦衣卫及其他留守军卫则继续执行军事纠察、武装捕盗、秘密侦查的职能。而应天府和上元、江宁二县的治安职能,很大程度上要在城外实行。

从成化八年(1472)南京巡城御史将捕获人犯移交本院山东道,结果引发南京都察院高官不满的事例,可以看出两京中枢机构受理都城案件的流程:

> 南京巡城御史郑节将犯人郭泰参送南京山东道问理,时都察院参称,北京一应大小词状例该通政司受送各衙门施行,至于等项巡视御史纵有分内当行词状,俱发该城兵马司转送刑部问理,其各衙门未尝敢受片纸词讼,系是定例。今南京巡视御史各有擅受词状,径送该道问理,未免事体不一,人难遵守,今后凡有一应词状,俱由通政司受送各衙门断理,其御史照北京政体,各要本分行事,一体遵行。③

从上面的记述可知,按照京师的案件受理流程,都城内的各类案件均由通政司按照案件性质、情节不同,分发到相关机构审理、执行。如果是巡城御史因处理突发事件,或当场抓捕现行违法犯罪人员,应及时移交事发地的兵马司预审,再由兵马司移交刑部审理,不能由都察院系统直接处理。之所以都察院不愿意直接受理都城治安、刑事案件,可能是由于两京都察院事权过大,不直接受理普通治安、刑事案件,既能避擅权、越权之嫌,又能摆脱琐事困扰,减轻庶务压力。然而到了晚明,此规已成一纸空文。"南都之事,有一至大而且要者尚未裁正。盖祖宗之法,特设三法司,凡各衙门之事,干系刑名者,即参送法司,而各衙门不得擅自定罪。无非详刑慎狱之意。今各衙

---

① 王天有:《明代国家机构研究》,第六章《地方机构》,北京:故宫出版社,2014,第234页。

② (明)申时行:(万历)《明会典》卷二二五《五城兵马司》,第1109页。

③ (明)林希元:《同安林次崖先生文集》卷一《奏疏·陈情辩理疏》,《四库全书存目丛书》集部,第75册,济南:齐鲁书社,1997,第439页。

门尚参送,而巡城有事,径发兵马司取供,此则道中之新例,而非祖宗之成法矣。然事关科道,谁敢言之"①?何良俊的意思是,在最初的制度设计中,刑事案件必须由三法司受理,而非其他行政部门。而巡城御史直接发兵马司处理案件的行为是都察院系统不合法的"土政策",但是由于事关科道,无人敢指责,以致习惯成自然,不合程序的行为成了约定俗成的惯例。

万历时期,王樵在其文集中多次记述巡城御史直接受理案件,再移交刑部各司审理的事例。例如万历二十年(1592),苏州府吴县发生一起因夫妻纠纷引发丈夫自缢身亡的案件。事发后"总甲武祐具呈巡视李御史处,参送贵州司审检明白",南京刑部拟定罪名和量刑后,将判决结果"送南京大理寺审允"。如果说此夫妻纠纷导致一方自杀的案件属于京外案件,那么同是万历二十年(1592)发生的朝天宫道士王清义伙同民户孔心旸、沈三等殴死窃贼贾万春案和南京广洋卫军户何应举殴打邻居陈盛致死案,则完全为应天府城内发生的刑事案件。王清义等殴死窃贼案,由死者之弟贾万钟"具告巡视张御史处","蒙参送四川司审检明白",拟定罪名并量刑后,将判决结果"送南京大理寺审允"。何应举殴死邻居案,由死者之兄陈连"具告巡视李御史,参送浙江司审检明白",也是由南京都察院系统的巡城御史进行预审后,移交南京刑部,由刑部拟定罪名并量刑后,将判决结果"送南京大理寺审允"②。所谓"参送",即案件侦查主体(巡城御史)责成五城兵马司将预审结果("参语")连同案犯一同移送刑部相关司,由刑部相关司对案犯进行审判,类似于今公安机关侦查终结。是时,王樵任职为"南京刑部署部事、南京大理寺卿",是南京最高职务的理刑官,从他对这些案件的记述看,他并未认为巡城御史先行预审,再将案件移送刑部各司审理是越权违制之举,而是认为各受理案件巡城御史的行为是完全合理合法的司法程序。

吴元年(1367)朱元璋即创设了御史台,洪武十五年(1382)御史台改组成都察院。在明代的制度设计中,都察院被赋予行使监察权,执行的是监察职能,而非警察、检察和审判职能。然而在制度实际运行过程中,都察院的事权不断扩大,各地督、抚、按无不出自都察院,河道管理、漕运管理也均由都察院负责。中期以降直至明亡,都察院佥都御史以上的官员又被赋予提督军务的权力,无论是边防军备还是对内、对外作战,都察院官员的身影无处不在。都察院所辖"十三道各协管两京、直隶衙门;而都察院衙门分属河

---

① (明)何良俊:《四友斋丛说》卷十二《史八》,北京:中华书局,1959,第104页。
② (明)王樵:《方麓集》卷一《钦恤疏》,《景印文渊阁四库全书》集部别集类,第1285册,第107—109页。

南道,独专诸内外考察"①。所谓"协管",已不仅仅是单纯意义的监察职能,
而是行使行政管理职能。都察院的河南道还负责内外考察,权力尤大。

南京都察院"凡刷卷、巡仓、巡江、巡城、屯田、印马、巡视粮储、监收粮
斛、点闸军士、管理京营、比验军器,皆叙而差之。清军,则偕兵部、兵科。核
后湖黄册,则偕户部、户科"。提督操江一人,"领上、下江防止事"②。可见,
南京都察院事权极大,南都各类事务几乎无所不包,无所不管。

社会治安的具体管理,从古至今都是遵循属地化原则,即治安主要职责
由基层政府的相关机构来执行。南京作为一个拥有留都地位的特殊城市,
在应天府城中存在着三级治安管控模式,即留守中枢机关、应天府、附郭县,
三者都拥有治安管辖权。应天府城内的治安管理主要由巡城御史指挥下的
五城兵马司与地方火甲负责,附郭县的治安管理职能更多体现在城外。即
便如此,在治安、刑事案件的处置上,也会出现多头管理。例如张澄欲诬陷
谢良栋伤人,是去巡抚衙门报案,再由巡抚衙门批转六合县审理。刘世延家
人薛继松、佘秋芳敲诈客店店主查继宗,诬陷查继宗故意窝藏强盗,而查继
宗不堪被讹诈,去操江衙门报案,此案由提督操江御史批转应天府理刑厅
受理③。

刘世延家仆骗女敲诈一案,其侦审流程非常清晰地反映了当时刑事案
件的处理过程。季奉被刘世延家仆绑架、敲诈后,心中不甘,去巡城御史处
报案。巡城御史"准拘"。案犯鲍凤畏罪潜逃,巡城御史令西城兵马司缉捕
鲍凤归案,鲍凤被西城兵马司抓获后,"林御史批仰该城会同东、南二城掌印
官查照律例,议拟参送,随该本城会同东城陈兵马、南城王兵马提取徐宾等
到官,会审明白,具供呈详,批城参送,前来究审"④。可见南京城内多数重
大刑事案件处理流程基本是被害人家属或总甲到巡城御史处报案,巡城御
史受理案件后,责令属地兵马司侦办,兵马司抓获嫌疑人后,由巡城御史组
织兵马司相关人员进行预审,再由巡城御史根据嫌疑人情节轻重与否,决定
是否将嫌疑人移交南京刑部审判。该司法流程与现代司法程序已经非常类
似。南京刑部审判结果经大理寺"审允"后,即可视为审判终结,只有涉及死
刑案件,才报南京三法司会审复核。这里顺带补充一个案例,万历后期在宫

---

① （清）张廷玉:《明史》卷七十三《职官志二·都察院》,第 1769 页。
② （清）张廷玉:《明史》卷七十五《职官志四·南京都察院》,第 1834 页。
③ （明）王樵:《方麓集》卷一《勘覆诚意伯刘世延事情疏》,《景印文渊阁四库全书》集部别集类,第
 1285 册,第 126、127 页。
④ （明）王樵:《方麓集》卷一《勘覆诚意伯刘世延事情疏》,《景印文渊阁四库全书》集部别集类,第
 1285 册,第 128 页。

中发生了袭击太子的梃击案,宫中值守人员将行凶案犯张差抓获后,移交给巡城御史刘廷元。刘廷元对张差进行简单预审后,连夜移交刑部羁押。刘廷元的行为,往往被诉病为"甩锅"、推卸责任。其实,作为巡城御史,刘廷元的行为完全是按照司法程序进行。

巡城御史组织兵马司预审后,再将案件及嫌疑人移交刑部,此举或可视为都察院掌握了审查起诉的权力,带有一定的检察色彩。由此可见,晚明南京都察院不仅完全拥有了刑事案件的侦办权、预审权,而且还获得了案件审查起诉权。刑部行使审判权,大理寺行使的则是检察权。大理寺的"审允"并不是"审判",而是审查同意,类似于法纪监督、审判监督,属于行使检察职能。

由于南京案件受理、侦办呈现多头管理模式,各机构间的权力边界模糊,故经常会出现各司法、行政机构争夺或扩张裁量权的事件,直接导致程序烦琐、效率低下,或造成冤狱丛生,或使违法犯罪人员逍遥法外。

二、五城兵马司非城市警察机构

在现代社会,负责社会治安管理的法定机构是公安机关。有学者认为五城兵马司是城市警察机构,因为"五城兵马司既有抓捕、审讯的权力,又设有收监人犯之牢狱,其司法独立性逐渐彰显"[①]。那么五城兵马司究竟是不是明代的城市警察机构呢?我们可以通过对比现代警察职责与古代治安机构职责进行讨论。

根据2012年修正的《中华人民共和国人民警察法》第二条之规定:"人民警察的任务是维护国家安全,维护社会治安秩序,保护公民的人身安全、人身自由和合法财产,保护公共财产,预防、制止和惩治违法犯罪活动。"

第六条警察履行的职责主要包括:"(一)预防、制止和侦查违法犯罪活动;(二)维护社会治安秩序,制止危害社会治安秩序的行为;(三)维护交通安全和交通秩序,处理交通事故;(四)组织、实施消防工作,实行消防监督;(五)管理枪支弹药、管制刀具和易燃易爆、剧毒、放射性等危险物品;(六)对法律、法规规定的特种行业进行管理;(七)警卫国家规定的特定人员,守卫重要的场所和设施;(八)管理集会、游行、示威活动;(九)管理户政、国籍、入境出境事务和外国人在中国境内居留、旅行的有关事务;(十)维护国(边)境

---

① 罗晓翔:《从刘世延案看明末南京治安管理与司法制度》,《明清论丛》第12辑,北京:故宫出版社,2012,第194页。

地区的治安秩序；(十一)对被判处拘役、剥夺政治权利的罪犯执行刑罚；(十二)监督管理计算机信息系统的安全保护工作；(十三)指导和监督国家机关、社会团体、企业事业组织和重点建设工程的治安保卫工作，指导治安保卫委员会等群众性组织的治安防范工作；(十四)法律、法规规定的其他职责。"

第二十六条规定担任人民警察应当具备下列条件："(一)年满十八岁的公民；(二)拥护中华人民共和国宪法；(三)有良好的政治、业务素质和良好的品行；(四)身体健康；(五)具有高中毕业以上文化程度；(六)自愿从事人民警察工作。有下列情形之一的，不得担任人民警察：(一)曾因犯罪受过刑事处罚的；(二)曾被开除公职的"。

第二十七条规定："录用人民警察，必须按照国家规定，公开考试，严格考核，择优选用。"

通过上述《人民警察法》相关条款可知，在现代社会，警察组织负责管控社会治安，处理治安案件，打击各类刑事犯罪。警察拥有在一定时期内羁押嫌疑人的权限，拥有行政处罚权和预审权。警察在预审中视嫌疑人情节轻重，决定是否移交检察机关提起公诉。警察对于非暴力的民事纠纷，只有调解权而无裁判权等。警察的录用非常严格，不仅有文化程度要求，而且强调自愿的原则。

明代弓兵、火甲、衙役等，均属"力役"范畴，是徭役的一部分，晚明时期将徭役改为征银，不愿意服徭役者也可以拿银请人代役。这些在兵马司等机构充当弓兵、火甲等的人员，不仅工作压力大、收入微薄，而且从事此类工作多数并非其自愿行为，一般是不得已而为之的应役或代役。由此可见，兵马司只能视为巡城御史掌管下的巡防机构，且其一线外勤人员构成既不是现役军人，也不是专职警务人员，完全是由地方服徭役或代役人员组成。即使在明代，两京兵马司不仅无行政处罚权，更无刑事裁定权，亦非法定执法机构，兵马司的各项司法权力均由提调兵马司的巡城御史掌控。即使是入流的兵马司军官，其司法权力也是微乎其微，完全听命于提调的巡城御史。兵马司的弓兵、基层政府巡捕人员、地方总甲、火甲等所执行的巡捕职能，最多类似现代社会的辅警、保安、治安联防队的职能而已，绝不应该视为古代警察。(万历)《明会典》载，"凡南京各卫巡捕人员，弘治八年题准，若捕获强盗，止许追本犯赃仗用讯杖，并拶指常刑，及暂送兵马司收监，小事二日，大事五日，径送法司收问，并不许私置监房，滥用夹棍等刑，逼招平人，仍不许将有赃窃盗,不送法司,展转引禀守备衙门发落,违者听南京科道指实举奏"①。即使是留守南京正规军的巡捕武装抓获匪盗,尚且严禁私设公堂、滥用刑罚、随意留置羁押嫌疑人,更何况由火甲构成的兵马司?兵马司确实有设立监狱,但其监狱不过是临时羁押留置场所。如果非要拿五城兵马司的监狱和现代社会的羁押场所进行比较,那么兵马司的监狱最多算拘留所、留置室而已,连看守所都算不上。从小案三日内、大案五日内移交刑部的规定可知,军方巡捕组织和兵马司根本不具备预审权力,即使案件预审,也必须由都察院系统的巡城御史组织实行,而非授权或委托军方、兵马司的总甲、火甲进行。

综上所述,判定古代政府组织是否为警察机构,主要是看该组织人员构成,以及该组织是否具备法定执法权力,对于治安案件、刑事案件是否具备预审权力。明代两京兵马司人员由服徭役的火甲构成,既不具备法定执法权,又不具备预审权力,无法将其认定为警察组织或警察组织雏形。在我国直至晚清引进近代警察制度之前,根本没有真正意义的警察组织。近代之前的警察权不是集中于一个行政或司法组织中,而是被分散到各个职能部门,司法实践中多数时候是政法不分,政府各行政机构只要有相应管辖权,即可以受理案件,甚至可以进行预审,拥有一定的处罚权和执行权。

第四节　南京振武营兵变及其平息

南京振武营兵变是发生在嘉靖三十九年(1560)二月的一次哗变事件。振武营之所以发生哗变,其原因是按照惯例,南京军卫"月米有妻者一石,无妻者减十之四,春秋二仲月每石予折色银五钱,及马坤为南京户部尚书,奏减折色银为四钱,诸军始怨。懋官性刻削,各月各卫送支册,必诘其逃亡多寡,又奏停补役军丁妻粮,诸军益不堪。是时,坤已召入为户部,代之者尚书蔡克廉病不事事。比岁大侵,米石至银八钱,军中争求复折色原额,不见理。每月常以初旬给各军粮,是月已再旬,懋官犹未支给"②。南京振武营为南京兵部尚书张鏊为抗倭而招募的人员,其兵员构成为"淮扬矫捷者"③,"大抵皆恶少游手无赖者"④。不难看出,振武营是为抗倭而招募的雇佣军,且

---

① (明)申时行:(万历)《明会典》卷一八〇《南京刑部》,第916页。
② 《明世宗实录》卷四八一,嘉靖三十九年二月丁巳,第8031页。
③ (清)张廷玉:《明史》卷八十九《兵志一》,第2183页。
④ 《明世宗实录》卷四八一,嘉靖三十九年二月丁巳,第8032页。

兵员素质极差,而南京户部尚书奏减折色银,士兵要求恢复,却不被南京户部理睬。南京户部侍郎黄懋官不仅"刻削",而且拖延发放军粮,最终引发振武营哗变。何良俊认为,黄懋官的刻薄是导致哗变的主因,因为黄懋官不仅对士兵苛刻,甚至对体制内的中下级官员都不放过,何良俊自己的禄米都被扣减,"一石只九斗四五升矣"①。需要指出的是,此次哗变虽名为振武营兵变,但带头人并非振武营士兵,而是孝陵卫士兵周山。《南枢志》记述了叛乱始末:

> 孝陵卫卒周山等首倡乱,以十九日薄暮入城,分布朝阳、通济门内及栢川桥诸要路。至子夜,诸卫卒欲赴营待操,山等各遮留诸卒勿赴营,俱随我至总督府丐月廪。众从之,遂走会同馆傍围懋官居第,鼓噪不已,山等首破关拥入。懋官仓皇出白金四镒遗之,令其解散。诸乱卒闻之,并众拥入。懋官窘迫,逾墙欲自避匿,堕伤殆绝,其妻先亡,诸卒出其尸,掠其含敛及诸橐装而去,复索得懋官群朴,俱下毙之,仍舁至大中桥,缚系坊上。时新江口操卒闻城中乱,亦鼓谋拥入,四掠商民,复突入内厂,欲刺守备不得。府部诸大臣闻之,急出示谕,不听。诚意伯刘世延谕之,稍戢,仍不解散。翼日,九卿科道大会于守备厅。兵部侍郎李遂抚安之,且议发赈每卒予一金,以补减折粮饷,令赴演武场,受讫乃去。已而闻军中藉藉有言,朝廷将尽诛之。各营兵阴相约,欲叛入海。遂患之,与尚书张鏊议曰:诸叛卒虽从宜抚处,而首恶未诛,非法也。不闻元魏禁军攻统军张彝之事乎?且众尚汹汹,必俟奏报处,万一泄机,奈何乃托病闭阁卧?给各军安家小票各一纸,以安众心。密召坐营官华恩等入卧内受计,令刺访首恶,得周山等二十五人,各掩捕下狱,因驰奏请处分。三月,南京守备太监何绶、魏国公徐鹏举、临淮侯李庭竹、兵部尚书张鏊、侍郎李遂以振武营兵变闻。②

在南京的何良俊也目睹了当时南京城内的危机状况:

> 殛杀黄侍郎懋官,悬其尸于大中桥牌坊上,大众喧哄,憾犹未释,自下攒射之。南京大小九卿集议于中府,大众拥至中府,诸公惶遽无措,

---

① (明)何良俊:《四友斋丛说》卷十二《史八》,第98页。
② (明)范景文:《南枢志》卷一百七《征发部》,《中国方志丛书·华中地方》,台北:成文出版社有限公司,1983,第2989—2993页。

逾垣而出,去冠服,僦蹇驴,奔进逸去,人情汹汹。是日苟不定,若至夜中一放火烧劫,则事不可解,而贻祸于朝廷者不小矣。幸刘诚意招诱至小校场,户部出银四万分给之,众稍定。是日余适携酒于鸡鸣寺,请袁吴门尊尼在寺后冈上,亲望见军士以枪杆击魏国纱帽,诚意慰谕,移时乃稍稍散去。①

通过上述两段史料的记载,我们不难看出,由于事发突然,南京留守官员多数手足无措,威风扫地,竟纷纷越墙、骑驴逃窜。只有诚意伯刘世延、南京兵部侍郎李遂二人处变不惊。与惊慌失措的南都公卿相比,刘世延、李遂面对乱兵辱尸,群情激愤,四处劫掠,用枪杆敲击魏国公纱帽示威的危险局面,敢挺身而出,尽力平息哗变。刘世延先在南京中军都督府宣谕乱军,称"尔辈但求赏易耳,能从我,惟尔所欲"!李遂则公开表示向上汇报时,对乱军"不得称叛",使乱军稍安②。既而刘世延、李遂又亲赴小校场安抚乱军,暂时缓和局面。

刘世延能挺身而出,应对危机,处理危局,看似勇气和能力远胜留都众多文武,实则不然。刘世延当时只是一个不经世事的袭爵少年,虽然其行为可以善意地理解为初生牛犊不怕虎,但由于刘世延"少年佻脱,轻许至十万金",其信口开河、随意承诺的行为使南京兵部侍郎李遂面临极大的麻烦。李遂只能软硬兼施,先承诺对乱军不称"叛乱",又反复强调自己亲眼看见黄懋官跳墙不慎摔死,而非被乱军所杀,稳定住哗变士兵的情绪。李遂之所以如此,是因为按照明律,军队叛乱属于诛九族的重罪,而以下犯上,打死官长,属于"十恶"之中的"不义"行为,亦是不赦之罪。故李遂以此方式来缓和矛盾,稳住哗变军士的情绪。既而李遂发放拖欠银两,而乱军认为刘世延已经许诺重金,李遂发放的钱有些少,因此李遂只能以刘世延"不晓事",又是待罪"闲住"之身等言语来敷衍。同时,李遂威胁乱军,声称自己平倭寇时编练的三万精兵驻扎在扬州,已经闻讯驰援南京,如果乱军再纠缠不休,四处劫掠,这三万精兵渡江后一定会武力弹压,届时对乱军将很不利,难以收场。李遂又以给"各军安家小票"的形式继续进行安抚,稳定军心。同时,又令坐营官密捕兵变带头士兵二十五人,使参与哗变士兵群龙无首,遂为乌合之

---

① (明)何良俊:《四友斋丛说》卷十二《史八》,第 97 页。
② 《明世宗实录》卷四八一,嘉靖三十九年二月丁巳,第 8032 页。

众,难成燎原之势,最终平息兵变①。

南京兵变,虽名为振武营之变,但事实上涉及南京诸多军卫,其带头人之一周山也并非振武营士兵。之所以用振武营之名,大概是因为参与哗变者以振武营士卒居多,且振武营为招募士卒组建,而非世袭军卫。史家将这次哗变以振武营命名,可能也是晚明时期士大夫对"祖宗之法"的世袭卫所制度与募兵制孰优孰劣争端的缩影。虽然这次哗变始末缘由并不复杂,但从中我们可以看出,这次哗变是一个量变到质变的过程,不仅是南京军卫积弊的大爆发,更是明代南京治安混乱、应急处理突发事件能力薄弱的真实写照,同时也是南京部分官员刻薄少恩,对南京军民敲骨吸髓、竭泽而渔般搜刮行为的缩影。故何良俊慨叹"此风一长,民何以堪?不但军家杀黄侍郎,百姓亦将操戈矣"②。

迁都后南京防卫、社会治安管理形同虚设之弊由来已久,景泰元年(1450),大理寺右丞李茂言奉命巡视南京兵备,发现"南京兵备实多废弛",操军竟然"止用纸布盔甲"③。景泰四年(1453)正月,由于南京都察院裁撤巡捕官军,随即发生了"羽林卫千户吴海、曹隆等聚众行劫"的恶劣案件④。是年九月,"南京守备宁远伯任礼、尚书张凤、都督赵伦等不严守卫,致奸人身服黄绢衣擅入皇城至阙右门"。景泰帝对此次奸人混入宫禁事件的处理结果,居然是"诏置不问,但录状以示,如仍怠忽必重罪"⑤。皇城居然能让社会闲散人员混入,其防控之松弛可见一斑。这种不痛不痒的处理结果,不仅不能整顿南京混乱的防控,反而只能助推守备官员玩忽职守的态度,"南京城中盗出入自如"⑥,正德六年(1511)又发生了洪武门金兽环在有士卒看守的情况下被盗的恶性案件。南京御史周朝佐明确指出南京"军士占役私门,其把总管队官又皆非材,何以御寇"⑦?"大小教场并神机营士卒皆为豪门私占"⑧,训练废弛,战斗力薄弱,守备空虚的状况,在正德初已成常态。

不仅南京城防、皇宫守卫松弛,连戒备森严的南京刑部天牢,在正德七年(1512)、嘉靖二年(1523)竟然也发生了集体越狱事件。迁都后,南京刑部

---

① (明)朱国桢辑:《皇明史概·皇明大事记》卷三十一《南京兵变》,《续修四库全书》史部杂史类,第430册,上海:上海古籍出版社,1995,第571—572页。

② (明)何良俊:《四友斋丛说》卷十二《史八》,第99页。

③ (明)范景文:《南枢志》卷九十七《留务部》,《中国方志丛书·华中地方》,第2674—2675页。

④ (明)范景文:《南枢志》卷九十七《留务部》,《中国方志丛书·华中地方》,第2683页。

⑤ (明)范景文:《南枢志》卷九十七《留务部》,《中国方志丛书·华中地方》,第2685—2686页。

⑥ 《明武宗实录》卷七六,正德六年六月癸未,上海:上海书店出版社,2015,第1664页。

⑦ (明)范景文:《南枢志》卷九十七《留务部》,《中国方志丛书·华中地方》,第2701、2703页。

⑧ 《明武宗实录》卷七六,正德六年六月丁酉,第1672页。

天牢内已无因言获罪的官员,羁押的囚犯基本为恶性刑事犯罪的未决或已决罪犯。关押这类暴力犯罪人员的羁押场所,无论古今,防卫不可谓不严。然而正德七年(1512)六月的一个午后,在押犯韩颜等六七人,越狱上了夹道墙,并抛墙瓦击打追捕者。路过的牧马所军人韩北斗发现后,纵马持弓箭追赶,向越狱犯射箭,这些犯人用木板作为盾牌遮挡,从都察院附近跳河逃跑,韩北斗的马不能过河,只能放弃追捕。这些囚犯过河后,出神策门脱逃。事发于中午,神策门守卫官兵竟然视而不见,让六七个穿囚服的人从城门脱逃,亦可见城门守备形同虚设。越狱者中只有一人因受伤行走不便,躲在城外坟地的棺中养伤,两日后才被搜捕人员抓获,其余越狱人员竟全部成功逃离。事后,当值主事朱表、郎中萧世贤及"司狱官皂各议罪"。①

人们大多知道"亡羊补牢,为时未晚"的道理,然而从古至今,这句成语多数时候都被人们停留在口号中,"亡羊"后能真正"补牢"者,却又寥寥无几。正德七年(1512)集体越狱事件的恶劣影响,似乎并未使南京守备官员和司法官员警醒,以致嘉靖二年(1523),南京刑部天牢再次发生了影响更为恶劣的集体越狱事件。

嘉靖二年(1523)七月二十九日夜,羁押在重监的四名囚徒明祥、李升、钟山、李盈四人,打开刑枷,合力顶开山墙望板后出逃。监管人员发现后大声呼喊,值守的提牢主事胡森在禁卒朱谏的帮助下,爬上墙查看情况,又险些被值守警卫人员持刀误伤。另一主事龚亨派皂隶汤寿紧急查点囚犯,但为时已晚,此时四名越狱案犯已从大理寺沿京畿道水洞,翻越紫金山墙逃脱。这四名案犯越过紫金山墙后,竟然肆无忌惮地在墙外池中洗浴后,由红门墙潜入孝陵的乌鸡房,捆绑值守人员,杀鸡做饭,睡了一觉。次日再次作案,于夜二更时潜入孝陵卫指挥家,抢劫财物衣帽,出城逃走。逃出应天后,四人一路作案,流窜至宁国府,又在府城东门继续抢劫店铺,得手后去徽州销赃,最后返回芜湖散伙。除了李盈在休宁县宿娼时,因被乐妇发现杖痂,怀疑其为逃犯,去官府举报而落网外,其余三人均成功脱逃,不知所终。李盈被捕后,被休宁县解送南京刑部,李盈供出实情,四人之所以能成功开枷锁越狱,竟然是内外勾结所致,由看管重监的禁卒马奎私自提供给他们开枷锁的钥匙。虽然最终越狱事件相关人员受到不同程度的处罚,但松散之弊已是积重难返②。

---

① (明)陶尚德、庞嵩:《南京刑部志》卷二《司刑篇·附纪·越狱之变》,第135页。
② (明)陶尚德、庞嵩:《南京刑部志》卷二《司刑篇·附纪·越狱之变》,第135页。

通过上述事例,我们不难看出,南京自迁都后,虽然留守军卫众多,但武备松弛,城防形同虚设,社会治安混乱,防御力量有名无实。驻南京军卫疏于训练,一遇敌情,即成乌合之众。部分官员减少、克扣、拖延发放粮饷,使矛盾愈加激化。南都官员在太平时期,文恬武嬉,缺少应急方略,面对京营哗变这样的突发事件,文武公卿多数狼狈逃窜。魏国公徐鹏举、临淮侯李庭竹虽然没有狼狈逃窜,但却方寸已乱,束手无策。南都有应变能力的官员也仅李遂、刘世延二人。李遂之所以能够迅速平息事件,是因为他能准确判断哗变士兵的诉求和心理活动。如前所述,刘世延在南京中军都督府公开声称"尔辈但求赏易耳,能从我,惟尔所欲"。也就是说,只要离开南京中军都督府,不再闹事,不仅军饷会立即补发,而且还有其他赏赐,刘世延虽然信口开河,胡乱许诺,但他试图最大限度满足哗变士兵的诉求,最终将哗变士兵引出南京指挥中枢——中军都督府。李遂不仅及时补发钱饷,而且还公开表示向上汇报时对乱军"不称叛",并发放安家票,解除哗变士兵后顾之忧,又密捕哗变带头人,使哗变士兵失去领导和指挥,哗变士兵在基本满足拆求的前提下,偃旗息鼓,事件平息。

时任刑部尚书的郑晓主张严惩乱军,以儆效尤。故三法司对南京兵变的处理意见是将带头的二十五人依律定斩刑。由于郑晓与严嵩关系对立,严嵩"故宽假之"[1],在严嵩的一再唆使下,世宗执意推翻三法司的量刑结果,对振武营兵变的最终处理结果竟是"止坐首恶周山等三人,余各以矜疑戍边卫"[2]。排除严嵩唆使的因素,世宗如此处理也许是想息事宁人,不想牵连过多,打击面过大,引发更大的事端。然而历史事实证明,世宗对哗变的处理方式,实际上是在重蹈大同兵变、辽东兵变处理方式的覆辙。大同兵变、辽东兵变之所以愈演愈烈,就是这种剿抚失当的处理方式造成的。尽管殷鉴不远,但世宗仍固执己见,其因循旧例,假仁假义的做法,不仅未能使士兵感恩,反而更加有恃无恐,助长了骄兵气焰,"诸军矫肆,或矢射部门,或殴骂官长,白昼劫人,恬不为怪"[3]。不久江北即发生了池河兵变,直至明亡,各地类似的非叛乱性的军队哗变、地方民变事件层出不穷。

---

① (清)张廷玉:《明史》卷一百九十九《郑晓传》,第 5273 页。

② (明)范景文:《南枢志》卷九十七《留务部》,《中国方志丛书·华中地方》,第 2994 页。

③ (明)范景文:《南枢志》卷九十七《留务部》,《中国方志丛书·华中地方》,第 2997 页。

第五节 疯狂的贵族——刘世延黑恶势力案

诚意伯刘世延(？—1609)是明开国功臣刘基的十一世裔孙,弘治时期恢复常遇春、李文忠、邓愈、汤和、刘基子孙官职,四王后裔为南京锦衣卫带俸指挥,刘基九世孙刘瑜任处州指挥。嘉靖十一年(1532),刘瑜获准袭诚意伯爵位,并获免死诰券。嘉靖二十七年(1548)刘瑜去世,因其子刘洪已故,故嘉靖二十八年(1549)二月由其孙刘世延袭爵①。刘瑜之所以在弘治时期被授武职,是因为景泰时期刘基七世孙和颜渊、孟子后人一样,一直被授文职的五经博士。弘治时期,孝宗再次封授常遇春等开国功臣后裔时,给事中吴仕伟认为"诚意伯乃功臣,其后不当为博士"②,故从刘瑜这一代开始被授予武职,但并未袭爵。正德时期,刘基被追赠太师,追谥文成③。嘉靖大礼议后,朝堂之上投世宗所好,形成了"重礼"之风,尤其热衷所谓的世系,在这种背景下,加之弘治时期官方即已认定"刘基乃佐命元勋","勋烈与六王相表里"④,嘉靖十年(1531),刑部郎中李瑜上疏,认为"帷幄奇谋,中原大计,往往属基,故在军有子房之称,剖符发诸葛之喻",提出刘基"宜侑享太庙,其九世孙瑜宜嗣伯爵,与世袭"的建议⑤,并得到世宗的允许,故嘉靖十一年(1532)刘瑜被获准袭爵。刘氏家族自此重振,刘瑜更是一步登天,不仅重获伯爵,而且由虚职转为实职,从处州调入南京,嘉靖十二年(1533)佥书南京中军都督府,嘉靖十三年(1534)领南京前军都督府直至去世⑥。

刘世延少年袭爵,借祖上余荫,先后执掌南京前军、右军都督府。在处理振武营兵变时,刘世延虽然年少,但与惊慌失措的南都官僚相比,至少还能处变不惊,挺身而出,临危不惧。刘世延的出生时间未见明文记述,但我们可以通过史料中的零星记载进行推测。《金陵琐事》记有"诚意伯刘世延童年袭爵"⑦,刘世延袭诚意伯是在嘉靖二十八年(1549),既然是童年,在明

---

① (明)郑汝璧:《皇明功臣封爵考》卷一《诚意伯》,《四库全书存目丛书》史部,第 258 册,济南:齐鲁书社,1997,第 361 页。

② (明)陈建:《皇明通纪法传全录》卷二十五《敬皇帝》,弘治六年四月,《续修四库全书》史部编年类,第 357 册,第 427 页。

③ (清)张廷玉:《明史》卷一百二十八《刘基传》,第 2782 页。

④ (明)郑汝璧:《皇明功臣封爵考》卷一《诚意伯》,《四库全书存目丛书》史部,第 258 册,第 360 页。

⑤ (清)张廷玉:《明史》卷一百二十八《刘琏传》,第 3782—3783 页。

⑥ (清)张廷玉:《明史》卷一百五《功臣世表一》,第 3050 页。

⑦ (明)周晖:《金陵琐事》卷一《识诚意伯》,《南京稀见文献丛刊》第 2 辑,南京:南京出版社,2007,第 43 页。

代语境中大概是未成丁的十二岁以下。从杨博在嘉靖四十二年(1563)的奏疏中称"诚意伯刘世延少年负气,仍当历练"①之语亦可推测,平息嘉靖三十九年(1560)的振武营哗变时,刘世延的年龄大概二十岁。

虽然刘世延是恩荫袭爵的贵胄,而且当时又非常年轻,但其个人能力和气魄、胆识远胜其他同时期恩荫袭爵的功臣后裔。至少刘世延在危急时刻,能将占据南京中军都督府的哗变士兵引出并集结于校场,此举可算作他在此次哗变中的最大贡献。然而世宗对振武营兵变的处理结果却令刘世延大失所望。南京守备太监何绶、魏国公徐鹏举、临淮侯李庭竹、兵部尚书张鏊等南都相关人员俱被处分,"姑令戴罪协同李遂抚安军民"②。南都官员只有李遂一人受到表彰、重用。李遂被奖赏当之无愧,刘世延虽然敢挺身而出,但因其少不经事,信口开河,对叛军胡乱许诺,险些将事态扩大,若无李遂与乱军周旋,后果不堪设想。然而刘世延却自以为是地认为自己在平息哗变时所发挥的作用并不逊于李遂,如此功绩却未被表彰、重用,使年少气盛的刘世延愤愤不平,破罐子破摔。其实早在振武营哗变之前,刘世延即有"前科",而且劣迹斑斑。南京兵部尚书张鏊"奏革五府属卫军余替役收粮等事,部议覆允",刘世延试图恢复旧制,请魏国公徐鹏举在奏疏署名。因徐鹏举见其疏中"多牵引鏊私事,未肯从",刘世延竟然"阴署鹏举等名于疏,独遣人入奏"③。刘世延居然敢擅自署同官之名,且不通过官方行政程序,私自上疏,可见其胆大妄为、狂傲不堪。兵部批复认为"刘世延明挟己私,阴假众论,为此睊睊。虽起于小嫌欺诳,实关乎大节",请求世宗将"刘世延革任闲住,仍加别治"④。此后各类文献记述中,除了万历二十九年(1601)刘世延上疏"论督税太监暨禄、芦政太监党存仁二珰三年所得三百余万两,没取大工足抵三十年商民之税,又乞敕各抚按照依苏杭事例,税银每两三厘抽分,芦田止许公平收价,不得分外需索"⑤之外,再未见关于刘世延施展政治、军事才能的其他记述。虽然结果是"俱不报",但也算刘世延关心国事民瘼的例证。留下的其他记述均是其为害南京的各类不法行径。

这里顺便简要讨论一下刘基地位与形象的重塑,从中探寻刘世延狂妄

① (明)杨博:《杨襄毅公本兵奏疏》卷十二《会议总督戎政镇远侯顾寰留用以责后效疏》,《续修四库全书》史部诏令奏议类,第477册,上海:上海古籍出版社,1995,第403页。
② (明)范景文:《南枢志》卷九十七《留务部》,《中国方志丛书·华中地方》,第2994页。
③ (明)徐学聚编:《国朝典汇》卷一百三十八《兵部二》,北京:北京大学出版社,1993,第6670页。
④ (明)杨博:《杨襄毅公本兵奏疏》卷四《覆南京科道官郭斗等勘明南京府部讦奏疏》,《续修四库全书》史部·诏令奏议类,第477册,第196页。
⑤ (明)王圻:《续文献通考》卷二十七《征榷考》,《续修四库全书》史部政书类,第762册,第279页。

性格的形成。明初刘基被授诚意伯爵位,这个爵位在当时的伯爵中食禄最低,刘基的职务也仅是御史中丞而已。虽然刘基与朱棣无任何恩怨瓜葛,但在永乐时期重修的《太祖实录》中对刘基事迹记述并不多。刘基之孙去世后,诚意伯不再袭封,其后裔最多恩荫博士之类的闲职散官。弘治时期,孝宗对常遇春等开国功臣后裔续封,这些袭封的勋臣后裔也不过是寄禄南京锦衣卫,并不管事,其职责也只是为其祖坟洒扫祭祀而已。刘基九氏孙刘瑜也在这次续封中由文转武,成了处州卫指挥。嘉靖大礼议后,朝野内外投统治者所好,对宗法继承、仪礼制度等格外关注。还有一个文化背景,往往被治史者所忽略,即小说《三国演义》广泛流行,受到各阶层人士的追捧。例如议礼勋贵翊国公郭勋即组织门客编写了小说《英烈传》,该作品基本是通过仿照《三国演义》来描写明太祖带领诸将开基创业的故事。该小说中刘基的形象完全是按照《三国演义》中的诸葛亮来设计、描写的,几乎是诸葛亮的翻版,形象的构建已经近乎神化。如描述应昌之战一章中,刘基神机妙算,指挥若定,主帅李文忠在刘基面前自称"末将",唯命是从[1]。《英烈传》在郭勋的推动下,"传说宫禁,动人听闻"[2],自上而下传播,在宫闱和上层官僚心中产生很大的影响,刘基被进一步神化。众所周知,小说、故事等文学作品的传播速度及影响,远远胜过史学的传播和影响。在朝中浙籍官员的推波助澜下,刘基形象不仅彻底实现了由人到神的转变,而且还福泽其子孙。刘瑜也因此一步登天,不仅获封诚意伯,而且还从处州调入南京,执掌前军都督府。

嘉靖十八年(1539)五月阅操,由于提督操江都御史简霄因病缺席,掌前军都督府的诚意伯刘瑜与南京守备武臣魏国公徐鹏举二人因争座次闹得不可开交,导致操练被迫中止。此次座次之争,完全是刘瑜无事生非、无理取闹所致。因为从二人先祖的开国功臣地位而言,徐达从朱元璋滁州起兵时即追随朱元璋,排名自始至终是开国武臣之首,洪武初封爵即为魏国公,去世后被追封中山王。刘基则是胡大海经略浙江时,由其部将总制孙炎推荐入幕的文人,授爵时仅是诚意伯,排名不仅远不及与徐达并列的李善长,而且还在汪广洋之后,死后未被追封王爵;从与皇家的关系看,徐达是成祖的岳父,而刘基并无任何皇室姻亲关系;从爵位而言,徐鹏举袭公爵,刘瑜袭伯爵,爵位差两级。洪武时即封赠徐达"三世皆王爵,赐葬钟山之阴,御制神道

---

① (明)郭勋初编:《英烈传》,北京:中华书局,2013,第231、236页。

② (明)黄光升:《昭代典则》卷二十七《世宗肃皇帝》,丁酉,嘉靖十六年,北京:商务印书馆,2017,第1174页。

碑文,配享太庙,肖像功臣庙,位皆第一"①。子孙为公爵世袭罔替,直至明亡。而刘基"爵止及身",由于朱元璋"追念基功,又悯基父子皆为惟庸所厄,命增其禄,予世袭",永乐时,刘基孙刘廌去世后,爵位停袭②,直至嘉靖时期才恢复爵位。从职务而言,徐鹏举是南京守备武臣,刘瑜只是执掌南京前军都督府的将官,二人是明显的上下级关系;从辈分而言,徐鹏举是徐达的七世孙,而刘瑜是刘基的九世孙,算是徐鹏举的晚辈。然而面对如此大的差距,刘瑜竟然为一己之私,不惜造成训练中止的不良后果。最终朝廷的处理意见亦指斥刘瑜"不听提督官节制,敢肆忿争,辄废操练,好生骄恣,本当重治","从轻着革任闲住,坐次照京营事体,不许僭紊"③。刘瑜争主位的行为,足见一个袭爵纨绔子弟膨胀的权力欲望、政治暴发户忘乎所以的行为和跋扈的性格。作为刘基十一世孙,刘世延少年袭爵,一个贵族公子哥少年居高位,其狂傲不可一世性格的形成也就不难理解。

刘世延不仅横行地方,欺压同僚,即使是面对皇帝,也膨胀到忘乎所以的程度。嘉靖四十五年(1566),刘世延上疏,其奏疏主题是"引疾"告病,但疏中却"叠叠数百言自陈功代,语涉怨讪",被礼科都给事中辛自修纠劾,认为刘世延"以鄙亵丑秽之语载之牍中,尤非付君之体",世宗深以为然,下诏将刘世延革职"闲住锢勿复用"④。刘世延肯定知道,其地位来自祖荫,故时刻不忘彰显其祖,以其祖的光环作为自己不法行径的护身符。隆庆二年(1568),"南京科道官岑用宾等交章荐之,世延亦上章讼过",吏部召集廷议,认为"世延先祖基有开国翊运功,世延前以奏事狂诞,非有大过可弃"⑤,故刘世延被获准复爵。然而刘世延进京谢恩时,居然提出先祖刘基"开国功勋,著在社稷,而身后恤典出魏国公徐达及新建伯王守仁之下,乞改祭葬享堂仪物及爵级勋阶"等无理要求。刘世延此言一出,立即遭到廷臣的参劾,给事中王之垣指责刘世延"挟祖勋,要君宠,悖慢不敬"⑥。通过此例可知,虽然是时刘基形象已构建完成,并成功地走上神坛,但在一些熟读国史,头脑清醒的官僚心中,刘基的功业不要说不能和徐达比,甚至连王守仁都比不了。

---

① (清)张廷玉:《明史》卷一百二十五《徐达传》,3730 页。
② (清)张廷玉:《明史》卷一百二十八《刘琏传》,第 3782 页。
③ (明)张永明:《张庄僖文集》卷一《重操江疏》,《景印文渊阁四库全书》集部别集类,第 1277 册,台北:商务印书馆,1986,第 312 页。
④ 《明世宗实录》卷五五七,嘉靖四十五年四月乙酉,第 8962—8963 页。
⑤ 《明穆宗实录》卷二三,隆庆二年八月癸卯,上海:上海书店出版社,2015,第 623 页。
⑥ (明)徐学聚编:《国朝典汇》卷三十一《勋臣考》,第 2195 页。

除此之外,刘世延在隆庆时期曾插手魏国公徐鹏举家事,意图另立徐鹏举庶子徐邦宁为魏国公。魏国公世系是徐达长子徐辉祖一系,一直任职于南京。由于魏国公徐鹏举夫人张氏早卒且无子,故庶长子徐邦瑞应袭魏国公,但徐鹏举喜爱宠妾郑氏所生子徐邦宁,为了使徐邦宁袭爵,徐鹏举曾经行贿严世蕃,为郑氏请封。此后徐鹏举又想将徐邦宁送国子监读书,徐鹏举与兵部尚书刘采商议此事,被刘采断然拒绝,徐鹏举无奈,最终只能送徐邦瑞入监。徐邦宁见事不成,于是"函其金宝首饰,邀诚意伯刘世延于鹫峰寺,世延受之,密以书贻祭酒姜宝"①。前文所言,魏国公徐鹏举与诚意伯刘瑜曾因座次问题闹得不可开交而势同水火。刘世延之所以插手徐家家务,并无其他政治目的和报复徐鹏举之意,而是"意图邦宁家积之富,期结姻亲",完全是出于吞占徐家钱财的目的去为徐邦宁谋划争爵。其结果是徐邦瑞、徐邦宁为争爵位闹得不可开交,以致"横议百出,酿成徐氏家门之祸"。南京国子监祭酒姜宝、南京刑部尚书孙植均因受贿被查处,郑氏的国公夫人诰命被追夺②。刘世延见事情败露,试图反客为主,"移牒刑部,言己与徐氏世仇,未尝与鹏举废立事。辞倨悍,吏不敢诘"③。最终,刘世延也为其狂悖的行为付出了代价,廷议认为刘世延"受重赂于邦宁而为之画","营私乱法,罪当首论"④。刘世延不仅没弄到徐家钱财,自己也落得一个先被夺俸半年,继而罢职回籍闲住的下场⑤。

万历七年(1579),刘世延由于"犯禁辄坐肩舆"被户科给事中傅作舟参劾"其骄纵灭法",刘世延被"闲住,罚禄米一年"⑥。然而,这种薄惩并未使刘世延悔改。万历九年(1581),刘世延由于"违法及诋毁皇祖明旨事情"被"法司奏当论死",然而因神宗(实为张居正)"念其祖佐命功,止革职为民,抚按官羁管禁住,仍许子孙承袭"⑦。万历十一年(1583),兵科给事中王亮上疏,认为"刘世延有定变功,被权相倾陷,拟罪夺爵,大为可惜",神宗遂命"刘世延着复爵,照旧于南京都督府带俸,原住过禄米准与补支一年"⑧。

① (明)雷礼:《皇明大政记》卷二十五,隆庆四年正月,《续修四库全书》史部编年类,第 354 册,第 660 页。
② (明)高拱:《高文襄公集》卷十六《掌铨题稿·覆给事中王祯论尚书孙植等疏》,《四库全书存目丛书》集部,第 108 册,济南:齐鲁书社,1997,第 212 页。
③ (明)徐学聚编:《国朝典汇》卷三十一《勋臣考》,第 2199 页。
④ 《明穆宗实录》卷四三,隆庆四年三月戊辰,第 1074 页。
⑤ 《明穆宗实录》卷六一,隆庆五年九月己丑,第 1497 页。
⑥ 《明神宗实录》卷九二,万历七年十月癸未,第 1885 页。
⑦ 《明神宗实录》卷一一七,万历九年十月辛亥,第 2207 页。
⑧ 《明神宗实录》卷一四三,万历十一年十一月癸未,第 2662—2663 页。

骆问礼在论及刘世延时称其"本一浮薄憸夫,先该南北营管事,率多显过"。刘世延"一至南京即违例占役操江之官军,每恃才瞋骂同列,为白木门客开道,强构戚畹于狱,应袭坐轿直入礼部之门"。其回乡时,因为知县"拜迟而造谤于上司",在路上"与盛金事争篓而肆刃于白日"。因为"嘱托不行,纵伊叔擅假都司之职衔,随处恐吓","刘世延奸狡性成,骄矜动见",根本无悔改之意,"肆强梁之态",请求皇帝不要"坐视其跋扈之成"①,对刘世延予以严惩。万历二十二年(1594),刘世延因被兵部尚书石星弹劾"横行不法",被勒令回原籍②。刘世延屡遭弹劾,但恶习难改,即使是在被勒令回籍期间,还"妄言灾祥",上疏称"大峪山寿宫龙穴非真",由于其言语狂悖,通政司都不肯为其上达,然而刘世延却执意要求送达。此疏先被通政使参劾为"狂妄",又遭到"南北台省交章论劾",但结果却是"皆不报"③。左副都御史张养蒙直指"刘世延罪恶贯盈"。刘世延之所以怙恶不悛,屡教不改,均是君主宽恕所致④,皇帝的宽恕、纵容,只能使刘世延变本加厉。大学士赵志皋在论及朝政时,称刘世延"以穷凶极恶之资,肆乱臣贼子之行。中外远近侧目已久,今一旦置之于法,举朝欢欣。然世延之肆恶显而易见,世固有心术险诐,智巧艰深,气焰足以薰灼一时,机权足以笼络众志,坏朝政而不顾国家之利害者,其肆恶微而难知",以致"朝纲不振"⑤。在重臣的不断参劾下,神宗不得已下诏称"刘世延屡被论劾,稔恶不悛,朕念旧勋,姑容省改,今乃擅用关防牌票,私造兵器,聚众杀人,意欲何为"⑥? 下令将刘世延下南京刑部狱。然而时隔不到一年,又以刘世延是开国勋裔的借口,"姑免死释放,革去冠带,发回原籍,照沐朝弼例,令其子承袭祖爵。后世延仍住南京,命法司差官押回,令本处抚按官羁管"⑦。万历二十九年(1601)六月,"御马监左少监暨禄劾奏诚意伯刘世延犯罪回籍,不思杜门省改,致书嘱托,包揽客船,干求免税,纵子刘尚仁等纠党成群,阻挠税务。上命禄会同该抚按官严拿问拟具

---

① (明)骆问礼:《万一楼集》卷二十三《亟处骄妄大臣以重要地疏》,《四库禁毁书丛刊》集部,第174册,北京:北京出版社,1997,第320、322页。

② 《明神宗实录》卷二七七,万历二十二年九月辛卯,第5130页。

③ 《明神宗实录》卷二八九,万历二十三年九月辛未,第5348页。

④ (明)张养蒙:《纪纲轻重渐乖疏》,见(明)吴亮辑:《万历疏钞》卷十二《台宪》,《续修四库全书》史部诏令奏议类,第468册,上海:上海古籍出版社,1995,第520页。

⑤ (明)赵志皋:《乞振朝纲疏》,见(清)官辑:《明臣奏议》卷三十二,《景印文渊阁四库全书》史部诏令奏议类,第445册,台北:商务印书馆,1986,第533页。

⑥ 《明神宗实录》卷三〇〇,万历二十四年八月乙巳,第5625—5626页。

⑦ 《明神宗实录》卷三一一,万历二十五年六月丙子,第5810页。

奏,不许连累无辜"①。

刘世延为害南京社会的不法行径先后被南京大理寺卿王樵,南御史萧如松、朱吾弼、李云鹄、孙居相等参劾,最终于万历三十四年(1606)被下狱论死。万历三十七年(1609),恶贯满盈的刘世延被"瘐死"狱中。从王樵等官员参劾奏疏的内容看,刘世延的各类不法行为实属罪大恶极。因其有勋臣后裔光环萦绕,刘世延案几次起伏。刘世延虽几次被夺爵褫职,也曾一度下狱,但旋即被复爵、释放,出狱后,依旧恶习难改,继续为害南京社会。

刘世延以其特殊的社会地位作为掩护,在南京进行各类违法犯罪活动,该个体具有很强的代表性。从王樵、萧如松、朱吾弼、李云鹄、孙居相等人对刘世延的参劾奏疏中可以看出,刘世延除了滞留南京、擅自返回南京等抗旨事件和妄言星相、欲带兵勤王等政治违禁行为外,其涉及恶性刑事犯罪的行为主要为强占田地、收留亡命之徒和逃犯等不法人员、指使家奴殴打他人、敲诈勒索、绑架强奸、抢劫离任县官等多方面。下面对刘世延各方面罪行进行简要描述和讨论,以期加深对晚明南京社会治安管理的了解。

万历时期南京大理寺卿王樵在参劾刘世延的奏疏中列举了刘世延危害应天及南直地区的各类犯罪行为,涉及强占土地、非法拘禁、故意伤害致死、抢劫殴打离任县令、敲诈勒索等,共计十三项②:

1. 扬州府仪真县刘塘达四千余亩,县志所载该塘坐落于方山,水源专供仪真县及驻扎该县的龙江左卫等军民灌溉。早年县民杨林擅自开垦刘塘,事发后,由抚、按下发应天、扬州两府勘察后,将杨林拟罪,并设立碑碣公告,严禁私垦。致仕的韩副使曾图谋开垦,被乡民杨禄举报,屯田军卫受理后,予以禁止。其后,乡民胡佐、陈贵等擅自将该山塘投献给刘世延,刘世延派家仆陶谅等毁碑、开闸放水,占为己有。事发后,南京科道会勘上奏,礼科给事中侯先春、御史王藩臣等"交章论世延夺刘塘为己田,截芦课为己有,骄纵不法,自皇祖至皇上朝,累经削夺,禁住羁管而旋复旋肆,罪宜深究",左都御史吴时来认为刘世延"怙恶不悛,宜就夺田截课二事行令抚按讯究如法,不应以世功而姑贷"③。然而神宗并未对刘世延严惩,仅是将此山塘返还当地军民灌溉而已。

2. 此案一伙当事人鲍鸾、滕松、鲍凤、徐宾本是扬州府江都县负案在逃

---

① 《明神宗实录》卷三六〇,万历二十九年六月甲申,第6725—6726页。
② (明)王樵:《方麓集》卷一《勘覆诚意伯刘世延事情疏》,《景印文渊阁四库全书》集部别集类,第1285册,第122—129页。
③ 《明神宗实录》卷一九七,万历十六年四月丁卯,第3721页。

人员,潜入南京后,投靠刘世延做伴当。另一伙当事人是应天府、庐州府已决逃犯刘梧、陈佐(即佘秋芳)、鲍舟(即鲍週)、袁林,他们分别从服刑场所越狱逃走,陆续进入诚意伯府内。除了这些逃犯外,刘世延收留的逃犯还有被南京刑部判处过杖刑的罪犯许林。该事件的起因是,在诚意伯府中供事的江浦生员叶茂春通过中间人郭宠,将刘世延女婿陶乡官的庄田转卖给生员胡汝皋,而这块庄田一直由当地农民韩文学佃种。配军张可敬与韩文学关系密切,胡汝皋担心张可敬从中作梗,于是威胁张可敬不要无事生非,而张可敬却怀恨在心,潜入诚意伯府进行挑唆,谎称胡汝皋原承种的土地也是陶家田地,本应归陶家所有。叶茂春之所以敢伪造手续典卖土地,都是听中间人郭宠的妄言所致。刘世延对张可敬所言深信不疑,于是竟然下朱票,命鲍鸾、张可敬及冯贵去捉拿郭宠,郭宠不服,被鲍鸾殴打后绑架至诚意伯府。刘世延私设公堂亲自审问,因郭宠不服,言语顶撞,被刘世延指使鲍鸾、张可敬继续对郭宠实施殴打,后将其锁在厢房石墩上。四月三日,刘世延见郭宠伤情严重,令鲍鸾将郭宠扶出府,郭宠行至果子行口摔倒不起,并于次日上午去世。事发后,总甲李恕向巡城御史报告,郭宠的妻儿也向兵马司报案。兵马司调江宁县仵作验尸后,由南京刑部广东司受理此案。此时,刘世延也将情况写成手本投送南京刑部广东司,广东司将案件发上元县,县令复查验尸后对鲍鸾、张可敬二犯进行初审,继而移交南京刑部复审。是时,鲍、张二犯继续包庇刘世延,将案件揽于己身。故南京刑部未对刘世延追究,只拟鲍鸾绞刑、张可敬充军发配。

3. 军户陆锐等八十三家开垦了应天府六合县东塔乡山塘官田八百五十亩,罢职吏员李逢时夺佃不成,遂将该地投献给刘世延。李逢时因担心陆锐等去官府申告,于是每家给银七钱八分后,将土地占为己有,诡寄于自己名下。南京科道调查后参劾刘世延,刘世延因此被罢官。这块官田按照皇帝的意见,划归陆锐等耕作。万历十二年(1584)刘世延复爵、职后,想重新夺占这块土地,于是指使家奴陶谅等申诉,南京相关机构复核后,判定陆锐等继续耕种,但以前发放给各家的工银钱全部追缴,返还给刘世延。刘世延仍然"讦告不休,又勒献张仁接佃洲田,诡领在库官银一百八十两,抚臣李涞具奏,袁林、李得依律发充边卫永远军,陶谅发充边卫终身军,世延候请定夺。得旨,各犯依拟发遣。世延罚仕禄米 年,着痛加省改"①。

4. 应天府民户赵自强与其婿卓凤靠经营典当行生活。刘世延曾令家人

---

① 《明神宗实录》卷二三三,万历十九年三月乙巳,第4315页。

信喜等将一个金包巾在此典当行典当,得银九两。按典当时的约定,若赎回需要本利银十八两。其后刘世延家人用十五两银赎回。然而刘世延认为赵家典当行将原物调包,派人将店主赵自强拘禁于本府,不仅强行索回赎金十五两,而且又敲诈赵家银三十两后才将赵自强释放。

5.刘世延的仆人滕松欠刘世延柴价银六两,无力偿还。滕松发现自己的朋友孙继宣与邢太监织造蟒罗一匹,于是谎称刘世延要蟒罗样品,孙继宣遂将蟒罗交给滕松。滕松采用恐吓手段,讹诈孙继宣一千文铜钱,又将骗来的蟒罗交给刘世延,折抵了自己所欠的柴价银。孙继宣不甘被欺诈,遂向南京相关机构告发。南京兵科将此案批行东城兵马司侦办,东城兵马司调查审结,认为滕松仗主威势行讹诈之事,判令追回蟒罗和一千文钱还给孙继宣。

6.因窝藏强盗被判死刑的已决犯刘梧在押解途中逃走,潜入南京后,投入刘世延府中。另一已决的盗窃惯犯佘秋芳被判绞刑后,越狱脱逃,潜入南京,在三山门遇到刘世延家仆鲍週,经鲍週引领,佘秋芳也进入刘世延府中。鲍週早知道佘秋芳是盗窃惯犯,于是与刘梧合谋,声称府中被盗,将佘秋芳囚禁。刘梧、鲍週二人又去敲诈娼家刘宇、郭淮等人,声称诚意伯府被惯犯盗窃,惯犯供称赃银在刘、郭处,如果拿出几十两银子赔罪,将不去追究其窝赃之罪。由于刘、郭二家是娼家,可能还有其他不法行为,故非常心虚。二人共凑了二十四两银,通过中间人宋淮交给刘梧、鲍週,最终刘世延居然还接受了这笔讹诈的不义之财。刘世延又令家人薛继松与佘秋芳携带一只装有黄绵绸半匹的箱子和褡裢,投宿于查继宗店内。二人假称外出,将箱子寄存在查继宗店内。随后,刘梧、鲍週到店恐吓查继宗,声称佘秋芳是强盗,诬陷查继宗故意窝藏强盗,并用都督府封条将皮箱和褡裢封存,并索要银二十两。查继宗不堪被讹诈,遂带箱子去操江衙门报案,此案由提督操江御史批转应天府理刑厅受理,最终审出实情,案犯佘秋芳、刘梧、鲍週均被按律处置。

7.万历二十一年(1593)七月,乐工徐承绍将使女徐氏卖给王升为妻,得彩礼银十三两。王升与徐氏一起在刘世延府中做饭维持生活。后来王升病故,刘世延责令徐氏出府的同时,派家仆潘五、祝奉持朱票欲拘捕徐承绍,索要徐承绍所得的彩礼银。徐承绍惧怕刘世延,只得拿出五两银给潘五、祝奉,由潘、祝二人转交刘世延,然而刘世延仍不依不饶,又敲诈了孀妇徐氏三两银子后才放其出府。

8.乐工顾春桥因其佣人邓成懒惰,结算工钱后予以辞退。邓成进入刘世延府中,向刘世延说明被辞退缘由后,刘世延指使邓成诬告顾春桥未支付工钱,并派潘五、晏诏持票以拘捕形式来恐吓顾春桥,顾春桥被迫给三两银,由潘五转交刘世延。潘五、晏诏并未肯罢休,又分别敲诈了顾春桥银一钱和价值三钱的香。

9. 乐工陈应诏擅长演奏,刘世延派潘五、晏诏去找陈应诏到府演出,但陈应诏因病不敢应承,只能拿银三两,由其家人周案、魏隆送给刘世延,但又被潘五、祝奉合伙诈去五钱银。

10. 刘府家仆徐宾在新河遇到季奉,知其有女欲送人,即行诱骗,谎称自己想要收养个女孩。季奉不知有诈,便将小女儿送给徐宾。后来得知徐宾素来借刘世延之势横行不法,想将女孩要回。徐宾借口季奉原欠自己粪银三钱,利息银一钱五分,欲以女孩抵季奉所欠的本利四钱五分,遭到季奉拒绝。徐宾将此女转送给刘府另一家仆鲍凤。鲍凤担心季奉索要、告官,挑唆徐宾去求刘世延。刘世延竟然开朱票派家仆戴文将季奉抓到府中,强行勒索财礼银一两二钱,鲍凤又唆使刘世延出票,派戴文押季奉回家取钱。季奉不甘人财两空,遂向巡城御史告发。鲍凤闻风逃匿,而刘世延竟然向南京都察院投递手本,意图干涉司法。后鲍凤被西城兵马司抓获,徐宾也被东城、南城兵马司传唤到案,巡城林御史此前亦掌握刘世延诸多不法事实,辅以徐、鲍二人供述,使刘世延的种种劣迹大白于天下。

11. 万历二十年(1592)二月底,六合县知县黄梦鸿离任,行至浦子口投宿在袁半池开的饭店。因黄梦鸿曾秉公处理塔山塘官田归属纠纷一案,故刘世延怀恨在心,企图报复。刘世延得知黄梦鸿投宿在浦子口后,立即指使其次子刘尚质持朱票,带领家奴鲍週、鲍忠、倪荣、龚礼、吴禄等人将袁半池家包围,刘尚质竟然用铁链锁绑黄梦鸿,又抢劫了黄梦鸿行李箱中白银二百两,交给家奴胡成带回。

12. 穆世虎曾为刘世延右邻客用的仆人,因欠客用银二百两,被客用派遣另一仆人马奉卿去官府起诉,应天府管粮厅审结,判定追剿穆世虎所欠银钱,但未及执行,穆世虎因伤寒病故。穆世虎妻兄张选怀恨在心,在其朋友曾任河南临漳县典史的黄鹤鸣的唆使下,去南京行司礼监状告客用,但被行司礼监判定为诬告,张选被行司礼监处以杖责十板,执行后不久,张选患风痰病去世。由于刘世延曾向客用借贷不成而怀恨在心,故利用权力诬陷客用,因无证据而未能成狱。

13. 刘世延仆人侯汉与民户谢良栋因取麦冲突,相互撕打。事后侯汉因怕被刘世延责打而逃亡。民人张澄的土地因与谢良栋的土地相连,一直意欲夺占而未遂,故借侯汉逃走之机,假冒侯汉之兄侯江对谢良栋诬告,声称侯汉被谢良栋打死,刘世延的另一仆人朱义为张澄作了伪证,故六合知县将谢良栋判徒罪。事后刘世延家仆孙守礼得知朱义作伪证,试图敲诈朱义银三两,结果被朱义之兄朱仁先行告发,孙守礼也被判处徒刑。

南京都察院御史萧如松、朱吾弼、李云鹄、孙居相也先后参劾刘世延的各类不法行为。

御史萧如松参劾刘世延听信投献者秦玉、谷阳的挑唆,令家丁陈彩等数十人捉拿苏州商人吴郁,对吴郁严刑拷问逼债,并将其投入水牢,其后又多次殴打吴郁,直至将其折磨致死。吴郁死后又被刘世延下令埋尸体灭迹。吴郁亲属去南京司法机构门口哭诉喊冤,引发万人围观,围观者听到吴郁被折磨致死的悲惨过程,无不义愤填膺,"宣传几酿大变"。巡城御史朱吾弼找到吴郁尸体,发现尸身伤痕累累,惨不忍睹,于是又派五城兵马司验尸并抓捕陈彩等刘府家丁,陈彩等到案后供认不讳。萧如松在奏疏中又动以危言,指责刘世延在明廷暂停增兵转饷后,并不领命,仍"朝夕不休、强拘工作、强取物料、强勒借募","追债杀人,犹云募义"、"追债杀人,犹云勤王"。尤其是刘世延当时的身份属于"罢闲官员干预政事","顾妖言诡行荧惑","妄谭天文、讲兵法,而今造作兵器且盈室矣","党羽日众,羽翼已成,尤易酿祸","借口入援而随观成败,以肆其不逞之谋"①。

南京巡城御史朱吾弼于万历二十四年(1596)七月参劾刘世延"敢倡妖逆,大恣贪横,鱼肉都城,草菅民命",指出刘世延"恃才妄作,少知畏法,不至造妖言以召众,肆威虐而杀人,摇动陪京,招集罪亡,羽翼已成,流毒叵测,为地方大害,为社稷隐忧"。由于皇帝对勋臣后裔的宽纵,以致刘世延变本加厉,为所欲为。刘世延与"子刘尚质等用军徒亡命,革役蠹棍谷阳、褚纯、郑胤昌、陈志、高回子、陈科、袁栢、葛如圭、钱应龙、花少泉等数十辈,出入帮恶"。刘世延豢养的打手"大都罪盗无赖,乌合之群,自号逾千,非人可敌,任意横行,恬不知省。操募义人援造煩之说,大肆凶骗"。刘世延"假爵赏为簧,鼓纵爪牙以罗织愚善之民,稍有资本者,非入其局而图爵赏,则慑其锋而苦爪牙,哄传世延自遍示荧惑"。由于南御史弹劾刘世延之疏被留中,刘世延更加有恃无恐,"强抢人芦柴曰造煩,强取人货物曰造煩,强挟人索借曰造煩。江南江北所骗之利无算,所害之家亦无算"。朱吾弼在疏中再次提及自

<hr>

① (明)萧如松:《劾狂勋杀人疏》,见《皇明留台奏议》卷二十《权奸类》,《续修四库全书》史部诏令奏议类,第 467 册,上海:上海古籍出版社,1995,第 765—766 页。

已经办的苏州商人吴郁被殴打致死一案,并提及刘府家奴擅持朱票非法所拷、囚禁、殴打吴郁的犯罪事实。吴郁亲属报案后,兵马司随即密捕了谷阳等六名案犯,其余案犯闻风逃入刘世延府内。中城兵马司弓兵张盛、周全抓获另一未及逃入府中的案犯花少全,准备带走时,刘府闯出二十余人,强行劫回囚犯,绑架殴打弓兵并扣押其拘票等相关证件。朱吾弼认为刘世延"奸恶异常,矜才触望,祸民祸国不在仇鸾、刘瑾下",已经发展到公然暴力抗法的程度,如果不对刘世延严惩,那样肯定会有其他勋臣后裔效仿刘世延的不法行径,如此一来将"致人心汹汹,莫可救诘,陛下欲安枕不可得已"。请求神宗速派锦衣卫抓捕刘世延,并移交南京司法机构对其严惩①。

李云鹄则上疏称刘世延"不钦遵明旨","逞凶杀人",即使刘基在世也不敢如此狂妄不法,刘世延作为承袭爵位的膏粱子弟却屡犯国法,两次被皇帝宽容免死,但依旧怙恶不悛。虽被勒令回原籍,但刘世延竟然公开返回南京久住,其"出门八轿,前呼后拥如见任。然又复招集亡命,以妒产细故,携铜锤打毁梅世润之门,夤夜围斗,势同劫杀,且事无大小,擅出牌票,拘吓贫民,人情日益汹汹"。他认为刘世延"禁籍之罪人敢公然抗违",如果不对其严厉制裁,将会导致"武弁纵恣骄横,相视效尤,遂以杀人为故常"的恶劣后果。刘世延的甥婿东宁伯焦梦熊效仿刘世延的不法行为,不仅在南都严缉妖书,驱逐术士之时,故意藏匿道士吕应枢。未几,又将该道士殴打致死,然后嫁祸于家奴。焦梦熊之所以敢如此不法,都是因为他与刘世延"既声势之相倚,故恶以济恶"。李云鹄请求神宗下敕由南京司法机构法办焦梦熊,并将刘世延押送回原籍禁锢,"以为勋裔不法者之戒"②。

孙居相的奏疏也是针对刘世延恶习难改,不仅在禁锢期间擅自回南京,而且回南都后继续为非作歹而上。孙居相称刘世延"弁髦明旨,恣无忌惮","抗违严旨,盘据南京,挟官骗民,恣肆愈甚"。刘世延聘请俞允中作幕宾,凡事皆听其处置,收纳亡命逃犯葛荆山为心腹。刘世延纵子行凶,其子刘尚质率领多人打死陆汉,却拒不到案,逍遥法外。放纵家仆王科持朱票恐吓王卿以致罪犯漏网,又令家仆持票敲诈官员、商贾。刘世延收留游棍吴疆,并将其作为义子,更为恶劣的是,刘世延不仅强奸了吴疆的乳母施氏,又杀死其夫沈贵,将施氏卖给孙敬川为妻。刘世延指使江湖术士忻太华私刻印章,连

---

① (明)朱吾弼:《劾狂勋杀人疏》,见《皇明留台奏议》卷二十《权奸类》,《续修四库全书》史部诏令奏议类,第 467 册,第 770—772 页。

② (明)李云鹄:《参劾两勋裔疏》,见《皇明留台奏议》卷二十《权奸类》,《续修四库全书》史部诏令奏议类,第 467 册,第 773—774 页。

续敲诈朱国宾、周慕庵、朱前楼三人,又指使叶明圆奸污朱国宾之妻。周玉峰家工人自杀,被刘世延得知后,令人将其绑架至府,敲诈银四十五两后放回。逃犯姜志苞藏匿在刘世延的府中,被刘世延敲诈了一百二十两银子后才放过。刘世延闻知六合县沈二家境殷实,竟然派家人沈四、鲍忠等四十余人,各持刀枪武器,自称奉旨捉拿,将沈二绑架后,敲诈银一百两后才放回。最为丧心病狂的是,刘世延听说瓜埠民朱义之女貌美,竟然派恶奴倪荣、李思轩等五十余人持械行凶,包围朱家,强抢民女,在府中奸宿半月之久,最后居然还向朱家勒索银二十五两作为赎金,"一镇居民,靡不切齿。其他恶迹类此者,种种盈帙"。孙居相称刘世延妄言星变,妄称勤王欲进京,认为对刘世延"不惩则恶党愈炽","刘世延毒似蝮蛇,恶同梼杌",擅自"赴北阙而包藏祸心,犯人臣无将之戒,所当急议重处,以杜邪萌者",请求神宗敕令锦衣卫抓捕刘世延至京严惩,其他人员由南京法司处理。只有严惩刘世延,才能使"国家无不伸之法,而世胄无恣肆之奸"①。孙居相又称刘世延"屡奉旨免死,发原籍为民严行羁管。刘世延抗违严旨,盘踞南京,收纳亡命,诈骗官民,擅杀人命,奸夺财产妻女,及雕刻假印,刊刻谣词诸不法状,且妄称星变,遣牌赴京,明犯无将,乞行逮治。固言南都勋戚最多见世延屡蒙宽假,则相尤相效,骄横成风,于是有抢妓诈财,如安远侯弟柳懋勤者矣;于是有对弈杀人,如东宁伯弟焦梦兆者矣;于是有路辱大臣,如忻城伯弟赵世明者矣;于是有乘舆率众抢夺罪人,如罢闲南京锦衣卫都指挥梅应魁者矣。其他贪纵不检未易更仆,总之皆闻世延之风而起者。世延不惩,则恶党愈炽……丰镐重地不亦大可寒心"②。

通过王樵及南京各位巡城御史参劾刘世延的奏疏可知,刘世延劣迹斑斑,恶贯满盈,为害南京的犯罪行为可谓罄竹难书。其犯罪手段残忍,社会影响恶劣,不严惩刘世延,不仅难平民愤,连"官怨"都无法平息。无法再回护的神宗终于下诏称"刘世延屡犯国法,朝廷待以不死,如何全不悛改,抗住南京?今又遣牌赴阙,意欲何为?三法司便会议来说,议上著南京法司严拿监候,根寻原牌,及本内被害人犯审实具奏定夺,柳懋勤等一并勘奏,不得容隐"③。至此刘世延被下狱,再未被宽贷释放,直至万历三十七年(1609)"瘐

---

① (明)孙居相:《劾罪勋抗旨疏》,见《皇明留台奏议》卷二十《权奸类》,《续修四库全书》史部诏令奏议类,第467册,第774—776页。

② (明)孙居相:《劾罪勋抗旨疏》,见《皇明留台奏议》卷二十《权奸类》,《续修四库全书》史部诏令奏议类,第467册,第776页。

③ 《明神宗实录》卷四一二,万历三十三年八月乙卯,第7723—7724页。

死"狱中①。关于刘世延妄言星变一事,后来已成为朝臣究劾勋戚不法的事例。晚明李邦华曾以刘世延"忽称星变,招兵集饷,遣牌赴阙,图谋不轨"一事为例②,将刘世延视为不法勋贵的代表型人物。

综上所述,通过刘世延的种种劣迹可知,明代南京势要贵胄巧取豪夺,欺压良善,为害社会的不法行径。在各类案件中,刘世延既充当了幕后指使者,又为家奴的恶劣行径张目,充当其保护伞。如果按照现代法律制度的标准,无论从其团伙组织结构,还是危害社会的各类行为考察,刘世延已经完全符合"黑社会性质犯罪组织首犯"的要件。五百年前刘世延犯罪集团的形成,一是由于其属于特权阶层,既有勋臣后裔的特殊社会地位,又有执掌南京都督府的高级官僚身份。对刘世延进行司法处理,必须要上报皇帝,如果对其量刑,又属于"八议"的范畴,故对刘世延的犯罪行为,多数是薄惩。刘世延则依托祖上政治光环和自身地位怙恶不悛,变本加厉进行犯罪活动。二是南京特殊的城市地位,吸引了大量流动人口,流入南京的人口素质参差不齐,部分外来不法人员及本地不法人员沆瀣一气,依托刘世延为靠山,在刘世延唆使或纵容下,从事违法犯罪活动。

刘世延危害南京社会的各类犯罪活动,从现有文献看,其直接参与犯罪的行为较少,多数为指使家仆进行犯罪。通过参劾刘世延的奏疏可知,刘世延团伙中从事犯罪活动的家仆不少为负案在逃人员。这些人被刘世延收留后,在其指使下从事危害社会的犯罪活动。

由此可知,明中期以降,随着商品经济发展,以及对人口流动的管控放松,大量人员通过自由流动的方式拥入南京,体现了明代中后期江南因人口流动频繁所带来的大都市人口结构的复杂性。众多人口之所以流入大都市,其原因古今一体,即大都市因经济发展带来社会繁荣、文化昌盛,对各阶层人口均有极大的吸引力。大都市周边水陆交通便利,加速了人口流动。经济繁荣不仅给外来人口带来就业机会,同时又为部分流动人口提供了商机。南京输入性人口主要分为三类,一类为南京各级政府、军事机构的官员、军士及其家属,也包括南京国子监的监生;另一类是行商客贾和来南京务工人员;还有一类则是潜入南京的各类不法人员,这类人员有些属于流窜犯,潜入南京伺机作案。有些则是畏罪潜逃的逃犯,进入南京投倚豪门作为庇护,刘世延的家仆多为这类人员。刘世延将此类人员网罗到府上,不法人

---

① 《明神宗实录》卷四五七,万历三十七年四月庚申,第8617页。
② (明)李邦华:《李忠肃先生文集》卷一《纠劾勋臣疏》,《四库禁毁书丛刊》集部,第81册,北京:北京出版社,1997,第40页。

员在府中能够相互勾结,甚至能相互传授犯罪经验,在刘世延的指使和庇护下,迅速形成了黑恶势力。这类人员,尤其是有案底的不法人员,一般做事不计后果,特别是有保护伞的情况下,作案时心狠手毒,无所不用其极,对南京社会秩序造成了极大的破坏。

第六节　南京社会治安及其管控措施

随着中晚明时期江南社会经济的快速发展,南京奢靡之风日甚一日。"自条编之法行,而杂徭之害杜,自坊厢之法罢,而应付之累止;自大马重纸之法除,而寄养赔贩之祸苏;自编丁之法立,而马快船小甲之苦息。然而民间物力反日益雕瘵不自聊者,何也?尝求其故,役累重时,人家畏祸,衣饰、房屋、婚嫁、宴会务从俭约,恐一或暴露,必招扳累。今则服舍违式,婚宴无节,白屋之家,侈僭无忌,是以用度日益华靡,物力日益耗蠹"①。晚明南京士人顾起元精辟地概述了晚明南京城内的"害群之马":

　　十步之内,必有恶草;百家之中,必有莠民。其人或心志凶慝,或膂力刚强,既不肯勤生力稽以养身家,又不能槁项黄馘而老牖下。余是恣其跳踉之性,逞其狙诈之谋,纠党凌人,犯科捍罔,横行市井,狎视官司。如向来有以所结之众为绰号,曰十三太保、三十六天罡、七十二地煞者,又或以所执之器为绰号,曰棒椎、曰劈柴、曰槁子者。赌博酗酒,告讦打抢,闾左言之,六月寒心,城中有之,日暮尘起。即有尹赏之窖,奚度之拍,恬焉而不知畏者众矣。又有一等既饶气力,又具机谋,实报睚眦,名施信义,或瓣财役贫以奔走乎匄贷,或阳施阴设以笼络乎奸贪。遇婚葬则工为营办以钓奇,有词讼则代为打点以囮利。甚则官府之健胥猾吏,为之奥援;闾巷之刺客奸人,助之羽翼。土豪市侩,甘作使令,花鸨梨姐,愿供娱乐。报仇借客而终不露身,设局骗财而若非动手,有求必遂,无事不干。徒党至数百人,姓名闻数千里,如襄之崔二、龚三概可睹矣。此尤良民之螟螣,而善政之蟊贼也,可亡禁与!②

南京中城兵马司管控的范围是当时的中心区域,区域内各阶层混居非

① （明）顾起元:《客座赘语》卷七《俗侈》,第231页。
② （明）顾起元:《客座赘语》卷四《莠民》,第106页。

常明显：

> 市冲人巧，诸务繁琐，可抵四城之事。凡勋戚、乡绅、士夫、青矜及名流墨士胥居其中，盖文物渊薮，且良工巨商百货业集，如三山街一带最冲要地也，俗竞华、人嗜谤，群不逞之徒亦每藏纳焉。其中北门桥俗朴不染纨绮市井之习外，若大中桥之淫徒赌棍，内桥、淮清桥路连三山街之鹰贼？捆抢，砂朱巷之客寓多奸，白塔、笪桥之收荒人替出贼赃，石城门里之罗囊巷、螺蛳湾、木匠营多外来匠作之结党健讼，三山门里之茶府湾及水关地方多外来娼妇，饭店窝歇流来强盗。诸如此类之奸宄出没，真莫可方物者，惟有编葺保甲，严督稽核，庶奸宄潜踪。①

明代南京这样的大都市，人口众多，鱼龙混杂。其社会边缘群体自身文化程度普遍很低，而且法律意识极其淡薄，无论是本地人，还是外地人员流入大都市，如果衣食无忧，自然能安居乐业，一旦生计出现问题，或在外界的引诱下，非常容易铤而走险，危害社会。

再以王樵上奏南京三法司万历二十年（1592）审理的命案为例：万历十九（1591）年底，总甲戴隆去军户马銮家索要船夫钱，因其酒醉，与马銮之子神策卫军余马禄发生冲突，被马禄殴打成重伤而死。万历二十年（1592），朝天宫道士王清义等人抓到盗窃芦柴的贾守义，竟私设公堂，将贾守义殴打致死。广洋卫军户何应举与邻居陈盛因买酒请客等琐事发生冲突，将陈盛打成重伤致死。李用向姜实借工银二钱七分，双方约定以工抵债。由于李用被刁应智雇去割麦，引发姜实妻刘氏的不满，对李用和刁家人进行辱骂，刁应智的弟弟刁应惠上前辩理，被姜实之侄牧马所余丁姜隆殴打致死②。南京留守左卫余丁陶应登贩卖烧鸡，遇见醉酒的同里人袁成，袁成借酒劲直接抢鸡吃，而且拒付鸡钱，被陶应登打成重伤，半月后袁成因无钱医治身死③。

上述案件无一不是因琐事而引发，且作案人员多为军户。不难看出，晚明南京城内不仅各阶层混居，而且军户与民户也呈混居态势。军民或不同阶层人混居一地，形成了跨阶层的社交网络。虽然这样的社交网络能够在

---

① （明）施沛：《南京都察院志》卷二十一《中城职掌》，《四库全书存目丛书补编》第73册，第592页。
② 参见（明）王樵：《方麓集》卷一《钦恤疏》，《景印文渊阁四库全书》集部别集类，第1285册，第106—109页。
③ （明）王樵：《方麓集》卷一《审录重囚疏二》，《景印文渊阁四库全书》集部别集类，第1285册，第121—122页。

一定程度上促进各阶层的人员接触、了解，使各阶层人士互通有无，各取所需。但是由于社会背景、社会地位不同，这种各阶层混居的方式，在晚明时期极易引发各类矛盾，出现因琐事酿成的恶性案件。

更为恶劣的是魏国公族人徐绳勋家奴杀人案。苏州吴县民赵孟学、顾勤学、杨凤投靠魏国公族人徐绳勋家为奴，并被委以管家之职，能够随意出入内宅。徐绳勋纳宗氏为妾后，遂将宗氏之父宗信、母严氏接入府中同住。然而家奴杨凤竟然先与宗氏的母亲严氏通奸，又与宗氏通奸。杨凤又唆使宗氏以徐绳勋正妻张氏悍妒为由，经常与徐绳勋无理取闹，以致徐绳勋对宗氏产生厌恶，将宗氏一家逐出府门。杨凤私自将宗氏买娶为妾，而又遭到宗信的多次恐吓讹诈。杨凤担心事情败露，于是又将宗氏卖给许姓监生了事。杨凤在处理徐绳勋之母丧事时，发现徐绳勋另一妾春蛾美貌，遂不断勾引春蛾，其后二人多次通奸。顾勤学则与徐绳勋婢女荷花勾搭成奸，后导致荷花怀孕，荷花堕胎后腰疼，让顾勤学在房间中为其按摩，结果被徐绳勋长孙徐尧年撞见，并报告给徐绳勋，致使顾勤学与荷花的奸情败露。徐绳勋恼羞成怒，将荷花交其父带走。徐尧年事后发现荷花入府时的卖身契，契中记有彩礼银十二两，遂向荷花父讨要，因荷花父无力偿还，徐尧年又向顾勤学讨要，但顾勤学拒绝偿还，二人遂结下仇怨。杨凤潜入春蛾卧室欲行通奸时，又被徐尧年撞见。杨凤求饶，并许诺买酒赔礼后趁机溜走。杨凤由此也对徐尧年怀恨在心，遂动了恶念，欲将徐尧年杀人灭口。顾勤学之兄顾太常当时也在徐府帮工，竟然与徐绳勋另一婢女梅桂通奸，又被徐尧年撞见。顾太常害怕奸情败露，只得用一枝银花和九百文钱堵徐尧年嘴。春蛾之兄王松在徐家管账，徐尧年请王松及时向其发放过节钱，但这笔钱却被王松贪占，只用二两银子敷衍搪塞，徐尧年向王松逼取索要余款，但王松却不再理会，由此徐尧年与王松又结怨生恨。杨凤见徐尧年之父徐邦奇"愚昧可欺"，又知道王松等与徐尧年结怨，于是唆使王松向徐绳勋挑拨，将胡龙、王六十、刘镇作为徐尧年赌博同伙，向巡城御史举报，巡城御史遂令中城兵马司将胡龙等抓捕并处以枷号的处罚。徐尧年为开脱胡龙等人，向顾勤学逼取钱财，顾勤学不给，徐尧年声称要将顾勤学兄弟与徐绳勋婢女通奸之事告发。惊慌失措的顾勤学向徐尧年之父徐邦奇谎称，徐尧年准备带领胡龙等人持械杀人，需要想个办法去防范。徐邦奇认为徐尧年生性狠毒，对其采取正常的解决手段根本没有用。顾勤学自称自己有办法处置，还要几个帮手，于是徐邦奇给了顾勤学银制祖师像一座，被顾勤学当银七两，用一两银子雇佣赵孟学，又用一千文钱向孟继孔雇用了打手袁吾、王举、唐臣、阎长儿、景二等人作为帮凶。他们利用徐府宴会演戏之机，混入徐府，于当晚在顾勤学的指引下找到徐邦奇，明确表示要杀死徐尧年，而徐邦奇竟然默许了此事。顾勤学等根本不顾徐尧年苦苦哀求，将徐尧年活活勒死。事后又试图焚尸灭迹，由于尸体未能烧化，他们又将残尸肢解并四处抛尸①。

此案案情并不复杂，但当事人作案动机之荒唐、手段之残忍实在令人发指。这里我们不去讨论晚明贵族家庭的荒淫混乱，从该案例可以看出，晚明流动人口进入南京务工，只要有一技之长，或是比较能干，则很容易在南京立命安身。徐尧年作为徐府长孙，按照明代的恩荫制度，至少会恩荫一个虚职的指挥使，然而却整日无所事事。其家奴仆与祖妾、婢女的几次奸情均被徐尧年撞见，似不应以偶然来解读，唯一合理的解释是徐尧年早有预谋，借机讹诈钱财。一个世家子弟敲诈奴仆钱财，与前文所述刘世延勒索仆妇、敲诈入府逃犯的行为如出一辙，表现出晚明贵族子弟唯利是图的流氓化、无赖化倾向。至于杨凤、顾勤学等人，毫无廉耻，多次与府中妾室、婢女通奸，奸情败露后竟然铤而走险，不惜杀人灭口。可见这类社会边缘群体不仅思维简单，而且做事不计后果，手段还特别残忍，无论是社会影响还是社会危害性都非常巨大。

再看此案判决结果，杨凤在羁押期间死于狱中，故未对其起诉审判。由于案情重大，案犯顾勤学、赵孟学由南京刑部"湖广司会同十三司审检明白"，万历二十年（1592）四月底判处顾勤学凌迟，赵孟学绞刑，经"南京大理寺审允"，"监候处决"。万历二十一年（1593）霜降会审，顾、赵二犯不服，提出上诉，由南京刑部"河南司将顾勤学与赵孟学各仍问前罪，送寺审允"②。从此案例可以看出，明代涉及人命的重大刑事案件审判，不仅司法流程严密，而且案犯上诉权利亦予以保障，二审机构与初审机构不是同一个部门，二审结果即使维持原判，也须经大理寺再次审核同意，这样的司法流程充分体现了中晚明时期司法审判的慎刑原则。

南京作为南方中心城市，社会开放，人员流动非常频繁。南京城内社会结构复杂，尤其是作为政治中心，城内有为数众多的特权阶层。这些特权阶层如果利用其自身权力、财富从事不法活动则极易形成黑恶势力。黑恶势力的形成，从小处说，极大破坏了南京正常的社会秩序，从大处说，由于这些

---

① 参见（明）王樵：《方麓集》卷一《审录重囚疏》，《景印文渊阁四库全书》集部别集类，第 1285 册，第 117—119 页。

② （明）王樵：《方麓集》卷一《审录重囚疏》，《景印文渊阁四库全书》集部别集类，第 1285 册，第 119 页。

特权阶层皆有政治光环笼罩,极易造成官民对立,加重人民对政权的敌视情绪。由于明代南京的特殊城市地位,实行多重治安管理体制,各层级管理机构相互制衡的同时,更多的是相互配合,确保南京社会秩序有序运行。南京城内保留的那套形式上的中央班子,从权力运行角度而言,多是有职无权的空架子,但由于其法定级别与地位高,故各类公务能够直接"通天"。南京都察院系统的巡城御史直接负责城内治安管理,高层官员直接介入基层事务,能使民意诉求的渠道更为畅通。从这个角度而言,对于制衡南京城内由特权阶层形成的黑恶势力发挥了很大作用。例如刘世延一案,虽几经起伏,但在南京三法司官员不断弹劾下而最终成狱,不可一世、恶贯满盈的刘世延被下狱瘐死,大概得益于南京这种特殊的城市地位及特殊的城市管理模式。晚明江南各地均爆发了不同程度的民变事件,而自嘉靖三十九年(1560)振武营之变后,南京城内再未发生大规模的民变、兵变等群体性事件。

第七节　刘天绪邪教案

刘天绪是河南永城人,万历时期来到中都凤阳府临淮县,在朱龙桥附近暂住,开始"修行"无为教。所谓无为教,创立于明正德、嘉靖时期,不立文字,不供佛像,无寺庙等固定修行场所,主张三教归一,无为解脱。无为教这种无文字,无固定宗教场所的修行模式,其教义虽然号称佛教教义,但融合了大量道教思想和世俗信仰的模式,且其创教教主罗梦鸿本是军户,并非佛、道教人士,最初传教也是在其驻防地古北口司马台附近,其传教模式也并不符合当时的宗教习俗,应属于民间秘密宗教的范畴,所谓佛教分支,亦不过是为避免政府打击、取缔而打出的幌子而已。无为教的信徒多为戍边士兵、漕运士兵,在运河沿线传播甚广。入清后,无为教因其创教教主的姓氏而被称为罗教,成为白莲教分支。无论是无为教还是罗教,在明清时期均被视为邪教。

刘天绪在凤阳"修行"的同时,开始"传教"。先是称此地有七十里云程,接着又妖言惑众,宣称"天魔下界,天黑四十九日,人民遭难,无处逃躲,你们可持斋念佛,我带你入九阳关"①。避难的方法是去朱龙桥附近的退骨塘沐浴,因为该塘是"仙池",沐浴后能够使人脱胎换骨,成佛成仙。在刘天绪装

---

① （明）丁宾：《丁清惠公遗集》卷一《奏疏·擒获妖犯乞正典刑疏》,《四库禁毁书丛刊》集部,第44册,北京：北京古籍出版社,2000,第23页。

神弄鬼的哄骗下，当地居民王宗、张名、吴凤等成为他的忠实信徒，刘天绪给他们"各署妖号"，都起了"无"字辈的法名①，例如王宗叫无蜂、张名叫无熟、吴凤叫无蒿，又有诸如十二天、十二佛、十二星之名，而且还都"册籍存证"②，每天都聚集信徒，讲经说法。刘天绪又在信徒中募集钱财，用于购买纸钱、香烛等，多则一二百文，少则三五十文不等。久而久之，信徒越来越多，遍布大江南北，人数约有千余人。刘天绪见信徒越来越多，"因诸人神其妖邪之说"，其野心也逐渐膨胀，"遂蓄不逞之心"③，自称为"辟地定夺乾坤李王"④，从单纯的敛财，发展到了心怀不轨，野心勃勃，试图改朝换代。

大概是刘天绪觉得中都凤阳徒有虚名，还算不得真正意义的大城市，水浅难养自己这条大鱼，庙小难容自己这尊正神，因此决定去真正的大城市南京应天府发展。万历三十二年（1604），刘天绪带着信徒吴凤来到南京。吴凤发现陈家年轻寡妇岳氏带领幼子"居住孤庄，便于安住"，于是带刘天绪见岳氏。不知道岳氏是痴迷宗教，还是孀居寂寞难耐，被刘天绪一番哄骗后，竟然与刘天绪一拍即合，先拿二十四文钱请刘天绪为其子陈学书写名号祈福，又向刘天绪四叩头，最终竟与刘天绪勾搭成奸。此后，刘天绪以岳氏之宅为窝点，继续传教。

王宗、张名陆续从凤阳来到应天，应天的军户龙凤、汪升、王起、郭礼、史祥等先后拜刘天绪为师，这些人"广布妖言，说刘天绪大有神通，转相煽惑"。邪教组织无论古今中外，都习惯于无底线地造神，将教主神化为无所不能的"圣人""神佛"转世。经核心信徒无底线地吹捧，刘天绪声名远播，迅速成了南京城内著名的"神仙"，信徒迅速增加。刘天绪又吸收了崔文、周鹤、施文、卢洪、薛文学、李应登、傅保荣、马达、吴熊、薛文举、童景福、杨仁、萧科等军户人员入伙，这些人同样也被刘天绪赐予无字辈法号，使他们成为自己的骨干信徒。

刘天绪有个习惯，凡是入其组织的人员，都要登记在册，每次聚会讲法，均由核心骨干成员通知在册者参加。这种管理模式，也许有利于其控制信徒，但若事发，白纸黑字的名册，必然成为官方最有效的物证。刘天绪先后"造妖书、印符、未来开天册、天品簿等项，以此愚惑人众"，又赋诗一首，并手

---

① 《明神宗实录》卷四二八，万历三十四年十二月壬子，第 8073 页。
② （明）丁宾：《丁清惠公遗集》卷一《奏疏·擒获妖犯乞正典刑疏》，《四库禁毁书丛刊》集部，第 44 册，第 24 页。
③ （明）周孔教：《周中丞疏稿》，《江南疏稿》卷一《妖逆就擒疏》，《续修四库全书》史部诏令奏议类，第 481 册，上海：上海古籍出版社，1995，第 338 页。
④ 《明神宗实录》卷四二八，万历三十四年十二月壬子，第 8074 页。

书于红纸之上,其诗如下:

> 李君登基平天年,
> 时逢天下刀枪乱。
> 糠糠起守豪州住,
> 天星下界扶江山。①

古今邪教教主似乎都有写诗的爱好,不知道是为了装点门面,显示自己学富五车呢,还是邪教闹事前的规定动作?此诗事发后被官方定性为"妖诗",即使在现代,这也实在算不得文学作品,里面还有三个明显的错别字,不知道是官方抄录文本时有意为之,还是刘天绪书写的原文即如此。此诗与《水浒》"浔阳楼宋江题反诗"回中"敢笑黄巢不丈夫"诗差距太大,根本不在一个级别。不过,刘天绪的诗,虽然不谙平仄,但至少还知道押韵,同其身后二百年那位横空出世的著名天王的诗词水平相比,伯仲之间,不相上下。

言归正传,既然信徒多了,名单有了,核心成员确立了,下一步规定动作就要以歃血为盟的形式来巩固组织关系。刘天绪称自己是"当阳皇帝出世,辟地定夺乾坤",要求核心成员吴凤、龙凤、王宗等"刺指血饮酒结盟"。众人喝完血酒后,再次把盟誓人员名单造册。刘天绪又称,"十一月初一日,你等可随吾上钟山拜天,若有豪气冲天,便是时至,若无豪气,你等不得扶吾"。十一月初一日中午,刘天绪借孝陵打扫之机,带领吴凤、张名、龙凤、王宗四人混入钟山,来到志公说法台前,刘天绪在前念咒,张名等四人在后拜天,拜了十二拜,除了看到山下起雾,并未见所谓的"冲天豪气",既然法术已失灵,众人只能沮丧而归。岂料下山行至朝阳门外,见"天上白气二道,两边略带黑气,中有埂一道,如天河样,自青龙山起直至江北,有一顿饭时才散"。一个很自然的天气现象,被刘天绪解读为出现了"豪气",吴凤等人深信不疑,认为天意如此,刘天绪是"真主"。

刘天绪见核心成员都已对自己的"法力"深信不疑,遂开始下一步行动——购买刀枪、器械、勇巾、红服等物资。接下来,刘天绪又对核心骨干成员封官许愿。刘天绪自称"龙华帝主",又称岳氏是观音转世,并将其封为皇后。张名开始被封为指挥,因为张名觉得官小,刘天绪为稳定其情绪,又改

---

① （明）丁宾:《丁清惠公遗集》卷一《奏疏·擒获妖犯乞正典刑疏》,《四库禁毁书丛刊》集部,第44册,第24页。

封张名为军师。王宗封为定国公、汪升封为护国参将、龙凤封为定国侯、吴凤封为护国保安侯、杨仁封为护国军大元帅、吴熊封为平定伯，只有崔文，虽然很早就和刘天绪混，但因为刘天绪觉得其"相貌不好，做不得大官，只好做指挥"，被封为觉天指挥。总之，核心成员都被封为指挥以上官职，伯以上爵位。岳氏被封为皇后，还觉得不过瘾，又要求刘天绪对其子进行封爵，于是刘天绪封岳氏之子陈学书为护国将军、国公。刘天绪又用红纸将自己封的这些官、爵记录在案。封授结束后，刘天绪开始进行"战前动员"，要求骨干成员准备好武器，声称"本月二十二日冬至日天魔下界，广有魔兵，亦作人形会中人，各带器械防身，吾乃三佛出世，自有天兵，百龙相助。又吾会中凤阳等处约有兵二亿三千"。刘天绪计划于二十三日起事，二十二日晚上，先去神机营关王庙拜旗，趁二十三日南都文武官员都要拜谒孝陵之机，劫杀文武官员，烧毁孝陵，由汪升、郭礼带人控制朝阳门，抢劫各衙门、仓库，劫各城监狱，然后扶保刘天绪登基做皇帝。刘天绪又传信通知凤阳的骨干成员按期到南京，准备里应外合一举夺取南京①。

龙凤因与操江府家丁陈继学、教习张应登，神机营教习王承宗相识，故极力拉拢三人入伙。张应登假装应允，与陈、王商议后，"陈继学、张应登等惧事发祸及，先期告变"②。陈继学、王承宗二十一日将来联络的崔文抓获，并从其身上搜出一把匕首，二人直接将崔文扭送操江府，提督操江御史丁宾初审后，见事态紧急，迅速将案情通报城外驻军和城内巡城御史。二十一日夜，城外把总朱元志等与城内巡城御史李云鹄等里应外合，迅速展开大规模搜捕行动。刘天绪等人本身就是乌合之众，还有名册留存，线索明晰，官方按图索骥，一夜之间将城内外所有涉案人员全部抓获归案。

南京邪教案的消息传到京师，神宗震怒，要求严惩。南京兵部尚书孙鑛认为"承平日久，人不知兵，南中十羊九牧，思乱者众，宜一大创之"③，准备穷追猛打，对涉案的所有邪教徒斩尽杀绝，被南京都察院提督操江右佥都御史丁宾阻止。在丁宾的斡旋下，最终只将七名骨干判处死刑，其余流、徒不等。刘教主本来被南京刑部拟定凌迟，可是未及执行，即死于南京刑部天牢，躲过了挨千刀之苦，但仍被枭首戮尸。顾起元认为，因为没有彻底根除

---

① （明）丁宾：《丁清惠公遗集》卷一《奏疏·擒获妖犯乞正典刑疏》，《四库禁毁书丛刊》集部，第44册，第24—26页。
② 《明神宗实录》卷四二八，万历三十四年十二月壬子，第8074页。
③ （明）沈德符《万历野获编》卷二十九《叛贼·妖人刘天绪》，第756页。

邪教势力,破获刘天绪案件没多久,即出现了"有榜揭妖言,逆状尤著"①。由于南京都察院与南京兵部因事权而引发权力斗争,加之当时"门户之说盛兴,但问趋向异同,不问事理曲直"②,孙镶成为南京言官攻击的目标。孙镶离职后,南都对于邪教治理依旧是虚张声势,导致邪教势力死灰复燃。

刘天绪邪教案并不复杂,其试图夺取南京而称帝的行为,不过是一厢情愿的妄想而已。即使没有陈继学等出首,其行动付诸实施,也只是以卵击石而已。然而此案折射出晚明社会治安管理严重缺失的问题,明政府对于邪教组织一直实行厉禁,明律规定"凡师巫假降邪神,书符咒水,扶鸾祷圣,自号端公、太保、师婆,及妄称弥勒佛、白莲社、明尊教、白云宗等会,一应左道乱正之术,或隐藏图像,烧香集众,夜聚晓散,佯修善事,扇惑人民,为首者,绞;为从者,各杖一百,流三千里。若军民装扮神像,鸣锣击鼓,迎神赛会者,杖一百,罪坐为首之人。里长知而不首者,各笞四十"。《问刑条例》规定"各处官吏、军民、僧道人等,来京妄称谙晓扶鸾祷圣,书符咒水,一切左道乱正邪术,扇惑人民,为从者;及称烧炼丹药,出入内外官家,或擅入皇城,夤缘作弊,希求进用,属军卫者,发边卫充军;属有司者,发口外为民。若容留潜住及荐举、引进,邻里知情不举,并皇城各门守卫官军不行关防搜拿者,各参究治罪。""内外问刑衙门,今后遇有烧香聚惑为从及称为善友,求讨布施聚至十人以上;接引窝藏之人,不问来历,若寺观住持容留、披剃冠簪,致令入境,探听事情,若军民人等被诱舍与应禁铁器等项。事发,有如犯人贾成、刘安定,俱发隔别卫分,永远充军。其不知情,止是布施饮食,别无容留,披剃冠簪及额外僧道、所重本无逃避刑罪,善友聚从不及十人,俱照常例发落。"③显而易见,刘天绪的各项行为,完全符合明律所规定的要件。然而无论是刘天绪起家地凤阳,还是发展地南京,在晚明都是"都"一级的大城市,各级管理机构健全,总甲、保甲等社会防控组织至少形式上完善。然而如此严密的"立体"管控之下,却能任由邪教组织发展壮大,社会治安管控机构丝毫未发挥出任何作用。刘天绪在南京岳氏家中两年有余,每日呼朋引类,聚会讲法,如此招摇,却未见总甲举报。龙凤等人能成功购置大量武器,亦可见晚明南京对违禁物品管控失效。直到陈继学等举报,南京城内外各级治安管理机构竟然对如此重大事件全无察觉、浑然不知! 显而易见,晚明南京各级情报系统名存实亡,几乎瘫痪。然而事后却未见有任何官员被问责,有任何

① (明)顾起元:《客座赘语》卷二《妖人》,第68页。
② (明)沈德符《万历野获编》卷二十九《叛贼·妖人刘天绪》,第756页。
③ 《大明律》卷十一《礼律》"禁止师巫邪术"条,《续修四库全书》史部政书类,第862册,第488页。

保、甲长被惩处。如此处理方式,虽然避免了打击牵连过广的恶果,但很容易助长各级组织及相关人员浑浑噩噩、人浮于事的作风。明人顾起元对这种处理结果极为不满,认为"今吾乡犹有憾不穷究之论"①。正是由于"当事者俱以诘奸为戒,日事姑息,妖党蔓延,充遍南北,白莲等教,在在见告。致烦兴师动众,灭而复起者数年"②。

此外,从南京刑部、都察院的讯问记录看,刘天绪很多骨干信徒都是军户,例如王宗是府军右卫士兵、龙凤是牧马所士兵、汪升是羽林右卫士兵、郭礼是府军卫士兵、崔文是府军右卫余丁③。可见,刘天绪的邪教骨干成员很多出自上十二卫的亲军武装,从这个角度看,邪教渗透无处不在。在16世纪末、17世纪初的晚明时代,世人认知浅薄,各类邪教教义又极易控制人们的思想,特别是邪教思想渗透到军职人员当中,军职人员如果被邪教势力利用,不仅会造成军事力量衰弱,更容易直接动摇统治基础,造成社会动荡。

第八节　傲慢与偏见——南京教案与意识形态管控

发生在万历四十四年(1616)的南京教案,一般认为,该案以南京礼部侍郎沈㴶率先发难,攻击南京天主教教士蛊惑邪说,妖言惑众为开端,继而南北两京官员纷纷响应,对天主教群起攻之,最终以天主教被认为是邪教,信徒被拘禁、遣散,西洋传教士被遣返出境而告一段落。南京教案是中国教案史上第一起案件,也是明代最激烈的一次中西文化冲突。

一、相关学术研究述评

由于南京教案是中国历史上第一起教案,是晚明中西文化冲突的重大事件,故关于南京教案的研究,海内外学界关注较多,主要多集中于文化、宗教以及晚明党争等领域。例如陆敏珍先生认为天主教与中国传统文化的交流本身是一个长期碰撞的过程,反教则是这一过程的必然产物。"反教一直是中西文化冲突的明显表现"。"相对于明政府官僚们给传教士所立的罪名而言,传教士们所受的迫害是极其轻微的;而中国内部反教与护教的官员,

---

① (明)顾起元:《客座赘语》卷二《妖人》,第69页。
② (明)沈德符《万历野获编》卷二十九《叛贼·妖人刘天绪》,第756页。
③ (明)丁宾:《丁清惠公遗集》卷一《奏疏·擒获妖犯乞正典刑疏》,《四库禁毁书丛刊》集部,第44册,第29页。

也没有因为其本身的立场、观点而危及地位"①。周志斌先生认为南京教案由沈潅为代表的保守派官僚联合某些佛、道人士发动,具有文化排外性质,是东西方不同的文化价值观、晚明党争等因素综合作用的结果②。邹振环先生则认为,南京教案体现了"官绅一体化"的反教模式,是中国文化结构中的一种排异机制被激活的结果。士大夫的反天主教言论,禁教令发布等,都是文化排异机制的重要组成部分③。陈玉芳先生认为西洋教士入华是明政府处理对外关系时遭遇的一个新问题,中央和地方政府对待教士的主流态度是包容的,但以符合国家利益为前提,南京教案的爆发则凸显了明政府对西洋教士宽容的有限性④。

与上述学者的视角不同,谭树林先生则提出了"在西方殖民威胁下,传教士已普遍被士大夫看作是潜入中国的心腹大患。而基于这种'忠君爱国'的思想,这些'心腹之患'必须根除","在外敌入侵的忧患意识引导下,加之其他原因,一场旨在驱除传教士离开中国的南京教案便不可避免地爆发了"的观点⑤。方金平先生认为南京教案是晚明涉外司法及宗教司法的重要案例,故从法制史角度,通过南京教案去考察晚明司法,借以阐述西方文化在传统中国传播时所面对的法律环境。他还提出"明律为外来文化的滋长留下一定的发展空间。明代怀柔远夷的法律传统令外来的传教士在'化外人'的身份下,一旦违法亦较易得到轻判","反之,华人信徒却承受更大的风险和代价——钟鸣礼的遭遇已能说明一切。国人论及明清六百年,多轻易以简单几句'闭关锁国''隔世排外'等等盖棺定论,然而自法律之角度可见,此种论调与事实恐怕相隔一段距离"的观点⑥。鉴于从文化冲突视角探讨南京教案的学术成果已是"汗牛充栋",故本节拟以南京教案的司法管辖为视角,对晚明非法定机构涉外司法问题进行粗浅探析,抛砖引玉,以期加深学界对明代相关司法问题的解读。

二、西洋教士南京传教的影响

16 世纪,罗马天主教教廷派遣耶稣会士来华传教,由于中国传统文化

① 陆敏珍:《论明末反天主教运动》,《安徽史学》2000 年第 2 期,第 17 页。
② 周志斌:《晚明"南京教案"探因》,《学海》2004 年第 2 期。
③ 邹振环:《明末南京教案在中国教案史研究中的"范式"意义——以南京教案的反教与"破邪"模式为中心》,《学术研究》2008 年第 5 期。
④ 陈玉芳:《明政府对入华西洋教士的态度与政策》,《古代文明》2014 年第 3 期。
⑤ 谭树林、张伊玲:《晚明南京教案起因再探——以西方殖民活动为视角》,《江苏社会科学》2011 年第 5 期,第 213 页。
⑥ 方金平:《所谓"暗伤王化":南京教案与晚明司法》,《北大法律评论》2013 年第 2 辑,第 515 页。

的"排异机制"的作用,加之语言文字障碍,即使在广东沿海地区,欧洲传教士的传教活动也屡受挫折。万历前期,利玛窦来华后,采取了"入乡随俗"的文化适应的传教策略,自称"西儒",暂时放弃欧洲传教士服装,改为儒家衣冠,通过结交中国士大夫和传播西方先进科学技术等手段,逐步获得上层人士的好感和认可,使天主教传播打开局面。

万历二十九(1601)年二月,利玛窦与庞迪峨在天津河御用监少监马堂的引荐下进京"朝贡",试图以此形式获得神宗的认可,继而获得合法传教的资格。然而利玛窦进京依然引起轩然大波,由于士大夫对世界的认知局限,对利玛窦所称的"大西洋国"一无所知。礼部官员认为《会典》止有西洋国及西洋琐里国,而无大西洋,其真伪不可知",对利玛窦身份表示怀疑。加之利玛窦已在中国居住二十年,远超"朝贡"时效,又无使臣身份,"与远方慕义特来献琛者不同,且其所贡天主、天主母图,既属不经,而随身行李有'神仙骨'等物"。礼部官员认为"既称神仙,自能飞升,安得有骨? 则唐韩愈所谓凶秽之余,不宜令入宫禁者也"。希望神宗按"暹罗国存留广东有进贡者赏例,仍量给所进行李价值,并照例给予利玛窦冠带回还,勿令潜住两京,与内监交往,以致别生枝节"①。由于利玛窦"几何数学、天官星历、测景日轨、兵器神铳靡不精晓"②,特别是以欧洲科学方法对历法的计算,远胜当时钦天监的士人,可能是神宗出于对利玛窦掌握自然科学知识的好奇心理,以及"怀柔远夷"政策使然,故对于礼部的建议,神宗以"不报"的形式,默许了利玛窦等留住京师。"上嘉其向化之诚,于之饩廪。玛窦死,复给以葬地"③。利玛窦的随行教士庞迪峨则一直留京,在钦天监负责历法测算等事务。

万历三十五(1607)年,来自意大利的耶稣会士王丰肃主持南京教务,并于万历三十九年(1611)在南京洪武冈建成了南京第一座天主教教堂,并在教堂墙壁上镌刻:"一六一一年五月三日,耶稣会诸神甫在中华古国之南京建筑之第一教堂。"④由于天主教"其徒日繁,踪迹亦复诡秘"⑤,加之利玛窦的继任者龙华民一改利玛窦的"文化适应"风格,在传教过程中过于张扬,不仅公开批评中国佛、道二教,而且还指责儒家学说,引起了士大夫群体的强烈不满。王丰肃也改变了其低调传教的作风,不仅公开举行天主教各类宗

① 《明神宗实录》卷三五六,万历二十九年庚午,第6647—6648页。
② (明)张世伟:《张异度先生自广斋集》卷十二《登抚初阳孙公墓志铭》,《四库禁毁书丛刊》集部,第162册,北京:北京古籍出版社,1997,第365页。
③ 《明神宗实录》卷五五二,万历四十四年十二月丙午,第10426页。
④ (法)费赖之著,冯承钧译:《在华耶稣会士列传及书目》上册,北京:商务印书馆,1978,第89页。
⑤ 《明神宗实录》卷五五二,万历四十四年十二月丙午,第10426页。

教活动,而且"从其教者,每人与银三两"①,以入会给钱的形式,在社会底层发展信徒,"一时信从者甚众",特别是其在洪武冈造教堂后,又"造花园于孝陵卫寝殿前"②,更引发了两京士大夫的强烈不满。万历三十四年(1606)年底,南京曾发生了刘天绪邪教团伙试图借冬至日南都官员拜谒孝陵之机,阴谋夺取南京的未遂事件。此后,不仅是应天府城内,全国各地又接连发生了多起白莲教起事事件。王丰肃这种高调的传教方式,必然引起士大夫的警觉。对于晚明时期的士大夫而言,所谓正教,即是流传千余年的佛、道二教,其余无论外来宗教,还是本土民间信仰,只要与佛道二教教义相悖、只要与儒家理念相左、只要被认定为对统治秩序稍有威胁,统治者即将其视为邪教,予以严厉打击。天主教的教义与佛、道二教完全不同,宗教仪式也迥异,在统治阶层眼中,天主教的活动,既不是民俗领域和商业领域的自发聚集,也不是佛、道二教正规宗教活动,那么这种打着宗教幌子的聚集活动与白莲教等秘密宗教聚集活动的性质并无二致,组织者和积极参加者都是心怀不轨的"犯罪预备"。

三、沈淮发难与越权涉外司法

万历四十四年(1616)五月,南京礼部侍郎沈淮率先发难,上疏参劾王丰肃。沈淮在奏疏中列举了王丰肃四大罪状③:

(1)"僭伪称号"。沈淮称王丰肃等"自称其国曰大西洋,自名其教曰天主教",而中国"以国号曰大明,何彼夷亦曰大西","岂可为两大之辞以相抗乎"?大明皇帝称天子,而"彼夷诡称天主,若将驾轶其上者,然使愚民眩惑何所适从"?

(2)"妖言惑众"。沈淮认为天主教"其说浸淫人心,即士君子亦有信向之者,况于闾左之民","闾左小民,每每受其簧鼓乐,从其教者,闻其广有赀财,量人而与,且曰天主之教如此济人,是以贪愚之徒,有所利而信纸。此其胸怀叵测,尤为可恶"。

(3)"鼓吹邪说"。沈淮认为欧洲教士所持的"窥天窥日之器"(即天文望远镜)虽然"精好",但也不过是奇技淫巧而已,教士所掌握的科学知识属于

---

① (明)沈淮:《再参远夷疏》,见(明)徐昌治辑:《圣朝破邪集》卷一,《四库未收书辑刊》十辑,第4册,北京:北京出版社,2000,第330页。
② 《明神宗实录》卷五五二,万历四十四年十二月丙午,第10426页。
③ (明)沈淮:《参远夷疏》,见(明)徐昌治辑:《圣朝破邪集》卷一,《四库未收书辑刊》十辑,第4册,第327—329页。

"妖妄怪诞,所当深恶痛绝者"。他认为教士所持的天体运行理论"诞妄不经,惑世诬民甚矣"。

（4）"败坏伦常"。沈㴶指责教士"诳惑小民,辄曰祖宗不必祭祀,但尊奉天主,可以升天堂","不祭祀祖先是教之不孝也","何物丑类造此矫诬?盖儒术之大贼,而圣世所必诛,尚可蚩蚩然驱天下而从其说乎"?

从沈㴶第一疏中罗列的传教士四大罪状来看,相当多的内容是由于其对同时期欧洲先进的科学知识一无所知所致,很多指责,荒诞不经,不仅文化自大,而且很大程度是盲目排外情绪使然。其罗织的罪名,多是捕风捉影,望文生义。尽管如此,由于当时士大夫认知水平所限,沈㴶的奏疏"识者韪其言"。因沈㴶其人"素乏时誉"①,故不排除其借打击天主教来博清誉,借以邀功请赏,以图上位的可能,但其奏疏中也包含了一些关于意识形态管控的内容,从社会管理的角度,值得探讨。例如沈㴶坚称传教士用"大西洋"、"天主"之名是有意抬高自己而矮化中国、皇帝,其目的就是为吸引信徒,而百姓则望文生义,往往被"大""天"这样的词汇所吸引。沈㴶认为教士关于天体运行的科学理论是惑世愚民的"邪说",完全是变乱成法,属不赦之罪。天主教以入会给钱的方式吸引信徒,很容易将大量底层人员吸收为信徒,而社会底层人员的认知能力浅薄,非常容易被宗教控制和左右。特别是沈㴶将天主教比作白莲教,更是诛心之论。他又危言耸听,称"昔齐之田氏为公私二量,公量小,家量大,以家量贷民,而以公量收之,以收民心,卒倾齐国,可为炯鉴。刘渊入太学,名士皆让其学识,然而寇晋者刘渊也。王夷甫识石勒,张九龄阻安禄山,其言不行,竟为千古永恨"②。沈㴶认为春秋后期齐国田氏以放大收小的形式收买人心,最终陪臣执国命,将齐国取而代之;西晋刘渊入太学读书,广交名士,虽然以学识渊博而赢得口碑,但最终发动叛乱,灭亡西晋,成为五胡乱华的开端。他将自己反对天主教的行为标榜为西晋时王衍看穿石勒、唐时张九龄识破安禄山,认为如果神宗对天主教不闻不问,姑息养奸,天主教若羽翼丰满,将会动摇统治者地位,威胁统治。

由于沈㴶第一疏被留中,内阁首辅方从哲竟不待神宗批复,直接令沈㴶逮捕南京教士及骨干信徒。在京师的庞迪峨、熊三拔等教士,通过京师上层的关系得知南京可能会有打击教会的行动,派张寀、钟明礼去南京通知王丰

---

① （清）张廷玉:《明史》卷二百十八《沈㴶传》,第5766页。
② （明）沈㴶:《参远夷疏》,见（明）徐昌治辑:《圣朝破邪集》卷一,《四库未收书辑刊》十辑,第4册,第329页。

肃做好应对①。这里需要说明的是,在明代制度设计中,南北礼部虽然拥有对社会意识形态、宗教事务的管理权,但并没有司法执行权。故七月十九日,接到邸报的沈㴶立即与南京东城巡城御史孙光裕协调,由孙光裕派兵马司抓捕教士和骨干信徒。此次抓捕,除了王丰肃外,还有在教堂中的教徒十三人,其中在抓捕过程中"有愚民手执小黄旗,自言愿为天主死者,幸而旋就拘获",沈㴶以此为借口,认为"然亦可见事机之不可失,而处分之明旨更不可后矣",标榜除了教堂抓获的十三名教徒外,"更不株连一人,今小民洗涤门户,不复从邪"②。沈㴶不仅在为自己擅自行动辩解,而且危言耸听,利用对教民护教行为来倒逼神宗认可自己的行动。

沈㴶既然不待神宗批准,即按照首辅方从哲的指使,"先斩后奏",拘捕教士、信徒,查封教堂,那就必须在后面的审判上做足文章,来证明欧洲传教士确有不法行为,否则不仅难以自圆其说,更会因擅自行动、越权司法而遭到言官的参劾,很可能导致自己罢职丢官的严重后果。本案当事人王丰肃等欧洲教士属于《大明律》中规定的"化外人",虽然《大明律·名例律》中明确规定"化外人犯罪者,并依律拟断",但《集解》又补充规定"化外人取招要云译问明白"。《问刑条例》做出的司法解释则是针对边疆少数民族军民,对于欧洲教士传教行为如何处理,只字未提,完全是法律空白③。在明代的司法实践中,出于"怀柔远夷"的外交政策,对外国人量刑时,往往大事化小,绝大多数处理结果都是遣送出境了事。因此沈㴶在第二疏中,先对神宗进行吹捧,认为在京师的教士庞迪峩之所以不敢"肆意妄为",是因为"京师为陛下日月照临之所,即使有神奸潜伏,犹或上惮于天威之严重,而下怵于举朝之公论,未敢显肆猖狂,公行鼓扇"。继而沈㴶指出"南京则根本重地,高皇帝陵寝在焉",指责王丰肃为"神奸","公然潜住正阳门里,洪武冈之西起盖无梁殿,悬设胡像,诳诱愚民"。又称教士聚会频繁,每月至少搞六次宗教仪式,"每会少则五十人,多则二百人"。沈㴶继续标榜自己明察秋毫,防患于未然之功,称"臣若更不觉察,胡奴接踵于城闉,虎翼养成而莫问,一朝窃发,患岂及图?尤可恨者,城内住房既据洪武冈王地,而城外又有花园一所正在孝陵卫之前。夫孝陵卫以卫陵寝,则高庙所从游衣冠也。龙蟠虎踞之乡,岂

---

① (明)南京礼部:《查验夷犯札》,见(明)徐昌治辑:《圣朝破邪集》卷一,《四库未收书辑刊》十辑,第 4 册,第 333 页。

② (明)沈㴶:《再参远夷疏》,见(明)徐昌治辑:《圣朝破邪集》卷一,《四库未收书辑刊》十辑,第 4 册,第 331 页。

③ 《大明律》卷一《名例律》"化外人有犯"条,《续修四库全书》史部政书类,第 862 册,第 410—411 页。

狐鼠纵横之地？而狡夷伏藏于此，意欲何为乎"？又认为京师朝堂中广布教士耳目，"七月初才有邸报，而彼夷即七月初旬具揭，及至二十一日，已有番书订寄揭稿在王丰肃处矣"①。

沈㴶在第三疏中，再次强调"左道惑众者必诛，夷不乱华而冒越关津者必禁"，并指控王丰肃"潜来南京，妄称天主教煽惑人民非一日矣"，称王丰肃等"借皇上一时柔远之仁，而潜藏其狐兔踪迹，勾连窥伺，日多一日，岂可置之不问耶"？沈㴶强调自己初衷的正义性，称自己已询问过福建沿海知情人士，王丰肃根本不是大西洋国人，而是"佛狼机"人，"原名巴里狼当，先年同其党类诈称行天主教，欺吕宋国主而夺其地，改号大西洋"，坚称"根本重地，必不可容一日不防者也"，并将教徒钟明礼、张寀称为"细作"②。不难看出，沈㴶在此疏中，已将王丰肃等教士上升到"间谍"的高度，教士的行为已经不仅仅是"冒越关津"、煽惑百姓，扰乱社会秩序那么简单，而是有谋反动机，已经达到危害国家安全的地步了。

沈㴶随即组织南京礼部主客清吏司对拘捕的教士进行审讯。此案由南京礼部主客司"吴郎中会同司务厅张司务、祠祭司徐郎中、精膳司黄郎中、仪制司文主事、祠祭司徐主事会审"③。全部审判人员均为南京礼部官员，南京三法司竟无一人参与案件审理。这里存在一个问题，那就是礼部是否具备审判权或是预审权？根据《会典》《大明律》等政书中的规定，礼部对于外国人、宗教事务、祭祀民俗等，只有业务指导权，行政管理权有限，司法权更是微乎其微。南京礼部祠祭司曾制定南京《各寺僧规条例》，在"词讼"条中载"凡内外僧官，专一检束天下僧人恪守戒律清规，违者从本司惩治；若犯与军民相干者，从有司惩治"。"在京在外僧道衙门专一检束僧道，务要恪守戒律、阐扬教法，如有违犯清规、不守戒律及自相争讼者，听从究治，有司不许干预。若犯奸盗非为，但与军民相涉，在京中礼部酌审，情重者送问"④。该条例的立法主体是南京礼部祠祭司，管辖范围主要是应天府城内外的寺院及宗教界人士。该条例明确指出了南京礼部的司法受理范围，即南京僧人

---

① （明）沈㴶：《再参远夷疏》，见（明）徐昌治辑：《圣朝破邪集》卷一，《四库未收书辑刊》十辑，第4册，第330页。

② （明）沈㴶：《参远夷三疏》，见（明）徐昌治辑：《圣朝破邪集》卷一，《四库未收书辑刊》十辑，第4册，第331—332页。案，"佛狼机""巴里狼当"，原文即如此书写，此为古代士人有意贬低外国人的书写形式。

③ （明）吴尔成：《会审王丰肃等犯一案并移咨》，见（明）徐昌治辑：《圣朝破邪集》卷一，《四库未收书辑刊》十辑，第4册，第334页。

④ （明）葛寅亮：《金陵梵刹志》卷五十二《各寺僧规条例》，第610、611页。

内部纠纷、普通治安案件,由南京僧录司、南京礼部受理;涉及僧道与非宗教领域人士的案件,情节轻微者,可由南京礼部审理;情节严重者,要移送法定司法机构,南京礼部无权审理。由于天主教是西洋宗教,非僧非道,教士还是外国人,《大明律》对外国宗教、外国教士又无任何法律规定,本身就存在法律空白。即使将天主教教士比附为洋僧、洋道,那么按照沈潅等所言的教士行为,显然属于情节严重、社会影响巨大的"犯罪"行为。加之天主教的中国信徒,虽然几乎包含了南京各色人等,但却无一人是佛、道两教的人士。显而易见,南京礼部对天主教教士及其信徒根本没有司法管辖权。其实沈潅对南京礼部并无涉外司法管辖权和审判权心知肚明,但他却在奏疏中先强调自己协调巡城御史抓捕教士、教民程序合法,再请求"皇上即下明旨,容臣等将王丰肃等依律处断","分别正罪"①。沈潅试图利用已经抓捕教士的既成事实,请神宗赋予其审判权,变越权为授权,变非法为合法。然而,神宗对沈潅的请求并未理睬,故沈潅对西洋教士的整个审判过程,从法理而言,应视为非法审判。

四、南京礼部锻炼成狱

沈潅按照方从哲的指示拘捕教士、查封教会,动用的是由南京巡城御史掌管的五城兵马司的武装力量,至少在形式上符合当时法律规定。然而由清一色的礼部官员进行审讯,明显是越权司法的行为,但其后沈潅也并未因此行为受到参劾。究其原因,一方面是晚明时期,司法实践中政刑不分,尤其是南京礼部属于中央机构,其按照内阁首辅意见查封教会,一定程度上代表了中枢意志,其打击目标是外国教士和本国教民,而非体制内的利益集团,其行为既无威胁统治的目的,又未侵犯统治层的利益。另一方面是南京教案虽发生于党争炽热的万历后期,沈潅、方从哲虽然是浙党人士,但绝大多数东林党人因龙华民等教士对僧道儒等传统文化的批判,而对天主教持抵制和反对态度,认可、支持天主教的东林党人微乎其微,仅徐光启、李之藻、杨廷筠寥寥数人,而非一边倒的支持。因此,南京教案的发生、处理,并不涉及晚明党争,中西文化冲突是发生南京教案的主因。至于"反殖民""反间谍""反侵略"之说,不过是晚明官员为打击异端思想,利用海上贸易小规模摩擦而制造的危言耸听借口和今人结合当代社会环境,对古代问题做出

---

① (明)沈潅:《参远夷三疏》,见(明)徐昌治辑:《圣朝破邪集》卷一,《四库未收书辑刊》十辑,第4册,第333页。

过度解读的结论而已。

　　南京礼部列举欧洲教士的"罪行"，分别适用于《大明律·兵律·关津》的"私越冒度关津""盘诘奸细"条；《礼律·祭祀》的"历代帝王陵寝""亵渎神灵""禁止师巫邪术"条；《刑律·盗贼》的"造妖书妖言"条。

　　对于"私越冒度关津"行为，《大明律》规定"凡无文引私度关津者，杖八十；若关不由门、津不由渡而越度者，杖九十；若越度缘边关塞者，杖一百、徒三年"①。刑部官员雷梦麟对此条律文的解读是"无文引而乘人不觉，窃过关津，谓之私度"，"若关不由门，津不由渡，而别从间道者，谓之越度"。② 南京礼部官员认为耶稣会士是"奉会长格老的恶之命"来华，并非官方派遣，故其所持文引非法无效。会士长期滞留在"广州府香山县香山澳中"，因利玛窦需要进京贡献方物，故致信王丰肃，王丰肃接信后遂带"自鸣钟、玻璃镜等物前来"③。虽然王丰肃来南京可以勉强算作合法，但其由香山澳入境并无任何手续，属于典型的"关不由门、津不由渡"的私渡关津行为，即偷渡入境。沈㴶在第三疏中指控王丰肃等是佛郎机人，怀不轨目的来华，有刺探情报的嫌疑。根据《大明律》的规定"境外奸细入境内探听事情者，盘获到官，须要鞫问接引起谋之人，得实，皆斩"④。雷梦麟对此条律文的解读是"境外奸细，外国人也，入境打探消息，故谓之境外奸细。但境外奸细入境，或有接引之人"，"但接引起谋，踪迹暗昧，故须有实迹方坐"⑤。沈㴶只是道听途说而认为王丰肃等是佛郎机人，并未掌握王丰肃等人任何刺探情报的实据，无法对其量刑，故只能将怀疑体现在奏疏之中，却不能以此对教士定罪。

　　南京礼部官员认为对教士打击力度最大、杀伤力最强的条款，莫过于《礼律·祭祀》中"历代帝王陵寝""亵渎神灵""禁止师巫邪术"条和《刑律·盗贼》中"造妖书妖言"条。《大明律》规定"历代帝王陵寝，及忠臣烈士、先圣先贤坟墓不许于上樵采、耕种，及牧放牛羊等畜"。"凡私家告天拜斗，焚烧夜香，燃点天灯、七灯，亵渎神明者，杖八十……若僧道修斋设醮，而拜奏青词表文，及祈禳火灾者，同罪还俗……其寺观神庙住持及守门之人，不为禁

---

① 《大明律》卷十五《兵律三·关津》，"私越冒度关津"条，《续修四库全书》史部政书类，第862册，第521页。
② （明）雷梦麟：《读律琐言》卷十五《兵律三·关津》，"私越冒度关津"条，第269页。
③ （明）吴尔成：《会审王丰肃等犯一案并移咨》，见（明）徐昌治辑《圣朝破邪集》卷一，《四库未收书辑刊》十辑，第4册，第334页。
④ 《大明律》卷十五《兵律三·关津》，"盘诘奸细"条，《续修四库全书》史部政书类，第862册，第522页。
⑤ （明）雷梦麟：《读律琐言》卷十五《兵律三·关津》，"盘诘奸细"条，第273页。

止者,与同罪"。"凡师巫假降邪神,书符咒水,扶鸾祷圣,自号端公、太保、师婆、及妄称弥勒佛、白莲社、明尊教、白云宗等会,一应左道乱正之术,或隐藏图像,烧香集众,夜聚晓散,佯修善事,扇惑民,为首者,绞;为从者,各杖一百,流三千里。若军民装扮神像,鸣锣击鼓,迎神赛会者,杖一百,罪坐为首之人。里长知而不首者,各笞四十"。"凡造谶纬、妖书、妖言及传用惑众者,皆斩。皆者,不分首从,一体科罪。余条言皆者,并准此。若私有妖书,隐藏不送官者,杖一百,徒三年"①。《问刑条例》进一步说明此类犯罪行为"各处官吏、军民、僧道人等来京妄称谙晓扶鸾祷圣、书符咒水,一切左道乱正邪术,扇惑人民为从者","内外问刑衙门遇有左道惑众之人,或烧香集徒,夜聚晓散为从者,及称为善友,求讨布施至十人以上,并军民人等不问来历,窝藏接引;或寺观住持容留,批剃冠簪,采听境内事情,及被诱军民舍与应禁铁器等项"②。

通过上述律条的规定,我们不难看出,沈㴥反复强调教士在洪武冈造教堂,孝陵卫寝殿前修建花园,目的是指控教士违反了"历代帝王陵寝""亵渎神灵"条款的规定。沈㴥认为在历代帝王的陵区樵苏尚且严禁,更何况在本朝太祖寝殿前擅自建造花园?教士甚至都有"谋大逆"和"大不敬"的嫌疑。

至于"妖书""邪术""左道"之类的法律界定,因时代局限,则更为含糊。明律只规定了"自号端公、太保、师婆、及妄称弥勒佛、白莲社、明尊教、白云宗等会"的活动为邪教行为,将白莲教、明尊教、白云宗等定性为邪教组织,但对于天主教无任何法律规定,完全属于法律盲区,若依据律文,根本无法对教士定罪,故只能采取"类推""比附"的方式锻炼成狱。南京礼部审判人员强调教士"广集徒众",聚集时采用"洒圣水、擦圣油,以剪字贴户门为记号,迫人尽去家堂之神,令人惟悬天主之像,假周济为招来入其教者,即与以银,记年庚为恐吓背其盟者"③的形式。这种说法,无疑是将天主教"洒圣水、滴圣油"的形式比附为白莲教的"书符咒水";将"假周济"比附为邪教"佯修善事,扇惑人民"。沈㴥认为教士私刻的天主教图书内容荒诞不经,"以西

①《大明律》卷十一《礼律一·祭祀》,"历代帝王陵寝"条、"亵渎神明"条、"禁止师巫邪术"条,《续修四库全书》史部政书类,第 862 册,第 487—488 页;《大明律》卷十八《刑律一·贼盗》,"造妖书妖言"条,《续修四库全书》史部政书类,第 862 册,第 541 页。
②（明）雷梦麟:《读律琐言》卷十八《刑律一·贼盗》,"造妖书妖言"条,第 214 页。
③（明）吴尔成:《会审王丰肃等犯一案并移咨》,见（明）徐昌治辑:《圣朝破邪集》卷一,《四库未收书辑刊》十辑,第 4 册,第 335 页。

洋罪死之鬼为天主"，是典型的鼓吹"巫觋之邪术"①，教士的行为完全符合
"禁止师巫邪术"和"造妖书妖言"的定罪标准，适用于死刑。沈㴑将天主教
比附为白莲教、将天主教经书定性为妖书的手段非常阴险。神宗时期，因为
争国本事件而引发的"诅咒案""妖书案"震惊朝野，白莲教在全国各地的起
事层出不穷。统治者对妖书、邪教非常敏感，如果神宗认可了沈㴑对天主教
的定性，那么沈㴑的越权司法行为很可能还是大功一件。

　　然而神宗则根本不相信教士存在谋反的动机和"间谍"的行为，即使在
廷臣几乎一边倒地反对天主教的舆论压力下，神宗仍未对教士实施任何刑
事处罚措施，只是下令将教士移送广东，由当地抚按官员将其遣送出境了
事。这种处理结果，其实早在沈㴑及南京礼部审判人员的意料之中。对他
们而言，之所以刻意夸大教士的"罪行"，其目的是驱逐教士，取缔天主教，解
散教会，而非置教士于死地。因为处死一两个教士并无意义，取缔天主教才
是其最终目标。由于沈㴑未等皇帝指示下达即擅自采取行动，抓捕教士、取
缔教会，越权司法，甚至越权审判。故沈㴑刻意夸大教士"罪行"，既能够彰
显其"结果正义"，又可以更好地洗脱自己越权司法的违法行为。

　　钟明仁、钟明礼等中国籍骨干教徒则没那么幸运，由南京礼部四司会
审，报南京三法司核准，分别被处流放、遣返原籍等刑罚。这里需要说明的
是，对中国教民，南京礼部依然无权审理，前文所引南京《各寺僧规条例》中
明文规定了南京礼部对宗教事务的司法管辖范围，即僧道与世俗发生纠纷
的普通案件可由南京礼部审理，重大案件必须移交三法司审理。钟明仁等
既非佛道二教教徒，又未与佛道二教相关人士发生纠纷，南京礼部无权审
理，而且南京教案无论如何定性，明显属于案情重大的涉外刑事案件，南京
礼部根本无管辖权。南京礼部因为越权审理西洋教士而未被追究，故对于
中国教民的审判，更加有恃无恐，依旧越权审判，甚至还直接对教民定罪量
刑，其审判结果也仅是呈报南京三法司确认而已。令人奇怪的是，南京三法
司竟然默认了南京礼部的审判结果，晚明时期司法秩序的混乱程度可见一
斑。由于南京礼部越权司法和非法审判行为未受任何指责，故南京礼部对
待天主教的行为更加肆无忌惮，沈㴑下令将南京天主教书籍毁版，将教会资
产没收，又将教堂、花园等资产全部拆毁，南京教案至此告一段落。在南京
教案的影响下，不久即发生了福建教案，天主教在华传播严重受挫，土丰肃

①　（明）吴尔成：《会审王丰肃等犯一案并移咨》，见（明）徐昌治辑：《圣朝破邪集》卷一，《四库未收
　　书辑刊》十辑，第 4 册，第 336 页。

等后来改名换姓从澳门再回内地传教，但信徒寥寥，步履维艰，已不复往日风光，天主教在中国的传播直至鸦片战争前也未能恢复元气。

综上所述，中西文化冲突是南京教案发生的主要原因。自西汉"独尊儒术"后，儒家思想成为中国古代的主流价值观，历代统治者基本都遵循儒家思想。儒家思想虽然"排他性"不强，但自上而下的信仰，使之融入各时代、各阶层人民的血液之中，将其视为中国传统文化的核心思想似亦不为过，佛教在中国传播，其教义需要不断融入儒家思想；即使是本土的道教，其教义仍需要不断与儒家文化结合。

由于中西文化背景迥异、人种不同等，天主教作为欧洲宗教，对明代的中国人而言，是一种非常陌生的文化，充满着神秘感。可能有学者会认为天主教唐代时即已传入中国，对于明代国人而言似不应该有陌生感。持此观点者，实则忽略了文化传承的过程。唐代天主教称景教，其传播也仅限于长安周边，很难渗透到其他地区，"会昌法难"时，与佛教一同被禁，虽然佛教在唐武宗去世后弛禁，但天主教在中国却一蹶不振，元代时曾短时期流传，影响力也仅限于少数蒙古贵族，直至明代时才算再次传入中国内地。体现唐代天主教文化的建筑物在唐武宗时期基本被摧毁殆尽，百不存一，只有书籍作为物质载体承载了少量天主教文化。至于口耳相传的唐代天主教非物质文化，由于其传播小，信徒少，且又遭政府厉禁，故无法传承。即使是饱读诗书的士人，也只是在零散的史料中获取简单的天主教文化常识，很难成系统地掌握。因此，对晚明统治阶层而言，天主教完全是陌生的宗教，通过利玛窦等人被称为"西僧""道人"的话语来看，在当时怀着"天朝"心态的统治阶层眼中，欧洲传教士不过是来朝贡和"求法"的外国和尚、道人或西洋的江湖术士而已，不可能引起什么轩然大波，故对其来华初期的传教活动，多数是采取默许的态度，听之任之。

欧洲教士进入中国后，特别是利玛窦主持中国教会后，为尽力消除民间对天主教的隔阂，在教士自身采取文化适应的同时，对教民采取了"双重标准"，即对待士大夫群体，向其传授和普及欧洲先进的科学理论和技术手段，使其通过对科学技术的向往，加深对西方文化，特别是天主教文化的了解，即使该群体不加入天主教，但只要是持同情和支持的态度，即能有利于天主教的传播。而对于社会底层群体，教士们利用其雄厚的财力，一反中国传统宗教由信徒布施、捐献的做法，而采取为入会信徒发放钱财的手段吸引信徒。由于贫困教民基数大，且文化程度低，天主教思想易于灌输，特别是发放钱财吸收贫民入教的手段，对于普通教民具有极大的诱惑力，故使教徒迅速增多。教士之所以选择南京这样的大都市作为传教地，一方面是因为南京作为南方政治、经济中心，人口流动大、社会结构复杂，容易发展各阶层教徒，迅速传播教义。另一方面，南京是陪都，城市地位虽高，但不是真正意义的全国政治中心，权力中枢，很多在京师不易进行的事务，在南京一般通过折中、变通的手段大多能够得以实施。

由于利玛窦的继任者一改利玛窦文化适应的传教模式，不仅行事高调，而且公开批判儒家为代表的传统文化和佛、道等传统宗教，不仅使一些原本同情天主教的士大夫转到了自己的对立面，而且引起了统治阶层的警觉。特别是由于时代局限，很多士大夫对天主教和欧洲文化存在严重的认识误区，而天主教"弥撒"形式与一些秘密宗教的仪式又有些类似，由于晚明时白莲教等民间宗教的各类反政府武装斗争此起彼伏，使统治者疲于应付，特别是万历三十四年(1606)年底，南京城内还发生了刘天绪利用无为教为幌子，召集信徒试图夺取南京的未遂政治事件，故士大夫将天主教比附为邪教，认为"使其处南中者，夜聚晓散，效白莲、无为之尤，则左道之诛，何可贷也"①。17 世纪中国沿海与欧洲殖民者冲突不断，天主教的传播更使士大夫警觉，称"此辈左道惑众，止于摇铎鼓簧，倡夷狄之道于中国，是《书》所称蛮夷猾夏者也。此其关系在世道人心，为祸险而迟，但其各省盘踞，果尔神出鬼没，透中国之情形于海外，是《书》所称寇贼奸宄者也，此其关系在庙谟国是，为祸隐而大"②，认为教士有刺探情报的嫌疑，种种因素结合一起，正如邹振环先生所概括的那样，中国文化中的"排异机制"被激活，形成了官绅民一体化的反教模式，对天主教采取了集体抵制③。

以此次教案为契机，南京留守机构实行了一系列的意识形态管控措施，不仅严惩中国教徒，没收并拆毁教堂，又将传教士称为"狄夷"，将天主教定性为邪教，并"申严律令，解散其徒众"，利用自身掌控话语权的优势，以公告的形式批判天主教教义、宗教仪式，并强化法律宣传，以儆效尤④。虽然南京教案的审判是南京礼部的越权司法行为，但因得到统治者默许，南京礼部及相关当事人亦未遭参劾、未被追究，故其审判结果在法律意义上形成了新的判例，使此后各地、各级理刑官员在处理类似的教案时，至少能够有章可循、有法可依。

①　《明神宗实录》卷五四七，万历四十四年七月戊子，第 10369 页。
②　《明神宗实录》卷五五二，万历四十四年十二月丙午，第 10426 页。
③　邹振环：《明末南京教案在中国教案史研究中的"范式"意义——以南京教案的反教与"破邪"模式为中心》，《学术研究》2008 年第 5 期。
④　(明)南京礼部：《拿获邪党告示》，见(明)徐昌治辑：《圣朝破邪集》卷一，《四库未收书辑刊》十辑，第 4 册，第 352—353 页。

第三章　贼盗与盐徒

——晚明江南社会秩序的威胁与管控

晚明扰乱江南社会秩序的不法行为主要是"贼盗"行为、倒卖私盐行为、商业诈骗行为、秘密宗教叛乱，豪强势力武断乡曲、控制市镇商业等行为。其违法犯罪主体则多是在明代律文、政书中被称为"无籍之徒"的不法人员，这些"无籍之徒"或混迹于市井、乡里，从事各类不法行为；或投倚豪门，充当打手，敲诈恐吓商贾、平民；或拉帮结伙，形成黑恶势力，称霸一方。

第一节　释"贼"与"盗"

《大明律·刑律》中规定了"贼盗"行为共二十八条，涵盖了各类抢劫、抢夺、盗窃行为及危害统治安全的谋逆、谋叛和意识形态领域的妖书妖言等犯罪行为及量刑标准。在古籍文献中，"贼""盗"并不同义，因此，有必要解读一下"贼"与"盗"、"贼盗"与"盗贼"的区别。

所谓"贼"，《老子》中所载"无有所济，必有所伤，贼害人民，残荒田亩"之语①。此处的"贼"是动词，即杀、暗杀之意。《左传》宣公二年"宣子骤谏，公患之，使鉏麑贼之。"②此处的"贼"是动词，为伤害之意。"贼"的名词词源则见于《老子》下篇，"民之难治，以其智多，多智巧诈，故难治也，故以智治国，国之贼；智犹治也，以智而治国，所以谓之贼者……故曰：以智治国，国之贼也。"③这里出现的三处"贼"，词性词义相同，均为名词，即危害者、敌人之意。《左传》隐公十一年十一月"壬辰，羽父使贼弑公于寪氏"。④ 这里的

---

① （春秋）老聃：《老子道德经》第三十章，《景印文渊阁四库全书》子部道家类，第 1055 册，台北：商务印书馆，1986，第 155 页。
② （春秋）左丘明著、杨伯峻注：《春秋左传注》，宣公二年，北京：中华书局，1990，第 658 页。
③ （春秋）老聃：《老子道德经》第六十五章，《景印文渊阁四库全书》子部道家类，第 1055 册，第 178 页。
④ （春秋）左丘明著、杨伯峻注：《春秋左传注》，隐公十一年十一月壬辰，第 80 页。

"贼"仍为名词,意即强盗、杀手之意。《论语》中有孔子斥责原壤"幼而不孙弟,长而无述焉,老而不死,是为贼"之语①,此处的"贼"仍是名词,指害人者、祸害。《韩非子》中,"贼"多为名词义,例如"不慎其事,不掩其情,贼乃将生……处其主之侧,为奸臣,闻其主之忒,故谓之贼。"②这里的"贼"仍是名词,指奸佞谗臣。不难看出,"贼"在春秋时期即兼备名词、动词之意,但到了战国时期,"贼"的动词性逐渐消失,其名词义保留至今。中古以降的文本中"贼"基本为名词,偶见形容词。例如胶西王刘端"为人贼戾"③,"董卓狼戾贼忍"④,这里两处"贼"都是形容词,为残忍之意。

　　所谓"盗",在上古文献《老子》中有"不尚贤,使民不争,不贵难得之货,使民不为盗"。"贪者竞趣,穿窬探箧,没命而盗"⑤,这里的两处"盗"均为动词,为偷窃之意。《论语》则有"季康子患盗,问于孔子"之语⑥,此处的"盗",毫无疑问为名词,即强盗之意。源自《韩非子》的《智子疑邻》故事中有"其子曰,不筑必将有盗……此夕盗至,故大亡也"⑦。这里两处"盗"也均为名词,为强盗、窃贼之意。中古以降,"盗"名词和动词义兼有。例如刘邦、萧何约法三章,"杀人者死,伤人及盗抵罪"⑧。此处"盗"包含抢劫之意,词义为动词。清前期成书的《明史纪事本末》中有《平山东盗》《平浙闽盗》《平郧阳盗》等卷,这里的"盗"均为名词,即强盗、土匪之意。无论"山东盗"还是"浙闽盗""郧阳盗"都是农民起义武装,将农民起义军指斥为"盗",虽然出自统治层的价值观,但农民起义军将政府作为反对目标,其行为在统治阶层的认知中属于反政府的叛乱行为,按《大明律》的量刑标准,符合《贼盗》中"谋叛"的要件。"盗"亦偶见其他词义,如"令禁铸钱,则钱必重,重则其利深,盗铸如云而起,弃市之罪又不足以禁矣。"⑨此处"盗"为副词,即暗中、偷偷地、私自之意。

---

① 杨伯峻译注:《论语译注》,《宪问篇第十四》,北京:中华书局,2009,第157页。

② (战国)韩非著、陈奇猷校注:《韩非子新校注》卷一《主道第五》,上海:上海古籍出版社,2000,第74页。

③ (西汉)司马迁:《史记》卷五十九《五宗世家》,北京:中华书局,1959,第2097页。

④ (西晋)陈寿著、(南朝宋)裴松之注:《三国志》卷六《魏书·刘表传》,北京:中华书局,1959,第216页。

⑤ (春秋)老聃:《老子道德经》第三章,《景印文渊阁四库全书》子部道家类,第1055册,第139—140页。

⑥ 杨伯峻译注:《论语译注》,《颜渊篇第十二》,第127页。

⑦ (战国)韩非著、陈奇猷校注:《韩非子新校注》卷四《说难第十二》,第267页。

⑧ (东汉)班固:《汉书》卷一上《高帝纪上》,北京:中华书局,1962,第23页。

⑨ (东汉)班固:《汉书》卷二十四《食货志下》,第1155页。

　　所谓"盗贼",《老子》中有"民多智慧则巧伪生,巧伪生则邪事起,法令滋章,盗贼多有"①。这里的"盗贼"是指实施抢劫、盗窃等恶性犯罪行为的人员。再看《左传》中"贼""盗"并用的语句,"作誓命曰:毁则为贼,窃贿为盗,盗器为奸"和"其人则盗贼也"②。"毁则为贼"的"贼",词性为名词,当解读为坏人、似不应释读为罪犯。"窃贿为盗",孔颖达释为"窃人财贿谓之为盗",很显然,孔颖达将"盗"释作名词。"盗器为奸"的"盗"则是动词,即偷窃之意。而"其人则盗贼也"中的"盗贼",则为暴力犯罪者之意。同理,《管子》中亦有"常令不审则百匿胜、官爵不审则奸吏胜、符籍不审则奸民胜、刑法不审则盗贼胜"③。此处的"盗贼"依然是抢劫、盗窃犯罪之意。

　　所谓"贼盗",《管子》有"奸吏伤官法、奸民伤俗教、贼盗伤国众"之语④,《汉书》则载"游徼徼循禁贼盗"⑤,《后汉书》有"三公不与贼盗"之论⑥。这里的"贼盗"只是泛指的犯罪人员,而与具体犯罪行为无关。再看《宋书》中"盗贼"与"贼盗"并见的史料:"氐奴既怀恚忿,因聚党为盗贼……罗令是使君腹心,而卿犹有作贼盗不止者,一旦发露,则为祸不测。"⑦这里的"盗贼",指暴力抢劫犯罪团伙,而"贼盗"则是各类犯罪行为的总称。唐初长孙无忌在《唐律疏议》中言:"史记魏文侯名都,师李悝,集诸国刑典造《法经》六篇,一《盗法》,今《贼律》是也;二《贼法》,今《诈伪律》是也。"⑧故"贼"与"盗"在法律文书中,无论所表述的犯罪行为,还是犯罪主体,均不相同。

　　综上所述,在古代律文和政书中的"贼盗""盗贼"不应视为同义词。从词的构成而言,"贼盗"应是并列词组,"贼"与"盗"二者是近义词,故从词义而言,不存在修饰关系,即广义地涵盖了各类违法犯罪人员。"盗贼"则应偏正词组,以"盗"修饰和限定"贼","盗"是指其具体的犯罪行为,"贼"则是实施犯罪的主体。"盗贼"专指实施抢劫、盗窃行为的不法之徒。如果用现代

---

① (春秋)老聃:《老子道德经》第五十七章,《景印文渊阁四库全书》子部道家类,第1055册,第173页。
② (春秋)左丘明著、杨伯峻注:《春秋左传注》,文公十八年,第634、635页。
③ (战国)托名管仲:《管子》卷二《七法第六》,《景印文渊阁四库全书》子部法家类,第729册,第28页。
④ (战国)托名管仲:《管子》卷二《七法第六》,《景印文渊阁四库全书》子部法家类,第729册,第28页。
⑤ (东汉)班固:《汉书》卷十九上《百官公卿表上》,第742页。
⑥ (南朝宋)范晔:《后汉书》卷四十三《何敞传》,北京:中华书局,1965,第1483页。
⑦ (南朝梁)沈约:《宋书》卷四十五《刘粹传》,北京:中华书局,1974,第1381页。
⑧ (唐)长孙无忌:《唐律疏议》卷一《名例律》,《景印文渊阁四库全书》史部政书类,第672册,台北:商务印书馆,1986,第25页。

汉语表述,大略为抢劫犯、盗窃犯之意。

第二节 晚明江南地区的"贼盗"问题

自经济重心南移完成后,江南地区凭借其强大的区域经济实力和持续发展态势,成为全国经济之翘楚,因其"赋税居天下之半"①,被帝国政府视为财源之地,元明清统治者均对江南经济极为倚重,使江南地区成为最具影响力的区域。伴随社会经济发展,江南人文鼎盛,科举甲于天下,江南士人通过科举考试,纷纷入仕,任职各地,在发挥治国安邦才能的同时,又将江南文化传播各地,使明清时期其他区域的人们心中不仅形成了"江南印象",而且又将这种印象固化。在其他区域的人们心中,江南不仅有"日出江花红似火,春来江水绿如蓝"的如画景色,而且物阜民丰,市民知书达礼,商人买卖公平,农民勤劳淳朴,一片欣欣向荣的祥和景象。然而明代江南虽然经济繁荣,但并非文人笔下和他人想象中的太平盛世。与其他区域一样,江南各类"贼盗"等暴力案件层出不穷。即使是在南都应天,晚明时期也是匪盗横行,各类治安案件和刑事案件频发。顾起元记述:"南都旧无巡逻马步军。相传正德以前,闾里间窃盗颇少,至强盗尤稀闻。嘉靖末年而剽劫纵横,见任士大夫有被其害者,乃始奏置巡逻官军。自此各街巷要处皆有队伍,一有警迹,传哨四路,飞马赴之,盗多畏避。自后法久渐弛,官军媮惰,浸不如前。迩年复议撤马军营操,地方防御益单,盗贼益肆矣。"②南都应天府内案件尚且如此高发,更何况苏松常镇等地区。

一、苏松常镇治安力量概况

"贼盗"案件多数属于暴力犯罪,这就要求晚明江南各地政府有足够的武装力量来打击、震慑此类犯罪,维护社会治安。我们首先通过《南京都察院志》的记载③,来了解一下晚明江南苏、松、常、镇四府的武装力量:

(一)苏州

苏松兵备道:驻扎太仓州,陆营官什哨队兵共 104 人、战马 1 匹。

---

① (清)吴伟业:《吴梅村全集》卷三十三《文集十一·江南巡抚韩公奏议序》,上海:上海古籍出版社,1990,第 730 页。
② (明)顾起元:《客座赘语》卷二《巡逻》,第 49 页。
③ 参见(明)施沛:《南京都察院志》卷十二《操江职掌四》,《四库全书存目丛书补编》第 73 册,第 353—357 页。

苏州府：

府直武装：水陆营官巡哨队兵军 713 名、合哨长、吴二县民壮 200 名，哨船 16 只。合计 913 人。

太仓州：陆营官哨队什兵 665 名，哨船 3 只、马 13 匹、甘草巡检司弓兵 24 名。合计 689 人。

吴县（附郭县）：木渎、舟头、东山三巡检司，每司弓兵 24 名。合计 72 人。

长洲县：陈墓、吴塔二巡检司，每司弓兵 24 名。合计 48 人。

昆山县：水陆营官哨队兵民壮共 347 名，哨船 11 只。巴城、石浦二巡检司，每司弓兵 24 名。合计 395 人。

常熟县：水陆营官哨队兵共 340 名，哨船 15 只。白茆港、黄泗浦港、浒浦港三巡检司，每司弓兵 24 名。合计 412 人。

吴江县：陆营官哨队民壮共 210 名，水营官哨队兵 100 名，分巡平望内河官队兵 49 名，哨船 18 只；关东内河水营官队兵 82 名，哨船 18 只；关南内河水营官兵民壮共 158 名，哨船 25 只。太湖营官巡捕舵兵共 328 名，哨船 27 只；汾湖、震泽、同里、平望、简村五巡检司，每司弓兵 24 名。合计 1047 人。

嘉定县：水陆营官兵共 255 名，哨船 4 只，顾迳、江湾二巡检司，每司弓兵 24 名。合计 303 人。

崇明县：三沙、西沙二巡检司，每司弓兵 24 名。合计 48 名。

苏州卫：本卫及左右等所指挥、千百户等官共 69 名，旗军、选锋、舍余共 3863 名。官兵合计 3962 人。

太仓卫：本卫及左右前后、宝山、吴淞六所指挥、千百户等官共 93 名，选锋、军舍共 3719 名。官兵合计 3812 人。

镇海卫：本卫及左右前后、刘河、崇明六所指挥、千百户等官共 86 名，选锋、军舍共 3828 名。官兵合计 3914 人。

苏州府境内武装力量（不含苏松兵备道）总计 15615 人，其中驻军 11688 人，地方武装 3927 人。

（二）松江

松江府：

府直武装：防守民壮 20 名、陆营官兵 301 名、水营官兵 161 名，哨船 20 只。合计 482 人。

华亭县（附郭县）：防守民壮 20 名、泖桥巡检司弓兵 45 名，小贞、金山、南桥三巡检司,每司弓兵 40 名。合计 185 人。

上海县:防守民壮 20 名、水陆官兵共 481 名、哨船 8 只;三林、黄浦、吴淞三巡检司,每司弓兵 40 名。合计 621 人。

青浦县:防守民壮 20 名、水陆官兵 301 名、哨船 9 只;淀山巡检司弓兵 45 名,新泾巡检司弓兵 35 名。合计 401 人。

金山卫:左右前后四所指挥、千百户、镇抚等官共 80 名,军舍 1892 名。官兵合计 1972 人。

松江守御千户所:千百户镇抚等官 13 人,军舍 743 人。官兵合计 756 人。

青村守御千户所:千百户镇抚等官 22 人,军舍 1472 人。官兵合计 1494 人。

南汇嘴守御千户所:千百户镇抚等官 10 人,军舍 1455 人。官兵合计 1465 人。

柘林堡:军舍 218 人。

川沙堡:军舍 97 人。

松江府境内武装力量总计 7691 人,其中驻军 6002 人,地方武装 1689 人。

(三)常州

常镇兵备道:驻扎江阴县,陆营官哨队兵 105 人,马 4 匹。

常州府:

府直武装:陆营官兵民壮共 606 人。

武进县(附郭县):防守民壮捕快 20 人、内河官兵民壮 138 人、哨船 27 只,仙船一只;华渡哨官兵 64 人、哨船 9 只,南太湖哨官兵 78 人、哨船 7 只,西滆湖哨官兵 41 人、奔牛巡检司弓兵 30 人、小河巡检司弓兵 25 人、澡港巡检司弓兵 40 人。合计 436 人。

无锡县:陆营官队民壮 233 人、防守民壮 20 人、关北内河官兵民壮共 120 人、哨船 27 只;高桥、望亭二巡检司,每司弓兵 35 人。合计 443 人。

宜兴县:民壮 42 人、水陆官操捕兵民壮共 284 人、哨船 21 只;下邾、张渚、湖滏、钟溪四巡检司,每司弓兵 30 人。合计 446 人。

江阴县:民壮捕快 20 人、水陆官耆捕舵兵壮共 786 人,沙唬划船共 32 只。合计 806 人。

靖江县:民壮 38 人、水陆官哨耆什舵兵壮 527 人,沙船 10 只;汤网洲官耆舵兵 61 人、沙船 4 只,马驮沙巡检司弓兵 44 人。合计 670 人。

常州府无驻军,境内地方治安力量(不含常镇兵备道)共计 3407 人。

(四)镇江

镇江府:

府直武装:总巡民壮 16 人、内河营官兵民壮 127 人、花红楼船 27 只。合计 143 人。

丹徒县(附郭县):巡捕民壮 20 人;丹徒、高资二巡检司,每司弓兵 28 人;姜家、安港二巡检司,每司弓兵 37 人。合计 170 人。

丹阳县:巡捕民壮 16 人、本哨官兵 221 人、吕城巡检司弓兵 22 人、包港巡检司弓兵 38 人。合计 297 人。

金坛县:巡捕民壮 8 人、本哨官兵 201 人、湖溪巡检司弓兵 28 人。合计 237 人。

镇江卫:本卫指挥千百户等官 122 人、军舍共 4142 人。合计 4264 人。

镇江府境内武装力量总计 5111 人,其中驻军 4264 人,地方武装 847 人。

根据上面的统计可知,苏松常镇四府武装力量(含苏松兵备道、常镇兵备道)共计 31824 人,其中驻军 21954 人,地方治安力量(含兵备道)仅 9870 人。

根据万历六年(1572)的人口统计,苏松常镇四府的户籍人口为:苏州府 2011985 人、松江府 484414 人、常州府 1002779 人、镇江府 165589 人①。四府合计 3664767 人。治安人员与户籍人口比例,四府比例大约为 1∶371,苏州府比例约为 1∶512、松江府比例约为 1∶286、常州府比例约为 1∶294、镇江府比例约为 1∶196。

由于古代行政区划面积测算的误差颇大,且多为耕地面积,而非区域面积,因此只能用现代行政区划的数据来进行粗略的统计,简单测算明代苏松常镇四府的区域面积。晚清至今,苏州府除部分县乡划入上海,大体区划相当于现代的苏州市,总面积 8657.32 平方公里。松江府为今上海市,晚清开埠后,苏州所辖的崇明等县、乡陆续划入上海,今上海总面积为 6340.5 平方公里。明代常州府被拆解为今常州、无锡二市,无锡市总面积 4627.47 平方公里,常州市总面积为 4375 平方公里,由于今属常州市的溧阳市明代为应天府所辖,今属常州市的金坛区明代为镇江府所辖,而今属泰州市的靖江市明代则为常州府的府辖县,故去掉今溧阳市面积 1535.87 平方公里,去掉今

---

① (清)张廷玉:《明史》卷四十《地理志一》,第 918、920、921、923 页。

常州市金坛区面积 975.46 平方公里，补入今靖江市面积 665 平方公里，其算式为：今常州市面积＋今无锡市面积－今溧阳市面积－今金坛区面积＋今靖江市面积＝明代常州府面积，约为 7156.14 平方公里。镇江府为今镇江市，总面积为 3847 平方公里，由于今属常州市的金坛区明代为镇江府所辖的金坛县。今属镇江市的句容市，面积 1387 平方公里，明代为应天府所辖。故今镇江市面积＋今常州金坛区面积－今句容市面积＝明代镇江府面积，约为 3435.46 平方公里。明代苏松常镇四府辖区总面积约为 25589.42 平方公里，四府每个治安人员平均管辖区域约为 2.6 平方公里。2.6 平方公里这个概念比较抽象，我们可以用多数人熟知的故宫博物院来作参照，故宫博物院占地面积约为 72 万平方米，0.72 平方公里，即晚明江南一个治安人员要管理差不多三个半故宫博物院面积。

　　按照我国现代社会万分之十三的警民比例①，即使是晚明苏州府治安力量与辖区居民 1：512 的比例，也远高于现代社会"千人一警"的比例，似乎晚明时期政府社会控制能力很强，"警力"很充足。然而本节所讨论的时代范围为晚明时期，那个时代无论是社会环境、自然环境还是通讯条件、交通条件、武装条件，与现代社会根本不存在可比性，况且本节所言的地方治安力量也绝不能视为警察组织，其原因已在前文关于南京五城兵马司治安职能的讨论中进行了阐述，这里不再赘述。由于晚明时期陆路交通只能靠畜力和人力，治安力量配置分散，管辖范围大，一旦遇到突发警情，治安力量捉襟见肘之弊立现。受交通条件限制，治安人员很难迅速集结，并在第一时间到达现场处置，加之当时仍处于冷兵器时代，军队疏于训练，"一遇大盗，区区三四步军，望风奔进"②，若遇悍匪或大股武装犯罪团伙，政府基层治安力量根本无法实施有效防御和打击。

　　早在洪熙元年（1425），镇江、常州、苏州一路，"强贼劫掠为民害"，仁宗"敕守南京襄城伯李隆、驸马都尉沐昕、兵部尚书张本，即拨官军船只，遣官率领前去缉捕，务要尽获，押送来京，都察院亦选御史一员，往督视之"③。政治中心北移仅三年，镇江、常州、苏州一线出现的匪患，竟然已经到了动用留守军卫进行武力弹压的地步，当时江南匪患的严重程度可见一斑。至嘉

①　郑震：《犯罪压力下的警力资源不足之探讨》，《中国人民公安大学学报》2008 年第 1 期，第 67 页。
②　（明）顾起元：《客座赘语》卷二《巡逻》，第 49 页。
③　（明）范景文：《南枢志》卷九十七《留务部·历朝巩固留京武备考一》，《中国方志丛书·华中地方》，第 2671—2672 页。

靖十一年(1532),"南京江贼纵横,吏不能治"①,"苏松常镇盗贼恣行",官府只能采取死看死守的方式,要求操江巡江官"自今须常驻要地,加意督捕。仍令巡按御史劾其不恪者"②。嘉靖十四年(1535),兵部批复同意御史沈应阳所进巡江事宜,沈应阳建议"于坊村各立保五,一家为盗,连坐十家。乡置一楼,楼各悬鼓,盗发则击,旁楼皆应之,捕者并集,使盗无所容";由于沿江各府同知分管捕盗,但多被其他公务所累,故请"吏部凡选授本地方同知必注定巡捕,而命操江都御史督率"③。沈应阳的建议,其实就是保甲法在沿江地区推广,而"一家为盗,连坐十家"的做法,株连过广,很容易逼良为盗。各府同知专司捕盗之职的建议虽好,但却过于理想化。江南沿江各府的府治皆远离长江,同知都是科举出身的文人,对于捕盗、江防等事务,基本都是纸上谈兵,各府武装力量又过于分散,加之受时代所限,应急能力不足,一遇突发事件,兵力不足,信息、交通不畅之弊立现。各府武装力量虽疲于奔命,但成效甚微,其结局就是始终未能跳出越治越乱的怪圈,江南匪盗横行的问题依然严峻,并未有实质性改观。

二、苏松匪患

(一)苏松海匪

嘉靖十九年(1540),苏州府崇明县海匪秦璠、黄艮等四处劫掠,副使王仪率水军围剿,结果惨败。都御史王学夔以生病为借口,擅自逃回南京。岂料海匪竟派人潜入南京,四处张贴榜文,"自称靖江王,语多不逊"。南京科道官交章弹劾王仪等人,世宗对此非常恼火,认为"海寇历年称乱,官军不能擒,辄行招抚,王仪轻率寡谋,自取败侮"。"巡抚重臣,玩寇殃民",在惩治责任官员的同时,要求这些官员"戴罪会同总兵汤庆协心调度,刻期剿平"④。

万历初期,崇明海匪死灰复燃。海匪严大邦纠集数百人,在嘉定地区肆意劫掠,苏松兵备使王叔杲命令游击童养浩、千户周崇仁"日夜巡徼江上","倾逻卒收捕",最终将严大邦团伙剿灭。之所以海匪猖獗,其原因是"患在保奸,不畏沉命"。因为"此曹世居海上,盘牙连岁,出没海洋江浦之间,而故托名在官,声謦所在,由此县庭左右,皆一切愿为耳目,县道莫能擒"。即由

---

① 《明世宗实录》卷一三五,嘉靖十一年二月丁未,第3201页。
② 《明世宗实录》卷一四〇,嘉靖十一年七月壬子,第3267页。
③ 《明世宗实录》卷一八〇,嘉靖十四年十月癸巳,第3850—3851页。
④ (明)范景文《南枢志》卷九十八《留务部·历朝巩固留京武备考二》,《中国方志丛书·华中地方》,第2720页。

于海匪首领居住海上,且流窜作案,只要不危及县域,地方官往往不闻不问,县中胥吏竟然成为海匪耳目,故地方治安力量无法彻底消除海匪。基于此原因,御史宋仪望认为,为防患海匪势力滋生,除了收缴赃物、没收匪首及其骨干成员家产外,还应"修起城垣,令官兵犁其庭,扫其庐,而营堡之",全面推行保甲法①。

万历初,金坛大盗陆守"最剽悍,阻海上公行,有司莫能擒"。崇明大盗蔡廷与其同伙顾周郎等人在苏州海域目睹了陆守团伙的抢劫行径,竟然认为"吾得此人,横行三吴中,足吾事矣",于是与陆守订立盟约,两股匪徒合流。万历四年(1576)五月,蔡廷等驾楼船十三艘,大张旗鼓到三片沙海域进行抢劫。把总管懋光率领当地民兵武装,驾沙船十余艘对该团伙进行打击,虽缴获盐舟两艘,但由于突然遇到大风,官方船队被风吹散,耆民陆英所在船只损毁严重,遭到匪徒围攻,官兵阵亡二十六人,伤十余人,陆英也身受重伤。此战以官军惨败而告终。消息传到京师,兵部尚书谭纶下令惩治未及时增援的崇明驻军百户王廷等人,神宗诏令当地官府继续围剿,很快蔡廷、陆守等先后落网。神宗下令将该团伙主犯审判后处决。此案由御史王民顺审理,他只将陆守等三人判处斩刑,首犯蔡廷竟被判流放边疆,其余案犯无一人判死刑,多是"请比配赎"。因神宗在审判前即要求判处首犯蔡廷等死刑,此审判结果直接颠覆了神宗的诏令,导致舆论大哗。待都察院派员复核再审,发现主犯陆守、赵涌、王子见虽然在押,"然亦非先所逮捕者","前后矛盾,法体乖谬",后查明原因,竟然是把总管懋光冒功造假。神宗下诏斥责相关官员"前后招词混杂无纪,议拟舛谬,显是初因失事重大,捏报要功,意图掩饰。后乃朦胧迁就,致有抵误"②。此案最终不了了之,但陆守等匪徒也就此销声匿迹,其行迹再未见诸史料之中。

(二)苏松抢劫杀官案

万历五年(1577)春,苏州发生了持刀抢劫官船、刀伤官吏案。郑一麟被调往南京兵部职方司任职,遂举家乘官船去赴任。官船夜泊于苏州南潼子门。劫匪杨栋明知是官船,仍纠集同伙,于半夜时分闯入官船,刀伤郑一麟,将其随身财物洗劫一空。次日,巡徼经历邓桥向兵备使王叔杲、苏州知府李克实、吴县县令郝国章汇报案情。苏州官员遂下令在府城进行搜捕,迅速将

---

① （明）瞿九思:《万历武功录》卷二《南直隶·海贼严大邦列传》,《续修四库全书》史部杂史类,第436册,上海:上海古籍出版社,1995,第154页。

② （明）瞿九思:《万历武功录》卷二《南直隶·崇明江阴诸盐盗列传》,《续修四库全书》史部杂史类,第436册,第161页。

杨栋等七名案犯抓获归案,被劫财物也悉数缴回。虽然案件破获,但因为涉及抢劫官船、刀伤官员,故此案上达京师。兵部尚书方逢时认为"吴会东连大海,北枕长江,环西南皆太湖,中错吴淞、黄浦、刘孟诸河,固盗贼之薮也。然未有如国门之外,至僇官略金如今日者,则官兵巡徼之谓何"①? 其意即虽然苏州位置险要,河汊纵横,易生匪患,但巡捕官兵形同虚设,则是匪患猖獗的主要原因。虽然看出了症结所在,然而由于制度惯性、官场习气使然,即使是皇帝惩治失职官员、中枢大员针对江南案件的批示,却仍未引起江南官员的重视。以致同年夏天,上海县下砂场发生了更为骇人听闻的暴力抢劫杀人案。

三十余名匪徒趁夜色闯入盐课司公署,向大使罗万方索取钱财未果,竟欲持刀杀人,罗万方幸被仆人罗东所救而得以逃脱,但头和左腿被劫匪打伤,罗东不幸被害,同时被害者还有罗万方两个婢女。歹徒行凶后,又窜至副使王棐的住宅,向王棐夫妻抢劫钱财未果,竟将二人杀害。歹徒又威逼王棐仆人王显,找到王棐夫妻存放财物之处,将俸金、服饰抢走,将王显打成重伤后逃离。事后,松江知府认为上海县衙距离案发地七十里之遥,难以救援,还算情有可原。此前兵备使王叔杲曾严行保甲法,"令水陆迭操,远近互查",但三林地区巡捕官与案发地相距不远,却未能及时到现场救援,实属失职行为。

因为此案系闯入官署抢劫杀官,性质恶劣,作案手段残忍。故案情被迅速上报到京师。兵部尚书方逢时闻讯非常恼火,认为"下砂场故多富室,何至甘心场官? 杀僇多命。聚散倏忽。此或盐徒灶户抱怨所司催征,皆不可知。宜诏两台廉访之。是时县道捕贼多罪被贼者,以致隐忍不告。设告对簿公庭,亦不以得财货为念,此盗贼所縁以肆志也。凡此皆著为令,毋蹈往辙"。宜兴县令出身的方逢时再次一眼看出了问题所在,即百姓因担心报案被株连、嫁祸,故遭受不法侵害也不敢报案。即使报案,对簿公堂也自认倒霉,根本不想追回被劫财物。正是由于地方政府的怠政和滥用刑罚,使百姓有苦难言、有冤难申,最终导致匪患猖獗,"贼徒敢于市镇杀官劫财,临时竟无一人救护。事后又不能捕获一贼,平日法令废弛可知"②。

万历七年(1579)夏季,苏常地区发生水灾,百姓流离失所。灾后物价飞

① (明)瞿九思:《万历武功录》卷二《南直隶·苏松诸强贼列传》,《续修四库全书》史部杂史类,第436册,第159页。
② (明)瞿九思:《万历武功录》卷二《南直隶·苏松诸强贼列传》,《续修四库全书》史部杂史类,第436册,第158页。

涨,民不聊生。昆山人姜奈以"吾不取诸富室,则亦有坐而自毙耳"为由,纠集姜柔、邹津、邹焕等,"公行村落劫人而夺之金",但不久即被伍长王沾、金周等抓获归案。与此同时,受饥荒影响,"吴江诸奸民亦拥众至卿士大夫所,佯为贷米,因略困鹿",伺机抢劫,幸好吴江县令王一元带领逻卒驱散人群,并抓获带头者一人,将事件平息。由于苏州经济在明代的重要地位,姜奈这起微不足道的抢劫案和吴江抢米事件,直接惊动中枢,朝堂官员才开始正视苏常水灾所带来的严重后果,并讨论相关救灾等善后事宜。廷议结果是"减今年租税以予贫民";"申明保甲,练训民壮";"简省词讼,禁止罚赎";"毋科小民,毋贷富室"①,最大限度地确保民生,稳定当地社会秩序。

三、常镇匪患

由于"常镇之区,实绾东南之要,吴头楚尾,襟江带湖,盗贼时啸聚于崔苻,戈矛或横发于肺腑"②。故万历二年(1574)张居正以神宗名义敕令南京操江都御史时,特别强调"南京系国家根本重地,江淮乃东南财赋所出。今特命尔不妨院事,兼管操江官军,整理战船器械,振扬威武,时常往来巡视上至九江,下至镇江,直抵苏松等处地方,遇有盐徒出没、盗贼劫掠,调兵擒捕"③。操江御史权力扩大,足见晚明时期明廷对江防事务和沿江治安的重视,然而,操江御史所掌控的兵力有限,其防控重点是江防,主要为上江区域九江至应天一线,防控治理重心并未深入太湖流域。太湖流域的防控主要是依靠地方民壮和巡检司等治安力量,这些武装力量处理一般的城镇、乡村治安案件或刑事案件尚可,但如遇大股悍匪,因兵力有限、装备差、战斗力弱等,有效防御尚且无法实施,更谈不上打击匪患。

(一)镇江僧人谋反案——兼论明代僧人问题

万历十年(1582),镇江甘露寺僧人省悟"欲招致四方异能之士,阴图不轨",当时湖广铁佛寺僧人雪峰,擅长白莲教"妖术",正在南京栖霞寺挂单。省悟认为其助手非雪峰莫属,于是派人去栖霞寺邀请雪峰。恰巧云南僧人大乘也在栖霞寺挂单,故与雪峰一同应邀来镇江。其后顺天人黄恩、宁国人

---

① (明)瞿九思:《万历武功录》卷二《南直隶·饥民姜奈史存列传》,《续修四库全书》史部杂史类,第436册,第165页。

② (明)蔡献臣:《清白堂稿》卷十一《四六启·答南都常镇缙绅贺启》,《四库未收书辑刊》六辑,第22册,北京:北京出版社,2000,第301页。

③ (明)范景文:《南枢志》卷三十五《官制部·南京兵部及关属衙门考》,《中国方志丛书·华中地方》,第566页。

汪元洪等十人也陆续来到镇江,众人"结盟为昆弟,党类渐增,异志日炽"①。省悟见势力逐渐壮大,先封官许愿,再改年号,将自己的党羽分成南、北军,所谓南、北军简直如同儿戏,南军只有十人,北军仅六人,其余为中军,当作自己的直属队。虽然只有二十余人的乌合之众,但省悟竟然异想天开地决定,在万历十一年(1583)四月一日,南军于报恩寺、北军于天宁寺一起举事,夺取镇江作为根据地,封存镇江府库钱粮作为军资。这种荒唐的军事冒险未及实施,即被官府破获,常镇兵备使李颐派遣逻卒将除雪峰外的二十余名涉案人员全部抓获。虽然这是一起荒唐的叛乱未遂事件,但却折射出明代江南寺院管理存在的弊端。

唐人杜牧《江南春》绝句中有"南朝四百八十寺"之语。至明初,江南地区依旧是香烟袅袅,梵呗不绝,无论是寺院庙宇的规模、数量,还是僧尼、信徒人数,均远远胜过南朝、盛唐。然而僧人群体在明代的口碑并不好,以成书于明初的《水浒传》为例,在《杨雄醉骂潘巧云　石秀智杀裴如海》一回中,施耐庵痛斥不法僧人,他写道:

> 一个青旋旋光头新剃,把麝香松子匀搽;一领黄烘烘直裰初缝,使沉速栴檀香染。山根鞋履,是福州染到深青;九缕丝绦,系西地买来真紫。那和尚光溜溜一双贼眼,只睃趁施主娇娘;这秃驴美甘甘满口甜言,专说诱丧家少妇。淫情发处,草庵中去觅尼姑;色胆动时,方丈内来寻行者。仰观神女思同寝,每见嫦娥要讲欢。
>
> 看官听说,原来但凡世上的人,惟有和尚色情最紧,为何说这句话?且如俗人出家人,都是一般父精母血所生,缘何见得和尚家色情最紧?惟有和尚家第一闲。一日三餐,吃了檀越施主的好斋好供,住了那高堂大殿僧房,又无俗事所烦,房里好床好铺睡着,没得寻思,只是想着此一件事。假如譬喻说一个财主家,虽然十相俱足,一日有多少闲事恼心,夜间又被钱物挂念,到三更二更才睡,总有娇妻美妾,同床共枕,那得情趣?又有那一等小百姓们,一日价辛辛苦苦挣扎,早晨巴不到晚,起的是五更,睡的是半夜。到晚来,未上床,先去摸一摸米瓮看,到底没颗米,明日又无钱,总然妻子有些颜色,也无些甚么意兴。因此上输与这和尚们一心闲静,专一理会这等勾当。那时古人评论到此去处,说这和

---

① (明)瞿九思:《万历武功录》卷二《南直隶·叛僧省悟列传》,《续修四库全书》史部杂史类,第436册,第166页。

尚们真个利害,因此苏东坡学士道:"不秃不毒,不毒不秃,转秃转毒,转毒转秃"。和尚们还有四句言语,道是:一个字便是僧,两个字是和尚,三个字鬼乐官,四字色中饿鬼。

只见那妇人乔素梳妆,来到法坛上,执着手炉,拈香礼佛。那海阇黎越逞精神,摇着铃杵,念动真言。这一堂和尚见了杨雄老婆这等模样,都七颠八倒起来。但见:班首轻狂,念佛号不知颠倒;阇黎没乱,诵真言岂顾高低。烧香行者,推倒花瓶;秉烛头陀,错拿香盒。宣名表白,大宋国称做大唐;忏悔沙弥,王押司念为押禁。动铙的望空便撇,打钹的落地不知。敲铦子的软做一团,击响磬的酥做一块。满堂喧哄,绕席纵横。藏主心忙,击鼓错敲了徒弟手;维那眼乱,磬槌打破了老僧头。十年苦行一时休,万个金刚降不住。那众僧都在法坛上看见了这妇人,自不觉都手之舞之,足之蹈之,一时间愚迷了佛性禅心,拴不定心猿意马,以此上德行高僧,世间难得。

从古及今,先让你留下两句言语,单道这和尚家是铁里蛀虫,凡人家岂可惹他。自古说这秃子道:色中饿鬼兽中狨,弄假成真说祖风。此物只宜林下看,岂堪引入画堂中。①

施耐庵笔下的僧人,完全是一群见色生淫意的淫僧！施耐庵对僧人如此差的评价,并非空穴来风的艺术想象和为渲染情节而进行的夸张描述,而是对明初不法僧人的真实写照。朱元璋少年时因生活所迫入皇觉寺为僧,深知该群体弊端。早在明政权建立之前,朱元璋即敏锐地发现"浙西寺院田粮多,寺僧惟务酒肉女色,不思焚修",遂下令"尽起集京城工役,死者甚众"②。后在马皇后的劝谏下,朱元璋才将在南京服役的僧人释放。在朱元璋严厉打击下,明初江南僧人不法行径有所收敛。朱元璋去世后,洪武政令弛禁,僧人不法之弊,死灰复燃。天顺初,留守左卫小旗陈福上疏,直指僧人冗滥之弊。他在奏疏中言道:

太祖高皇帝创业之初,建创寺观,设立僧道,已有定额,其后往往私创庵院,滥将无籍之徒收充,亦有逃军囚匠改名易姓,削发顶冠,人莫之识,偷享安闲,不耕而食,不蚕而衣,不货殖而财用有余,故人皆乐为之。

---

① (明)施耐庵:《水浒传》(百回本)第四十五回,北京:人民文学出版社,1997,第598、600、601、606页。

② (明)刘辰:《国初事迹》,《四库全书存目丛书》史部,第46册,第9页。

近年旱潦相仍，百姓艰食，其游惰之人，或讬为僧道，游食四方而愈盛矣。以在京观之，寺观动至千百，僧道不可数计，求财索食，沿街塞路，张挂天神佛像，擅言祸福，以盖造寺观为名，务图肥己，饮食酒肉，宿歇娼妓，无所不为。又有燃指焚香，刺肤割股，惊骇人目，扇惑人心，不惟饕餮于民，抑且有伤风化。乞在内令巡城御史、五城兵马司，在外令巡按御史及有司等官拿问发落，仍敕礼部将各府州县盖定寺观额设僧道名数，除已给度牒者，暂令各寺观附籍，其余查无度牒，悉发宁家随住当差。遇有额内缺数，方许簪剃。设有仍前私自簪剃及指称行者道童名色，躲避差徭，将本犯并寺观住持悉发充军，其余滥设寺观尽行拆毁。①

陈福的职务仅仅是军中的小旗而已，连基层干部都算不上，但他"位卑未敢忘忧国"，根据其亲身见闻和经历，在疏中直指当时社会上的僧道乱象。由于法令弛禁，僧道群体中混入各类不法人员。僧道问题甚至说已经不是"一条鱼腥一锅汤"，而是群体性堕落，直接导致时人信仰迷茫，社会风气败坏。

成化初，石渠担任山东按察使时，"尝为巡道，一日郊行，遥见人影出没林木中，近复不见。命捕卒搜丛林中，得项包僧十余人，解其包，有物在焉。鞫问之，昨宿尼寺，杀商人而夺其货。验尸、赃皆服辜。奏毁其寺，尼配之鳏夫"②。这里且不论石渠将尼姑庵拆毁，将尼姑强行配给鳏夫的行为是否有滥用刑罚之嫌。尼姑庵留宿男性客商、僧人的"创收"做法，即使用当时的社会价值观去审视，也完全是违背社会伦理的行为。而僧人们居然见财起意，杀死行商，劫夺钱、货，而且还是团伙作案，实施故意抢劫杀人的暴力刑事犯罪，其行径无异于土匪。成化六年（1470）年底，"四方游僧多聚在京，蚕食不下万数"③，直接造成京师治安混乱。至成化十年（1474），京师僧人扰乱治安问题呈愈演愈烈之势，"京城内外多僧道聚集，日犯奸盗等罪，不可胜计"④。锦衣卫破获的各类抢劫案件，很多犯罪团伙是由流窜入京的僧人组成。成化十二年（1476）初，锦衣卫抓捕各类犯罪人员七百余人，"其中强盗多系僧人"⑤。正是由于僧人群体作案频发，加之国家需要更多劳动力投入

① （明）余继登：《典故纪闻》卷十三，北京：中华书局，1981，第231—232页。
② （明）张萱：《西园闻见录》卷九十八《缉奸·住行》，《续修四库全书》子部杂家类，第1170册，上海：上海古籍出版社，1995，第274页。
③ 《明宪宗实录》卷八六，成化六年十二月庚午，第1677页。
④ 《明宪宗实录》卷一三〇，成化十年闰六月丙戌，第2460页。
⑤ 《明宪宗实录》卷一五〇，成化十二年二月戊子，第2736页。

国防和国家建设之中,故明律严格限制僧道人数,规定僧道人数府不过四十,州不过三十,县不过二十。然而晚明时,"天下佛教日隆,僧道猖狂",关于僧道人数的限制早已成为一纸空文,"当是时,武当、泰山、五台、王屋烟火相望,而万寿、广善二坛僧人说戒,聋瞽愚民","伤败风化尤甚盛哉"①。更有甚者,如僧人省悟、雪峰之流,竟披着合法宗教的外衣,妄图利用邪术颠覆政权。

晚明时期,很多市井无赖及不法人员寄居寺院,从事违法犯罪活动。例如南京"四方游食之徒,托名探亲访友,或以业述为由,阑入京城者,大都侨居寺观,而承恩寺、朝天宫等处尤甚"。还有一些僧道交结社会不法人员,或利用宗教敛财,或利用宗教场所从事各类违法犯罪活动。由于南京城内"师巫邪术白莲等教所在说法书符,惑众倡乱。近来强窃被擒,僧人在内不少",故南京都察院明令"今后庵观僧道地方居民俱不许停留结聚"②。

是时,僧人不法,尼姑亦非善类。嘉靖时期,霍韬担任南京礼部尚书时,针对尼庵乱象,曾下令"毁城内外诸淫祠,一时尼庵之折毁者亡算"。久而久之,法网弛禁,尼庵死灰复燃,尼姑肆无忌惮,违禁等不法行为更是变本加厉,"尼之富者,衣服绮罗,且盛饰香缨麝带之属,淫秽之声,尤腥人耳","至于讲经说法,男女混淆,昼夜丛沓"③。至于女道士,永乐时期即发生了锦衣卫指挥佥事纪纲与都督薛禄因为一个女道士而争风吃醋,结果薛禄在大内被纪纲持钝器袭击,险些毙命的闹剧④。道姑破戒事件由来已久,屡见不鲜,其行为相比尼姑,更是有过而无不及。

针对"往时官住多系匪人,清规大坏",僧尼不法的现实,南京礼部祠祭清吏司制定《各寺僧规条例》⑤,要求南京僧录司督促南都各寺院务必严格遵照执行。南京礼部试图通过制度约束,对南京寺院进行整顿和规范。古往今来,再好的法律、制度,如果不严格执行,无异于一纸空文,甚至都有助长违规违法行为的可能。南京礼部制定的寺僧条例下发后,各寺院阳奉阴违,乱象依旧。

官员周鉴建议"奸人潜迹,多住寺院之中,尤宜防者。无名庵观见一客

① (明)瞿九思:《万历武功录》卷二《南直隶·叛僧省悟列传》,《续修四库全书》史部杂史类,第436册,第167页。
② (明)施沛:《南京都察院志》卷二十《巡视五城职掌》,《四库全书存目丛书补编》第73册,第556页。
③ (明)顾起元:《客座赘语》卷二《尼庵》,第68页。
④ (清)张廷玉:《明史》卷三百七《佞幸传》,第7877页。
⑤ (明)葛寅亮:《金陵梵刹志》卷五十二《各寺僧规条例》,第599页。

至,便视为奇货,安问其所从来？宜责成僧官及本寺住持,先将各寺院东西南北造册四扇,某庵有牒僧几众？无牒行者几众？名山偶到客僧几众？此外,流僧一概驱逐。其行脚往来,惟准禅堂施饭,即遣他往,不准留宿。别有沿街结党,坐募斋供,说帐谈因者,俗名懊僧,与盗无异。严示地方驱逐之。至于过客,一概不许寄寓,如容留异言异服之人,查出即以容留奸细论,僧官住持一体治罪,其道纪司亦单造一册,法如前行之"①。通过周鉴的建议可知,晚明时期,僧人留宿客商的商业经营行为已经公开化,甚至已经成为寺院的创收渠道。基于经济利益考虑,僧人根本不可能严格履行入住旅客登记制度,导致寺院藏污纳垢,各类案件层出不穷,已成痼疾。尽管当时的有识之士一再呼吁"严为禁令,令毋以左道惑众也"②。但乱象依旧,终明之世,各地寺院庵观都是社会治安的软肋,是各类治安案件和刑事案件高发场所。

此外,对于镇江的治安形势,晚明士人葛麟认为"夫京口者,留都之咽喉,吴越之藩蔽也。留都震则天下之根本摇,吴越动则朝廷之府库虚。其势莫不藉京口以镇之。往者流氛犯江浦,镇江一水之隔,顺流而下,顷刻可达也。镇江之民惊恐溃散,而又有江洋大盗出没以乘之,天罡恶少构党数千以伺之,岌岌然盖瓦解之势也"③。可见崇祯时期镇江治安形势已异常严峻,内有地痞滋事,扰乱社会秩序,外有农民军伺机过江直捣金陵。

(二)太湖剿匪

万历十六年(1588)常州府知府谭桂、宜兴县令陈遵玮联名上报,"凶党一伙驾船十只,往来湖中,掠劫商民"。兵备副使李涞、江南副总兵马继武也上报了太湖宜兴水域水匪的问题④。文献中虽然未见对这伙水匪具体数量的记述,但从水匪"驾船十只,往来湖中"推测,其人数起码在五十人以上。宜兴治安武装只有"民壮四十二名,水陆官操捕兵民壮共二百八十四员名,哨船二十一只,下邾、张渚、湖滏、钟溪四巡检司,每司弓兵三十人"⑤。整个

---

① (明)周鉴:《金汤借箸》卷六《设防部·防奸细》,《四库全书存目丛书》子部,第34册,济南:齐鲁书社,1995,第244页。

② (明)瞿九思:《万历武功录》卷二《南直隶·判僧省悟列传》,《续修四库全书》史部杂史类,第436册,第167页。

③ (明)葛麟:《葛中翰遗集》卷一《讼印郡守冤疏》,《四库未收书辑刊》七辑,第16册,北京:北京出版社,2000,第159页。

④ (明)彭而珩:《湖盗出没议处防守疏》,见(明)施沛:《南京都察院志》卷三十二《奏议六》,《四库全书存目丛书补编》第74册,第173页。

⑤ (明)施沛:《南京都察院志》卷十二《操江职掌四》,《四库全书存目丛书补编》第73册,第356页。

宜兴县域内全部治安力量合计 446 人，但这四百余人又分布宜兴各处，短时间根本无法集结。单个巡检司的兵力仅 30 人，即使与水匪遭遇战，在冷兵器时代，治安力量的人数完全不占优势，若从单兵作战能力考虑，晚明正规军尚疏于训练，更何况地方招募的武装力量？因此，其战斗力也很难有优势可言。太湖水匪头目殷应采因多次流窜作案，抢劫行商屡屡得手，故"益剽悍，亡所顾忌，身常服鲜红袍"①，愈加猖狂。官府解决匪患的唯一方式，只能是调集驻扎在吴淞、刘河等地的军队进入宜兴太湖水域，会同常州府、宜兴县的地方治安力量围剿水匪。同时由南直巡按御史协调浙江抚按官，令湖州府及其所辖长兴县出动治安力量配合，采取浙直联动的方式，联合打击太湖水匪。

由于此次围剿动用官军，且浙直联动，故宜兴太湖水域水匪在湖州府长兴县水域被官军全部剿灭，匪首殷应采、骨干高泮、僧人如成等被官军抓获归案。残余势力也被湖州府治安力量消灭。尽管太湖水匪被官军一网打尽，但这种劳师糜饷的剿匪方式并不能一劳永逸，无法从根本上防患。军队撤走，地方防控稍有松懈，匪患又将死灰复燃。事后，彭而珩等都察院官员深刻反思并阐释了产生匪患的原因，提出了相应的对策②：

首先，他们认为太湖流域的自然环境和交通条件，极易及产生匪患。"苏常二郡，盗情多发于湖，而湖中之盗，非抢则以劫，然则宜兴此景，是岂一朝一夕之故乎？所由来者渐矣。震泽之水，汇为太湖，寥邈八百里，兼跨苏、常、湖三大郡，其为险要，不在江右彭蠡之后"。"太湖一水四达，贾航来往甚频，而滨湖地利沃饶，小民耕居颇众，兼之港汊纵横，芦苇鬌密，二三凶强徒巾而呼，众庶无赖闻风而应，往往操舸舰，挟戈矛而出，没水草之间，泊湖荡则截商货，登湖畔则掠民财。其来也乌合难御，其去也兔脱难追。或苏常事发，则逃匿于浙中；或湖南索急，则窜伏于湖北。虽无盘踞之名，而有荼毒之实。及查湖中，昔年惟秋冬多盗，其余间有宁时。乃今岁饥馑异常，啸聚尤易，故盗发于春夏者，日炽一日，大非往事比矣"。彭而珩清晰地认识到，太湖地区的匪盗作案呈季节性，特别是饥荒极易引发匪患，此次太湖水匪抢劫案就是由于饥荒而引发的团伙犯罪，其作案形式属于流窜作案。故彭而珩强调应防患于未然，提前做好做细防控措施。"湖盗骤发于一旦，皆由积酿

① （明）瞿九思：《万历武功录》卷二《南直隶·湖盗殷应采列传》，《续修四库全书》史部杂史类，第 436 册，第 155 页。
② （明）彭而珩：《湖盗出没议处防守疏》，见（明）施沛：《南京都察院志》卷三十二《奏议六》，《四库全书存目丛书补编》第 74 册，第 173—175 页。

于平时。故目前之易戡未可恃将来之难制为可忧,何也? 寰海以内,何处无盗? 盗有一扑而永灭者,可无后患。若湖盗则其踪未可测,其根未易除,一时扑之,其灰不死,未有不复燃者也"。"只因财力诎乏,虽有成议,遽难速行","倘以细故视之,而不思防其后,恐桃虫拼飞,可成大鸟,异日湖中有攘臂而起者,其祸殆有甚焉,欲再保无虞,不亦难乎"?

其次,他们清晰地意识到兵力薄弱且分散是造成匪患丛生的另一重要原因:"太湖防守,由来船不过十只,兵不过六十人,夫湖洋浩渺,而以孤兵数十守之,即有贲、育在其间,而势亦有所不支矣"。由于"湖中粮里人等,连年苦盗,屡告增兵必须增饷,此时民穷已极,万无加赋之理"。解决的办法是,由吴淞等驻军中抽调"四五百名入湖防守,各兵原有船只,宜随兵调入,无船者造给。此则湖防足用,而海防亦不疏也"。还应选择将领,"或参将,或游击,量设一员,领兵防湖务","若宜兴当湖之冲,可于该县地方量建住扎公廨,但官为湖设,宜专一督率舟师,巡行水上,溯回八面,而不得坐守一隅"。即设置太湖巡防官员,采取水上巡逻的方式,专司太湖水域治安。

第三,必须协调浙直关系,协同防控。由于苏、常与湖州分属南直隶和浙江,太湖巡防官员,如果只负责南直水域,那么必然导致"奸人跳梁,终莫能制。为全湖计,尚未尽其善。其惟合三郡湖防而一之为便乎。环八百里总为信地,斯责成既重,而控制自专官无顾此失彼之虑,而盗无潜踪遁迹之所矣"。由于可能会出现"兵分吴越,合为一营,未必其同心以御侮",故请神宗"敕下应天、浙江抚臣,将设官掣兵事宜会议停妥,画共济之策,建万全之规,倘事有未尽者,一并议详,覆请定夺"。通过浙直治安联防联动的方式,实现"堤防既饬,奸宄自清,全湖生灵可保宁谧,而江南重地从此若泰山而四维之矣"。

第四,除了在湖滨、河汉等要地设兵巡防外,必须严行保甲制度。"保甲之法,虽属常谈,湖滨弭盗,此为上策"。特别强调地方官员认为"保甲止行于陆而不行于水"的理念是错误的,因为湖滨之民多以船为家,其渔船多为六七桅的大罟船,而水匪的船则是小船,"贼船每为罟船所压",因此地方官员应因地制宜、因势利导,"将在湖罟船尽数查出,仿保甲之意而籍其姓名,立之约束,务使平时互相觉察有儆,互相策应,有不率者,治之以法。如此则官兵之外,增一干城,而防湖可无余策矣"。

陈仁锡认为"太湖素为逋逃薮,天罡混渔舟出没,至于三哨之兵,当合为三处,东哨合于东山训练,西哨合于西山训练,南哨合于胥口训练,不特可以弭两山之奸宄,亦可合力把守留都之间道"①。即通过加强驻防官兵训练,整肃太湖治安,保障南京安全。

万历初,常州府武进县魏村闸附近居民"魏良潮窝盗剽掠,地方抚院按诛之,藉其家"后,当地社会秩序稍稍有所改观②。到了万历二十七年(1599),常州地区匪患又死灰复燃。应天巡抚陈惟芝上疏言"太湖夙称多盗,而湖之西北隶常州府,汊港错杂,乌溪、定化、兰后三港,尤群盗出没之薮也。先年虽用木桩钉塞,顾日久弊生,奸民往往昏夜私开。臣等议于港口狭处筑堤砌石,中开水窦,仍用排钉,防其出入。惟是奸盗趋险如鹜,非得明旨严法振肃之不已也。请如山东南旺等处禁例,盗决者,为首之人,民则充近卫、军则调极边。载入河防,勒石永为遵守,仍责成附近巡司,不时稽察。此弭盗安民之第一议也"③。晚明时期,常州府采取这种在强盗出入的港口,两边筑堤,河道上用排钉堵塞航道,阻拦船只航行,死看死守的政策,在当时的历史环境下,对缓解严峻的治安形势有一定的效果,但在河汊纵横的江南水乡,此类治安防控手段不仅过于劳民伤财,而且阻碍人口、物资正常流动,造成百姓生活不便。同时,又为负责看守这些防控设施的胥吏、杂役提供了权力寻租的空间,极易引发新的社会矛盾。加之江南很多盗匪多是采取流窜作案的方式,"如苏常事觉,则避匿于浙中;湖南索急,则鼠窜于湖北"④。匪盗不在港口为患,却流窜其他地区为害,因此这种封堵交通的手段,实际上治标不治本,而且成本巨大,无法从根本上解决匪盗问题,得不偿失。

四、浙北匪患

晚明浙江的治安形势与南直并无区别,浙江山区、沿海地区匪患尤为严重,治安形势更为严峻。因本书主要讨论江南地区治安,故本节讨论的匪患,主要为浙北太湖流域的湖州、嘉兴、杭州,对绍兴亦稍有涉及。

(一)浙北官帑大劫案

万历初,浙北崇德县县丞王爵负责带队运输帑金二千八百七十金到仁和县,途中被梁翰为首的十三名匪徒拦路抢劫,所有帑金全部被劫。王爵羞

① (明)陈仁锡:《陈太史无梦园初集》,《漫集二·登莱纪闻》,《续修四库全书》集部别集类,第 1382 册,上海:上海古籍出版社,1995,第 280 页。
② (清)陈玉璂:(康熙)《武进县志》卷六《兵御》,《北京大学图书馆稀见方志丛刊》第 111 册,北京:国家图书馆出版社,2013,第 367 页。
③ 《明神宗实录》卷三三二,万历二十七年三月丙午,第 6152—6153 页。
④ (明)瞿九思:《万历武功录》卷二《南直隶·湖盗殷应采列传》,《续修四库全书》史部杂史类,第 436 册,第 155 页。

愧交加，投水自尽。浙江官方闻讯后，迅速展开搜捕，"县道日夜提逻卒部索邑中"，将案犯梁翰等及窝藏者洪雨、郑华抓获归案，同时追缴回被劫帑金二千六百金。案犯后被公开处决，玩忽职守的指挥张诚、千户李栅被降秩①。如果单纯从案件的性质看，此案为一起恶性抢劫案，无论古今均属于刑事案件范畴。此案折射出当时浙北匪患的猖獗和治安形势的严峻。相关史料中虽然未提及押运人员的数量和装备，但十三名歹徒敢在光天化日之下公开拦路抢劫官帑并获得成功，足见官方押运负责人对治安严峻形势不以为然的心态。不知是押运官员认为押运力量齐备，还是误以为匪徒不敢抢劫官帑，致使防范措施流于形式，形同虚设。从劫匪仅有十三名，却非常顺利地抢劫得手的事例，可见押运武装人员应急能力和作战能力都非常低下，无论是官军还是民壮，疏于日常训练，故遇到突发匪患，如同乌合之众，不堪一击。

万历十八年（1590），位于浙直交界处的嘉兴府嘉善县又发生了抢劫官帑事件。是年冬，管仓大使苏剌从上海县押运京库银一千二百余两，途径嘉善，路遇数十名劫匪，库银被劫走八百四十余两。案发后，代理嘉兴府事的同知曾维伦受理此案，大概是因官帑被劫案发生于其代理府事期间，曾维伦出于息事宁人的原因，故用自己和巡捕官方玘等人的薪资，以及其他渠道的资金折抵被劫款，打发苏剌等离境。随后，曾维伦命令方玘带领逻卒在嘉善城中进行了大搜捕，但一无所获，劫匪始终未能抓获归案。此事最终被御史常居敬等揭发，曾维伦被罚俸三个月，责令其戴罪立功，务必破获此案，但此案结果未见诸史料，大概最终亦未能破获，不了了之。瞿九思认为曾维伦其人"优于吏治"，出现此事，实属官运不佳。"见其以司理行县事，每一阅操，战陈之教，钲鼓之教，颇精明，余以为异时诚可当一面，乃何有强贼数十哉？"②

（二）杭州暴乱始末

浙江绍兴府上虞人丁仕卿，其人"少学书，多通字艺，尤工珥笔。间里有狱讼之事，必就问卿"，俨然成为当地的讼师。丁仕卿为人机警，有谋略，而且膂力过人，但却居心叵测，"欲招致四方亡命而为乱"，"乃交欢江上诸偷盗"，经常以塾师的身份往来杭州，而杭州很多人以其学生的身份追随丁仕

---

① （明）瞿九思：《万历武功录》卷二《浙江·崇德强贼梁翰列传》，《续修四库全书》史部杂史类，第436册，第183页。

② （明）瞿九思：《万历武功录》卷二《浙江·嘉善强贼列传》，《续修四库全书》史部杂史类，第436册，第184页。

卿。久而久之,由于丁仕卿经常游走于各级衙门,与官吏熟悉,开始逐渐操纵审判。

丁仕卿又与钱塘江上不法人员相勾结,准备从事不法行为,但其发现杭城基层治安组织的火甲制度比较完善,"欲逞不轨,殊不利于火甲"。现行火甲制度对自己的团伙在县城内作案非常不利,特别是此前浙江进行的赋役制度改革,其中很重要的一项变革是取消了城市火甲的雇役制度,这样一来使原来受雇充当火甲的一些社会闲散人员就此失业,而缙绅又有赋役优免政策,因此赋役负担必然转嫁给普通市民,浙江的火甲制度改革导致民怨沸腾,成为此次暴乱事件的一个导火索。因此,丁仕卿借机与其同党韩谨商议,试图借此机会"欲变火甲法"。丁、韩二人打着为民请命的旗号先后向巡按张文熙、知府刘伯缙、同知吴日强等官员游说,试图变革火甲制度。张文熙及地方官员与乡宦沈犨商议火甲存废事宜时,遭到沈犨的强烈反对,变革火甲制度之事就此搁置。丁仕卿遂对沈犨恨之入骨,伺机报复。由于同知吴日强上任以来一直严格执行保甲与巡逻制度,而且还亲自带队巡逻,对于夜巡迟到者,视其迟到时段,罚金五钱至一两不等,以致城中民壮、火甲对官府多有怨言,很多人都投靠了丁仕卿,丁仕卿的党羽迅速膨胀至千余人。

由于杭州因巡抚吴善言奉命减少驻军饷银,爆发了军队哗变事件,当地官员正为平息哗变而疲于奔命。丁仕卿见有机可乘,遂于万历十年(1582)四月底,率众先焚毁更楼,再对沈犨家抢劫纵火,将沈犨家财劫掠一空,又将其宅院与游船焚毁殆尽。携带万金的富商唐致思因寓居在沈宅附近,也未能幸免,随身财物被洗劫一空。居住在附近的仁和县令陈良栋、钱塘县令孙珫见发生烧抢事件,"并驰救破围",结果遭到围攻,二人微服逃出重围。

杭州暴乱的消息传到京师,神宗授权准备处理杭州兵变事务的兵部侍郎兼佥都御史张佳胤当机立断处置,不必会推。是时张佳胤正在赶赴杭州的途中,接旨时已到达崇德,张佳胤得知杭州发生大规模烧抢事件后,立即下令缉捕丁仕卿等,并迅速驰赴杭州。张佳胤到达杭城时,当地治安力量已将丁仕卿等四人抓捕归案,笞二十,枷号候审。韩谨召集党羽二千余人,宣称如果不救出丁仕卿,众人都将祸及自身。民众在韩谨的蛊惑和裹挟下,纷纷追随韩谨,韩谨遂带领骨干党羽从狱中强行劫走丁仕卿。丁仕卿暂时安稳后,对韩谨等人称现在已是大祸临头,采取行动已刻不容缓。当天深夜,丁、韩二人聚集党羽,大张旗鼓包围知府衙门,府尹刘伯缙多次向丁仕卿等宣谕、安抚,但无济于事。张佳胤驰援府衙时,丁仕卿看到中央大员的麾盖,假意率众跪在道旁,声称其诉求只为变革火甲制度,并无其他非分要求。张佳胤当场应允,答应待天亮后解决火甲存废事宜。丁仕卿等佯装解散,随即裹挟城中居民,男子每人刀枪一副、灯一盏,分道而出,乘风在城中纵火抢劫,火势蔓延,焚毁乡宦陈三谟、御史柴祥、孝廉莫霄、商人江洪等四十余家,抢劫金银数量无法计算①。丁仕卿"围绕巡按衙门,拘留二司,迫民出枪刀,分投焚剽,势亦猖獗,城中火光烛天,哭声振地"②,府城竟被土匪所控制。

当地慑于丁仕卿的淫威,竟然出现"富室欲自完者,皆躬自治,请卿早临。然以请而至者得免,不则受祸益惨。马通政、陈御史家常筑台,命庖人击鲜待卿。卿至果登台,金银列左右,台下鼓吹乐作,妻子膝行而前,跪起请死罪"③。丁仕卿见此情景,得意忘形,遂下令群匪不许骚扰。又与韩谨谋划,准备先屠城抢掠,再劫府库、释放狱囚,最后出城。丁仕卿同时命令在城外的土匪准备好船只,以便随时逃离。杭州民变的消息迅速传遍周边地区,临安、海宁、富阳已出现效尤之势。官方的宣谕抚慰政策已被事实证明无效,官府剩下的唯一手段,只能是武力镇压。

张佳胤采取"以毒攻毒""借力打力"的手段,调集不久前参与杭州兵变的两营驻军,"令讨乱民自赎"④。事实上,当时杭州兵变尚未完全平息,张佳胤就利用兵变士兵去镇压暴乱,虽然最终侥幸获得成功,但其处理方法非常冒险,一旦二者合流,其后果不堪设想。丁仕卿团伙除了少数水匪外,其余都是被裹挟的火甲、保甲人员,与官军交战,一触即溃,官军生擒丁仕卿等一百五十八人。献俘当日,张佳胤即组织浙江三司与杭州府会审,在杭州公开处决了韩谨等五十二人。本来准备将丁仕卿等一百〇六人于次日处决,可能是官员们考虑到连续公开处决一百五十多人过于血腥残忍,社会影响恶劣。但官员们又对丁仕卿恨之入骨,于是想出了一个更为阴毒的手段,即将丁仕卿等移交军方,由杭州驻军按军法惩处。丁仕卿等被笞打过百,先后瘐死狱中,最后只剩下十一人遇赦幸免。

然而如此严重的暴乱、抢劫事件,其处理结果却出人意料,张佳胤、张文熙等均被表彰,张佳胤获得"大红纻丝飞鱼衣一袭,银三十两,彩缎二表里",张文熙获得"银二十两,彩缎一表里",地方官刘伯缙、徐景星分别获得"纪

---

① (明)瞿九思:《万历武功录》卷二《浙江·上虞叛民丁仕卿列传》,《续修四库全书》史部杂史类,第436册,第178页。

② 《明神宗实录》卷一二四,万历十年五月乙酉,第2321页。

③ (明)瞿九思:《万历武功录》卷二《浙江·上虞叛民丁仕卿列传》,《续修四库全书》史部杂史类,第436册,第178页。

④ (清)张廷玉《明史》卷二百二十二《张佳胤传》,第5858页。

录"和"推用"的奖励①,而严格执法的同知吴日强却成了替罪羊,先被罚俸三月,后被弹劾免官。其被处罚的理由竟是以吴日强为代表的相当一部分地方官"以严酷为法","不体朝廷保惜小民德意,往往务为刻虐,博名敛怨"②。

这起发生在杭州的暴乱事件,既非真正意义的民变,更非起义。丁仕卿所谓变更火甲制度的政治诉求,不过是其缓兵之计和招徕亡命、裹挟市民的幌子而已。因为该案中丁仕卿团伙肆意烧抢的行为,其犯罪性质无论古今,均属于暴力刑事犯罪案件。通过此案,我们不难看出,恰如陈宝良先生所言,晚明士人无赖化倾向非常明显③,此案首犯丁仕卿即是士人无赖化的明显例证。案犯丁仕卿本是一文人,精通律学、书法,然而其游走绍杭之间,却并非为求学、授业,而是以塾师为幌子交结亡命之徒。丁仕卿利用其熟悉律学的优势,游走于府县刑刑机构,通过各种渗透手段,实现其包揽词讼、操纵司法的野心。其试图变更火甲制度之举,亦绝非为民请命,而是企图通过地方制度的变革为自己博虚名,跻身社会名流之列,借以政治上位,获取经济收益。同时,还可以实现方便其团伙作案的目的。对于客观上挫败其图谋的乡宦沈鏖,丁仕卿则以残酷手段实施报复。丁仕卿利用火甲巡更制度执行严格而产生的民怨,煽动并裹挟大量市民参与纵火、抢劫、围堵官府等暴乱行动,造成杭州地区极大的社会动荡,破坏程度难以估计。

通过此案,我们也应清楚地看到当时制度运行的弊端。例如火甲制度,本是明代城市治安管理的制度之一,然而其运行时的弊端也显而易见。无论是总甲还是小甲,充当者只是普通市民,而非专业治安人员,其行为只是被迫完成力役而已,并不是主动从事职业,故执行任务时的主观能动性不强,不过是当一天和尚撞一天钟,应付差事而已。官府执行严格的火甲管理制度,固然对维护社会治安起到一定的推动作用。但由于被管理者的身份,官府对其执行严格的考核制度,并对存在问题者科以高额罚金的手段,只能使被管理者产生更为抵触的情绪,认为该项管理制度是"苛政",即使被管理者慑于严格的考核,而不敢迟到早退,也不过是被管理者权宜之计,执行任务时也是出工不出力,并不能实现维护社会秩序的稳定的目的。丁仕卿实

---

① 《明神宗实录》卷一二四,万历十年五月乙酉,第 2322 页。
② (明)瞿九思:《万历武功录》卷二《浙江·上虞叛民丁仕卿列传》,《续修四库全书》史部杂史类,第 436 册,第 179 页。
③ 参见陈宝良:《明代儒学生员与地方社会》,第八章《生员的无赖化》,北京:中国社会科学出版社,2005,第 387—412 页。

施暴乱时,一呼百应,成功裹挟市民参与,既不在于其有多强的煽动能力,也不在于其有多大的淫威和恐吓能力,而是因为众多应役者对沉重的力役负担和考核严格的火甲制度产生的抵触和逆反心理,所引发的强烈反弹行为。

此外,我们还能清晰地看到,是时无论是中央派出官员,还是地方官员,在案发后的应急处置能力极差,根本未能准确判断暴乱性质和群体性犯罪的形势,韩谨等采用暴力手段劫走首犯丁仕卿,其犯罪动机昭然若揭,然而各级官员竟然全都浑然不觉,仍然将暴力刑事犯罪误判为群体性民变事件,导致处理暴乱时因循成规,采取抚慰、宣谕的手段,不仅未能起到任何作用,反而纵容了犯罪团伙的气焰,导致事态愈演愈烈,直至满城烧抢而无法收场。官员们为了掩饰自己行政失败,事后竟然采用血腥屠杀的方式和将涉案人员"瘐死"的卑劣手段来掩盖自己的无能。神宗(是时为江陵柄政时期,实际应是张居正的意志)对此案的处理结果,亦对地方官行政产生了恶劣的影响,行政能力低下的官员被表彰,勇于任事、严格执行法令、制度的官员却落了个罢职丢官的下场。此种处理方式,实际打击了勇于任事者的积极性,助长了怠政、懒政和因循守旧之风。此外,当地乡宦在暴乱之后对丁仕卿等匪徒曲意逢迎的媚态,亦足见晚明江南士人的功利心理,为了保全自己性命和家资,不惜摇尾乞怜,毫无士大夫的风骨可言。

(三)无赖生员骚乱事件

万历十七年(1589),绍兴大旱,人情汹汹,地方缙绅请上虞县令蔡汝遴祈祷山川求雨,但并无任何效果。乡宦金柱、张承责、生员张绮、薛于中等在巡按御史蔡系周面前攻讦蔡县令,认为之所以干旱无雨,是因为县令祈祷时不敬,又称蔡汝遴经常擅自杀人。而蔡汝遴则反唇相讥,指责张承责等人经常请托,干涉县政,指使生员夺县官之权。大概是久旱不雨,有病乱投医心理使然,当地人传言吕村观音最灵验,蔡汝遴亲自去迎请观音像,并将观音像移奉在城隍庙中,但过了四五天仍未下雨。金柱认为,素来以灵验著称的吕村观音,之所以没给下雨,是因为县令没有徒步膜拜,对观音大不敬,惹怒了观音。在其蛊惑下,当地生员金彦宣等声称要抢夺观音像,但城隍庙已关门,遂与县令发生争执。生员张绮、谢嗣禄和金彦宣带领数十人围殴县令,致使县令右手受伤,袍服被撕裂,幸被其仆人蔡顺、蔡勤相救得脱,但蔡顺、蔡勤二人则被众人围殴。蔡汝遴脱险后,向巡按控诉其被殴事件,与此同时,总甲金栋、逻卒陈元也向知府汇报了生员围殴县令之事,二人所述与县令所控一致。金柱闻讯后,主动到兵备使刘尚志、分巡使李国士处投案自首,承认自己是幕后主使,其他人不知情,愿一人承担全部责任。巡按御史遂转批由绍、宁、台三府知府会审,但审了一年也未审出子午寅卯,只得将此案上报。次年春,巡按黄钟复审蔡汝逵刑讯致死人命事,认为金柱等人虽诬告不实,但蔡汝逵亦有刑讯过重之嫌,处理结果即是"各打四十大板",蔡汝逵被贬秩二级,乡宦金柱、生员薛于中、葛烶被革去衣冠①。

此案既是晚明生员无赖化的例证,又是乡宦操控乡里、干涉县政的缩影。排除晚明时人们对自然科学认识狭隘的因素,乡宦借口久旱干涉县政的行为,足见地方乡绅势力膨胀,已呈现黑恶化的趋势,成为基层行政的阻碍。乡宦唆使生员围殴县令,可见是时不仅乡绅逐渐黑恶化,而且生员亦呈现无赖化趋势,晚明江南生员"奋拳握爪,喜为人报睚眦"②,"方其成群而呼,有司畏之如虎"③。黑恶化乡绅与无赖化生员结合,已成为破坏晚明江南基层治安秩序的重要因素。

万历二十年(1592),嘉兴府秀水县县令缺员,由府通判范鸣凤代行县令职务。由于范鸣凤到任即催征钱粮,引发县民不满。生员吕协祖、金九渊、周学义、张惟恂、卜宗太等为民请命,请范鸣凤予以宽贷,"毋甚苛猛也",遭到范鸣凤的拒绝,吕协祖又遭到范鸣凤的斥责和羞辱。吕协祖愤愤不平,"遂攘臂而起,窘辱鸣凤",又与县学诸生在明伦堂"夺卯簿唱名,并拜谒先师,因去衣巾,从此吾等其为乱民乎?即歃血殿中,乃奉牛耳而盟曰:范鸣凤残民已甚,吾等共锄而去之!所不如约者,有如此盟"。当时生员贺灿然、徐名世、项从先不想参与盟誓,遭到吕协祖的欺压。吕协祖又设柜"募捐"经费,即使赤贫者也必须"捐"资。县学教师周廷才等一再劝诫生员不要参与,并致信学使李同芳说明事态的严重性。由于当时府县城门均因事态严重而关闭,断绝了秀水县与外界的往来,邮差不敢递送其信件。吕协祖更加肆无忌惮,"作卷堂文,刻木龟以号动邑中",城中附和的百姓达四百余人。已升任嘉兴府同知的方玘欲抓捕吕协祖,竟然调不动乡兵。被吕协祖裹挟的民众,后经兵巡使刘孟雷劝谕而解散。其后,刘孟雷将事态上报巡按御史李以唐。御史常居敬闻讯后上疏,要求抓捕吕协祖等十一人归案,并将范鸣凤调离。浙江学政"以檄谕诸生,诸生乃大言欲三从也"。巡按李以唐拒绝了秀水生员的无理要求,认为"奈何以士人而制进退之权,以喜怒而司赏罚之柄,

① (明)瞿九思:《力力武功录》卷二《浙江·叛生张绮吕协祖列传》,《续修四库全书》史部杂史类,第436册,第180页。
② (清)顾公燮:《丹午笔记》一〇九《矮将军》,南京:江苏古籍出版社,1999,第100页。
③ (明)丁元荐:《尊拙堂文集》卷一《国是隐忧疏》,《四库全书存目丛书》集部第170册,济南:齐鲁书社,1996,第658页。

以一时之私忿而坏百世之典章乎"①? 最终在官府强力弹压下,学变偃旗息鼓。

此案并不复杂,起因是吕协祖等县学诸生反对地方官催征苛政,遭到地方官拒绝和羞辱后而引发的"学潮"。按照明初的制度设计,生员不许言事,但明代中叶已降,此条禁令弛禁,地方生员逐渐开始参与地方政务,臧否地方行政,地方官员也逐渐接受这种生员议政、建言行为。至晚明时期,生员参政已是习惯成自然。诸生"肆无忌惮,分巡以代巡命考校诸生,不容唱名序坐,呼朋引类,莫敢谁何"②。在晚明的时代背景下,吕协祖等生员获得了与县令直接对话的权利和机会,其最初的行动是为民请命,带有正义色彩,但其打压不参与盟誓生员,为筹经费而进行逼捐的行为,不仅是晚明士风趋坏的缩影,同时也使此次集体行动的性质发生了转变。文人结社在明代是一种正常的社会文化现象,从科举的"同年会"到晚明"东林党"、复社等带有政治性色彩的社会组织,各种社团遍及全国各地,本不足为奇。然而吕协祖采取歃血盟誓的结社形式,即使是 16 世纪末,也带有极强的帮会、绿林色彩,采用这种结社形式,已使其正义的学运行动蜕变为江湖组织拉帮结伙,正义性消亡殆尽。

顾起元记述了嘉靖时期南都一个不法生员为害地方的事例,虽非案发浙北,但其行为亦是生员无赖化的很好例证,今录于下:

> 嘉靖中一监生曰邓玉堂,不知何许人,家复成桥旁,饶赀财,交结诸贵人,相引为声势。畜虎棍数十人,遇江上贾舶至者,令其党人假充诸色人给事贾人所,或为缝纫,或为祷祠,因得贾人乡里姓氏,与其祖父诸名字,写伪券怀之曰:"某年而祖父游金陵,负我金若干。"贾人多错愕不能辨,其党又大言恫喝,或居间游说胁持之,往往如数偿。间有识其诈者,辄钩致于家,置水牢中,其人闷绝,辄偿所负以求解。有讼者,请讬抑其词不行,或讼者反被重刑而去,南都莫可如何。御史荆州见吾陈公大宾至,稔知其恶状,欲除之,恐其多奥援,乃先往投刺,致其报谒。比入,即令人褫巾服捽于庭,具刑严鞫之,俯首伏讯。诸贵人以书为请者盈门,御史悉令投匦中。狱既具,遂毙诸杖下。所骗人田地房屋与强夺

---

① (明)瞿九思:《万历武功录》卷二《浙江·叛生张绮吕协祖列传》,《续修四库全书》史部杂史类,第 436 册,第 180—181 页。

② (明)李乐:《见闻杂记》卷二,上海:上海古籍出版社,1986,第 196 页。

人妻女,悉召原主给之,至今长老言此,犹以为快。①

在顾起元笔下,监生邓玉堂已经不仅仅是生员无赖化那么简单,而且已经完全实现了黑恶化。邓玉堂为害地方的倚仗有三,一是监生的头衔,使之享有一定的刑事豁免权。二是利用其殷实的家资,收罗豢养一批地痞无赖充当打手爪牙。三是利用其雄厚的实力,通过行贿等手段交结不法官员作为自己的靠山。故邓玉堂为害南京,即使是采用非法拘禁、水牢设刑等恶劣手段讹诈商人钱财,南都各级理刑官员却无人过问。若遇受害者报案,不法官员也与邓玉堂沆瀣一气,采用种种刁难手段,使受害者有苦难言、有冤难申。甚至巡按御史陈大宾想要主持正义,严惩邓玉堂,也只能采用"诱捕"的手段,以严刑逼供的形式将案件坐实。即便如此,陈大宾办案时也承受着巨大的压力,为邓玉堂请托求情者竟然达到"盈门"的程度,可见被其收买的南都官员数量之多。陈大宾在"狱具"后,将邓玉堂毙于杖下的做法,确有刑讯逼供、法外用刑之嫌。陈大宾采用这种极端的"打黑除恶"手段,也是不得已而为之。试想,案件在侦讯期间,持请托书信者既已盈门,如果按照正常的司法流程,移交南京刑部审理,邓玉堂肯定会凭借在南京的社会关系网来翻供,案件结果必然会出现反转。为了避免出现翻供事件而导致功亏一篑,陈大宾也只能利用自己作为巡按御史而拥有的实施杖刑权力,采用直接杖毙首犯的极端手段,避免夜长梦多,案情反转。

针对晚明生员无赖化的现状,明季士人陆文衡甚至认为"如今之诸生,动辄呼朋引类,摇唇鼓舌,持官府长短,自谓以是非为己任,不思正言,犹戒出位,而况横议?秦之坑焚、汉之党锢、唐之清流、宋之卷堂,皆此辈激成之!"②平心而论,此言并不过激,可谓晚明时期生员嚣张跋扈,扰乱地方的真实写照。

(四)假冒宗室诈骗案

上述案件为晚明江南地区具有代表性的暴力刑事犯罪案件。下面我们再看一起万历十年(1582)正月发生在杭州的一起假冒皇室宗亲的诈骗案。此案主犯杨文学本是徽州府歙县人,少年时曾遇到四川道士李宏,杨文学即跟随李宏学习炼丹术。后来枣阳王听闻杨文学的"仙术"高超,于是将杨文学延请全府中炼丹,然而仙丹并未炼成,谎言也被戳破,杨文学只能离开王

① (明)顾起元:《客座赘语》卷八《陈侍御》,第256页。
② (明)陆文衡:《啬庵随笔》卷三,清光绪二十三年刻本,南京图书馆藏书 GJ/3013067。

府去扬州,其后往来于松江、嘉兴之间,以卖药为生。此案另一案犯郑喜是云南人,幼时随父至南京,后私自自宫,试图通过侍奉南京一位李侍中,继而进入南京禁苑谋生。可是没多久这位李侍中不幸去世,郑喜无奈流落松江,寄食于叶小山家中。恰逢杨文学也寓居于叶宅,杨、郑二人相识后,可谓气味相投,一拍即合,大有"相见恨晚"之意,不过二人都是骗子,无一句真话。郑喜谎称自己是石城王的内侍,奉王命去松江公干。而杨文学则自称自己是宁王朱宸濠的后裔,擅长黄白之术。郑喜当即表示愿追随杨文学。从此杨文学自称"宁府散诞皇",因担心谎言被识破,又花重金请善于篆刻的褚春源为其刻木制关防"敕封宁府散诞皇",再刻云龙花栏牌,用紫粉涂刷,继而又伪造公文"今差官舍张廷用前往苏杭等处收买缎布,进府供用,如遇关隘,即便验放",杨文学"即以朱札标判,俨然若一王公"。杨文学刚完成"自我包装",休宁人朱岩龙来到叶府,朱岩龙因采办皇木缺乏资金,正一筹莫展,郑喜见有机可乘,遂对朱岩龙谎称"我主亲宁王后,汝可治礼谒王,吾为公从中游说,则何难于千金哉"?有病乱投医的朱岩龙不仅对杨文学"执礼甚恭",而且还给了郑喜"好处费"金二十三两。杨文学假意许诺,答应给朱岩龙金三千,回府后即支付。江西吉安府药商刘永期投宿叶宅,郑喜又以同样谎言对刘永期进行欺骗,看刘永期很敬重这位假冒的宁王后裔,郑喜又称随身现金不足,让刘永期拿钱资助,回府后即奉还。刘永期当即给郑喜金一两四钱,又赠给郑喜价值金六两六钱的枸杞子三十二斤。

杨文学、郑喜等一行人启程去杭州,途中朱岩龙的同伴王宣大概是看出破绽,不愿惹火烧身,遂假装生病,在生员沈定元家中"养病"。杨文学等继续前行,朱岩龙在路上又遇到同乡李洪,朱岩龙向李洪炫耀自己从王府获得资金之事,李洪信以为真,派自己仆人杨阿六服侍杨文学,并叮嘱杨阿六务必"严事王,毋失王意"。万历十年(1582)上元节,杨文学一行来到杭州,是夜杨文学等人便装观灯。杭州市井王山、魏东不知如何"诇知"杨文学是"王",于是派乐人李二等准备丰盛酒席,宴请杨文学一行。杨文学等则欣然赴约,席间乐人击鼓放歌,好不热闹。恰巧杭州当地的棍徒何镗、蒋荣路过,见杨文学等纵酒未理睬自己,遂上前寻衅,辱骂郑喜。郑喜拔剑而起,已被杨文学"封"为舍人的刘永期则上前将蒋荣打成重伤。总甲朱文见状,误以为杨文学真是王子,担心事情闹大,急忙上前解劝,并警告何、蒋二人,杨文学是宁王,要他们次日设宴赔罪,否则后果严重。次日,何镗按照朱文的要求去找蒋荣凑钱置办酒席赔罪,但由于蒋荣本身是赤贫的流氓无产者,身无分文,根本无力支付,何镗只能独自购置鱼肉糖饼等食品,在朱文的引荐下,向杨文学磕头赔罪，杨文学假意宽厚不究。何铠离开后，来到王山家，约王山与朱文和自己同去找蒋荣索要赔礼费用，蒋荣本身一无所有，被打成重伤，又遭到同伴的逼债，万般无奈，于当夜悬梁自尽。次日蒋荣之父去衙门报案，官府随即派人拘捕了郑喜。不知道是郑喜代入感太强，入戏太深，还是有意拒不交代问题，坚称自己是王府宦官。官府因无法核实郑喜身份真伪，竟将郑喜暂时释放。杨文学闻知郑喜被传唤，担心事情败露，与郑喜、刘永期商议后，从王山处借来五两银子，购置了冲天冠、红袍、香带等物，又伪造书札，自称是宁藩石城王系辅国将军朱拱概第九子朱多爨。杨文学竟然胆大妄为到了带领郑喜、刘永期、朱岩龙，以宗室身份去拜谒巡按御史张文熙的地步。张文熙认为"若王子，何得无故至会城耶"？觉得此事定有蹊跷，于是张文熙令鄢照磨、杜经历两位官员假意接待，稳住杨文学，又查验其印信等物，认定杨文学所持证件完全是伪造，遂通报杭州知府刘伯缙。刘伯缙立即下令将杨文学一行拘捕。为了稳妥起见，知府刘伯缙又派人去与石城王核实。石城王称，朱拱概的第九子确实叫朱多爨，但已经去世十余年了，况且明律规定宗藩严禁放贷牟利，"岂有灭绝枯槁游魂，放钱异郡之理"？至此真相大白，事达京师，神宗要求严惩杨文学等人，刑部依法拟定杨文学斩刑，而郑喜的行为也就是冒充藩王的宦官去招摇撞骗，社会危害性和影响并不算太大，按照明律本无死罪，不知是刑部理刑官出于对宦官群体的憎恨，还是出于对郑喜这种自宫后还四处招摇撞骗之徒的厌恶心理，于是拿出了弘治十五年（1502）的诏令作为量刑依据，此令明确规定"敢有私自净身者，本身及下手之人处斩"[1]，结果郑喜也和杨文学一样，落得个身首异处的下场。直至杨、郑二人被执行死刑，"四方郡国始知，曩者道上散诞皇故文学，中贵人故郑喜也"[2]。可见其并不高明的骗术，竟然蒙蔽了如此多的官民商贾。

杨文学、郑喜招摇撞骗行为，并不属于暴力刑事犯罪，但其社会影响恶劣，由此所带来的社会危害性也并不小。杨文学、郑喜的行为，也可视为晚明江南地区诈骗犯罪的一个缩影，很具有代表性。杨文学贩卖药材，还算有个正当职业，而郑喜则完全属于社会闲散人员，先是试图通过自宫进入南京禁苑谋差事，因未能如愿，才流落松江寻找机会，在松江叶宅与杨文学相识

---

① （明）金日升辑：《颂天庐笔》卷二《恤民》，《续修四库全书》史部杂史类，第 439 册，上海：上海古籍出版社，1995，第 194 页。

② （明）瞿九思：《万历武功录》卷二《浙江·杨文学列传》，《续修四库全书》史部杂史类，第 436 册，第 181—183 页。

后,其本身即有"犯罪预备",始终以王府宦官的身份自居。杨文学居然冒充流落民间的宁王之后,利用半个多世纪前发动叛乱的宁王作幌子,既可能是用失去王爵的宗室身份去博得同情,也可能是因宁藩被撤,其后人无证可查来作为行骗的幌子,还可能是以宁王为"榜样",妄图羽翼丰满时,再做出与朱宸濠一样的"壮举"。此外,杨文学谎称宁王朱宸濠后裔,竟然能轻而易举地骗过了社会闲散人员郑喜,徽商朱岩龙、李洪,江西商人刘永期,以及杭州市井王山、魏东,总甲朱文,棍徒何镗、蒋荣等人。这一现象折射出一个问题,即当时普通商人、市井文化素质普遍偏低,对于半个多世纪前祸乱南直、江西等地,轰动全国,震惊朝野的宁王朱宸濠叛乱事件,竟然浑然不知。也正是这个原因,才使杨文学行骗屡屡得手。杨文学发现郑喜被传唤后,并未逃离,而是采用购置服装、伪造公文、改名朱多爨等措施进行补救。因为面对官府,他无法用宁王朱宸濠为幌子,而是利用晚明宗藩人员繁多的实际情况,改称自己为藩府支系成员,试图蒙混过关。特别是杨文学敢采用"以攻为守"的策略,直接去巡按御史处行骗,亦可见杨文学作为一个诈骗人员,不仅胆大妄为,心理素质极好,而且每次实施诈骗犯罪之前,都进行了充足的犯罪准备,面对不同犯罪客体,采用的犯罪手段也不断变化。

对于晚明江南匪盗横行的原因,史钶认为是风俗败坏所致,他的观点有一定的道理。早在洪武时期,朱元璋为别良贱,不仅严禁官员宿娼,而且严格规定"令教坊司伶人常服绿色巾,以别士庶之服"①。成化时期士人陆容言道,"南方女人皆用团扇,惟妓女用撒扇。近年良家女妇亦有用撒扇者,此亦可见风俗日趋于薄也"②。"俗尚日奢,妇女尤甚"③。到了晚明时,黄景昉书写国朝往事,记有"旧制,农民许戴斗笠出入城市,家许著绸纱绢布,商贾家止许著绢布,示重本抑末意","今商贾服岂止绢布已乎?伶人制服绿色头巾,伶妇不许戴冠著褙子,妓女无带,乐工非承应日,不得穿靴。贱之如此,今有遵行者乎?大都法久而弊,难缕指"④。尽管朱元璋制定了严格的良贱区分制度,但至明中叶,随着社会风气变迁,人们价值观改变,很多规章制度无异于一纸空文,根本无人理会。人们功利之心日增,奢靡之风日甚一日。再以南都为例,顾起元认为"正、嘉以前,南都风尚最为醇厚,荐绅以文章政事、行谊气节为常,求田问舍之事少,而营声利,畜伎乐者,百不一二","军民

---

① 《明太祖实录》卷一二六,洪武十二年十月乙亥,第 2018 页。
② (明)陆容:《菽园杂记》卷五,北京:中华书局,1985,第 53 页。
③ (明)顾起元:《客座赘语》卷二《民利》,第 67 页。
④ (明)黄景昉:《国史唯疑》卷一《洪武、建文》,上海:上海古籍出版社,2002,第 17 页。

以营生务本"，"妇女以深居不露面，治酒浆、工织纫为常，珠翠绮罗之事少，而拟饰娼妓、交结姑媪、出入施施无异男子者，百不一二见之"①。

然而到了晚明，奢靡之风日甚一日，人们"奢侈而不遵轨度，游惰而不安职业，淫溺而不顾理义者也。奢侈者耗、游惰者怠、淫溺者乱，及其极弊而不可收拾，则有为盗而已。故所获盗者，非跃马食肉之徒，即游手好闲随俗习非者流也。故曰：由风俗坏之也。夫其因甚渐，既成于俗，而乃不知端本澄源，潜消而默夺之。故区区严科条、严法制，以为可恃此而扑灭者，是犹以醯祛蚋，以肉祛鼠，去之愈厉，其至愈疾"。故史钶认为如果不能及时移风易俗，改变奢靡之风和百姓游惰之习，将后患无穷，匪患可能愈演愈烈，届时将会有越来越多的社会闲散人员及散兵游勇"不务生理，往往千百成群于湖海道路，肆行劫掠，此岂小盗也哉"②！直至明亡，奢靡之风无任何改观。随之而来的各类群体性事件、暴力犯罪引发的恶性刑事案件层出不穷。

第三节　晚明江南盐徒与社会治安

盐徒作为一个专有名词，从笔者目所能阅及的文献而言，最早出现于南宋时期，袁燮记有"诸州黥徒类多勇壮，可备军伍，及海道鬻盐徒党盛强，巡尉所不能制者，其人皆熟于舟楫，补以为兵，诚舟师之利"③。袁文所记载的鬻盐之徒，是指贩卖食盐的群体。南宋后期，士人方大琮在文集中谈及广东河源地方官对社会治理的业绩时认为"虽外之盐徒，每岁假道，杀伤相当，卒不得志以去"④。《元典章》中有"败获盐徒多系累经配断，视为寻常，不改前过"之语⑤。这是盐徒一词作为法律词汇，第一次见诸法律文书之中。元末明初士人陶宗仪记元代法律惩戒贩卖私盐者，"盐徒既决而又镣之，使居役也"⑥。

明代各类文献关于盐徒的记述陡然增多，成书于洪武三年(1370)的官

① (明)顾起元：《客座赘语》卷一《正嘉以前醇厚》，第25页。

② (明)张萱：《西园闻见录》卷九十八《缉奸》，《续修四库全书》子部杂家类，第1170册，第269页。

③ (南宋)袁燮：《絜斋集》卷十五《武功大夫阁门宣赞舍人鄂州江陵府驻扎御前诸军副都统制冯公行状》，《景印文渊阁四库全书》集部别集类，第1157册，台北：商务印书馆，1986，第212页。

④ (南宋)方大琮：《铁庵集》卷四《举知河源县夙子与状》，《景印文渊阁四库全书》集部别集类，第1178册，台北：商务印书馆，1986，第183页。

⑤ 《大元圣政国朝典章》卷二二《户部八·课程·盐课》，《续修四库全书》史部·政书类，第787册，上海：上海古籍出版社，1995，第251页。

⑥ (元)陶宗仪：《南村辍耕录》卷二《五刑》，北京：中华书局，1959，第25页。

修《元史》中，已出现多处关于盐徒的记述。例如，至元二十一年（1284）四月"籍江南盐徒军，藏匿者有罪"①。至正四年（1344）七月"益都濒海盐徒郭火你赤作乱"；至正七年（1347）十一月"集庆花山劫贼才三十六人，官军万数，不能进讨，反为所败，后竟假手盐徒，虽能成功，岂不贻笑"②！"又有狡猾之徒，不行纳官，通同盐徒，执以为凭，兴贩私盐"③。"江浙省招募盐徒为军，得四千七百六十六人，选军官麾下无士卒者，相参统之，以备各处镇守"④。"其徒法，年数杖数，相附丽为加减，盐徒盗贼既决而又镣之"⑤。"诸巡盐军官，辄受财脱放盐徒者，以枉法计赃论罪，夺所佩符及所受命，罢职不叙"⑥。"浙西私盐，吏莫能禁，完者都躬诣松江上海，收盐徒五千，隶军籍"⑦。《大明律·盐法》所附《问刑条例》将豪强与盐徒归为一类⑧。此后明清两代盐徒一词不绝于史。盐徒即明代滨海地区世代以制盐和贩卖私盐为生的社会群体，按照明代户籍分类，往往被归为灶户。贩卖私盐群体古已有之，只是南宋之前不被称为"盐徒"而已。无论是宋元还是明清，盐徒作为社会最底层社会群体，一直是治安领域的"重点人口"。

盐是人们赖以生存的必需品，消费量巨大。由于古代时期受生产力水平所限，大部分食用盐为海盐。海水浩瀚无穷，取之不竭，沿海地区盐业加工属于无本经营，生产者若将食盐投放市场，必然利润极大。因此，中国古代自西汉以来，一直对盐业实行专卖制度，即凭借国家强制力对食盐的生产、销售实行管控，通过垄断经营和销售来获得巨额利润。

由于盐业利润是国家重要财富来源之一，因此历代中央政府都对盐业生产、销售极为重视，历代的刑律都对贩卖私盐行为制定了严酷的量刑标准和惩戒措施。只要是未经官方批准的所有生产、销售行为，均被视为私盐犯罪，都会受到官方严厉制裁。为控制盐业，历代官方从盐业生产源头盐场到各类市场，均设置专职管理人员和缉私队伍，实行全方位管控。对任何形式的私产、私贩食盐行为予以打击，以确保政府利润最大化。

由于历代政府都对盐业实行全方位管控，虽然盐业利润巨大，但作为盐

---

① （明）宋濂：《元史》卷十三《世祖纪十》，第 265 页。
② （明）宋濂：《元史》卷四十一《顺帝纪四》，第 870、879 页。
③ （明）宋濂：《元史》卷九十七《食货志五·盐法》，第 2497 页。
④ （明）宋濂：《元史》卷九十八《兵志一·兵制》，第 2520 页。
⑤ （明）宋濂：《元史》卷一〇二《刑法志一·序》，第 2604 页。
⑥ （明）宋濂：《元史》卷一〇四《刑法志三·食货》第 2648 页。
⑦ （明）宋濂：《元史》卷一百三十一《完者都传》，第 3194 页。
⑧ 《大明律》卷八《户律·盐法》附《问刑条例》，《续修四库全书》史部政书类，第 862 册，第 479 页。

业生产的主体——盐徒，除了高强度体力劳动外，并无任何利润可言，可谓"遍身罗绮者，不是养蚕人"，盐徒群体一直处于社会最底层，受到各种监控和盘剥。由于私盐利润极大，在政府盘剥和利益驱使下，一些盐徒不惜铤而走险，贩卖私盐。加之历代政府对私盐管控极为严格，故为避免被缉捕，私盐贩运必须武装掩护，遇到官府盘查，不惜武力对抗，甚至鱼死网破。为了保证武装贩卖成功，大的私盐贩卖者，往往组织武装团伙，少则数十人，多则数百，甚至上千。团伙成员一般为赤贫的流氓无产者，勇武好斗，做事不计后果。在贩卖私盐过程中或武装对抗官府，或借机劫掠客商、民众，虽然带有"官逼民反"的色彩，但其在对抗官府的同时，对无辜百姓的侵害也极为严重，社会危害性极大。历朝历代官府对盐徒采取的措施，多为武力镇压，但屡打不绝，盐徒与政府的斗争不断，久而久之盐徒形成了强悍勇武的群体共性。例如江南松江曹泾盐徒，素以剽悍勇猛而著称，以至于嘉靖大倭寇时期，倭寇船只被焚毁，被官军追至岛上，已是穷途末路，欲作困兽之斗时，"见民家有醝囊，辄摇手相戒"[1]，竟不敢与松江盐徒发生冲突，足见松江盐徒勇武之名传遍天下。

因私盐利润极大，地方豪强势力与官府、军队人员往往也涉足于私盐贩卖。由于历代法律都严禁私盐，虽然豪强、官吏、军人不敢公开经营私盐，但为了攫取巨额利润，豪强等群体凭借其自身社会地位和社会关系网络，组织盐徒、亡命人员，从事私盐经营。若在其关系网难以达到的区域贩卖私盐，或遇依法办事的缉私人员，那么则必须采取武力对抗的形式来逃避打击，故豪强、官吏等往往组织规模较大的武装贩卖集团，以确保其贩卖的安全。这也就是私盐贩卖屡禁不止、私盐武装走私屡打不绝的原因之一。

明代因袭前代盐业管控的禁榷制度。首先在法律设计中制定了严禁私盐经营和严厉刑罚的措施。《大明律·户律》中有盐法十二条，详细地规定了涉盐犯罪行为及量刑标准。从事私盐经营，刑罚最低标准是"杖一百，徒三年。若有军器者，加一等。诬指平人者，加三等。拒捕者，斩"。"凡盐场灶丁人等，除正额盐外，夹带余盐出场，及私煎货卖者，同私盐法"。甚至规定"凡买食私盐者，杖一百"，试图从源头遏制私盐经营。为了避免出现缉私人员舞弊行为，又规定"凡守御官司及盐运司、巡检司巡获私盐，即发有司归勘，各衙门不许擅问"。《问刑条例》规定若"豪强、盐徒聚众，撑驾大船，张挂旗号，擅用兵杖响器者，巡捕巡盐官兵，寻访擒捕，若拒敌杀伤人命者，俱枭

---

① （清）张廷玉：《明史》卷九十一《兵志三》，第 2252 页。

首示众"①。

其次在制度层面,统治者设计了从户部到基层的各级行政管理机构,严格管控盐业生产、销售各个环节。对于明王朝而言,盐税是仅次于土地税的第二大财政来源,故在制度设计上,由户部全面负责,在各地设置"转运司者六、提举司者七、盐课司以百计"②。明政府对盐业从生产源头就严密控制,洪武元年(1368)定制,两淮和两浙"岁办盐数,每引重四百斤,官给工本米一石。后改行小引,每引重二百斤。永乐间议准,淮盐每引纳米二斗五升,或小米四斗,遇米贵,小米亦止二斗五升"③。所有生产的成品盐必须无条件交给官府。盐户的生产加工都是在官府监督下进行。盐户收入微薄,几乎等同于国家的官奴。官府则建立涉盐缉私组织,与地方政权相互配合,打击私盐经营。除了巡盐御史拥有查禁私盐贩卖的权力,盐产地盐官亦拥有缉私权力,各地巡检司一项重要的职能就是查控私盐贩卖。各地驻军、地方政府,均拥有缉捕私盐贩卖的权力,各地保长火甲、保甲等基层治安组织也有举报私盐的义务,从而形成了一张从中央到地方,各地联防联控的缉私网络。

尽管明政府在制度和法律层面对防控私盐行为的设计比较完善,但基于盐业巨额利润的驱使、盐徒生活困苦所迫,以及明中期以来,伴随商品经济发展,时人价值观转变,形成了重利逐利的社会心理等原因,导致明代盐徒问题众多,晚明时期尤甚。江北淮安、扬州地区不仅是漕运枢纽,更是淮盐生产和中转枢纽,与江南地区隔江相望,地缘相近,运河贯穿南北,交通便利,故两淮盐徒群体对江南地区社会秩序影响较大。加之江南地区东部滨海,苏州府、松江府,浙江嘉兴府等均有盐产区,自身即有数量不菲的盐徒群体。嘉靖时期士人陈全之认为恶劣的自然环境是浙北"三农之害"之首,而盐徒之患则是浙北地区仅次于自然环境的第二大危害因素④。晚明江南地区因盐徒群体引发的各类治安、刑事案件层出不穷,甚至造成江南局部地区严重的社会动荡。

---

① 《大明律》卷八《户律·盐法》附《问刑条例》,《续修四库全书》史部政书类,第 862 册,第 477 页;《问刑条例》见该书第 479 页。

② (明)申时行:(万历)《明会典》卷三十二《户部十九·课程一·盐法一》,第 226 页。

③ (明)申时行:(万历)《明会典》卷三十二《户部十九·课程一·盐法一》,第 227 页。

④ (明)陈全之:《蓬窗日录》卷一《浙江》,《续修四库全书》子部杂家类,第 1125 册,上海:上海古籍出版社,1995,第 25 页。

由于"王仙芝、黄巢,元末之张士诚皆盐徒也,不可不早为之"①,故早在洪武时期,为防范倭寇骚扰,强化江防,打击私盐贩运,维护京畿地区治安,朱元璋在长江下游地区布防的江防武装力量多达一万二千余人,这些兵力实际执行的任务是"凡盗贼及贩私盐者,悉令巡捕,兼以防倭"②。因备倭而配置的江防兵力,日常任务变成了捕盗和缉私,也从另一个角度说明沿江地区匪患猖獗和私盐贩卖问题的严重性。

宣德、正统时期,周忱巡抚江南,他对于松江地区盐徒问题的严重性,已有清醒的认识。他认为由于松江地区盐课负担沉重,官府不断催征,导致"灶丁日以逃窜",而"盐课不完",官民均不便。其解决方法是"官铸铁锅一二百口给与负盐灶丁","贫窘者多使其食足","将灶丁秋粮存留本处,免其兑军远运银,以所节省耗米,于各场收贮养赡贫难卤丁"。周忱特别强调,由于"松江盐场总催头目一年一代,中间富实良善者少,贫难刻薄者多,催纳之际,巧生事端,百计腺削,以致灶丁不能安业,流移转徙"。因此,"今后总催头目宜点选殷实良善之人"。针对盐徒扰乱社会秩序的行为,周忱提出的防控措施为"宜令华亭、上海并苏州嘉定三县点选行止服众者为老人,分定地方,率所在总小甲防守,官司往来巡视,但遇私贩发露,必究经过河路,罪及纵容之人,如此则盐徒息侥幸之心,而凶恶渐可绝矣"③。从周忱的治理理念而言,其对于盐课征收、盐徒防控手段的设计,不可谓不完整。然而由于体制原因使然,周忱的理念即使在其执掌的松江地区都无法贯彻执行,更何况在两淮和江南等重点产盐区推广执行。因此盐徒问题始终治标不治本。

天顺二年(1458)九月,南京发生了盐徒"造铳炮短枪拒捕"事件,南京守备武臣魏国公徐承宗因不能严防,被英宗下诏切责。天顺六年(1462)年底,"盐徒刘清、周达等往来江上为患",徐承宗再不敢大意,多次上报案情,都察院认为刘清等"熟知江湖道路,变诈百出,且南京根本重地,上新河等处逼近京城,若不早为区划,恐酿成大患。宜选遣智勇谙水阵都督一员,驰会承宗等,设法剿治,及遣御史、锦衣卫千户各率有识见校尉五六人,于货盐去处密切访捕,事成一体"。徐承宗与都察院官员都已意识到问题的严重性,提出的平寇策略也不可谓不合理,然而英宗竟以"已榜谕胁从之人,许首罪自新,

① (明)章懋:《代题议处盐法利弊以裨国用事》,见(明)陈九德辑:《皇明名臣经济录》卷九《户部二》,《四库禁毁书丛刊》史部,第9册,北京:北京出版社,1997,第154页。

② (清)张廷玉:《明史》卷九十一《兵志三》,第2248页。

③ (明)周忱:《盐课事疏·松江盐课》,见(明)陈子龙编:《明经世文编》卷二十二,第172—173页。

不必遣官,其给榜文谕之"的草率决定了事①,这种处理方式,无异于纵容,直接导致治安问题愈演愈烈。弘治时期,南京周边盐徒劫掠时有发生。兵部尚书马文升在奏疏中指出,由于九江至南京长江一线,"城池缺人守把,教场无人操练,仓廪空虚,卫所狼狈,既缺传报烽火之墩台,又无飞哨巡逻之船只。江贼出没,劫杀官商,盐徒纵横,操持军器"。针对盐徒猖狂持械作案的现状,马文升担心"万一不逞之徒哨聚之辈,长艘巨舰,顺风而下,仓卒之间,何以御防"②? 可见弘治时期,盐徒问题已经严重到威胁留都安全的地步了。"正德十三年六月,南京浦子口盐徒出没,劫杀商旅",南京守备官员"抽选广武、飞熊三卫精锐屯军,编立队伍,设总练一人团操巡视江洋,听浦子口守御都指挥节制"③,经兵部覆议后,武宗批准此建议。不难看出,即使是南京周边,设有守御都指挥驻地的军事防区,尚有不法盐徒劫杀商旅,官府还要抽选精锐屯军去严防,江南其他地区治安形势之严峻可想而知。

    针对成化、弘治时期灶户生存状态每况愈下的现实和愈演愈烈的盐徒破坏社会秩序的行为,章懋认为"海滨之民,以煎盐为业者,谓之灶户。其采办薪蒭,朝夕烹炼不胜劳苦,固皆在所当恤。而单丁老弱,家计贫难者,煎办不前,课入不敷,屡遭鞭挞之苦,而盐入于官,或被雨水销镕,又有追赔之患,此穷户之尤可哀矜者也"。"近年以来,法久弊生,每遇开中之时,权豪势要之家,诡名请托,占窝转卖,商人不求于彼无路中纳,以故中盐者少,边饷不充,而国家失利,为害非轻"。章懋又指出很多盐徒迫于生计,铤而走险,已经成为破坏社会秩序的毒瘤,他论道:"盐商之倚官挟私,而夹带影射者,臣既已言之矣。其有肩挑步担,而沿街货卖者,亦私盐也。又有座船红船,水夫及各处船户,到于杭州揽载钦差内外官,及各处经过官员,行李在船,昏夜收买私盐,藏在船内经过关津,不敢盘问,随其所住地方货贾,此皆所得不多,为害亦小。若严加巡察,则不敢为矣。惟有一种游手无赖之徒,不守本等生理,什伍为群,乘驾小船出没江上,其船多置篙楫,满载私盐,沿江上下,卖与往来客旅百杂人等。有不肯买者,则将私盐一包,丢入船内,口称巡捕,恐吓取财,得财即去,其私盐卖尽浮游江中。遇有客船,遭风着浅,不能行动,窥见船中人少,孤舟无侣,即便拥众上船,肆行抢掠,舟人见其势凶,力不

① (明)范景文:《南枢志》卷九十七《留务部·历朝巩固留京武备考一》,《中国方志丛书·华中地方》,第2688、2691页。
② (明)马文升:《题为因灾变思患豫防以保固南都事跳·保固南都》,见(明)陈子龙编:《明经世文编》卷六十二,第515页。
③ (明)范景文:《南枢志》卷九十七《留务部·历朝巩固留京武备考一》,《中国方志丛书·华中地方》,第2705页。

能敌,任其所取,不敢与抗,抗则必被伤害。掠得财物回船,众手举棹,运船疾行,江面阔远,顷刻之间,不知行往何处,失其所在,无处跟寻,惟有呼天痛哭而已。又有船行遇晚,未及止宿,或船行太早,天色未明,亦与遭风遇浅者同皆被劫夺。此等盐徒,肆无忌惮,积习成风,恐生他变。若唐末之王仙芝、黄巢,元末之张士诚皆盐徒也,不可不早为之所"。章懋认为盐徒劫掠,已经到了肆无忌惮的程度,一些地方无赖也冒充盐徒进行敲诈勒索,社会危害极大。章懋动以危言,将盐徒问题的严重性比作唐末的王仙芝和黄巢、元末的张士诚,认为如果不治理,将愈演愈烈,威胁统治安全。唯一的解决办法是加大巡查力度,扩大水上缉查范围,令"巡盐御史选差府卫佐贰官各一员,带领巡捕军余及应捕人等,以巡江为名,沿江上下,往来巡察。上至桐江,下至曹娥,及江之两岸小港,一皆通历,务使盐徒尽散,官盐流通,而国家常获其利矣"①。章懋试图通过严防严控的方式将水上劫掠的盐徒、无赖团伙一网打尽。章懋的建议虽好,但在当时的历史背景下,不减轻灶户负担,不改革盐业制度,严防严控的治安管理模式只能解一时燃眉之急,稍有松懈,各类涉盐案件又会死灰复燃。

弘治、正德时期,由于松江地区盐徒问题愈发严重,松江籍官员顾清在论及松江盐徒问题时称"夫兵以气为用,以心为主。未有心不固而气壮,气不壮而能杀敌者。府城战卒素寡,只得金点民丁,此常格也。然驱市人而使之战,犹连鸡而使之飞,必不克矣"。可见当时武力孱弱到何种地步,无论是驻军还是民壮,皆如乌合之众。顾清认为"每见境外之寇,诚可虑,而境内之盐徒深可忧",因为"盖此辈出入江湖,习惯凶险,手足既便,心胆亦粗。平时犯法负罪,无自新之路,一旦闻警,易生邪谋"。顾清提出治理盐徒,平定匪患,维护治安的方法,其一是"今若开以大信,结以厚恩,择乡里大家素为此辈信服者,使各举所知,释其前愆,抚以为用,民丁使之守城,此辈使之出斗,既收其心,且得其力,一举而两利者也"。其二应"设险当识形势",正确判断盐徒武装的行动轨迹,在交通要道设防,特别是"黄浦一路,当严设警备,以素有恩纪,为民所信爱者守之,前古虞潭之备孙恩,近岁石知县之备施天泰,具有调度,今宜访而行之,而更加以严固。若跨塘桥,即古浦塘路,张士诚之逐酋獠,葛指挥之擒钱鹤皋,皆自此入"。顾清坚决反对"欲以土塞断桥路"的做法,认为"夫我可以往,彼不可以来,此制敌之要也。此路可断,通波、秀

---

① (明)章懋:《议处盐法事宜奏状·两浙盐法利弊》,见(明)陈子龙编:《明经世文编》卷九十五,第835页。

州二塘、又可断乎"？其三是"缓督责以安人心"。由于警情不断,流言不息,以讹传讹,更加重百姓恐慌情绪。特别是"自顷追督逋租,牌帖四出,官司日一比限,粮里乘此害人。又金报籴米大户,用一指十,民间骚然,平居已无固志,万一寇至,有哄而走耳。求如子弟之卫父兄,手足之捍头目,难矣"。由于"夫居常之与临变,事必不同,逋赋之与失民,罪亦有间"。因此,顾清认为解决方式在于"谓宜斟酌重轻,暂为停缓,应有勾督追呼之类,权与抽回。民见官府以地方有警,而缓征科,则金点民丁,整饬守备,彼亦知是急务,而安心无怨矣。民心安,而后可以守、可以战矣"①。

正德时期,北直隶地区爆发了刘六、刘七起义,起义烈焰迅速蔓延至江淮地区,起义武装甚至有渡江威胁南都之势。江淮、江南盐徒则趁机加入刘六的队伍中去,不仅壮大了义军的声势和实力,同时又成为义军的先锋和向导。故致仕居住在镇江的杨一清认为"滨江盐徒游食鼠窃狗盗辈,皆彼向导、皆彼精兵也。不早扑灭,则根本为之动摇,贡饷为之阻隔,其祸有不可胜言者"②。杨一清在任之时,长期领兵在西北边塞与蒙古作战,久经沙场,深谙用兵之道,从其将盐徒视为"精兵",认为不下大力气及早扑灭,将动摇统治,"其祸有不可胜言者"的表述看,杨一清之言绝非危言耸听,而是对滨江盐徒彪悍勇猛能力的准确概括。

正德后期,由于制度积弊丛生,盐徒问题已呈非常严峻之势。世宗入继大统后,在杨廷和所拟即位诏书中"革故鼎新"建议的基础上,先后在正德旧臣杨廷和、议礼新贵张璁、桂萼、霍韬等人的辅佐下,开展了一系列旨在革除正德弊政的革新活动。

针对私盐贩运屡禁不止、盐徒抗争屡打不绝等严峻问题,霍韬在奏疏中直指盐法积弊,霍韬认为,洪武时期,灶丁制盐,每引给工本银二贯五千,且当时一贯钱具有很强的购买力,因而灶丁能够得到实惠,加之有贩卖私盐处绞刑的刑罚震慑,盐徒衣食无忧,没必要以身试法,故盐徒问题不算严重。其后一贯钱只能买粟二升,灶丁的生活根本无法生存,"禁绝灶丁勿卖私盐是逼之饥以死也"。正统初年曾令"贫难灶丁除正额盐照旧收纳,其余盐收贮本场,每二百斤官给米麦二斗"。正统十三年(1448)又增至"每余盐二百斤给与米一石,若余盐二百斤,灶丁实得米一石"。虽然这种措施立意甚高,然而米却无法筹措,政令成了一纸空文。地方盐官无法依据正统十三年

---

① (明)顾清:《答喻太守书·流贼》,见(明)陈子龙编:《明经世文编》卷一一二,第 1039—1040 页。
② (明)杨一清:《与陆提督都宪书·流寇》,见(明)陈子龙编:《明经世文编》卷一一八,第 1124 页。

(1448)令收取余盐,贫弱灶丁"先从富室称贷,然后出息,加倍偿盐",最终导致"盐禁愈严则贫灶愈多"。尤其是执法不公,加重盐徒与官府的对立情绪。"贫民卖私盐,人即捕获;富室卖私盐,官亦容隐。故贫灶余盐必借富室乃得私卖。富室豪民挟海负险,多招贫民,广占卤地,煎盐私卖,富敌王侯。故盐禁愈严,富室愈横,此之由也。且法愈严,则利愈大,顽民见利而不见法。淮安顽民数千万家,荒弃农亩,专贩私盐,挟兵负弩,官司不敢追问,近年恃众往来为劫,此隙不弥,必贻大患不止,阻坏盐法而已"。"故盐禁愈严而盗贼愈多,此之由也,此盐场灶户之利弊也"。各类积弊导致的结果是"官兵捕获迄无宁日,顽民挟刃率而旅拒在扬子江及各海港者,高樯大舶,千百为聚,行则鸟飞,止则狼踞,杀人劫人,不可禁御,官兵敢远望而不敢近"。之所以盐徒如此强悍,其原因是"两淮通泰宝应州县,民厌农田,惟射盐利,故十场之民,十五以上,俱习武勇,气复顽狠,死刑不忌。前年流劫几致大变,故淮安官军不惟不捕私盐,且受饵利而为之护送出境矣。山东官军不惟不捕私盐,反向盐徒丐盐兑食矣。盐徒千百,白日挟刃径行州邑,官兵不敢谁何矣"①。既然指出症结所在,其解决的办法,除了以严刑峻法震慑外,提高盐的收购价格和盐户待遇,执法一视同仁,而不应放富捉贫,否则就是"驱民为盗",直接导致官逼民反。同时,必须严格缉捕制度,严惩官商勾结、兵匪勾结等行为。

　　陈全之与霍韬的观点一致,他认为盐与五谷都是生活必需品,官府"乃以为私而禁之,使不得行其势之决也,有甚于防川者矣。盐徒之害是也,今欲弭之于未乱也,无他,开余盐之利,弛私盐之禁而已","任其流通货卖,不复拘禁,是尽变私盐为官盐,则亦可尽变盐徒为良民矣"②。霍韬、陈全之对盐徒问题产生的原因、盐徒扰乱社会秩序引发的恶果,以及解决盐徒问题的方式方法等阐述得非常清晰。然而,霍韬等人的建议也仅在昙花一现的嘉靖革新中,稍稍有所改变。随着世宗大礼议全胜,借以巩固皇权,清除正德旧臣幌子的嘉靖革新也戛然而止,很多有益的变革也都不了了之,盐徒问题依旧是破坏江南地区社会秩序的症结所在。嘉靖十四年(1535)巡抚应天都御史侯位上疏称"苏松沿海居民兴贩私盐,聚党行劫,盖由官盐不通,及余盐严禁之故。请以浙江运司官一员,移驻松江府,将松江六场额盐,听商人收买。各灶课,如期课银既完,各灶得以余盐自卖,分司仍给照票,但不许私载

---

① (明)霍韬:《两淮盐法议》,见(明)黄训编:《名臣经济录》卷二十三《户部·盐法》,《景印文渊阁四库全书》史部诏令奏议类,第443册,台北:商务印书馆,1986,第438—441页。

② (明)陈全之:《蓬窗日录》卷三《盐课》,《续修四库全书》子部杂家类,第1125册,第88页。

出疆。则余盐既许通行,必无违法聚众与贩者矣"①。侯位的建议虽然是
"报可",但并未真正实施。在对江南财政和盐政竭泽而渔的政策大环境下,
些许改革,并不能使盐徒困境得以改观,江南盐徒问题依然严峻。嘉靖二十
年(1541),世宗敕令南京都察院右副都御史柴经称"南京系国家根本重地,
江淮乃东南财赋所出,而通泰盐利,尤为奸民所趋,盐徒兴贩,不时出没,劫
掠为患。今特命尔不妨院事兼管操江官军,整理战船器械,振扬威武,及严
督巡江御史并巡捕官军舍余、火甲人等,时常往来巡视,上至九江,下至镇
江,直抵苏松等处地方,遇有盐徒出没,盗贼劫掠,公同专管操江武职大臣计
议,调兵擒捕。若盗多兵少,就于所在军卫有司量调军夫协助"②。从世宗
给柴经的敕令中可以看出,霍韬等人放宽盐业管制的建议早已被搁置,官府
对盐徒依然是采取武力镇压的形式,盐徒生活依旧困苦不堪,直接导致盐徒
问题愈加严重。是时,盐徒势力出没于沿江地区,肆意劫掠,而且数量庞大。
"镇江等处盐徒啸聚为寇,上命巡江巡抚官刻期捕灭,如推延误事,令巡按御
史指名参奏"③。地方政府的武装力量根本无法对盐徒进行有效打击,只能
动用江防武装,在长江下游水域通过武装巡逻的方式来严防死守。由于盐
徒作案形式为流窜作案,即使官方加强巡逻,但由于兵力分散,如遇大股悍
匪,江防武装都未必能够迎敌,唯一的方式是调集周边驻军进行武力弹压。
盐徒群体庞大,且流窜作案,调集军队镇压的结果也只是此消彼长,始终无
法根除盐徒之患。

由于盐徒悍勇善战,"力皆雄于盗贼,海洋之技,又与贼共。故逞逞角刃
于沧波之间,盗贼反出其下"④。早在"成化初,河东盐徒千百辈,自备火炮、
强弩、车仗,杂官军逐寇"⑤。嘉靖大倭寇时,无论是地方官员,还是抗倭将
领,多将盐徒武装收编。例如郑晓任副都御史总督漕运时,"募盐徒骁悍者
为兵"⑥,戚继光部将朱先"募海滨盐徒为一军"⑦,将盐徒群体收编并改造成
一支精干的抗倭力量。抗倭时期,盐徒对社会秩序危害相对减少,究其原
因,一方面是由于东南沿海地区受到倭寇严重袭扰,成品盐走私活动减少。
社会矛盾转移,军民同仇敌忾抗击倭寇。另一方面是由于大量盐徒被收编

---

① 《明世宗实录》卷一七二,嘉靖十四年二月丙辰,第3750页。
② (明)施沛:《南京都察院志》卷九《操江职掌》,《四库全书存目丛书补编》第73册,第231页。
③ 《明世宗实录》卷一三七,嘉靖十一年四月辛丑,第3230页。
④ (明)林希元:《上巡按弭盗书·海寇》,见(明)陈子龙编:《明经世文编》卷一六五,第1674页。
⑤ (清)张廷玉:《明史》卷九十一《兵志三》,第2252页。
⑥ (清)张廷玉:《明史》卷一百九十九《郑晓传》,第5272页。
⑦ (清)张廷玉:《明史》卷二百十二《朱先传》,第5617页。

为国家武装力量,盐徒作战期间至少衣食无忧,生活水平有一定的改观,加之多数将领能严格约束部伍,在严酷的军法军规面前,盐徒大多能有所收敛,不敢肆意妄为。然而好景不长,虽然很多官员早已洞穿盐徒问题的本质,但基于制度本身的原因,官方对于盐徒问题的解决方式,始终是"头痛医头、脚痛医脚"的处理模式,从未进行过实质意义的制度变革,故嘉靖大倭寇平息不久,盐徒抢劫事件死灰复燃。

晚明时期,湖州府"河港纵横,隔属错杂,盐徒盗贼","东捕则西窜","乌镇大市,地僻人稠,盐徒出没,盗贼猖獗,白昼杀人",故施儒建议"将附近里分酌量分割,建立一县,则前患可消"①。且不论另立新县对于平息匪患是否有帮助,仅从盐徒出没,白昼杀人等恶劣行为来看,浙北地区治安问题已极为严重。该地区"在边海则有倭寇,在内地则有盗贼,在河港则有盐徒","中间外作向导奸细、内为接济、窝家往往有之"。可见盐徒的活动遍布于河港地区,严重威胁内河运输安全,扰乱社会秩序,已成为仅次于倭寇的心腹之患。对于浙北盐徒的解决办法,赵炳然认为只能是"申严保甲之法,以谨讥察,恐无以弭盗。合行守巡兵海等道,通查各府州县城市乡村,每十家编为一甲,选一甲长,每十甲编为一保,选一保长,平居责令互相讥察,不许出外非为。及容留歹人,并有窝隐不举者,一家犯罪,九家连坐。甲长犯罪,保长连坐。仍令各甲置办随便器械,一家有警,甲长鸣锣,九家齐应。如贼势重大,保长鸣锣,九甲齐应。一保鸣锣,各保齐应。有不出救应者,许被盗之家告官或访出通行治罪。其山海之间,大族巨姓,自相连合,力能拒寇,各保身家者,仍立族长。平居有警,亦照保甲之法,有功者各与官兵同赏,不救者亦与失事同罚"②。即采取联防联控的手段,防止盐徒对乡村实施侵害。同时,禁止容留不明身份人员,保内相互监督,试图通过残酷的连坐制度,铲除盐徒窝点,使盐徒无处容身,借以避免盐徒势力滋生蔓延,破坏治安秩序。

万历十一年(1583)冬,长江常州府水域发生多起水上团伙作案的抢劫事件。江阴盐徒驾船三艘,往来江上实施抢劫。江阴黄田港、唐沙港等驻军闻讯出击,追捕至段山港附近,双方展开激战,结果官军败北,阵亡七人,伤十余人。盐徒趁机逃走,其后在常州府所辖长江水域流窜作案。常州府同知边有猷去江阴调查后,经兵备使李颐和常州知府王三锡同意,"日夜提逻卒疏捕诸偷不可得,即咨江北旁县道协捕"。由于案件久未侦破,江面上水

① (万历)《湖州府志》卷三《乡镇》,《四库全书存目丛书》史部,第191册,济南:齐鲁书社,1997,第58页。
② (明)赵炳然:《海防兵粮疏》,见(明)陈子龙编:《明经世文编》卷二五二,第2654页。

匪横行如故,御史郭思极等上疏,要求严惩剿匪兵败的军官,量治常州府同知边有猷,"以儆巡徼吏"。在制度层面实行严格的江防措施,"令江上严盘诘之法,凡船艘来往,毋阴蓄兵器,毋潜藏私盐,有则亟以告,听所在得请论如法"。严格防控措施发挥了作用,"自是之后,盐徒亦畏三尺法,凛凛不敢奸疆吏旗鼓也"①。

万历三十三年(1605),常州府靖江县江面又有强盗船出没,抢劫商船。水匪作案呈季节性,秋季案件多发。蔡献臣曾调集圌山、孟河、靖江、杨舍水军围捕,但因这伙水匪非常狡猾,选择在江面宽阔,商船必经的航道实施抢劫。因为作案地点有沙洲,便于水匪隐藏或及时逃离。官府通过侦查得知,这伙水匪操太仓、崇明口音,应属外地流窜作案团伙。故蔡献臣认为"窃闻有言薛扑余党,反侧未安,而挈家之江中为盗者。又有言私盐之禁太严,则肩担背负之徒,迫于生计而之江中为盗者。大抵江中劫人者,皆盐徒也"。请求巡抚网开一面,恩威并举,除了严加防范、缉捕外,"明示薛贼之党,旷然与之更始,无或穷治,至贫难军民将私盐肩挑背负,易米度日者。照例明示不必禁捕,使缉捕员役,不敢因而生事,彼其报官者有限,而入己者无穷。是亦驱民为盗之一端也"②。

蔡献臣的建议并非为自己未能破获江上抢劫案和剿灭盐徒势力而辩解,而是试图从根源找出症结所在,既然成季节性犯罪,那么很多水匪是因年景不佳,生活艰难而被迫铤而走险。特别是官府对于私盐管控过于苛刻,使沿海盐户难以维持生计,若适当允许其贩卖私盐谋生,则可以从根本上解决匪患问题。蔡献臣的建议其实也是"老生常谈",并无"新意"可言。因为从明初到晚明,类似的建议不绝于史,但如果按照此类建议执行,放松盐业管控,适当允许私盐经营,不仅会降低盐业税收,更会触及以盐谋私官员及大盐商的利益,故这类建议统治者根本不会予以理睬,导致盐徒问题始终是个"死结",无法真正解决。至万历后期,由于宦官"横行无忌,挥斥官盐而夺商盐,擅拆官船而抢民船","凭倚城社,招纳亡命,飞扬跋扈,以一引挟带数十百引,以一船挟带数十百船,首尾相衔,轴舻千里,龙旗之下,翼虎纵横,当之者焦,触之者碎,岂惟伍纲商人,痛遭荼毒,无一寸行盐之地,将恐盐徒啸

---

① (明)瞿九思:《万历武功录》卷二《南直隶·崇明江阴诸盐徒列传》,《续修四库全书》史部杂史类,第436册,第162页。

② (明)蔡献臣:《清白堂稿》卷九《上周抚台揭论靖江盗船》,《四库未收书辑刊》六辑,第22册,北京:北京出版社,2000,第261页。

聚，一呼响应，更有草泽大奸雄，如残唐盐徒，崛起其中，为所欲为"①，已是积重难返之势。

至明末天启、崇祯时期，盐徒问题愈演愈烈。天启五年(1625)二月，巡江御史张继孟上疏称，常州府孟河与镇江一带江面盗贼出没，劫掠客商。周边江防武装多次缉捕未果。沿江地区"盐徒公行，出没无忌，名为盐徒，实行劫掳。事发，自认私贩，问配结局，事完随复入伙，肆劫商船，是盐徒即强盗也。近如苏州府青草沙地方盐快秦茂、陈宇等坐驾小哨盘诘为由，打劫客船，今已擒拿发究。是盐捕即强盗也。欲缉盐徒，先肃盐捕，今责令府州县印官严行盐捕官员，昼夜巡缉，遇有盐徒船只，即时擒拿发究，如有纵容，并借称盘诘而反行劫掠者，事犯日，除将正犯究罪外，各盐捕官定行参处"②。盐徒已经公开出没，肆行抢劫，被定性为强盗。甚至出现了盐巡官员借盘查为名，公开抢劫客船事件。陈仁锡认为这种监守自盗的行为在晚明已经是常态：

> 盗贼之横，盖起于民之游手者，多亦由于官之法度不严，大抵捕兵预先不肯缉盗，纵之行劫。窥其有重贿则擒之，尽其所有，复纵之去，名曰扳害。如有大窝家，捕兵捕衙反与之联结，共相为奸，即失主告盗，亦与盗相通，扳良民以偿其失数倍，则失主不与盗仇，而与盗好，反以大盗作窃而脱。甚至盗犯他处，其罪已定，不可脱，则出一人，假作失主，赴院道告状，提至本邑，广捕、耆民、捕衙、捕兵、书房作一场大市易，又开一网以脱之，至俗云强盗做得过，良民做不过，此今日之大弊也。③

> 内地之盗，夫郡城各县城市之贼，皆由捕人放线之故。何谓放线？该字号应捕快养积贼在家，每去巡夜，将贼带在其中，若遇总巡、巡哨等官，便称该字号应捕，巡官一过，便窥伺做贼，此内地之盗不可究诘。莫若令各字号应捕将名字统于巡官，一并查点，倘有疏虞，巡兵应捕同罪。内地水上之盗，皆由捕人营为，督捕同知或各卫家广捕牌票，驾飞械船只，总巡旗号，内锁强盗二三名，日分捕余盗，一见重载客船，便即指曰：此是盗船，所锁之盗攀认为是，连船连人捉去旷野河荡，尽数劫之，俗名曰：生弹船。又有养壮汉之弊，各处小盗，捕人得其常例，待其劫掠殷

---

① (明)王纪：《藩盐改支违制疏》，见(明)陈了龙编：《明经世文编》卷四七三，第 5200 页。

② (明)高汝栻辑：《皇明续纪三朝法传全录》卷十三，天启五年二月，《续修四库全书》史部编年类，第 357 册，上海：上海古籍出版社，1995，第 842 页。

③ (明)陈仁锡：《陈太史无梦园初集》，《漫集二·清盗》，《续修四库全书》集部别集类，第 1382 册，上海：上海古籍出版社，1995，第 242 页。

厚,尽数起之解官,旋即以轻罪释放,遂至捕人互相为盗打点衙门,潜通贿赂,皆捕人为之也。①

　　真可谓一叶落而知天下秋!是时吏治败坏,官匪勾结、监守自盗的严重程度,可见一斑。针对巡捕官监守自盗和涉盐案件频发的态势,张继孟认为应"责令各掌印官严谕乡约保长,坊内如有此辈,即填入善恶簿内,朔望日送该府州县严行究处,仍置木扁钉其门首,明书某棍某人之家,至于窝访、窝盗、土豪势要、盐徒、衙蠹,并令各府州县及理刑官访实赃证,密报拿获,如徒空文回护,并以莱佣搪塞,定以罢软参处"②。除此之外,还应严格执行巡捕制度,严厉打击盐徒、匪盗、地痞,清除不作为或监守自盗的盐巡官、巡捕官,才能在一定程度缓解盐徒之患。高攀龙在奏疏中明确指出,地方势力窝藏、与盗勾结,甚至地方官养寇自重是导致江南治安恶化的重要原因。他言道:"盗贼地方大害,必有窝家,必与捕快交通。平日当密访窝家及通盗捕快,置之于法,一有生发即行严捕,必擒获而后已。此等风采彰闻,自然盗贼屏息。乃不肖有司护盗如子,既欲邀盗息民安之誉,又避上司地方多盗之责,往往深怒失主呈告,反责捕快诈诬。其甚者与盗相通,纳其货贿,致盗贼以此县便于行劫,纵横无忌,失主不敢告,捕快不敢擒,酿成大乱,恒必由之所当痛以为戒"③。陈仁锡在奏疏中也称"近江则刘家河、周桥、瓜州、仪真、孟河,自西徂东,自南至北,其中共有八百无名小集,处处有真强盗,处处有大窝家,名打盐为生,盐徒不下十数万众,一路达福山、刘河、江阴、唐河、靖江、永生州、太湖等处,尽东吴之地,通西越之潮,从湖连海,此应彼呼,江南犯则逃归江北窝家,江北犯则窜入江南窝主"④。对于窝藏盐徒者,其解决方式是"并令各府州县及理刑官访实赃证,密报拿获"⑤。可见晚明时滨江、滨海的江南府县已经是匪盗横行,在地方豪强的包庇纵容下,盐徒聚众生事,团伙抢劫流窜作案,对江南社会秩序破坏极大。陈仁锡之所以力主对海匪、盐徒

---

① (明)陈仁锡:《陈太史无梦园初集》,《漫集二·纪边防》,《续修四库全书》集部别集类,第 1382 册,第 257 页。

② (明)高汝栻辑:《皇明续纪三朝法传全录》卷十三,天启五年二月,《续修四库全书》史部编年类,第 357 册,第 842 页。

③ (明)高攀龙:《高子遗书》卷七《疏·申严宪约责成州县疏》,《景印文渊阁四库全书》集部别集类,第 1292 册,台北:商务印书馆,1986,第 459 页。

④ (明)陈仁锡:《陈太史无梦园初集》,《漫集二·海盗》,《续修四库全书》集部别集类,第 1382 册,第 270—271 页。

⑤ (明)高汝栻辑:《皇明续纪三朝法传全录》卷十三,天启五年二月,《续修四库全书》史部编年类,第 357 册,第 842 页。

势力采用严厉的手段进行镇压,是因为他特别担心海寇"倘结连党羽,招引匪类,而与盐徒之众合,由东海而西向,与山越之盗合,膻芗蚁附,水陆相通而与处州之矿盗合,扬帆直上而与江洋之大盗合,矧洪水横流,凶荒无告之流民又易与为合,凋疲困苦之区,宁堪此数盗合并而蛮毒哉"①? 一旦几股悍匪合流,其后果不堪想象,江南沿海、腹地等地区将再无宁日,东南财源之地必遭严重破坏。

盐徒劫掠行为与明末农民起义完全不能同日而语。明末陕北农民起义,不仅有组织,而且目标明确,即为颠覆明王朝而斗争,代表北方贫苦农民的利益。例如李自成的农民军,随着自身实力壮大,组织分工明确,规章制度亦逐步制定完善,其斗争目标是官府、乡绅,而非普通百姓、商旅。总体言之,李自成农民军一般不骚扰百姓和普通商人,在一定程度上能够维护普通百姓的基本利益。江淮、江南盐徒武装斗争,虽然有一定的官逼民反性质,但并无明确的斗争目标和宗旨,更无组织和纪律规则可言,盐徒的"窝主"多数为地方豪强、黑恶势力,盐徒作案形式是团伙抢劫,无论平民百姓,还是商人、路人,只要遭遇盐徒,即被洗劫一空,无任何正义可言。其行为无论在何种社会形态,均属于暴力刑事犯罪范畴,都属于官府严厉打击的对象。

通过上述案例和讨论,我们不难看出,明代相当一部分当事官员提出的适当放宽盐业管制,提升盐徒生活水平等治理盐徒滋事的理念,完全符合实际,非常切实可行。如若实施,则有助于缓解盐徒问题。但由于盐税涉及统治阶层利益,尤其是既得利益集团丝毫不肯作任何形式、任何比例的利益让渡。各级官员解决盐徒的唯一手段即采取联防联控的方式,对于重点区域和交通枢纽严防死守,对盐徒实行"严打"。除了特定的历史时期,社会矛盾转化,部分将领、官员将盐徒群体收编为军,短时期地缓解了盐徒问题外,其余时期采取以暴制暴的手段对付盐徒群体,始终是治标不治本。盐徒群体面对官府的高压态势和自身窘迫的生存状况,唯一的选择只能是铤而走险,或从事武装走私贩运私盐,或结伙实施拦路、入室抢劫,导致终明之世,盐徒问题层出不穷,愈演愈烈,盐徒群体虽未能如明末陕北农民起义那样成燎原之势,但对江南、江淮、东南沿海地区的社会秩序造成了极大的破坏,并产生了极为恶劣的影响。

---

① （明）陈仁锡:《陈太史无梦园初集》,《漫集二·纪海防》,《续修四库全书》集部别集类,第1382册,第272页。

第四章　喇唬凶徒、打行、访行与讼师群体

——晚明江南市镇治安

晚明江南地区不仅流氓地痞团伙横行于市镇乡村,而且不法士绅、不法商人利用其社会地位及雄厚的经济实力为掩护,网罗各类社会闲散人员,逐步滋生为黑恶势力,对于江南商品经济的发展、社会秩序运行造成了极大的破坏。

第一节　明前期的江南社会秩序

吴元年(1367),徐达攻陷平江,俘虏张士诚。至此,张士诚势力被彻底消灭,朱元璋实现对江南地区的完全统治。为了恢复江南地区的社会经济秩序,朱元璋于立国之初就对江南地区的土地和人口进行全面清理。朱元璋主要通过均工夫、编制黄册、鱼鳞图册,打击豪强、强迁富民,建立里甲制度、老人制度等一系列措施,对江南社会进行有效控制,实现了政府对江南基层的直接管理。洪武十九年(1386),朱元璋“申明游民之禁,命户部板刻训辞,户相传递,以示警戒”①。试图使四民有业,各安生理,避免游手好闲,制造事端,但这种警示和禁令并未取得明显的效果。洪武二十七年(1394),针对京畿地区各类治安案件和刑事案件频发的情况,朱元璋下诏:“京都人烟辐辏,有等奸顽无籍之徒,不务本等生理,往往犯奸做贼,若不律外处治,难以禁止。所以在京犯奸的奸夫奸妇,俱各处斩。做贼的、掏摸的、骗诈人的,不问所得赃物多少,俱各枭令。已令出榜晓谕犯者,至今不已。刑部再出榜申明,务要家至户到,男子、妇人、大的、小的,都要知遵。”随后在南京开展“严打”,公开枭首十余起,被处决的案犯所犯罪行主要为盗窃、通奸、诈骗等②。朱元璋采取法外用刑,刑罚从重的手段,来整肃京畿地区的社会秩

---

① 《明太祖实录》卷一七八,洪武十九年五月丙辰,第 2691 页。

② (明)陶尚德、庞嵩:《南京刑部志》卷三《祥刑篇》,第 323 页。

序。在严刑峻法震慑下,京畿地区治安环境有所改观。

成祖迁都后,随着政治中心与经济重心分离,江南地区呈现出赋役负担沉重、豪强武断乡曲和民众逃亡等社会危机。虽然朱元璋在明初所制定的"江南政策"至仁宗即位时已至崩溃边缘,但无论是成祖,还是仁宗、宣宗,均不敢公开废除朱元璋的成法,只能通过增补损益的方式对政策进行变通。

洪熙元年(1425)元月,仁宗为整肃江南秩序,特遣广西右布政使周干、广东按察使胡概、四川右参政叶春巡视江南八府,命令他们调查"其军民安否,何似何弊当去,何利当建,审求其故,具以实闻",并要求他们"必公必勤,毋徒苟应故事"①。周干等人巡查江南历时半年,于洪熙元年(1425)闰七月还朝,向刚刚继位的宣宗详细汇报了这次巡视江南的情况:

> 臣窃见苏州等处人民多有逃亡者,询之耆老,皆云由官府弊政困民,及粮长、弓兵害民所致。如吴江、昆山民田,亩旧税五升,小民佃种富室田,亩出私租一石,后因没入官,依私租减二斗,是十分而取其八也。拨赐公侯驸马等项田,每亩旧输租一石,后因事故还官,又如私租例尽取之,且十分而取其八,民犹不堪,况尽取之乎? 尽取则无以给私家,而必至冻馁,欲不逃亡不可得矣。又如杭之仁和、海宁、苏之昆山,自永乐十二年以来,海水沦陷官民田一千九百三十余顷,逮今十有余年,犹征其租,田没于海,租从何出? 常又无锡等县,洪武中没入公侯田庄,其农具、车牛给付耕佃人用,纳税经今年久,牛皆死,农具及车皆腐朽已尽,而有司犹责税如故,此民之所以逃也。粮长之设,专以催征税粮,近者常、镇、苏、松、湖、杭等府无籍之徒,营充粮长,专掊克小民,以肥私己。征收之时,于各里内置立仓囷,私造六样斗斛而倍量之,又立样米、抬斛米之名以巧取之,约收民五倍,却以平斗正数付与小民,运赴京仓输纳,缘途费用,所存无几,及其不完,着令赔纳,至有亡身破产者。连年逋负,倘遇恩免,利归粮长,小民全不沾恩,积习成风,以为得计。巡检之设,从以弓兵,本用盘诘奸细,缉捕盗贼。常、镇、苏、松、嘉、湖、杭等府巡检司弓兵,不由府县佥充,多是有力大户令义男家人营谋充当,专一在乡设计害民,占据田产,骗要子女,稍有不从,辄加以拒捕、私盐之名,各执兵仗,围绕其家擒获,以多桨快舡装送司监收,挟制官吏,莫敢谁何,必厌其意乃已,不然,即声言起解赴京中,途绝其饮食,或栽

---

① 《明仁宗实录》卷六下,洪熙元年正月己亥,上海:上海书店出版社,2015,第226页。

害致死,小民畏之甚于豺虎,此粮长、弓兵所以害民而致逃亡之事也。臣等覆勘,信如所言。若欲斯民各得其所,必命有司将没官之田及公侯还官田,租俱照彼处官田起科,亩税六斗。海水沦陷田地与农具车牛无存者,悉除其税。如此则田地无抛荒之患,官府无暴横之征,而细民得以安生矣。乞禁约粮长,不许置立仓囤,私造大样斗斛,止是催征,毋得包收揽纳。巡检司弓兵从府县佥充,将佥过姓名榜示,以革其弊。民人出入,不许带伴当五人以上,乘四橹多桨船只,如此则粮无侵渔之弊,豪强无暴虐之毒,而细民安业矣。此事虽小,而为害实大,不特此也,豪强兼并,游惰无赖之徒为民害者尤重,众究其所以,亦由府县多不得人,乞敕所司,慎选贤才,授守令之任,抚字存恤,仍命在廷大臣一员往来巡抚,务去凶顽,扶植良善,而后治效可兴也。①

通过周干等人的汇报,可知江南问题症结主要为三个方面:一是官方制度,特别是洪武"江南政策"导致的民困;二是地方豪强势力重新崛起害民;三是由于吏治败坏,社会治安极差,无赖横行,破坏社会秩序稳定。这三个方面的原因导致普通农民难以负担重赋,进而产生影响中央财政的经济危机,在重赋压榨和社会秩序混乱的双重压力下,百姓逃亡、户口锐减,最终将会出现动摇统治秩序的严重社会危机。针对这种严重的局面,周干等提出的解决方案是"命在廷大臣一员往来巡抚,务去凶顽,扶植良善"。他们认为只有通过中央派员,采取"除暴安良"的形式,才能使江南恢复正常稳定的社会秩序。周干等人的奏疏也充分说明,传统社会中经济问题的出现,除了自然灾害导致的生产环境破坏之外,主要是制度僵化、管理缺失、人为破坏等主观因素造成的。因此只能通过重典治吏、打击豪右的方式,保障税收财源,重新恢复和确立中央对江南地区的控制。

成祖迁都北京后,政治格局发生变化,政治中心北移导致中央政府对江南控制力相对削弱。基于此原因,仁、宣时期江南豪强势力重新崛起,横行地方、欺压良善,兼并土地,使官田所有权逐渐转移到地方豪强手中,造成江南地区出现赋税拖欠和小民逃亡的双重恶果,最终使财源严重受损。面对豪强坐大的局面,宣宗接受了周干等人的建议,决定由中央派员,采用洪武时期的治理模式,即以暴力手段来打击重新崛起的江南豪强势力,借以稳定统治秩序,夺回基层控制权。

---

① 《明宣宗实录》卷六,洪熙元年闰七月丁巳,第164—167页。

洪熙元年(1425)八月,宣宗任命胡概为大理寺卿后,随即派胡概再巡江南。此次胡概巡视江南的工作重心是扭转"官吏粮里及公差官员有贪刻虐害军民"及"土豪恃强侵欺小民"的局面。鉴于江南豪强势力坐大的现实,宣宗又赋予胡概"应合擒问者即擒问,不伏者量调所在卫所官军擒解"的权力①。由此可见,从永乐十八年(1420)迁都到洪熙元年(1425)八月,短短五年时间,江南豪强势力已经迅速坐大。地方治安力量甚至已无法对豪强势力实施有效控制和打击,地方官员对豪强无计可施,只能依靠中央钦差,并动用驻军方能使其就范。

胡概是司法官员出身,先后担任按察使和大理寺卿,此次以最高"检察官"的身份巡抚江南,其工作重心又是打击豪右,整顿社会秩序,故胡概到达江南后,即以铁腕手段严厉镇压了松江地方豪强势力、应天府溧阳县豪强史英和常州府武进县豪强王昶。这些地方豪强势力一度横行乡里,不可一世。松江土豪"杀人取财,夺人妻女,侵盗税粮,因公科敛,以一取十。老吏猾胥,逞奸肆毒,皆府县不能制者"②。溧阳史英"恃富暴横,殴杀其乡人,乃贿有司,诬为劫盗。又执其家属,禁锢之"③。武进王昶则是"先以杀人系行在都察院狱,用重赂得免。既归,不悛,与同郡豪民储用敏等皆以杀人等罪"④。浙江"海盐民平康暴横甚,御史捕之,遁去。会赦还,益聚党八百余人。概捕诛之。已,悉捕豪恶数十辈,械至京,论如法,于是奸宄帖息"。"用法严,奸民惮之","性刚决,巡视江南,威名甚盛"⑤。宣德四年九月,胡概"械送土豪至京,皆以奸盗杀人、夺人妻女田宅,侵盗官粮等罪处死"。宣宗对胡概的做法大加赞赏,认为"国家孜孜安民,而豪猾害民如此,非治以法,良善何由得安然"⑥。

宣德元年(1426),宣宗谕示都察院官员,称"安民之道,必去害民者",并认为地方豪强"皆号民蠹"⑦。胡概亦认为豪强势力横行是破坏江南社会秩序的重要原因,因此他秉承"殄除凶恶,以安良善"的原则⑧,对江南豪强采取坚决镇压、严厉打击的手段,从江南地方豪强手中夺回社会财富再分配权

---

① 《明宣宗实录》卷八,洪熙元年八月丁亥,第212页。
② 《明宣宗实录》卷一三,宣德元年正月壬子,353页。
③ 《明宣宗实录》卷五,宣德元年七月乙巳,第308页。
④ 《明宣宗实录》卷五四,宣德四年五月辛亥,1290页。
⑤ (清)张廷玉.《明史》卷一百五十九《熊概传》,第4330页。案:胡概本名熊概,因其"幼孤,随母适胡氏,冒其姓"。见《明史》是卷,第4329页。
⑥ 《明宣宗实录》卷五八,宣德四年九月丙辰,1383页。
⑦ 《明宣宗实录》卷一三,宣德元年正月壬子,354页。
⑧ 《明宣宗实录》卷四九,宣德三年十二月丁酉,1189页。

和基层社会控制权。此次胡概采用暴力手段打击江南新兴豪强势力取得了成功,为后继巡视江南者和江南地方府县官员对江南实行有效治理扫除了阻碍、铺平了道路。自胡概巡抚江南后,直至明亡,江南豪强武断乡曲事件虽然亦时有发生,但凭借地方官员掌控的治安力量,已完全能够实现对地方豪强的有效控制和打击,再未见动用驻军镇压地方豪强的案例。

从胡概抚吴的案例亦可知,近年来史学界甚为流行的"皇权不下县"观点,其实是个伪命题。北朝时期坞壁林立,闭门成市,经济自给,地方豪强又拥有大量私兵部曲,其实力足以与政府相抗衡。拓跋鲜卑入主中原,虽然形式上统一北方,但执政根基并不牢固,对于地方豪强也只能以宗主督护制的形式进行妥协。如果说北朝时期"皇权不下县"尚有一定道理,那么隋唐以降,所谓"皇权不下县"之说则完全不成立。隋统一后,通过输籍定样和大索貌阅等手段检括人口,与豪强争夺编户,必要时则采用武力弹压的形式镇压南北方的豪强,加强对地方的控制。唐宋均因袭此类治理模式。洪武时期,朱元璋对基层组织建设极为重视,着力强化对基层组织和地方豪强宗族的控制,皇权延伸的毛细血管无处不在。只要地方实力派对政府有任何抵触或不合作的表现,政府就会采用"政治案件刑事办"的方式,通过实施"打黑除恶"的手段,对其进行根除。这样既能摧毁地方豪强,又能震慑其他地方实力派,还能使基层民众感念浩荡皇恩,做忠诚的臣民,可谓一石二鸟之策。只有地方实力派对政府表示彻底驯服,并完全听命于政府后,才有可能成为皇权在基层的代言人和执行者。

胡概的继任者周忱长期抚吴,因胡概已为其扫除了地方豪强势力对施政的阻碍,故在周忱任期内,其工作重心主要在经济领域,即以变通洪武江南政策的形式,行济农仓、平米法,进行赋役制度改革,在保障税粮征收的前提下,在一定限度内减轻了江南人民的赋役负担。周忱又大力兴修水利,通过围填芙蓉湖,进行围湖造田,保障农业增收,"有效缓解了江南逋赋的势头"[1]。从周忱抚吴开始,江南社会经济迅速恢复,至明中叶江南经济已成为全国之翘楚,江南地区市镇兴旺,店铺林立,商贾云集,舟车络绎,人口流动愈加频繁。以南京为例,晚明时"生齿渐蕃,民居日密,稍稍侵官道以为廛市,此亦必然之势","弈世承平,户口数倍"[2]。张翰亦言"沿大江而下为金陵,乃圣祖开基之地,北跨中原,瓜连数省,五方辐辏,万国灌输,三服之官,

① 胡克诚:《逋赋治理与明代江南财赋管理体制的变迁》,北京:科学出版社,2019,第63页。
② (明)谢肇淛:《五杂组》卷三《地部一》,上海:上海书店出版社,2009,第49页。

内给尚方,衣履天下,南北商贾争赴。自金陵而下,控故吴之墟,东引松、常,中为姑苏,其民利鱼稻之饶,极人工之巧,服饰器具,足以炫人心目,而志于富侈者争趋效之"①。可见,中晚明时江南地区已初步形成城市群,商品经济发达,足以引领一时之风尚。

明代江南地区城镇贸易兴盛,市镇迅速崛起,对经济发展、社会生活引领起到了重要作用。所谓市镇,明代苏州士人认为"若郊外居民所聚,谓之村;商贾所集,谓之镇"②;湖州士人认为"商贾聚集之处,今皆称为市镇"③。当代学者也对明代市镇进行了界定,樊树志先生认为市镇是地理概念和地理实体,是社会经济发展到特定阶段的产物。市是由农村剩余交换产品定期形成的集市演变而来。镇则是比市高一级的经济中心地④。陈学文等先生提出了明清方志中的市镇是江南地区商业聚落通称的观点⑤。吴滔先生则认为江南市镇的形成不仅与商业贸易有关,同时又与设官和驻军有关。巡检司等治安机构,虽然并不一定是市镇核心,但由于市镇是当地人口、财赋聚集地,在市镇设立巡检司是常见现象⑥。由于明代府、县城为区域政治、经济、文化中心,商业发达,聚集效应明显。市镇经济则是在远离城市区域,利用交通便利的地域特点,通过交换贸易自发形成、发展的,其立足点是服务农村,补充城市商业影响力不足之缺憾。

随着社会经济的迅速发展,居民间交往的增加,社会关系日益复杂,民间组织日益多样化,体制更加完备,功能更加发达,但社会问题也随之产生,特别是江南社会治安问题,甚至成为制约江南经济发展的一个瓶颈。

第二节　喇唬凶徒与社会秩序

社会稳定是经济繁荣,市镇发展的前提。从宏观上讲,国家政策、法律的制定与实施是保障社会稳定的最基本方式。从微观上说,地方政府对基

---

① (明)张瀚:《松窗梦语》卷四《商贾纪》,北京:中华书局,1985,第83页。
② (正德)《姑苏志》卷十八《乡都·市镇·村》,《中国史学丛书初编》第31辑,台北:学生书局,1986,第239页。
③ (成化)《湖州府志》卷四《乡都》,《日本藏中国罕见地方志丛刊》第26册,北京:书目文献出版社,1991,第49页。
④ 樊树志:《市镇与乡村的城市化》,《学术月刊》1987年第1期。
⑤ 陈学文:《明清时期湖州府市镇经济的发展》,《浙江学刊》1989年第4期。
⑥ 吴滔:《明清江南基层区划的传统与市镇变迁——以苏州地区为中心的考察》,《历史研究》2006年第5期。

层社会的管理控制,维护地方治安,则是保障社会稳定和有序运行的基础。无论古今中外,伴随商品经济发展,总会有一个特殊的群体——"莠民"出现。在南京这样的大都市,"十步之内,必有恶草;百家之中,必有莠民。其人或心志凶蘖,或膂力刚强,既不肯勤生力穑以养家,又不能槁项黄馘而老牖下。于是恣恶其跳踉之性,逞其狙诈之谋,纠党凌人,犯科捍罔,横行市井,狎视官司"①。南都如此,江南其他地区"莠民"问题更为严重。即使是松江外冈这样的弹丸小镇,亦是"民有蠹而欲安生乐其业,不可知数也。夫围云害马,牧恶败群,其非种者锄而后嘉谷可蘸葆也,爱树者去蠹必攒之剔之,爱民者其毋以姑息为养痈可耳"②。

所谓"莠民"群体,通俗地说,即是流氓群体,或称为地痞。明代时人们习惯将地痞流氓称为"泼皮""破落户""无赖""天罡""喇唬""光棍""地棍""把棍""棍徒"等。这一群体,式微之时,三五成群敲诈勒索,欺压弱者,扰乱社会秩序,为害地方,成为危害社会稳定的毒瘤。人以群分,物以类聚,如果地痞流氓或聚集一处,或结成团伙横行市井,或被地方豪强势力收编,或依托官府中的贪官蠹吏,其势力壮大后,以合法身份为幌子,则会迅速转化成为黑恶势力,对社会秩序破坏极大。

无论是地棍还是喇唬,这些地痞流氓产生的土壤多是游民群体。经过元末战乱,土地荒芜,百姓流离失所,产生了大量的游民,特别是一些失地农民不务正业,整日游手好闲,出没于城镇乡村,又多有偷盗斗殴等不法行为,成为社会治安隐患。游民这一群体,古代又称其为闲人、逸民、逸夫、无籍之徒等,现代则称之为二流子、地痞、无赖等。总之,无论古今,该群体均被官府视为应严加管控的"重点人口"。

早在洪武时期,朱元璋就已意识到游民群体和市井村落地痞对社会秩序的危害和隐患。朱元璋对游民群体采用高压态势,实施严厉打击。朱元璋亲自主持编订的三编《大诰》中,多次出现打击游民群体的判例。例如朱元璋直指两浙、江西、两广、福建地方官无一人任满的原因,是因为"实由所在吏卒并在闲不务生理之徒、安保茶食之辈、浸润说诱陷害者多"。朱元璋特别强调"松江一府,其不务生理者,专于衙门阿附役吏皂隶,夤缘害民",这

① (明)顾起元:《客座赘语》卷四《莠民》,第 106 页。
② (明)殷聘尹编:(崇祯)《外冈志》卷一《俗蠹》,《中国地方志集成·乡镇志专辑》第 2 册,上海:上海书店出版社,1992,第 893 页。

些人"皆不务生理,纷然于城市乡村扰害吾民"①。朱元璋又警告称"《诰》出,凡民邻里,互相知丁,互知务业,具在里甲,县、州、府务必周知。市村绝不许有逸夫,若或异四业而从释道者,户下除名。凡有夫丁,除公占外,余皆四业,必然有效。若或不遵朕教,或顽民丁多,及单丁不务生理,捏巧于公私,以构患民之祸,许邻里亲戚诸人等拘拿赴京,以凭罪责。若一里之间,百户之内,见《诰》仍有逸夫,里甲坐视,邻里亲戚不拿,其逸夫者,或于公门中,或在市间里,有犯非为,捕获到官,逸民处死,里甲四邻,化外之迁,的不虚示"②!朱元璋在《再明游食》篇中,进一步阐述其禁绝游食者的理念,他说:"再明游食,互知生理。此诰一出,所在有司、邻人、里甲,有不务生理者,告诫训诲,作急各著生理。除官役占有名外,余有不生理者,里甲邻人著限游食者父母兄弟妻子等。一月之间,仍前不务生理,四邻里甲拿赴有司。有司不理,送赴京来,以除当所、当方之民患。设若不拿,此等之徒,非帮闲在官,则于闲中为盗。帮闲在官,教唆官吏,残害于民,不然为贼乡里。是诰一出,四邻里甲不能拘拿赴官赴京,此人或为盗,或帮闲为吏、为皂隶,所为不善,犯之日,四邻里同坐其罪,的不虚示"③。可见朱元璋不仅想从制度上禁止游民进入官府,而且还试图通过邻里连保连坐的方式,以严刑峻法震慑的手段来彻底消除游民隐患。

对于已出现的游民生事案件,朱元璋则采取露头就打,绝不姑息,严厉镇压的治理手段。例如嘉兴逸民徐戬等七人因"虚造阴匣",冒充官吏,敲诈运粮船等行为,被押赴南京处死④。对于福建沙县罗辅等十三人,"不务生理,专一在乡构非为恶。心恐事觉,朋奸诽谤"而断指避祸的行为,朱元璋下令将这些游民"押回原籍,枭令于市,阖家成丁者诛之,妇女迁于化外,以戒将来"⑤。

明初土地兼并在一定程度上得到遏制和均平赋役的历史背景下,在朱元璋雷厉风行地进行制度建设和实施重拳打击、严刑峻法震慑下,无论农民

---

① (明)朱元璋:《大诰续编》,《松江逸民为害第二》,见张德信、毛佩琦主编:《洪武御制全书》,合肥:黄山书社,1995,第794页。

② (明)朱元璋:《大诰续编》,《互知丁业第三》,见张德信、毛佩琦主编:《洪武御制全书》,第795页。

③ (明)朱元璋:《大诰续编》,《再明游食第六》,见张德信、毛佩琦主编:《洪武御制全书》,第797页。

④ (明)朱元璋:《大诰续编》,《俏家第二十三》,见张德信、毛佩琦主编:《洪武御制全书》,第808页。

⑤ (明)朱元璋:《大诰续编》,《断指诽谤第七十九》,见张德信、毛佩琦主编:《洪武御制全书》,第849页。

还是市民,多数都能安心从业,地痞流氓失去了生存的土壤和活动的空间。整体而言,洪武时期地痞流氓活动较少,基本不敢招摇过市,横行一方。

永乐十五年(1417),即朱元璋去世二十年后,洪武时期的法网弛禁,当年蛰伏的地痞流氓,以及刑满释放人员、"漏网之鱼"的心理恐惧期已过,新一代的地痞流氓已经成长起来,并蠢蠢欲动。这些江南的地痞流氓趁成祖北巡、安南叛乱、倭寇扰浙之机生事,在嘉兴发生了地痞倪弘三"纠无赖千余劫乡村,苏、松、常、镇皆被害,拒敌官军多杀败"的大规模地痞流氓武装暴乱事件,但迅速被按察使周新指挥地方武装弹压、扑灭,匪首倪弘三等被送京师磔于市①。此后,随着政治中心北移,江南地区法网渐弛,社会控制放松,由于土地兼并愈发严重,赋役愈发不均,农民被迫投献、缙绅地主铁脚诡寄转嫁赋役负担等,部分农民脱离了土地,或从事工商业,或游走于城市乡村,成为新的游民、"无籍之徒","投倚于豪门,或冒匠窜两京,或冒引贾四方,举家舟居,莫可踪迹也"②。

宣德时期,周忱抚吴,通过变通洪武江南政策的方式,使江南社会经济迅速恢复元气。此后江南商品经济快速发展,相当一部分农民从传统的农业生产中分离出来,进入城镇,转入工商业。这些进入城镇的农民,多数都能够安分守己,通过合法劳动维持生计,但也有少数农民进入城镇后,游手好闲,从事各类不法勾当,这些不法人员往往把持商业、包揽词讼,开设赌场敛财,或是组成暴力犯罪团伙,敲诈勒索,肆意烧抢,成为扰乱社会治安,破坏社会秩序的毒瘤。

"喇唬"群体在明清时期一直是官府严厉打击的对象。所谓"喇唬",一些史料中亦写作"喇虎",二者同义,是明代才出现的词汇,明之前的文献中暂未见该词出现。明代史料中未见对"喇唬"一词词义的解释,我们只能通过司法文书来考察"喇唬"的法律界定。《大明律·刑律一》"白昼抢夺"条所附《问刑条例》中规定"凡号称喇唬等项名色,白昼在街撒泼,口称圣号及总甲、快手,应捕人等,指以巡捕勾摄为由,各殴打平人,抢夺财物者,除真犯死罪外,犯该徒罪以上,不分人多人少,若初犯一次,属军卫者,发边远卫充军;属有司者,发口外为民。虽系初犯,若节次抢夺及再犯、累犯笞杖以上者,俱发原抢夺地方枷号一个月,照前发遣。若里老邻佑知而不举,所在官司纵容

---

① (明)谭希思:《明大政纂要》卷十五,永乐十五年八月,《四库全书存目丛书》史部,第 14 册,济南:齐鲁书社,1996,第 581 页。

② (清)张廷玉:《明史》卷七十七《食货志一》,第 1881 页。

不问,各治以罪"①。《问刑条例》从司法解释的角度阐释了"喇唬"行为的构成要件,即光天化日之下耍无赖,冒充公职人员,直呼皇帝名讳,殴打无辜群众,公开抢劫、抢夺他人财物的行为。"喇唬"的行为,单纯从明律来看,似乎按照当代刑法的界定标准,类似于寻衅滋事罪。然而无论古今,单纯的寻衅滋事行为,其社会危害性远不及喇虎群体的危害大。

"喇唬"群体,明初时在朱元璋的严厉打击下,一度销声匿迹,正统时期开始死灰复燃,到成化时期已达到嚣张的程度。

天顺八年(1464),南京大理寺上奏称"舍人军余家人结成群党,打搅仓场库务,冲市人集之处,挟制唬吓,诈骗财物,合谓之打光棍。合照无籍户游食帮凶伴当拟断,编发充军等因。会官议得,今后两京城内外附近关厢市镇去处,有等无籍军民、旗校、舍余匠役人等,不务生业,三五成群,白昼在街撒泼,殴打平人,抢夺财物,及于仓场打搅纳户人等取财,号为光棍,通同官攒、斗级人等,入仓搂扒,偷窃管粮事发,问拟明白,犯该笞杖及计赃不满贯徒罪,照依常例发落。若再犯与犯满贯徒罪至杂犯死罪,从重惩治,军旗舍余人等俱发边卫充军,民发口外为民"②。此时"喇唬"群体已经敢在南都仓场、街市肆意妄为,虽然官方制定了严格的惩戒措施,但"喇唬"群体并未收敛,而是呈愈演愈恶劣之势。

成化十六年(1480),兵部尚书余子俊向宪宗汇报了因"喇唬"群体作乱,导致当时京师治安形势严峻的情形:"近者京城内外强盗滋多,盖因闾巷恶少与各处逋逃罪因结聚党类,号为喇虎,横行市肆,强取货物,莫敢谁何,往往聚徒开场赌博,博穷为盗,乃以所获衣物质于印子铺,低取钱镪,苟图自给。官捕之急,则又掠取衣甲、马匹,纵横近郊,白昼剽掠,禁之诚不可缓。"解决方案是建议宪宗"宜敕府部共差属职之有为者五十余员,会锦衣卫官并巡城监察御史查究京城内外官民之家,有舍匿游民与无籍军匠、罪因者,各听首实,送户、兵、工三部收役。其中有无籍贯者,送五城兵马司拘候处画。若赦宥死因,遣而复来者处死。凡邻居舍匿之家蔽占不举者,亦以其罪坐之。仍令诸官审编大夫,非例应优免之家,不拘丁数,俱籍其姓名,令更番坐铺巡警,夜以五十人为额,或盗拒捕而邻居不救者俱有罪。及盗既获,必追究舍匿之家,概治之。又印子铺、赌场,俱宜禁治,自今犯者,其房舍没官,治

① 《大明律》卷十八《刑律一·贼盗·白昼抢夺》附《问刑条例》,《续修四库全书》史部政书类,第862册,第547—548页。
② (明)戴金:《皇明条法事类纂》卷三十四《刑部类·白昼抢夺三五成群及打搅仓场充军为民例》,见杨一凡主编:《中国珍稀法律典籍集成》乙编第五册,北京:科学出版社,1994,第340页。

以重罪。又宜敕礼部,查衣服之制,以防僭侈。榜谕臣民,以崇俭朴。各官有弭盗方略,亦听奏闻"。宪宗当即批准余子俊的奏疏。宪宗认为"京师近地奢僭奸伪,渐不可长,有此情弊,所司官校何为玩愒？日久不为缉捕,宜亟画谋擒捕。仍遣官属勘实造册,有潜住者,如拟发遣,隐蔽者并罪之"①。我们通过此奏疏,可以清晰地看出,余子俊在奏疏中明确界定了"喇唬"的行为,即"喇唬"群体不仅仅单纯寻衅滋事,而且多有前科劣迹,与市井地痞相互勾结,结伙实施暴力抢劫、抢夺犯罪,同时还开设赌场,聚众赌博,严重扰乱社会秩序。而且该群体由于作案手段凶狠,胆大妄为,分布又广,因此若想解决"喇唬"问题,必须实行自上而下的联防联控手段,建立中枢与地方联动机制,并对其进行严厉而又有效的打击,才能消除治安隐患。由于该群体具有暴力抢劫犯罪的主观故意,因此明律将喇唬归类为"贼盗"范畴。而且自孝宗即位开始,新君登极大赦天下时,"喇唬"虽然无"十恶"的行为,但被视为"凶徒",属于不赦的群体。

在地方,"喇唬"严重破坏社会秩序,例如"山西太谷县民杜文矗号都太岁,与兄弟结群恶少,号十虎、二贤、八大王,暴横乡里,数聚众为奸恶事,为人所告,事下巡按御史,会都布按三司官鞫之,具得其罪状,当死者,文矗等十人,情罪深重,而法止坐徒者十七人,余五十人俱坐罪有差。都御史李宾以具狱奏,诏当死者如律处决,十七人徒充边军,余悉从所拟"②。

"喇唬"群体亦多盘踞在水陆交通要津,行凶作恶,例如成化十六年(1480)三月十二日,管理河道通政司右通政杨恭奏"通州直抵济宁州一带河道,往来一应船只,中间多有强梁之徒,因无官司管束,遇闸过浅,不挨次序,往往恃逞势豪,欺压良善。或纠众行凶殴人,或因而抢夺篙橹。昼则设计骗人财物,夜则倚势强奸人妇女。又有等近河住居无籍军民,三五成群,号为喇唬光棍,专一打搅河道。买卖货物,恃强不依时价。为船起军,强行霸取用钱,稍不如意,辄使殴打。设谋诬赖,情弊多端,难以枚举,良善受害,不可胜言。虽有巡河御史,因是地方广远,顾此失彼,一时不能周遍,致使含冤负屈,无处控诉"③。

成化二十年(1484)十二月,"上自九江,下至苏州一带沿江去处,多有凶

---

① 《明宪宗实录》卷二〇九,成化十六年十一月壬辰,第3644—3645页。
② 《明宪宗实录》卷八六,成化六年十二月己酉,第1658页。
③ (明)戴金:《皇明条法式类纂》卷二十九《兵部类·马快等船并沿河住人强梁打搅河道,若有被害军民具告,许管河官准受例》,见杨一凡主编:《中国珍稀法律典籍集成》乙编第五册,第127页。

恶之徒,三五成群,驾使船只,白昼在于江上,或指以巡捕人员名色,或托以牙行接客为由,邀截官民客商船只,公然撒泼,殴打平人,抢夺财物,甚至打人下水者,有伤人性命,肆其凶顽,势如强盗"①。

通过两则奏疏,我们可以清晰地看出,成化时期"喇唬"群体已经到了无法无天的猖獗程度,不仅敢在长江下游沿线、运河交通枢纽肆意扰乱交通秩序,而且还敢在河道码头等公共场所聚众寻衅,斗殴伤人,更为恶劣的是喇唬群体居然敢公开勒索财物,强奸妇女。至于强买强卖,勾结官府,包揽词讼等事,对于"喇唬"、棍徒群体早已是司空见惯的日常行为了。例如成化二十一年(1485),贵州巡按御史邹鲁奏称"犯罪纳纸,例有常规,奈何有等不才司府州县官员,贪利坏法,每每通同卖纸铺行,移居衙门路口,一遇有罪人犯到彼,诓赚入门,或收其行李,或取其财物,却乃与之通探消息,说事过钱。又将各官发出旧纸,增价卖纳。未几,又行赴官,领出在铺。为官司者,略不知愧,遂使卖纸铺行,往往置成财富,蠹政害民,莫此为甚"。"近年以来,被无籍之徒,平日不务本等生理,三五成群,号名打光棍,专一在于各衙门打听送问囚犯,争先接到,于贯城街上卖纸人家,指以买纸、送饭、安歇为由,勒要银物。其卖纸之家,因其接揽人来得利,高抬纸价,除本分利,良善者被其挟诈,贫困者被其逼迫,甚至奸淫妇人,剥夺衣服,留当行李什物,其害不可胜言"②。在天子脚下的京城顺天府,喇唬棍徒竟然能游走各级理刑机构,或借机诈骗钱财;或代为过钱疏通,收取佣金;或勾结不法商人哄抬纸价,敲诈罪囚、过往商旅。而各级理刑机构的官员,与喇唬棍徒沆瀣一气,狼狈为奸,更助长了喇唬棍徒的嚣张气焰,对于社会秩序造成极大的破坏。

成化二十二年(1486)三月,锦衣卫镇抚司军人靳玺奏称"京城内外近年以来,有等奸恶之徒,不务生业,或三五成群者,或十数成群者,专一纠合在淫妇家,不分昼夜,游荡饮酒,与人报害私仇;或倚凶恶,街市把截买卖求食;或开赌场,巧取人财。孤单者惧其凶暴,良善者畏其刁泼。或拿流星袖棒,或拿秤锤尖刀,时常藏带在身,往来挟制良善,强占人妻女,欺打平人。被害之人赴官告理,必须同受其刑,使良善不分,是非颠倒,受害吞声,凶恶大肆,日加月渐,一概成风。及诸司衙门批委大户,起解各项钱粮赴京,必须投亲识乡里之家作主,与京城揽头上纳,亦被此等凶徒乘机挟取财物,稍有不从,

---

① (明)戴金:《皇明条法式类纂》卷三十四《刑部类·沿江等处殴打平人抢夺财物照在京事例充军为民例》,见杨一凡主编:《中国珍稀法律典籍集成》乙编第五册,第 356 页。

② (明)戴金:《皇明条法式类纂》卷二十《户部类·内外人入官纸札不许增价卖纳》,见杨一凡主编:《中国珍稀法律典籍集成》乙编第四册,第 895—896 页。

辄便欺打。如蒙乞敕都察院出榜禁约,仍行锦衣卫并巡城御史、五城兵马司,今后但有三五成群,不务营运,空身游荡者,拿送法司究问。除有故争忿斗殴等项依律科断,其无故妄生事端,纠合成群,与人报仇,互相殴伤他人者,明白奏请处置,轻则枷号示众,重则发遣充军"。都察院认为靳玺的建议切中时弊,称"照得近年以来,京城内外及通州等处,有等奸顽之徒号称喇虎、光棍等项名色,日则在于街市倚泼害人,夜则窝于店场,荒淫赌博,甚至抢夺伤人,诈骗取财等项,为害多端,不可枚举,强窃盗贼,多起于此。虽有禁例,不曾榜示,所以禁令虽严,奸顽未警。今军人靳玺所言亦有理,合准其所言,本院出榜于京城内外并通州等处,常川张挂,晓谕军民人等,今后务要各安生理,不许号称喇虎、光棍等项名色,白昼在街撒泼行凶,欺打平人,及把截买卖,抢夺财物,剥脱衣衫,赌博诈骗,生事害人等项。其军民人等之家亦不许纵容妻女及收留不良妇女与人通奸,招引前项喇虎、光棍人等窝藏奸宿,及开场赌博,夤夜饮酒。本院仍行锦衣卫巡街官员及巡城御史,五城兵马司问拟如律。喇虎、光棍人等,不分首从,俱照前项奏准事例施行。窝藏奸宿,开场赌博之家,照常例发落。若旗校、火甲人等不行缉捕,四邻不行举首,事发一体治罪"①。

靳玺的奏疏不仅阐述了"喇唬"群体对京城社会秩序造成的危害,更一针见血地指出了"喇唬"群体屡打不绝、愈演愈烈的深层原因,即"被害之人赴官告理,必须同受其刑,使良善不分,是非颠倒,受害吞声,凶恶大肆,日加月渐,一概成风"。而都察院的批复,单纯从文字来看,似乎一方面强调了"普法宣传"的重要性,即"虽有禁例,不曾榜示,所以禁令虽严,奸顽未警",认为自身普法宣传教育力度不够,未能使"喇唬"群体畏法。另一方面则表现出将要进行"严打"的态势,将严厉打击"喇唬"群体,整顿京师社会秩序。而对于靳玺所指的"被害之人赴官告理,必须同受其刑"的弊端却刻意回避。虽然做出了准备开展"严打"的态势,却雷声大雨点小,流于表面,对"喇唬"群体并未做出实质性的打击和惩戒。

虽然在明代的司法实践中对于"白昼抢夺"等刑事犯罪的附加刑规定,"凡白昼抢夺人财物者,并于右小臂膊上刺'抢夺'二字。《纂注》:其抢夺再犯者,照例于右臂膊重刺,凡窃盗已行而不得财,免刺;但得财者,初犯并于右小臂膊上刺'窃盗'二字,再犯刺左小臂膊,三犯者绞"。虽然看似严格执

---

① (明)戴金:《皇明条法事类纂》卷三十四《刑部类·申明禁约喇虎光棍打抢人财及窝藏淫妇赌博饮酒例》,见杨一凡主编:《中国珍稀法律典籍集成》乙编第五册,第360页。

行黥刑,然而又规定了诸多的免刺条款,虽说"是明祖于刺字一端亦极慎重,不轻刺也"①,但这种"慎刑"方式对毫无羞耻心的"喇唬"群体而言,基本无任何作用。《大明律》对"喇唬"群体量刑过轻,无疑减轻了"喇唬"群体的违法、犯罪成本,变相助长了"喇唬"群体的嚣张气焰。例如"喇唬"群体即使做出"白昼在街殴打平人,抢夺财物"这样的恶性刑事案件,只要不涉及人命,"初犯一次者,不必枷号,属军卫者,俱发边卫充军,属有司管辖者,俱发口外为民。原系边军、边民,各杖一百,发极边常川守哨"②。所谓发边卫充军、口外为民,对于"喇唬"群体而言,不过是换个地方继续作案而已。"喇唬"被赶出两京,京城形式上算是暂时安稳了,可是这种祸水外引的做法,是把危害转嫁给边疆地区,使边疆地区的治安压力陡增,无形中增加了边疆地区的防控成本。该惩戒方式无异于剜肉补疮,甚至连"治标"都谈不上,更遑论"治本"。明代司法机构对"喇唬"犯罪行为量刑畸轻的刑罚措施,是导致"喇唬"群体屡禁不止,屡打不绝的根本原因。虽然孝宗即位后,针对成化时期社会失序的弊端,修订刑律和判例,先后整理制定了成化二十三年(1487)条例、弘治六年(1493)条例和弘治十三年(1500)问刑条例,试图通过法律的形式来整肃治安,稳定社会秩序。然而在实际执行过程中,受时代局限,理刑官执行刑罚时,依旧存在量刑畸重、畸轻等弊端,虽然新判例法颁布在一定程度上稳定了社会秩序,但依旧治标不治本,"喇唬"等群体并未因判例法的接踵制定和颁行而敛迹。

自宣德时期开始,江南经济开始迅速发展,由于江南地区人多地少,人地矛盾突出,明代自周忱抚吴开始,各级官员针对江南地区实际情况进行的一系列赋役制度改革,都是试图缓解人地矛盾和重赋问题。特别是嘉靖九年(1530),桂萼在南直隶实行一条鞭法,将赋役与土地数量相结合,变实物地租为征银,在一定程度上减轻了失地、少地农民和工商业者的赋役负担,条鞭改革至万历初张居正执政时推行全国。这里不讨论一条鞭法推行全国的得失,单纯就江南而言,条鞭改革使相当一部分农民从农业生产中分离出来,从事商业、手工业活动,一定程度上缓解了人地矛盾,减轻了江南普通百姓的赋役负担,加之明代中期以后管控弛禁,人口流动频繁,为市镇工商业发展提供了大量劳动力。士人何良俊认为"正德以前,百姓十一在官,十九在田,盖因四民各有定业,百姓安于农亩,无有他志。官府亦驱之就弄,不加

---

① (清)沈家本:《历代刑法考》,《刑法分考七·墨》,北京:中华书局,1985,第226页。

② (明)戴金:《皇明条法式类纂》卷三十四《刑部类·白昼抢夺财物欺打平人》,见杨一凡主编:《中国珍稀法律典籍集成》乙编第五册,第362页。

烦扰,故家家丰足,人乐于为农。自四五十年来,赋税日增,徭役日重,民命不堪,遂皆迁业。昔日乡官家人亦不甚多,今去农而为乡官家人者,已十倍于前矣。昔日官府之人有限,今去农而蚕食于官府者,五倍于前矣。昔日逐末之人尚少,今去农而改业为工商者,三倍于前矣。昔日原无游手之人,今去农而游手趁食者,又十之二三矣。大抵以十分百姓言之,已六七分去农"①。虽然何良俊对江南人民"舍本逐末"的行为带有一定偏见,但却道出了晚明江南商品经济发展,新的社会分工形成的事实。故条鞭改革不仅促进了江南地区工商业的繁荣和发展,而且推动了新的社会分工形成,但也为"喇唬"、棍徒等地痞流氓群体提供了新的滋生土壤和活动空间。"喇唬"、棍徒这些无赖群体在江南市镇城乡迅速发展壮大,不仅横行地方,为非作歹,而且包揽词讼,把控牙行,与不法官吏相互勾结,成为破坏江南社会秩序的"毒瘤"。

第三节 打行与晚明江南社会治安

晚明江南随着社会经济快速发展,不法人员相互勾结,组成团伙,"苏、松、常、镇、淮、扬之间,有等喇虎天罡结党立盟,名曰打行"②。士人叶权认为"吴下新有打行,大抵皆侠少,就中有力者更左右之,因相率为奸,重报复,怀不平"③。这些不法人员有组织、有分工,打着替人报私仇的幌子,横行市镇乡村,性质类似于当代黑社会组织,社会危害极大。明代官方认为打行的兴起是因为"苏州自海寇兴,招集武勇,诸市井恶少咸奋腕称雄杰,群聚数十人,号为打行,扎火囤诓诈剽劫,武断坊厢间"④。

打行这一群体本为抗倭而招募,但由于其人员构成多为社会不法人员、地痞无赖,实属乌合之众,"打行人数虽多,好汉无几"⑤,抗倭不足,扰民有余,"什伍为辈,强生事端,苦怯诈愚,横行都市,其祸甚于盗贼"⑥。倭患平息后,打行势力在江南地区坐大,已成尾大不掉之势,对于江南社会秩序

---

① (明)何良俊《四友斋丛说》卷十三《史九》,第 111—112 页。
② (明)高汝栻辑:《皇明续纪三朝法传全录》卷十三,天启五年二月,《续修四库全书》史部编年类,第 357 册,第 842 页。
③ (明)叶权:《贤博编》,北京:中华书局,1987,第 7 页。
④ 《明世宗实录》卷四七八,嘉靖三十八年十一月丁丑,第 7992 页。
⑤ (明)郑若曾《江南经略》卷二《苏州府·吴城兵辨》,合肥:黄山书社,2017,第 128 页。
⑥ (明)王锡爵:《邑侯熊公去思碑》,见(万历)《嘉定县志》卷二十《文苑二》,《四库全书存目丛书》史部,第 209 册,济南:齐鲁书社,1996,第 173 页。

破坏极大。

嘉定地区"市井恶少恃勇力辩口,什伍为群,欲侵暴人者,辄阴赂之,令于怨家所在,阳相触忤,因群殴之,则又诬列不根之词,以其党为证佐,非出金帛厚谢之不得解"①。松江地区打行"盖里无赖游手,不治生产,十百为伍,推其杰黠者为盟主,而众群然附之,横行都市,戏击伤人,折肢体,莫喘息。白昼剽掠无忌,饮坊市间,稍忤则碎其器,陵暴妇女,臂连臂行于途,遇人则击,观其奔逸以为笑。民间相争斗者募之助,索无厌。乡村怯懦者指为盗,诬为逋,共舁之去,恣其所欲。富家质库,入其室称贷不从,执其主出,利刃加颈上,一呼其徒,罄其所藏,席卷而去,甚于盗劫,邻里闭户不敢救"。"向仅市井少年为之,今则掾吏胥隶,监门亭父,以至淄流黄冠,俳优娼妓,屠狗贩夫,游方术技之徒,咸入其群,割牲酹酒,歃血盟誓,结为死党。即富室豪门之子,青矜逢掖之士,亦有借其援以自植者。其党有团圞会、百子会之名;其人有天罡、地煞、五鬼、十龙、貔貅、狮子之号;其械则有金刚箍(又名铁袖口)、有拳心戟、有铁虎爪、有李公拐、有双棒槌、有飞虎棍、有铁尺、有铁爪、有铁锥等器。此辈向盛城市,今已遍及于乡矣"②。

晚明官员管志道列举了当时破坏社会秩序的三大恶势力,即"吴中之打行、齐燕之响马贼、江淮楚越之豪侠"③,他将吴中打行列在齐燕武装抢劫团伙之前,可见是时打行气焰之凶狂。

直到清初,打行依旧在江南招摇过市,"又讦讼者,两造各有生员具公呈,听审之日,又各有打降保护。故曰打降之降乃行,非降也。善拳勇者为首,少年无赖,属其部下,闻呼即至,如开行一般,谓之打行"。由于清初江南民间反清情绪强烈,抗清斗争此起彼伏、持续不断,故清政府对江南采取了拉拢和打击相结合的控制手段,在清政府的严厉打击下,"功令森严,此风不兴矣"④。清政府在康熙时期彻底消灭了南明永历政权、夔东十三家军余部,统一台湾、平定三藩之乱后,统治基础完全稳固,对江南基层控制稍稍放松,江南经济重新恢复,打行又卷土重来。因清代江南治安问题不在本研究讨论范围,故不再赘述。

晚明打行组织活跃于江南城镇乡村,异常猖獗。嘉靖三十八年(1559),

---

① (万历)《嘉定县志》卷二《疆域考下·风俗》,《四库全书存目丛书》史部,第 208 册,第 697 页。
② (明)殷聘尹编:(崇祯)《外冈志》卷 《俗蠹》,《中国地方志集成·乡镇志专辑》第 ? 册,第 893 页。
③ (明)管志道:《直陈紧切重大机务疏》,见(明)陈子龙编:《明经世文编》卷三百九十九,第 4328 页。
④ (清)顾公燮:《丹午笔记》二六八《打降》,第 187 页。

在苏州竟然发生了打行的地痞无赖聚众暴力围攻巡抚行辕、苏州府衙、附郭吴县县衙、长洲县衙以及苏州卫驻地的恶劣事件。"吴会岁侵,各郡邑时有攘窃"①,"时有打行肆行强抢劫夺"②,"应天巡抚翁大立既莅任,则严禁缉之,访扎火囤诸恶少名,檄府县捕治,督责甚急。及十月,大立携孥来苏州驻扎,诸恶益惧"③,众棍徒竟然想出了用偷袭的手段给翁大立来个下马威,以此警告翁大立,于是众棍徒"先以术试而胁之,伏小巷中,俟大立舆过,跃出批其颊□去如飞鸟,莫可踪迹",翁大立遇袭后非常恼火,称"鼠辈敢尔必尽杀乃已","巡徼者欲赎罪,且欲借以见功,捕之甚急"④,诸棍徒愈加不安,遂作困兽之斗,"则相与歃血,以白巾抹额,各持长刀巨斧,夜攻吴县、长洲及苏州卫,狱劫囚自随,鼓噪攻都察院,劈门入之。大立率其妻子逾墙避去,诸恶乃纵火焚衙廨,大立所奉敕谕、符验及令字旗牌,一时俱毁。诸恶复引众欲劫府治,知府王道行督兵勇却之。将曙,诸恶乃冲葑门,斩关而出,逃入太湖中,官司遣兵四散搜捕,获首从周二等二十余人"⑤。事传京师,世宗震怒,令翁大立戴罪立功,官府撒下天罗地网围捕行凶棍徒,最终"群不逞俱追获于太湖之滨"⑥,"杀恶少百余人,此风少息"⑦。

通过此案例,可以清晰地看出嘉靖后期苏州打行群体的猖獗和治安防控力量的薄弱。是时苏州府城内,不仅有巡抚行辕、府衙、附郭县衙三级机构,而且还有苏州卫指挥机关,其城内的武装力量至少在人数上占绝对优势,然而遇到百十人的流氓团伙暴乱,城内治安力量竟然一触即溃,打行团伙不仅能够攻占并焚毁巡抚行辕,而且还能围攻府衙一夜,最终竟能突破葑门,斩关而出,从容撤退。苏州这样东南最大的都会防控尚且如此薄弱,江南其他城市的治安防控可想而知。之所以晚明苏州会出现如此不堪的局面,窃以为原因有二:

---

① (明)朱国桢辑:《皇明史概·皇明大事记》卷三十《苏州打行》,《续修四库全书》史部杂史类,第430册,第577页。

② (明)何三畏:《云间志略》卷二《名宦·大中丞见海翁公传》,《四库禁毁书丛刊》史部,第8册,北京:北京出版社,1997,第201页。

③ 《明世宗实录》卷四七八,嘉靖三十八年十一月丁丑,第7792页。

④ (明)朱国桢辑:《皇明史概·皇明大事记》卷三十《苏州打行》,《续修四库全书》史部杂史类,第430册,第577页。

⑤ 《明世宗实录》卷四七八,嘉靖三十八年十一月丁丑,第7992—7993页。

⑥ (明)何三畏:《云间志略》卷二《名宦·大中丞见海翁公传》,《四库禁毁书丛刊》史部,第8册,第201页。

⑦ (明)赵用贤:《松石斋集》卷二十九《与陈按院》,《四库禁毁书丛刊》集部,第41册,北京:北京出版社,1997,第464页。

一是苏州城内打行势力猖獗,人数众多,而且已经组织化、规模化,当地黑恶势力在其团伙首领的号召下,一呼百应,能够迅速集中力量,且其成员大多数为无产、无业、无家室的亡命之徒,文化程度极低,唯一的谋生手段是在打行受人雇佣去行凶。翁大立在苏州亲自督办"严打",无异于断其生路,这些恶势力成员只能作困兽之斗,故作案时的疯狂程度甚至能达到"以一当十",而且手段凶残,不计后果,破坏性极大。

二是苏州城内的治安力量均为应役的火甲组成,其本身为苏州城内居民,应役只是一个被迫进行的"力差",而非其从事的职业。晚明时期的江南,即使是苏州这样百万人口的大城市,亦属于"熟人社会",这些被签派为火甲的人员均为当地居民,非应役时,本身有自己的职业,且有固定居住场所,三亲六故均在苏州城内生活。而打行成员要么是在城内无固定职业的地痞无赖,要么是外地流入城内的游民,他们大多无产、无业,又无家室,做事毫无顾忌,在苏州遭到打击,他们可以流窜至周边的松江、常州等地,或继续作案,或蛰伏躲避,风声过后,又可以重操旧业,即所谓"光脚不怕穿鞋的"。城内基层治安人员如果得罪这一群体,无论自身还是其亲属,即使在服役期间,都很容易招致黑恶势力的残酷报复。一旦基层治安人员应役结束,那么更易招致黑恶势力的纠缠、寻衅和伤害。因此基层治安人员在对打行进行执法时,担心与这些地痞无赖纠缠不清,往往投鼠忌器,只能睁一眼、闭一眼,明哲保身,这也是基层治安力量遇到突发事件时如乌合之众不堪一击,以及打行势力迅速坐大的根本原因。

此次事件后,通过官方严厉打击,苏州治安稍稍好转,打行势力暂时偃旗息鼓,由苏州转移到了松江地区。嘉靖三十九年(1560),松江爆发了与苏州如出一辙的打行地痞流氓袭击官府暴乱事件。"嘉靖庚申,郡中猾少年为横,守郡王公道行捕之急,乃群聚而趋抚院,斧其门,焚其台,出系囚燔寮,举城皆震,幸有团兵闭城大搜,悉得之。盖吴民之轻剽浮动,其性然也"①。此次暴乱,因驻府武装力量迅速弹压,未酿成大祸,损失较苏州打行暴乱轻得多。苏松地区连续两次暴乱被镇压后,江南打行处于蛰伏状态,但隆庆、万历时期,江南的地痞无赖重操旧业,打行势力卷土重来,江南各地都有打行的地痞无赖作案,为害地方,官方屡打不绝,一直持续到清代。

陈龙正认为游民是滋生无赖群体的土壤,即"百姓而无事可为,必为棍

① (明)殷聘尹编:(崇祯)《外冈志》卷一《俗蠹》,《中国地方志集成·乡镇志专辑》第 2 册,第 893 页。

徒为盗贼"①。士人方凤认为不仅无所事事的游民能滋生无赖群体,士大夫
豢养游民为奴仆,更是壮大无赖群体的主要原因,"惟两京与吾苏游手游食
者甚多,既无志向学,又不肯为农工商贾之事。惟好博弈赌饮,三五成群,日
以流荡为乐。及其贫也,或投势要为奴,或托僧道为伴,有终身不得妻者,其
最下则入于盗贼,甘死桎梏"。故"今士夫家一得势,则无赖争投为家人,入
门即作威福,挟制官府,邀绝市利,欺压小民,强占子女,其恶不可枚举"②。
叶权记述了嘉靖后期常州一劣绅及其家奴的恶劣行径:

> 常州一士夫之兄极恶,岁暮谓群仆曰:"可寻事来,为过年费。"仆四
> 出无所得。卒至郊,有葬者,棺好而无持服之人,疑有故。夜发之,乃一
> 少妇,衣饰如生,当是大家妾暴死者。群仆舁至小船中,设四盒,缚一鹅
> 于上,若访亲者。薄暮,遇货船,故撞之,倾尸于河,鹅扑扑飞水面。大
> 呼大船撞覆小船,吾娘子溺水,因缚商捞尸,延明日始得,果一妇人死
> 矣。商大窘,愿悉货赎罪,并船户所有尽掳之。商仓猝竟不知妇人实已
> 死者也。其人后为巡按访察,缘弟宦免,至今买冠带,驾楼船,出入鼓
> 吹,虎视乡里。③

上引史料清晰地记述了晚明江南劣绅指使奴仆"碰瓷",敲诈行商的不
法行径。按照明律的规定,盗墓辱尸是重罪,《大明律》明确规定"已开棺椁
见尸者绞"④。首犯和积极参与者均可判处死刑,利用尸体去敲诈勒索的恶
劣犯罪行为,一旦事发,案犯必死无疑。该劣绅的奴仆敢如此肆无忌惮地盗
尸敲诈,必然得到劣绅的允许,由劣绅在幕后操纵和提供保护,否则奴仆绝
不敢如此恣意妄为。虽然此事日后一度败露,巡按御史也曾调查此案,但由
于该劣绅有其做高官的弟弟保护,此案最终不了了之,当事劣绅逍遥法外,
这样的处理结果助长了该劣绅的气焰,该劣绅依然招摇过市,横行乡里。流
氓团伙与无赖化的缙绅、官员相结合,由不法缙绅、官员幕后指使并充当保
护伞,地痞流氓充当走卒、打手,如此一来,流氓群体则更加有恃无恐,迅速
发展成为黑恶势力,对社会秩序、经济发展的破坏作用极大。故赵用贤亦认

---

① (明)陈龙正:《几亭外书》卷二《随处学问·无事可为之害》,《续修四库全书》子部杂家类,第
　　1133 册,上海:上海古籍出版社,1995,第 277 页。
② (明)方凤:《改亭存稿》卷五《杂著》,《续修四库全书》集部别集类,第 1338 册,上海:上海古籍出
　　版社,1995,第 352 页。
③ (明)叶权:《贤博编》,第 18 页。
④ 《大明律》卷十八《刑律·发冢》,《续修四库全书》史部政书类,第 862 册,第 552 页。

为"近者踪迹愈密,俱诡名于乡宦家人,遂致道路以目,官司莫敢谁何,异时地方有变,此辈亦致乱之端也"①。一旦遇到群体性事件,打行无赖往往是事件的积极参与者,他们推波助澜,扩大事态,借以浑水摸鱼,坐收渔利。著名的民抄董宦事件中,相当一部分打行棍徒借机混迹于愤怒的群众之中,肆行打砸烧抢。打行棍徒的行为,直接改变了群体性事件的性质,将正义的集体行动变为暴力刑事犯罪,为官方暴力镇压提供口实②。

万历时,叶权再游江南,亲见死灰复燃的江南打行地痞,以"仙人跳"的手段敲诈僧人事件:

> 僧业医,颇有赀,而出纳甚吝,诸少年恶之,饰一妓为女子,使一人为之父,若农庄人,棹小船载鱼肉酒果,俟无人,投寺中,乞僧为女诊脉,历说病源,故为痴态,列酒食饮僧,因与女坐,劝之,僧喜甚,无疑也。俄白僧,有少药金在船中,当持来相谢,故又久不返。僧微醺,则已挑女子而和之矣。比返,女泣以语其"父"。"父"大叫哭,吾以出家人无他意,女已许其村人,奈何强奸之?僧师徒再三解不已。喧闹间,则有数"贵人"从楼船中携童仆登寺,"父"哭拜前诉,"贵人"为盛怒,缚僧拽登舟。僧私问是何士夫,则某官某官也。僧大惧,叩头乞命,同行者为劝解,罄其衣钵与女"父"遮羞。指授毕,各驾船去,僧竟不知其被欺也。其术之至恶至巧者甚多,琐猥不堪悉记。③

从上述记录可见,晚明时期打行的地痞无赖并非"四肢发达,大脑平滑"的莽夫,而是在结伙作案时,团伙中成员各有角色分工,密切配合。其行骗过程环环相扣,表演也是惟妙惟肖,能够灵活利用法律,抓住被害人的弱点,直接击溃被害人的心理防线,最终敲诈得手,扬长而去,而受害人还蒙在鼓里。

打行已成为破坏江南秩序的痼疾。倭乱平息后,松江府"每年乡镇二三月间迎神赛会。地方恶少喜事之人,先期聚众,搬演杂剧故事。如'曹大本收租''小秦王跳涧'之类,皆野史所载,俚鄙可笑者。然初犹仅学戏子装束,且以丰年举之,亦不甚害。至万历庚寅,各镇赁马二三百匹,演剧者皆穿鲜

---

① (明)赵用贤:《松石斋集》卷二十九《与陈按院》,《四库禁毁书丛刊》集部,第41册,第464页。
② 见(明)王以宁:《南国疏草》卷八《查参士宦构争,棍徒乘机烧抢疏》,《四库禁毁书丛刊》史部,第69册,北京:北京出版社,1997,第351—361页。
③ (明)叶权:《贤博编》,第7页。

明蟒衣靴草,而幞头纱帽,满缀金珠翠花,如扮状元游街。用珠鞭三条,价值百金有余。又增妓女三四十人,扮为寡妇征西、昭君出塞,色名华丽尤甚。其他彩亭旗鼓兵器,种种精奇,不能悉述。街道桥梁,皆用布幔,以防阴雨。郡中士庶,争挈家往观。游船马船,拥塞河道。正所谓举国若狂也。每镇,或四日,或五日乃止。日费千金,且当历年饥馑。而争举孟浪不经"。"泗泾居民,私创小武当,翕然称为灵厅。松民进香者如归市。越三年,为万历辛卯,郡有奸徒二十余人,忽谋建小武当于南门外,演武场面,前后殿宇,穷极壮丽。富者舍料舍财,贫者舍身舍力,日以千计。起工之日,奸徒拈香,邀请各宫破土上梁。因得乘机聚敛,置产买妾,纵酒欢歌。而百计哄诱愚民,尤极可笑"①。

松江外冈镇"滨江枕海,土瘠民贫,素号简朴",然而晚明时期社会风气改变,淳朴之风荡然无存,"近多游闲惰民,纵酒博赛,挟娼以嬉,破产弗恤。黠者好奸健讼,豪强武断作威。而愚夫愚妇复信巫佞佛,呼侪引类,鼓惑乡村"。外冈进行民俗活动时,"无赖子弟十百成群,横行乡市,有忤之者,攒击之,立为齑粉"。"骑骆驼,以四人为足,一人张手足据之,一人骑坐于上,手持长索,复用十人牵之前导,从之钲鼓,此即滚灯,无赖辈为之,皆恶俗也"②。

晚明太仓州,民间进行婚丧嫁娶时,"无赖者相率登门,横索酒食,谓之丧虫;如遇喜庆,谓之喜虫,稍不遂意,叫骂争扰,甚至登桌卧榻,滋害不浅"③。松江夫妻交恶,双方竟然分别雇佣打行人员,"每日轰饮饱啖,喧闹于室。所募之人,阳虽各有拥护,而实相通为一气"。"夫妇各护数人斗于旷野,遂兵其夫,妇负伤而不能起,群入室卷所藏而去"④。可见打行无赖竟然连家庭纠纷也介入,而且双方人员还相互串通,最终劫财而去。所谓"盗亦有道",各行业都有各自的行业规则。无论古今,即使是强盗绑架勒索,一旦满足了相关诉求,多数还能释放人质,而松江打行则毫无道义和信誉可言,只知敲诈劫财,唯利是图。

---

① (明)范濂:《云间据目抄》卷二《纪风俗》,《笔记小说大观》第 13 册,扬州:江苏广陵古籍刻印社,1983,第 113 页。
② (明)殷聘尹编:(崇祯)《外冈志》卷一《时序》,《中国地方志集成·乡镇志专辑》第 2 册,第 891 页。
③ (嘉庆)《直隶太仓州志》卷十六《风土上·风俗》,《续修四库全书》史部地理类,第 697 册,上海:上海古籍出版社,1995,第 272 页。
④ (明)殷聘尹编:(崇祯)《外冈志》卷一《俗蠹》,《中国地方志集成·乡镇志专辑》第 2 册,第 893 页。

　　由于打行严重破坏江南社会秩序,故江南各地官员到任后,对打行势力进行严厉打击,整肃社会秩序,成为其首要任务。"当是时,有打行一辈得人贿赂,受人指使,辄于府县门首搏击人,有赌博一辈,填街塞巷,纠合良家子弟博陆樗蒲,必罄其所有而后已。而贵家大姓奴仆辈,衣服履綦辄亦曳红拖紫,贵贱几无等伦。公(华亭县令许维新)下令锄恶少,逐游闲,别服色,由是昼不闻叫号之声,夜不见狌邪之迹,而家奴皆屏气敛戢,无敢以浮游见者"①。晚明名士顾宪成记述蔡献臣任常镇道观察使后,"遂下令与民更始,豪横有禁、刁恶有禁、打行扎诈有禁、窝访窝盗者不专求诸民也"②。"江南值长洲缺令,当事者难其人,调公(胡士容)任,甫下车,缉擒窝访衙蠹打行数十人,荷械通衢,伏法致死,阖郡称为神明"③。(华亭县令熊剑化)"布令与民约束,务在必行保甲之法,饬于城市乡村,欲其辑之,而如左右手相救也。勾摄之条格于穷檐蔀屋,恐其骇之而如鸟兽状散去也。赌博无赖锢之于城楼,挟诈棍徒囚之于捍狱,打行恶少刑之于街衢,有妄言祸福者,妖巫则禁之。有诬陷愚善者,刁告则惩之,有侵夺田亩者,加叹则绝之,有引诱良家子弟者,帮闲娼妓则逐之"④。

　　王世贞认为行棍徒无恶不作,对其只能采取暴力手段予以严厉打击,才能稳定社会秩序,否则贻害无穷。"迩者抢米一事非饥民也,盖打行恶少耳。将来必以便宜枭示首恶一二,其势力不消,不然未知所税驾也。郡城睥睨可凭凌,而上祸在剥肤,如何如何"⑤。徐光启则认为"打行之风本县(上海县)颇盛,凡愚民有报仇复怨之事,争投其党,查得此辈皆系无家恶少,东奔西迤之徒,合无密拿渠魁及被人告发者,枷示之后,发于各区开荒,仍著该区公正收管,季终赴县递改行从善结状,仍随乡约会听讲。夫枷示以杀其飘扬跋扈之气,开荒务使又恒产恒心之归,此变易风俗之一道,而草亦有垦矣。

---

①　(明)何三畏:《云间志略》卷五《名宦·郡侯绳斋许公传》,《四库禁毁书丛刊》史部,第 8 册,第 263 页。

②　(明)顾宪成:《泾皋藏稿》卷十一《常镇道观察使者虚台蔡公生祠记》,《景印文渊阁四库全书》集部别集类,第 1292 册,台北:商务印书馆,1986,第 150 页。

③　(明)金日升辑:《颂天庐笔》,《续修四库全书》史部杂史类,第 439 册,上海:上海古籍出版社,1995,第 608 页。

④　(明)何三畏:《云间志略》卷六《名宦·华亭令际华熊公传》,《四库禁毁书丛刊》史部第 8 册,第 273 页。

⑤　(明)王世贞:《弇州续稿》卷一百九十七《文部·书牍·巡抚应天周中丞》,《景印文渊阁四库全书》集部别集类,第 1284 册,台北:商务印书馆,1986,第 801 页。

但以重农之意,复祖宗流罪之法,则此数辈皆可归农,否者则空言也"①。徐光启是从开荒生产、发展农业的角度,提出治理打行无赖的理念,即一般案件,无须杀一儆百,对滋事的无赖适当惩戒后,发放周边垦荒,使其有产有业,变害为利,既能开荒发展农业,又使不法人员改邪归正,可谓一举两得。不过,徐光启也强调,必须恢复洪武时期严格的司法环境,将无赖归农的想法才能够付诸实施,否则再好的惩戒改造理念和措施也必然流为空谈。

虽然江南地方官对打行群体一直采取严厉打击的高压态势,然而至崇祯时期,打行等无赖群体作案却愈发猖獗。清初士人钱希文将松江地区治安失序归结为"时丁明季,凶荒洊至,盗贼蜂起,民不驯良。如所称撤青、杠抬、访行、春状等恶习,殊堪发指"②。晚明官员周孔教将苏州治安问题的症结归结于游民增多,且受当地"专诸之风"的民俗影响所致。但他对于苏州防控措施严密,却又频繁发生各类恶性刑事案件,导致社会失序的现象十分不解,他论道:

> 苏州虽郡,其实东南一大都会也。五方之民杂居,言语殊异,冠服不常,隙地旷野,绀字梵官,尽为丛宄之所,而诸游手游食之民,打行博徒在在,而有民穷财尽,生计鲜少,市井无赖渐习椎埋,犹有专诸遗风。是以郡城方四十里之内,探囊发柜,斩关杀人者,一月常一二见也。恶少突起,剥衣抢帽,而踣人于道,一日常一二见也。至乃穿窬小偷,鸡鸣狗盗,一夜又不啻数见也。……饮马桥苏城辏集街市也,府与卫在桥之西,长、吴二县,一在桥之东南,一在桥之西北,逻卒践更,彻晓不息,而三十年徐氏之典铺已罄,为大盗守矣。玄妙观,城之中隅,御史台距其西肘,而二十八年打税之变,二十九年皮尽之变,一夫奋臂,万人相应,火人庐,潴人居而鳌人白梏之下,二年之内再见告矣。又胥门内之线香桥,逼近禁城,又近在臣衙门之右不数武,此游徼第一严密处也,而二十八九年民家孙仁伙盗,斩门而入,胠人箧去矣。此举其著者,他不胜缕数也。其特非无兵非无总哨等官,而盗贼不能捕诛,盗息不闻赭衣发觉,即玄妙观二事,几事大乱,乱始不能发觉,乱成曾未有□左足者,此

---

① (明)徐光启:《农政全书》卷八《农事·开垦》,《景印文渊阁四库全书》子部农家类,第731册,第114—115页。

② (清)钱希文:《续外冈志》卷二《俗蠹》,《中国地方志集成·乡镇志专辑》第2册,上海:上海书店出版社,1992,第905页。

亦大怪异事也。①

　　户部尚书毕自严与周孔教的观点类似，他在给御史刘兴秀的批复中指出"江南务本者少，游民呼群，号称罡煞，列队冲行，杀烧劫抢，所在骚然见告。此辈一唱千和，主呼辅应，况复交通上下，弥缝官府，倘不除其徒侣，蔓而难图，久而叵测，祸将不可胜言矣"。"市虎之有罡煞，江南之恶俗也。此辈设坛结盟一呼百应，作耗乡里，白昼公行，以至强夺人子女，白抢人财物，唆讼窝访，开场诱赌，靡所不为。且厕身衙役，弥缝有司，一有风声，立时漏报，滋蔓不图，祸且叵测"。至于解决方式，依旧是严行保甲制度，实行十家牌法，扩大打击面，凡是"有不务生理，游手好闲者即罡煞"。同时实行残酷的连坐手段，如果里长、保长纵容包庇，不及时上报，"事发之日，十家一体治罪"，认为只要严格执行保甲制度，就能够实现"喇唬除而游惰息，其安于刑清政简之化矣"②。从这份批复可知，毕自严已经清晰地看到打行猖獗的症结所在，即江南城镇游民激增且不务正业，游民中的不法人员在城镇中拉帮结伙形成恶势力，特别是衙役与无赖群体相勾结，为打行通风报信，这种痼疾已经积重难返。但其解决江南打行问题的手段又过于简单，试图通过扩大打击面和恢复残酷的连坐手段，从根源上消除游民的做法，完全不切实际，并无任何可操作性，只是其一厢情愿的想法而已，根本无法清除打行势力。

　　曾任刑部右侍郎、都察院左都御史的晚明名士高攀龙论道："恶人者良民蟊贼，蟊贼去而良民始安。凡天罡地煞、打降把棍之类，访其首恶重治，仍籍之于官，使禁其党类，一有党类诈害良民者，并其首治之"③。可见高攀龙也认为对地痞无赖必须采取严打严惩的形式，对地棍首恶进行严厉打击的同时，将其党羽登记在册，其党羽如有蠢蠢欲动之势，则立即予以打击，如此能够对地痞无赖实施"精准打击"，不扩大打击面，不株连无辜。

　　晚明士人大概只有陈龙正看出了苏州流氓群体滋生的原因所在，虽然他也认为无业游民群体是滋生流氓群体的土壤，但他明确指出了苏州滋生大量无业游民的原因是"圣政不得良臣，奉行可以致害。崇祯初，停苏杭织

① （明）周孔教：《周中丞疏稿》，《江南疏稿》卷八《荐举防守苏城将领各官疏》，《续修四库全书》史部诏令奏议类，第481册，第456—457页。
② （明）毕自严：《度支奏议》，《四川司》卷五《覆御史刘兴秀条陈江南六款疏》，《续修四库全书》史部杂史类，第488册，第504—505页。
③ （明）高攀龙：《高子遗书》卷七《疏·申严宪约责成州县疏》，《景印文渊阁四库全书》集部别集类，第1292册，第457页。

造,以苏民困,而苏之机房数千人皆失业,无他事可为,将为盗"①。虽然停苏杭织造的政策,是崇祯新政的组成部分,在一定程度上有助于减轻当地人民负担,但政策制定和执行过程中,却忽视了苏州已形成百余年的织造产业链,官方简单地实行"一刀切",取消了织造上供,直接导致苏州短时期内出现大量失业人员,这些失业人员本身为失地农民,在城内受雇佣而养家谋生。我们这里不讨论晚明苏州资本主义是否萌芽,就苏州雇工而言,停织造无异于断其生路,大量失业人员散落苏州城内,必然有相当一部分失业人员为了生计铤而走险,不仅增加治安压力和防控成本,而且严重破坏社会秩序。

崇祯时期,李邦华在奏疏中也直指时弊,他认为"民间之利弊亦大,不可胜数矣。要之农桑水利,乡约保甲,积储收养等事之为利,佥派驿骚,打行刁讼,赌博窝访等事之为弊,有司官人人知之,而利不能兴,弊不能除"。"今天下人心所在杌陧,加以灾祲相苦,贼寇相迫,冠绅甘从叛贼,孝秀乐受伪官,莲妖邪教十室九奉,天罡锤手瞪目语难,若不早为缉弭,一夫揭竿,群凶景从,不知作何收拾矣"②。李邦华认为社会风气变化,导致人心难测,江南地区打行等群体早已成为威胁统治的社会隐患,因此必须及早采取暴力手段,严厉镇压城市无赖群体。否则,江南打行等无赖群体必然会效尤陕北农民起义,届时官府将无法收场。周鉴也针对内忧外患的时局、日益失序的社会秩序,提出了强化治安、稳定社会秩序的七条建议,即"清保甲、查流寓、查雇工、查远归、查寺庙、查客店、立内栅"③。他试图通过强化保甲制度的方式来强化社会治安管理,特别是控制人口流动,加强对寺院、客店等特殊场所的管理,在防范"奸细"的同时,断绝滋事土壤,以严防严控的手段,使流民及混迹其中的"奸细""棍徒"无立锥之地,无活动空间。李邦华等人的建议最终不了了之,根本无法实施。因为李邦华等人上疏时,大明王朝早已内忧外患,大厦将倾,统治岌岌可危。即使是在表面太平的万历后期,江南就已出现"棍徒充当保长,又诈害良民无已,竟使良法皆成厉政。团练乡兵亦然,徒

---

① (明)陈龙正:《几亭外书》卷四《乡邦利弊考·安嶲失业人户》,《续修四库全书》子部杂家类,第1133册,第359页。

② (明)李邦华:《文水李忠肃公集》卷六《请缨疏草·考核赏罚疏》,《四库禁毁书丛刊》集部,第81册,第277页。

③ (明)周鉴:《金汤借箸》卷六《设防部·防奸细》,《四库全书存目丛书》子部,第34册,济南:齐鲁书社,1995,第244页。

滋扰害而已"①。崇祯时期的江南由于"承平日久，士卒不习战阵，几同湖上之逍遥，又多土罟市棍窜入其中，竟有结党聚会，凌挟营官，任其去留不敢一问"②。地痞无赖混入军中，导致军纪涣散，根本无战斗力可言，御敌不足，扰民有余。

各类社会治安问题早已积重难返，在松江府上海县，更为丧心病狂的"撤青"案层出不穷。所谓"撤青"，即"乡民种花稻才三四寸，其怨家夜率数人缚利刃于架，系以索，两人牵引，花稻寸断，削去如剃，谓之撤青"。通俗地说，即是把人家刚刚破土的庄稼幼苗砍断。这种行为非常恶劣，社会影响也极坏，庄稼幼苗被毁，对农户而言，未来将衣食无着，饥寒交迫。而且"撤青"这种恶劣行为，竟然已经职业化！"此惟镇之东北娄塘为多，有习其业者，人辄雇募之，以值之高下为撤青之长短，有连根去者"③。众所周知，农田地处旷野荒郊，又无人值守，庄稼一旦被毁，则颗粒无收，虽然性质恶劣，但受时代所限，官府对此行为也无可奈何。

崇祯前期巡按苏松御史祁彪佳在奏疏中称，"从来地方棍徒无有显著其名号者，独三吴则在苏属有打行，在常属有天罟，其种类又有獭皮、蚂蚁、黑虎秤槌之名。其团聚又有百子团圆、冬青棒槌之会。其所为曰放线生蚤，放春扎囤，而其流毒最甚则曰造访团赖，打抢奸淫"。对这些无赖群体的解决方式，依旧是"尽法严拿，穷根校萝，廉访所及，从不轻贷，仍严行保甲之法，逐户挨查，容隐连坐"④。祁彪佳对江南秩序整肃力度不可谓不大，虽一度扭转了江南村镇地痞横行的局面，但随着祁彪佳调离，又一切如故，故晚明官员对于江南秩序的整顿始终是治标不治本。

至清初，由于明清易代，社会严重失序，加之江南反清斗争不断，苏州地区地痞流氓群体趁机壮大实力，迅速发展成为武装抢劫、暴力犯罪团伙。是时"群盗蜂起，白布缠头，号曰白头兵，太湖有赤脚张三、毛二、沈泮、桓相甫、扒手大王等，盘踞淀山、长白荡、澄湖，白昼抢劫，名曰打粮，择缙绅富人并其爱子，擒匿盗穴，勒千金取赎，愆期不至，有水牢、河泥、粪窖、烟熏眼等刑，亲自赍刺巨家，口称贷饷，稍不允诺，夜必烧劫，惟贫人村农，仍公平交易，献新

---

① (明)高攀龙：《高子遗书》卷七《疏·申严宪约责成州县疏》，《景印文渊阁四库全书》集部别集类，第1292册，第458页。

② (明)祁彪佳：《宜焚全稿》卷十七，《续修四库全书》史部诏令奏议类，第492册，上海：上海古籍出版社，1995，第792页。

③ (明)殷聘尹编：(崇祯)《外冈志》卷一《俗蠹》，《中国地方志集成·乡镇志专辑》第2册，第893页。

④ (明)祁彪佳：《宜焚全稿》卷十七，《续修四库全书》史部诏令奏议类，第492册，第797—798页。

者或邀厚赏,以致众多归之,流毒几十年,渐次剿灭"①。

明清易代时期的苏州抢劫团伙,绝不应将其视为反清义士,因为其行为既非收复旧河山的正义壮举,又非反抗民族压迫的大义行为,因为其目的非常单纯,就是通过抢劫、绑架等暴力犯罪抢劫勒索钱财。故统治政权无论是明还是清,统治者无论是朱家还是爱新觉罗氏,都会对此类暴力刑事犯罪行为予以严厉打击。当然,这一时期的抢劫团伙,不劫掠贫苦百姓,能与之公平交易,且不论其目的如何,至少形式上亦可谓"盗亦有道"。

第四节　访行与江南社会秩序

晚明时期与打行并称为江南之害的另一无赖团伙为"访行"。如果说打行群体多是些"武流氓",那么访行的团伙成员则多为"文无赖"。打行为访行的爪牙,与访行互为表里,狼狈为奸。所谓访行,万历《嘉定县志》作如是记述:"又有倾险狡悍之甚者,上官欲察州里之豪,不能不假耳目,而奸人常为之窟,欲中害人者,阴行赂贿,置怨家其中,罗织罪状,暗投陷阱。及对簿上之,人虽心知其冤,终不得释。其人扬扬然谓执一县生死之柄,上至长吏犹或阴持短长,伺间肆螫,名曰访行"②。万历阁臣王锡爵对访行的理解是"直指使按行郡县,擒治豪强,其势不能无所寄耳目,而嘉定奸人常勾引为之窟宅,意欲有中伤或取人贿赂为之报怨,则窜姓名于其中,饰以赃罪,一经逮系,上人虽悟其非辜,亦终不得纵舍,谓之访行"③。

嘉靖时期,曾任翰林院侍读学士的钱海山,因被指控窝藏盐徒,被抄没家产。李诩目睹了抄没过程,并进行了记述:

> 近见钱侍御海山籍之倾荡,殊可骇愕。其甲第庄所,大小四十余处,课租田亩,三万有余,财货山积,家口千计。以至园林亭榭之美,歌童舞女之妖,画船厩马之盛,莫可弹述。数日间,悉为乡里豪强辈群起而分拉之,若许庄,若马路庄,约其屋之数,俱四五百间,高墙深池,规模伟丽,仅两日,抢拆一空,即成白地。其他有原主争执者,或稍留十之二三,亦遂归原主,竟非钱氏有也。其李庄者,乃余家故物,余目睹地方效

---

① (清)顾公燮:《丹午笔记》二○七《苏州群盗》,第 144 页。

② (万历)《嘉定县志》卷二《疆域考下·风俗》,《四库全书存目丛书》史部,第 208 册,第 697 页。

③ (明)王锡爵:《邑侯熊公去思碑》,见(万历)《嘉定县志》卷二十《文苑二》,《四库全书存目丛书》史部,第 209 册,第 173 页。

尤,屋材树竹,米谷椅桌,哄然瓜分而去。余仲弟稍稍护持,终又归诸豪强矣。揆厥所由,海山原无贯盈大罪,只其世居傍江,盐盗出没,逮健仆壮子,恃势放恣。一等游惰顽民,或赁屋佣保,或佃种栖息,私相依藉。而海山漫不检察,此辈一有败露,人皆指称窟穴,腾播人耳,疑信无凭,遽为士流所唾骂。怨家又起而装诬之,以致上官亦骇于耳目,三人市虎,不能免也。枝缠蔓结,仆辈悉名大盗,日夜狂奔,远离为幸。于是屋居不守,人人得以攘夺之而不问也,海山兀处邑旅,攻击殆无虚日,两子诸仆相继瘐死狱中,尸棺暴露,行道酸辛,视诸田宅,特身外长物耳,奚暇争执耶!非不欲也,势不可也,一旦有此大变。或曰足以惩官豪,然实有以煽刁恶,抄没之权,细人得擅以肥家,恐非清明世界所宜见也。①

通过李诩的记述,我们可以清晰地了解到,嘉靖时期致仕官员钱海山,家境富裕,虽未必达到富可敌国的程度,但也在江阴田连阡陌。由于钱海山未辨良莠,收留很多有过抢劫犯罪前科的人员当雇工、奴仆,而且还利用这些有前科劣迹的人员横行乡里,耀武扬威。因个别入钱家做事、帮工的有前科人员还和过去的同伙有勾连,最终钱家被访行人员及仇家指认,遭到清算,万贯家资瞬间化为乌有,奴仆逃亡、土地被没收、瓜分,百不存一,两个儿子也被瘐死狱中。可见访行的社会危害绝不逊于打行。故万历十年(1582),给事中牛惟炳上疏提出"禁革窝访以祛宿弊",他在奏疏中强调了访行的危害,并提出了相应的治理措施:

民间有等衙门积棍及市井无赖之徒,专一结交访察,彼此号为通家,居则窝访,出则行访。一有睚眦小怨,辄装诬过恶,编捏歌谣,以挟制官府,陷害平民。以故不肖有司结之为心腹,愚蚩小民畏之如蛇虎,败政蠹民,莫甚于此。节经台省诸臣建议禁革,不啻再三,即各处抚按亦往往有禁治榜文,顾禁之弥烦,而卒不能止者,盖由举劾官员访拿奸恶,皆抚按重务,势不能不寄耳目于有司,又恐其或私也。则调委隔别府县,彼委官相离既远,闻见不及,虽欲不用此辈,其道无由也。是阴用其实而阳黜其名,犹之浊其源而求流之清。臣愚窃谓,果有势要土豪,有司所不能制者,今本管官据实查送,其害人衙役,有司所不肯开者,听彼害人,自行陈告。惟执此以行三尺,则罪人之不得者鲜矣。至于人之

---

① (明)李诩:《戒庵老人漫笔》卷四《海山覆败》,北京:中华书局,1982,第 155 页。

材品,惟相与之素者能知之,司道与抚按相接之日多,自不难知矣。若正官之于僚属不待数月,司道之于府,府之于州县,不待期年,其官之贤否,未有不知其实者。抚按惟即其考语所注,而复察其言动,阅其文移,如或间见不符,开报不公者,查处罪坐所由,必参论不贷,以是旌别,则举错之不当者鲜矣。斯则在事体,为有据于举动为光明,累年痼习万一其有瘳乎?①

通过牛惟炳的奏疏,我们可以看出,访行的构成主要为"衙门积棍及市井无赖之徒",这些人主要靠窥探他人隐私,继而添油加醋,捏造事实,造谣生事,借机讹诈钱财为业。其社会危害性已经不仅仅是"危害平民"那么简单,甚至已经能够达到"挟制官府"的程度。访行的社会危害性能达到"败政蠹民"的程度,既是明代监察制度在实际运行中产生的"副作用"所致,又与中国古代官员本地回避制度在实际运行中的瑕疵有关。明代在制度设计中,明确了都察院所辖十三道监察御史的责权,都察院"为天子耳目风纪之司",监察御史"主察纠内外百司之官邪,或露章面劾,或封章奏劾","巡按则代天子巡狩,所按藩服大臣,府州县官诸考察,举劾尤专,大事奏裁,小事立断"②。从洪武时期中央官员巡抚地方,到仁、宣时期巡抚制度初步形成,直至中叶督、抚、按制度确立,无论官员从事分巡、分守、还是抚、按地方,总督粮储、河道事务,大多数都出自都察院系统。然而都察院系统官员均为京官,并不熟悉地方民情,对地方官员行使监察纠核等权力,往往无的放矢,只能依靠地方名流耆老提供相关的信息。明代从布政司到州县,各级地方官员均为外地调任的流官,受时代局限,这些官员到任后,除了个别干练官员能主动调研、察访民情,多数官员同样也只能依靠地方势力和身边的吏员来获取相关的地方信息。然而即使是能够主动调研的官员,出入城乡,前呼后拥,百姓避犹不及,根本无法获取真实的民情。官员只能"以积年皂快为腹心,皂快又以神奸窝访为耳目,打成恩怨之局,捏为纤悉之册,以待通家采问之人"③。访察官员、民情至晚明时已完全流于形式,地方访察权力、"风谣"、"品题"等权力落入地方胥吏、里老、衙役、讼师等无赖阶层手中。久而久之,弊端形成,积重难返。访察成了市井无赖诬陷地方官绅、社会名流,欺

① 《万历邸钞》,万历十年十二月附录,扬州:江苏广陵古籍刻印社,1991,第143—145页。
② (清)张廷玉:《明史》卷七十三《职官志二》,第1768页。
③ (明)吕坤:《吕新吾先生去伪斋文集》卷七《杂文类下·考察要语》,《四库全书存目丛书》集部,第161册,济南:齐鲁书社,1996,第221页。

压良善、操控地方权力的利器，"窝访不啻出柙之虎狼"①。

明代统治者其实早已经意识到窝访所带来的严重社会危害性。虽然《大明律》及其所附《问刑条例》《嘉靖新例》，以及相关官员所作《大明律集解》《读律琐言》等司法文书中均未见对于"访行""窝访"行为的惩戒条款，但在万历时期重修的《大明会典》中，已增加了对于窝访这一新型犯罪行为惩治的法律条款，明确了对窝访行为的惩戒措施，试图从制度上根除窝访行为。万历《会典》"刑部"中规定："各处奸徒串结衙门人役，假以上司访察为由，纂集事件，挟制官府，陷害良善，或诈骗财物，或报复私仇，名为窝访者，事发勘问得实，依律问罪，用一百二十斤枷枷号两个月发落，该徒、流者，发边卫充军"。"凡无籍棍徒私自串结将不干己事情捏写本词，声言奏告，恐吓得财，计赃满贯者，不分首从，俱发边卫充军，若妄指官禁亲藩为词，诬害平人者，不分首从，枷号三个月，照前发遣"②。万历十三年（1585）又规定"奸徒假以访察，挟制官府，陷告良善，名为窝访者"，"俱边卫终身"充军③。万历二十九年（1601）正月，神宗在册立皇太子、并封三王的诏书中，明确将窝访与逆党、强盗等严重犯罪行为并列，强调窝访犯罪遇大赦"不宥"④。光宗在即位诏书中指出窝访的危害，并要求抚按官"各差访拿人犯，屡经禁止，间复举行，中多仇黠窝访，乘机诬构，不无冤滥，今后务遵明禁"⑤。熹宗在即位诏书中再次强调"其交关窝访，假捏赃罪，恐吓官民，挟骗财物者，但有实迹，该抚按官即便严拿正法"⑥。

然而统治者试图从制度上防范窝访的举措并未见成效，窝访事件愈演愈烈。天启四年（1624），江阴籍官员李应升在奏疏中将"徭役繁重，奸胥欺隐""长吏贪残酷罚重耗""通家窝访株连诬陷"列为当时十大害的前三害⑦，窝访积弊之重，可见一斑。崇祯三年（1630）范景文直陈时弊，认为"夫人之所以畏官，以其权能赏罚人生死人也，而有以细民窃官司之权，而生杀之赏罚，谁不畏之如虎？曰窝访。彼其人凭城负嵎，内外勾通，虚撼事件，不妨李

---

① （明）周孔教：《周中丞疏稿》，《中州疏稿》卷一《举劾有司官员疏》，《续修四库全书》史部诏令奏议类，第481册，第272页。

② （明）申时行等编：(万历)《大明会典》卷一六九《刑部十一·刑律二·诉讼·诬告》，第870页。

③ （明）申时行等编：(万历)《大明会典》卷一七五《刑部十七·罪名三·充军》，第895页。

④ （明）孔贞运辑：《皇明诏制》卷九《册立皇太子覃恩诏》，《续修四库全书》史部诏令奏议类，第458册，上海：上海古籍出版社，1995，第370页。

⑤ 《明光宗实录》卷三，万历四十八年八月丙午，上海：上海书店出版社，2015，第61页。

⑥ 《明熹宗实录》卷一，泰昌元年九月庚辰，上海：上海书店出版社，2015，第31页。

⑦ （明）李应升：《落落斋遗集》卷一《奏疏·缕诉民隐仰动天心乞实行宽恤以固邦本疏》，《四库禁毁书丛刊》集部，第50册，北京：北京出版社，1997，第43—44页。

戴张冠,巧立款单,每至甲移乙室,令受害者抚心自慄,莫知从来,非但平庶遭其网罗,而官司并堕其云雾,此夫为盗而不操弧矛,攻而不用弦刃者也。窝访之害,臣所痛革者"①。此奏疏写于崇祯三年(1630),是时范景文尚未入阁,任都察院右佥都御史巡抚河南。由此也不难看出,访行不仅是江南痼疾,而且遍布全国。范景文为地方理刑官出身,深知窝访之害。故其在疏中动以危言,要求彻底革除访行以安定社会秩序。李邦华以江北为例,痛斥访行之害,他在奏疏中称"从来元凶大憝无不托墙壁以自固,借声势以张威,而江北为甚。自府刑而上,各衙门之充役者不乏此辈。于是窝访、窝盗,戕民害官,即下属欲发其奸,终阻于捉鼠之忌。虽当道能制其命,难免于簧口之摇,致令豺虎横行于都市,良弱莫保其身家"②。江北如此,江南亦然。杨嗣昌在奏疏中痛陈"今抚按与州县隔,每事必询之道府;道府与州县隔,每事必询之刑厅;刑厅亦未尝不与州县隔也,每事必询之书快。而通家窝访操其权,官评倒置出其口;无端播煽兴其谤,有事弥缝失其实。举天下之吏治官评,什九出于刑厅,则什九出于书快而已矣。他处之书快不过窝访招权,惟南畿书快强半大窝通盗。其将何法以治之"③?

窝访并未因范景文、李邦华、杨嗣昌等名臣的参奏而销声匿迹,江南的衙蠹窝访反而呈愈演愈烈之势。"操窝访之权者亦繁有徒治之愈严,避之愈巧,不可穷诘"④。由于"今乡党聚谈,好摘人暧昧以为笑乐,四方讹棍好造不根,诃赫攫钱,风俗薄恶,犯乱所生"⑤。崇祯时期郑鄤案中的关键证人——游走于京师的武进籍士人许曦很可能即为操窝访之权者⑥。晚明南直名医陈实功甚至将很多怪病和不治之症的致病诱因归结为因果报应,"一富家窝访兼养鹰犬",因其窝访造孽太多,最终导致其子幼年夭折,死于非命⑦。陈实功的观点由于受时代局限,在现代人看来确实荒诞不经,但足以

---

① (明)范景文:《文忠集》卷二《奏疏·直陈除害安民诸款疏》,《景印文渊阁四库全书》集部别集类,第1295册,台北:商务印书馆,1986,第468页。

② (明)李邦华:《文水李忠肃公集》卷五《留枢奏草·江北民隐疏》,《四库禁毁书丛刊》集部,第81册,第240页。

③ (明)杨嗣昌:《杨嗣昌集》卷三十四《土寇焚杀惨掠疏》,长沙:岳麓书社,2008,第810—811页。

④ (明)赵用贤:《松石斋集》卷二十九《与陈按院》,《四库禁毁书丛刊》集部,第41册,第463页。

⑤ (明)黄道周:《宫谕黄公道周救郑鄤疏》,见《坊阳草堂文集》附录,《四库禁毁书丛刊》集部,第126册,北京:北京出版社,1997,第502页。

⑥ 吕杨:《党争与乡评漩涡中的江南缙绅——明末郑鄤案考论》,《常州大学学报(社科版)》2019年第2期。

⑦ (明)陈实功:《新刊外科正宗》卷四《杂疮毒门·造孽报病说第一百三十六》,《续修四库全书》子部医家类,第1013册,上海:上海古籍出版社,1995,第227—228页。

映射出晚明大众对窝访行为的憎恶之情。

清初，常州府无锡县"生监之出入县庭，把持官府，鱼肉乡民"，号称"十三太保"，"此辈上以邑绅之不肖者为靠山，下以各乡之土棍为爪牙"，"胥吏之横则十倍于前，即有衣食公门者，亦仰胥吏之鼻息，而分其余润耳"，"胥吏之恶甚于狼虎矣"①。

明末松江士人殷聘尹在其编著的镇志中阐述了访行屡禁不止的原因：

> 访维吾郡为最，近复蔓延及吾邑。有某甲者，性颇黠而行秽，乡里不容，跳逃而徙郡中，以隶给事司理。能伺上人意指，爱之，每使之察访，邑人无不畏惮。故事，使行县擒治豪强，则寄耳目于司理，司理复委所亲信者覆核之。奸人乃勾引为之罗织，意所欲中伤，或利人贿赂为之报怨，则窜姓名于其中，迨发党逮系诬伏，恒以甲之罪移于乙，上人即或悟其无辜，而泥于宪体，终不纵舍。近窝访之家愈多，造访之家愈便，自中丞御史台诸直指使监司郡府佐州长，皆主访之官也；属幕书吏驺从牧圉，皆寄访之人也；田土衣食睚眦诟詈，皆所访之事也。故上之人颇不以访为重，而下之人亦轻视之。今吾邑之某甲已死，而传衣钵者颇众。近有访一卖菜佣者，逮至官，为一笑而释之。然富家大族群视眈眈，一罹访网，不破家鲜矣。②

由此可见，之所以窝访在晚明呈愈演愈烈之势，其原因是明代制度设计弊端使然。晚明党争炽热，朝堂中的官员以科举同年、门生座主关系以及地域乡情等为纽带，结成各个政治团体，党同伐异，相互攻评。万历初江陵柄政时期，张居正制定考成法，以六科监察六部，以内阁监察六科，在提高行政效率的同时，将部分监察权力拢于手中。此后，不仅内阁辅臣成为各种政治势力追逐的目标，科道官，特别是因都察院系统的官员拥有监察纠劾权，故成为各派政治势力夺取朝堂话语权，打击异己的利器，南北十三道监察御史成了各类政治势力纷纷争夺、拉拢的对象。御史对官员行使监察权，又主要依赖于地方耆老、缙绅、社会名流对官员的评价，而这种评价权在多数地方早已转落于无赖阶层之手，晚明时已是"豪强、奸党武断窝访，剥军扰官，把

① （清）黄印辑：《锡金识小录》卷一《备参上·衙棍》，《中国方志丛书·华中地方》，台北：成文出版社有限公司，1983，第66—68页。
② （明）殷聘尹编：(崇祯)《外冈志》卷一《俗蠹》，《中国地方志集成·乡镇志专辑》第2册，第893页。

持营卫"①。正如万历辛亥(1611)京察时,御史潘汝桢所言"有一种乡贡推官,明知资望不及,务以风力胜人,餂窝访之家藏,凭群小之巧构,而浪加雌黄,装点事款,上官且以其任怨也"②。无论是两京监察御史、出巡的抚按官,还是地方官,对于窝访行为,或因利益相关,投鼠忌器;或因党争需要而采取默许和纵容的态度,"是欲止其沸而存其薪,欲塞其流而开其源,将来诘访、窝访之害决不能绝"③。这也正是窝访行为屡禁不止的原因所在。

第五节　讼师群体与江南司法秩序

晚明时期与打行、访行相并列的另一无赖群体为讼师群体。时人认为"讼师为访行耳目心腹也"④。北宋沈括在《梦溪笔谈》中记述"世传江西人好讼,有一书名《邓思贤》,皆讼牒法也。其始则教以侮文,侮文不可得,则欺诬以取之,欺诬不可得,则求其罪劫之。盖思贤人名也,人传其术遂以之名书。村校中往往以授生徒"⑤。由此可见,北宋时期,因诉讼之风盛行,讼师已有了相应的"教材",而且还向生徒讲授,可谓"讼学"兴起。再从南宋蔡久轩的理刑判词中"龙断小人,嚣讼成风。始则以钱借公吏,为把持公事之计。及所求不满,则又越经上司,为劫制立威之谋"。"何等讼师官鬼,乃敢如此"⑥之语可知,"讼师"群体至迟在宋代已出现。通过《名公书判清明集》中"士人教唆词讼把持县官""教唆与吏为市""先治教唆之人""惩教讼"等诸多判例来看,两宋时讼师群体在各地司法活动中很常见,参与诉讼非常普遍,由于讼师经常干扰司法秩序,故又被官员称为"官鬼""哗徒""哗鬼"。

明初朱元璋特别重视法治建设和普法宣传,先后制定和颁布了成文法《大明律》,判例法三编《大诰》和《大诰武臣》,又陆续以诏令的形式,颁布了《诸司执掌》《教民榜文》等法律法规。朱元璋鼓励百姓学习法律,要求在各

---

① (明)王万祚:《留都营伍日凋敬陈足兵训武之实疏》,见(明)施沛:《南京都察院志》卷三十三《奏议七·京营类》,《四库全书存目丛书补编》第74册,第227页。

② (明)潘汝桢:《察事期迫关系吏治匪轻疏》,见(明)周念祖辑:《万历辛亥京察记事始末》卷六,《续修四库全书》史部杂史类,第435册,上海:上海古籍出版社,1995,第509页。

③ (明)孙维城:《申明职业以便遵守疏》,见《皇明留台奏议》卷八《国纪类》,《续修四库全书》史部诏令奏议类,第467册,第444页。

④ (明)尚湖渔父:《虞谐志》,《序》,南京图书馆藏书,清抄本,GJ/3012190。

⑤ (北宋)沈括:《梦溪笔谈》卷二十五《杂志二》,《景印文渊阁四库全书》子部杂家类,第862册,台北:商务印书馆,1986,第847页。

⑥ (南宋)蔡久轩:《讼师官鬼》,见《名公书判清明集》卷十二《把持》,北京:中华书局,1987,第473页。

地建申明亭,由地方耆老讲读律令,不仅要求全民学习《大诰》,通过"学宫以课士,里置塾师教之"①,而且还要求"一切官民诸色人等,户户有此一本"②,诉讼时持《大诰》,还有量刑减等、处罚减轻的待遇③。虽然朱元璋此举是出于"惩元季吏治纵弛,民生凋敝"的现实④,试图通过法治建设来巩固统治,实现"仿古为治,明礼以导民,定律以绳顽","昭示民间,使知趋吉避凶之道"的目的⑤,但客观上使人们的法律意识得到普遍的提升,法制思想深入人心。

宋元时期"好讼"之风盛行不衰,特别是经过洪武时期的普法宣传和全民法制学习,成效异常明显,使民众法律意识得到进一步提升,维权意识明显增强,故终明一世,各地健讼之风盛行。由于中古时期,各类民事诉讼案件、刑事自诉案件大多需要以文书形式呈递官府方能立案,而普通民众虽有法律意识,但相当一部分民众目不识丁,不仅对法律文书体例一无所知,对诉讼程序更是一窍不通,这就给讼师群体提供了广阔的活动空间和业务范围。

早在洪武时期,讼师问题即已现端倪。朱元璋在大诰中规定:"今后布政司、府、州、县在役之吏,在闲之吏,城市乡村老奸巨猾顽民,专一起灭词讼,教唆陷人,通同官吏害及州里之间者,许城市乡村贤良方正、豪杰之士,有能为民除患者,会议城市乡村,将老奸巨滑及在役之吏,在闲之吏,帮缚赴京,罪除民患,以安良民。敢有邀截阻当者,枭。令拿赴京之时,关津渡口毋得阻挡"⑥。朱元璋将讼师视为"老奸巨滑"的"顽民",认为他们和蠹吏一样,都是破坏社会秩序的蛀虫,因此鼓励百姓绑缚蠹吏、讼师进京。虽然洪武时期即对讼师群体开展"严打",多数地方官对讼师群体打击也非常严厉,但讼师群体生存能力极强,依然能发展壮大,至成化初不仅形成规模,甚至已经形成了从地方到京师,包揽诉讼的网络体系。之所以讼师群体屡禁不止,屡打不绝,究其原因,一是随着南宋以来商品经济发展,人们的思想意识亦随之变化。特别是洪武时期的普法宣传,使民众的法律思想、维权意识普

---

① (清)张廷玉:《明史》卷九十三《刑法志一》,第 2284 页。

② (明)朱元璋:《大诰》,《颁行大诰第七十四》,见张德信、毛佩琦主编:《洪武御制全书》,第 785 页。

③ (清)张廷玉:《明史》卷九十三《刑法志一》,第 2284 页。亦见(明)朱元璋:《大诰》,《颁行大诰第七十四》,张德信、毛佩琦主编:《洪武御制全书》,第 785 页。

④ (清)张廷玉:《明史》卷二百八十一《循吏传·序》,第 7185 页。

⑤ 《明太祖实录》卷二百五十三,洪武三十年五月甲寅,第 3647 页。

⑥ (明)朱元璋:《大诰》,《乡民除患第五十九》,见张德信、毛佩琦主编:《洪武御制全书》,第 776 页。

遍提高。所谓有需求才会产生供给,讼师群体发展与民众法律意识增强相辅相成。讼师群体比较团结,能结盟互助,逆境图存,早在正统初期的南直丹徒县即有讼师结盟的事例①,这大概也是讼师群体"生命力"顽强的原因之一。二是中国古代很多政策、法令受统治者和执政者个人喜好影响甚大,法律、政策朝令夕改、有令不行之事比比皆是。地方官员到任后,往往是"新官上任三把火",弄一两个不服者或倒霉者立立官威,敲山震虎,以扫清执政障碍。三把火过后,多数地方官与当地缙绅豪强势力沆瀣一气,对于讼师之类的社会群体基本是不闻不问。一旦地方官遇到自上而下的行政压力,地方在执行时往往采取运动式执法的形式,或一阵疾风骤雨般的全民运动,其原则仍是"宁可错杀一千,绝不放走一人"的简单粗暴的老套路,最终弄得人心惶惶,鸡犬不宁,而收效甚微,得不偿失。待运动结束,又是"雨过天晴",对"重出江湖"的各类讼师,依然视而不见、听而不闻,任其发展。或雷声大雨点小,虚张声势,最多抓几个无势力者或与地方官、豪强关系不睦者来应付差事,向上级展现本地区阶段性成果。无论采用哪种模式,其结果都是治标不治本。

宋明时期的讼师主要是从事民间诉讼过程中代写诉状、代办诉讼程序,甚至包揽诉讼等司法业务。南宋以降,诉讼增多,讼师群体活跃,是社会发展的必然趋势,是人们法律意识、维权意识增强的表现,不应完全否定。为什么无论宋明,官方文书对讼师群体几乎众口一词,皆为负面评价?首先,对于古代民众而言,受儒家思想潜移默化的影响,崇尚无讼,至于民间诸如婚姻、田宅、邻里关系等民事纠纷,债务等经济纠纷,由于与统治秩序并无直接关联,而被视为"细故"。对于官僚阶层而言,受理此类案件,不过是徒增麻烦,无论此类案件处理的好与坏,对其官声、利益基本无影响,故官员对民事纠纷比较漠视,寄希望于道德层面,希望能在基层直接化解矛盾。诉讼行为增多,在古代则意味着地方官行政能力低下,教化不利,治民无方。因此,官员们到任后,大多习惯性地强调当地有"健讼"的风俗,认为这种健讼行为,既来源于当地"历史原因"形成的习俗,又来自讼师群体的唆使。讼师群体所谓"教唆词讼"的行为,则是将官员认为在基层、在道德领域能够解决的问题,上升到司法程序,特别是讼师群体在一定程度上抑制了官员独断专行,滥用权力,枉法裁判的行为。对于官员而言,讼师的行为不仅分割和限制了其权力,而且无形中又给自己增加了工作量。在官员的眼中,讼师群体

---

① 《明英宗实录》卷三十四,正统二年九月壬寅,第663页。

无异于麻烦制造者。故官员与讼师之间矛盾尖锐,地方官员对讼师群体评价极低,一般都是大加挞伐。

其次,就诉讼程序而言,在明初司法程序设计上,朱元璋试图以法律手段减少诉讼行为,实现其息讼的理想。洪武二十一年(1388)颁布的《教民榜文》中,不仅明确了基层里老的责权,而且明文规定"民间户婚田土斗殴相争,一切小事不许辄便告官,务要经由本管里年老人理断","若不经由者,不问虚实,先将告人杖断六十,仍发回里甲老人理断"①。然而由于时代局限和统治者的个人能力所限,及受统治者个人喜好影响,律令随意性非常大。例如《教民榜文》中所规定的诉讼程序与《大明律》所定诉讼程序自相矛盾,让人无所适从。《大明律·刑律》关于诉讼的规定,第一条即是"自下而上陈告",不准"越本管官司",违者"笞五十"②,而《教民榜文》则是杖六十,连刑罚标准都不统一。况且里甲老人根本不属于"本管官司"范畴,甚至连"委托执法"资格都算不上,司法主体名不正言不顺。再看斗殴行为,即使不涉及人命,无论古今,该行为既可以视为普通民事纠纷,也可以按情节轻重,视为治安案件,甚至是刑事犯罪案件,处罚或量刑空间非常大,根本不是地方里老能够解决的案件。至于田土问题,在传统农业社会,田土是农民赖以生存的根基,是农民最重要的财产,涉及田土问题,基本无小事可言。漫说是明代,即使在 20 世纪 80 年代,亦时常发生因一陇耕地界限不清,宅基地一块砖见方的面积不明,而引发暴力刑事犯罪的恶性案件。故里老在处理涉田事件的司法实践过程中,因不具备司法主体的权威性,不仅难以化解矛盾,甚至有激化矛盾的可能。传统乡村多是聚族而居,里老在调解民事纠纷时,很难不受到宗族势力影响,如此则会出现对外姓人员、过往行商客旅不公的调解,失去司法公平性。特别是明中叶以降,由于社会风气变化,江南、江西很多基层里老由地痞无赖担任,其调解纠纷更无公正可言,基层调解不公,问题得不到解决,在激化矛盾的同时,必然导致民众"上访"、越讼事件增多。

其三,晚明士人阶层呈现无赖化趋势。例如海瑞"开府吴中,人人以告讦为事。书生之无赖者、惰农之辨黠者,皆弃经籍、释耒耜,从事刀笔间"。"此风既炽,习为故常,至今三吴小民刁顽甲于海内"。"青矜日恣,动以秦坑胁上官,至乡绅则畏之如伥子。间有豪民拥姝丽游宴,必邀一二庠士置上座,以防意外。至民间兴讼各情所知儒生,直之公庭,于是吴中相侮遂有'雇

---

① (明)张卤辑:《皇明制书》卷九《教民榜文》,《续修四库全书》史部政书类,第 788 册,上海:上海古籍出版社,1995,第 352 页。

② 《大明律》卷二十二《刑律五·越诉》,《续修四库全书》史部政书类,第 862 册,第 574 页。

秀才打汝'之语。盖民风士习,惟上所导,所从来久矣"①。可见晚明江南相当一部分讼师由社会不法人员担任,其代理诉讼行为并非为伸张社会正义,而是借机敛财生事。其破坏司法、扰乱社会秩序的行为主要表现为教唆词讼、勾结衙蠹、地痞敲诈勒索,挟制官府,坑害当事人。"万历庚寅,总制刘维文设为严禁,出本者与犯池买珠者同科。其法惨于见知连坐,大开告讦之门,棍徒得志,人人自危"②。可见,只要有诉讼、告状,棍徒讼师立即粉墨登场,发挥"才能"。讼师这些不良的行为,违反了正常的诉讼程序,以捏造事实、扩大事实的方式进行诉讼,造成司法秩序的混乱,严重削弱了法律的严肃性和审判的正当性。对于地方官而言"治讼师如治蔓草,惟恐不尽"③。海瑞就曾因为受理讼词遭到言官弹劾而落职,刑科给事中舒化等认为海瑞"滥受词讼","悉听告讦","不能按理曲直以剖是非,而但徇情爱憎以决胜负。致使刁徒弗安生理,惟思构讼,以小过而饰成极恶,以虚诞而捏作实情"。"越诉者不答,诬告者不杖,律法扫地、罗织成风。人心至此,真大坏矣"。"致使棍徒不营活计,专谋夺产"④。何良俊更直言不讳地指出海瑞滥受词讼,直接助长了江南刁讼之风。何良俊甚至认为海瑞的精神有问题,他言道:

> 海刚峰不怕死,不要钱,不吐刚茹柔,真是铮铮一汉子。但只是有些疯癫。动辄要煞癫,殊无士大夫之风耳。
>
> 海刚峰第一不知体,既做巡抚,钱粮是其职业,岂有到任之后,不问丈田均粮,不清查粮里侵收,却去管闲事。
>
> 海刚峰之意无非为民,为民,为朝廷也。然不知天下最易动而难安者,人心也。刁诈之徒,禁之犹恐不及,况导之使然耶?今刁诈得志,人皆效尤,至于亡弃家业,空里巷而出,数百为群,闯门要索,要索不遂,肆行劫夺。吾恐更一二年不止,东南之事必有不可言者。幸而海公改任,此风稍息,然人心动摇,迄今未定也。
>
> 海刚峰爱民,只是养得刁恶之人,若善良百姓,虽使之诈人尚然不肯,况肯乘风生事乎?然此风一起,士夫之家,不肯买田,不肯放债。善

---

① (明)沈德符:《万历野获编》卷二十二《督抚·海忠介抚江南》,第556页。
② (明)张萱:《西园闻见录》卷九十二《珠池》,《续修四库全书》子部杂家类,第1170册,第166页。
③ (明)周孔教:《周中丞疏稿》,《江南疏稿》卷七《为纠劾不职官员疏》,《续修四库全书》史部诏令奏议类,第481册,第432页。
④ (明)沈德符:《万历野获编》卷二十二《督抚·海忠介被纠》,第557—558页。

良之民,坐而待毙,则是爱之实陷之死也。其得谓之善政哉?①

平心而论,何良俊对海瑞的批评非常中肯,并无过分之处。虽然司法无小事、百姓无小事,但海瑞越俎代庖,本末倒置的行为,不仅未能将其本职公务做好,而且还随意插手司法事务,助长了刁讼之风。海瑞处理案件,基本原则是谁穷谁有理,谁能闹谁有理,他的行为甚至有破坏司法公正之嫌,其后果是"养得刁恶之人","善良之民,坐而待毙",在江南留下了极大的祸患。此处,我们暂且不论海瑞作为巡抚受理词讼行为是否正确,是否破坏司法秩序。从海瑞巡抚江南的结果看,江南讦告之风日甚一日,甚至僧道群体也告讦成风,以至南京礼部规定,除刑事案件外,"今后一遵祖制,例不行有司衙门,止批僧道录司。其僧道讦讼,亦例不许赴别衙门告理,以长健讼刁风"②。

在地方官员的眼中,晚明讼师甚至已经到了为博虚名,毫无廉耻可言的地步,"偷儿最怕人识,今每每禁锢之,讼师惟恐人不识,今每每枷号之,不几倒施矣乎"③?讼师这种不知羞耻的下三烂行为,竟然使地方官无可奈何。更有甚者,正如晚明苏州士人许自昌所言"吴中薄俗奸宄百出,而所称无天理、没人心,无如人命一事矣。刁顽好讼之徒,平时见有尪羸老病之人,先藏之密室,以为奇货可居。于是巨家富室有衅可寻,有机可构,遂毙之以为争端。乌合游手无籍数百人,先至其家打抢一空,然后鸣之公庭,善良受毒,已非一朝","所以吴中向来有假人命,真抢掳之谣"④。讼师群体善于钻营,见缝插针,为图私利,不惜诬告构陷他人,造成冤狱。不仅如此,讼师群体"以人命为奇货","往时乘风鼓煽,百十为群而告词之不情,则有杯酒谇言,直架瞒天之谎者。既不胜其反坐,遂尔习为故常。讼师刁民唾手风波其间,亦有愚鲁无知为代书所误,只求状准,后悔无及"⑤。讼师棍徒为了敲诈勒索,不惜草菅人命,其犯罪主观故意行为令人发指,聚众哄抢不仅严重破坏了社会秩序,而且以人命诬告更易造成冤假错案。

---

① (明)何良俊:《四友斋丛说》卷十三《史九》,第 108—109 页。
② (明)葛寅亮:《金陵梵刹志》卷五十二《各寺僧规条例》,第 612 页。
③ (明)潘龙游:《康济谱》卷二十《弭盗》,《四库禁毁书丛刊》史部,第 7 册,北京:北京出版社,1997,第 659 页。
④ (明)许自昌:《樗斋漫录》卷十二,《续修四库全书》子部杂家类,第 1133 册,上海:上海古籍出版社,1995,第 165 页。
⑤ (明)李应升:《落落斋遗集》卷八《理署书牍·上巡道陆景邺》,《四库禁毁书丛刊》集部,第 50 册,第 273 页。

由于在地方官眼中,讼师的社会危害性不逊于打、访二行,故抚按官、地方官到任后,打击打行、访行和讼师,一般都会成为施政重点。永乐元年(1403),曾颁行《诬告法》,规定"凡诬告三四人者杖一百、徒三年,五六人者杖一百、流三千里。所诬重者,从重论。诬告十人以上者,凌迟处死,枭首其乡,家属迁化外"①。虽然该法令在其后的司法实践中极少应用,但此法令成为晚明地方官打击讼师群体的法律依据。万历初,张梦鲤任江西按察使,到任伊始即"取讼师讯得其主名,数十人捕治之,讼事衰息"②。曾任刑部右侍郎、都察院左都御史的高攀龙在奏疏中明确指出"讼师教唆起灭,破民家、坏民俗,一段机械变诈,无识者竟以为能,浸淫入于其术而不觉。不复顾天理人心为何物矣。所当访实,悉榜其名于申明亭。审出刁诬词状,追究写状之人,并拿重治"③。刘世亨任南直泾县知县时,认为"耳目之地,得无有蠹治者乎?断革讼师,搜剔吏弊,吏胥徒凛若负霜,大豪闭门,中猾偻行"④。董份则认为"刁讼之繁兴,皆由讼师之鼓舞,若遇反坐,必究讼师,而所在讼师布满乡曲,倘访其甚者,必为除之,则譬之塞一浊源,而群流皆洁,拔一恶种,而百稼皆蕃矣"⑤。江南地区无赖还经常告所谓的"春状",即"捏造事情,冒籍他县,诬控宪台,开列诡名,构役抄捉,既诈甲,旋移乙,沿村扰害,民受其冤"⑥。故归有光在回复湖州府关于长兴县地方风俗时称"长兴县地介湖山,盗贼公行,民间鸡犬不宁。自广德、宜兴往来客商常被劫掠,告讦之风,浙省号为第一。上司虽屡有明禁,及其诉告未有不为准理者,盖以敢为欺诳,其词足以耸动之也"⑦。归有光对湖州府的答复,足见晚明江南告讦成风的社会现实,他又针对湖州府长兴县大狱繁兴,刑罚畸重的现实,在揭帖中称,虽然长兴民风强悍,"湖山阻深,掠卤之习浸以成俗,土风刚猛,睚眦之恨,辄至杀人",但很多案件是因"有所谓白捕者,专诬指平人为盗者也。

① (清)沈家本:《历代刑法考》,《律令九·诬告法》,第1143页。
② (明)冯琦:《宗伯集》卷二十二《铭·廷尉张公墓志铭》,《四库禁毁书丛刊》集部,第15册,北京:北京出版社,1997,第302页。
③ (明)高攀龙:《高子遗书》卷七《疏·申严宪约责成州县疏》,《景印文渊阁四库全书》集部别集类,第1292册,第458页。
④ (明)邓元锡:《皇明书》卷二十九《循吏传·刘世亨》,《续修四库全书》史部别史类,第316册,上海:上海古籍出版社,1995,第230页。
⑤ (明)董份:《答念华张公书》,见(明)董斯张辑《吴兴艺文补》卷三十五,《续修四库全书》集部总集类,第1679册,上海:上海古籍出版社,1995,第246页。
⑥ (明)殷聘尹编:(崇祯)《外冈志》卷一《俗蠹》,《中国地方志集成·乡镇志专辑》第2册,第893页。
⑦ (明)归有光:《震川别集》卷九《公移·回湖州府问长兴县土俗》,《景印文渊阁四库全书》集部别集类,第1289册,台北:商务印书馆,1986,第574页。

有所谓讼师者,专教唆词讼者也。以故所获之盗未必尽真,而或被株连之害,所偿之罪,未必尽当,而或罹罗织之冤"①。归有光将讼师定性为司法制度的破坏者,认为讼师群体的存在,是造成冤假错案的弊端之源。

由于讼师告讦成风,基层理刑官苦不堪言。"松江是天下大府,华亭亦是剧县,其讼狱之繁多,钱粮之浩大,上司文移之庞杂,山积波委,日勤职业,犹惧不逮"②,松江地方官吏被堆积如山的诉状、案牍所困扰。"(南)京中讼棍甚狡,相沿倒入窝巧局",不仅时常设局害人,而且诉讼造势的手法也步步升级,"本京无籍流棍最多,每遇词讼则伙党扛帮,设计取钱。倘事理有亏,图谋不遂,即写刻冤单,故为张大词情,诬谤官府"。故南京都察院下令称"近有刁徒讼师稔讼图骗,动辄假以抽分盐政、门禁、船政、九库仓粮、草场、操运芦课、军丁屯租黄册、僧道等名色,捏告该管衙门,或以事词相关,亦有间为批问者,各城堂牌官一经审出,便为具文。申详销缴事,听巡院省行发落,慎勿依徇,拘禁成招,比赎追给,有违法令,多累良民",对于私刻"冤单"者,"先将本犯解院,枷号三个月方才问理,仍追究主唆并写刻人等,从重究遣不贷"③。南京都察院试图在诉讼程序上解决告讦带来的压力,以刑罚震慑告讦之徒。然而在实际操作中,依旧是如御史李应升所言"丞尉朱票如飞,讼师横行,而南院十词九准"④。之所以如此告讦成风,屡禁不止,是因为"江南讼师甚多,悉入巨室","每上司准一词讼,必致株连数十人。其最巧黠者不于本处上官申理,或走南京各院巡盐衙门,一词所及甚众,动至淹延累年,民又呼而无诉者,诚可为之痛哭流涕"⑤。万历四十二年(1614)苏州府常熟县经请示苏松兵备道、苏松巡按御史、苏州府,得到批准后,"立石通禁",试图"有犯必惩",遏制窝访行为泛滥,严重破坏社会秩序事件发生。之所以常熟县试图厉禁刁讼,是因为是时"吴民轻佻易动,健讼喜争。固风气使然,但别州县状词,其诈奸使诈,犹可测识。惟嘉定一邑奸民,咸以瘦壮为肥田。稍有睚眦,辄蜂起下石,一吠百和。每撼舍单款,名为设呈,一词耸准,祸若灭门。不俟质成,而被告之躯先殁,家先亡矣。此等恶习,言之令人

① (明)归有光:《震川别集》卷九《公移·送恤刑会审狱囚文册揭帖》,《景印文渊阁四库全书》集部别集类,第1289册,第575页。

② (明)何良俊:《四友斋丛说》卷三十四《正俗一》,第316页。

③ (明)施沛:《南京都察院志》卷二十《五城职掌·词讼七条》,《四库全书存目丛书补编》第73册,第557—558页。

④ (明)陈建辑、(明)江旭奇补订:《皇明通纪集要》卷五十三,天启四年三月,《四库禁毁书丛刊》史部,第34册,北京:北京出版社,1997,第162页。

⑤ (明)赵用贤:《松石斋集》卷二十九《与陈按院》,《四库禁毁书丛刊》集部,第41册,第463页。

发竖"。故常熟县"勒石县门,垂禁扛诬设呈,奸民以后有犯者,必根究党恶,尽法剪除,毋得轻恕。仍通行各州县一体严禁"①。

徐光启认为讼师存在是"俗之敝也。讼师扛棍互相为市,此辈多系无家穷棍",解决讼师的方式是"惩创之后,发于各区开荒著落,公正收管,每季终赴县递改行从善结状,仍随乡约会听讲。夫重之刑威以革其面,驱之耕种以物其身,刁狡无良之念将销镕于南亩,而草亦有垦矣"②,试图以劳动改造,外加"社区矫正"的形式改造讼师群体。朱国桢记述晚明江南有一沈姓人士,幼年时聪明过人,知县以论语为题对其进行测试,该人能应声作答,出口成章,被远近视为神童,然而其人最终"骄堕无所成,流为讼师"③。很显然,在朱国桢的心目中,神童沦为讼师,是堕落至极的结果,可见当时官员对讼师职业评价之差。

讼师在官员眼中被视为破坏社会秩序的毒瘤,在普通文人的心目中,讼师群体的形象、口碑也极差。名医陈实功记载的一则医案很能说明民众对讼师的态度:

> 一讼师作中兴讼,破众家私,伤残骨肉,不计其数。一日大腿肿痛,坚硬如石,疼苦异常,常欲以绳系足,高悬梁上,其疼乃止。如放下,疼即如砍。予知孽报,辞不可治。似此两月,日至午时,亲友四人相看,忽闻腿内大响一声,其肿即归大,臀肿如巴斗,其腿即消,臀肿痛不着席,将布兜悬挂,其疼方可。又两月,百苦而终。又一年,其妻遍身发肿如癞,作痒非常,破流脂水。其时十月孟冬,常欲赤身相露,其痒稍止,如着衣被,其痒即生,如虫攻刺。予知孽报,亦辞之。后至隆冬,赤身流水而死。此异常之报也,所谓逆天害理虽由己,古往今来放过谁? 无漏矣。④

笔者不是医生,对医学知识基本是一无所知,无法为医案中人的病因、病名定性、阐释。但从一个现代人掌握的基本科学常识可知,该医案中讼师

---

① 江苏省博物馆编:《江苏省明清以来碑刻资料选集》,第三一八《严禁扛诬设呈碑》,北京:生活·读书·新知三联书店,1959,第 552 页。

② (明)徐光启:《农政全书》卷八《农事·开垦》,《景印文渊阁四库全书》子部农家类,第 731 册,第 115 页。

③ (明)朱国桢:《涌幢小品》卷二十五《资表不足恃》,上海:上海古籍出版社,2012,第 512 页。

④ (明)陈实功:《新刊外科正宗》卷四《杂疮毒门》,《造孽报病说第一百三十六》,《续修四库全书》子部医家类,第 1013 册,上海:上海古籍出版社,1995,第 228 页。

及其妻的致病原因肯定和因果报应无关。陈实功将此类怪病归结于因果报应，虽然其说荒诞不经，但因其受时代局限，也不足为奇。陈实功在阐述医案中人病症时，刻意强调患病的讼师最初腿悬梁可以稍稍缓解病痛，但这种自我护理方式仅维持了两个月，病灶即转移到臀部，导致身体不能沾床席，只能采用布兜悬挂的方式来缓解病痛。讼师从发病到死亡，前后历时四个月，最终活活疼死。讼师之妻所患的皮肤病，不仅皮肤溃烂流脓，而且不能着衣盖被，即使是初冬时也要赤身裸体，否则奇痒难忍。如此病症，对于孀居女性而言，已经不仅仅是身体的病痛之苦，更多的是精神上的羞辱和折磨。陈实功的记述，也许是客观描述患者病症，但更多的是展现出他对讼师群体的痛恨之情，告诫人们不要从事讼师职业，并将病痛归结于报应，即"所谓逆天害理虽由己，古往今来放过谁？无漏矣"！

晚明文人冯梦龙也对讼师在司法活动中的不良行径嗤之以鼻，在其所辑《智囊补》中记载了这样一则故事：

> 浙中有子殴七十岁父而堕其齿者，父取齿讼诸官，子惧甚，迎一名讼师问计，许以百金。师摇首曰：大难事。子益金固请，许留三日思之。至次日，忽谓曰：得之矣，辟人当耳语若。子倾耳相就，师遽啮之，断其半轮，血污衣。子大惊，师曰：勿呼，是乃所以脱子也。然子须善藏，俟临鞠乃出。既庭质，遂以父啮耳堕齿为辩。官谓耳不可以自啮，老人齿不固，啮面堕。良是竟免！殴父而以计免，讼师之颠倒三章可畏哉！然其策亦大奇矣。①

《智囊补》实际上是冯梦龙所辑的一部短篇小说汇编，其内容涵盖了明代大量的野史稗钞，多数故事有据可查。本则故事虽未见于史，其内容未必真实，但作者在文中生动地勾画出讼师贪婪狡黠的阴险嘴脸，足见作者对讼师天良丧尽、颠倒黑白行为的憎恶之心。

明末徽州名士江天一更是对讼师群体持极为反感的态度，他认为讼师为地方首恶，是扰乱地方秩序的祸根：

> 使天下无讼师，天下岂皆冤民乎？其初起于才智之人，或感丁气

---

① （明）冯梦龙辑：《智囊补》卷二十七《杂智部·狡黠·啮耳讼师》，《四库全书存目丛书》子部，第135册，济南：齐鲁书社，1996，第737—738页。

谊,不惜以笔舌为人泄愤除冤,既而喜其言之有当于人也。间复为之,又既而人善其词之中也,殷勤致赠,相于利矣。夫自喜其言之有当,而人又善之,因以获利也。则遂如日用饮食,习为固然。以必胜为主,虽杀千万人而不觉其忍。虽良朋劝止而有所不能,何必冤愤,虽使人含冤抱愤所不惜矣。乃更有愚而狡者,以为此亦谋生一端。吾可习为之,以给朝夕。于是亦试之,亦熟之,而其道且行,遂乃恬然悬其名,唯恐人之不我就也,讼师于是乎满天下矣。嗟乎,杀人与淫人之恶,人皆知之。若讼师则不自知,其杀人之多,其恶等于杀、淫,而又有过于杀、淫者,故吾见刀笔之夫如鬼魅禽兽之俨然人食,而人揖让也。吾畏且憾,旋而起怜悯焉。窃哀夫人既识字矣,乃专识杀人之字,此如以火自照,而又自行陷阱之中,以为无伤也。孰知为天下之大恶哉? 吾尝曰:杀、淫、讼皆天下首恶,非迂也。①

　　江天一甚至认为讼师这一职业就不应该存在,既然由于"历史原因"形成了讼师职业,那就必须对其行为严格限制,因为讼师为了牟利而不择一切手段,良知丧尽,已成为危害社会的毒瘤。江天一将讼师与杀人、强奸两项恶性刑事犯罪相提并论,三者并列为首恶,并坚持自己所持的观点绝非迂腐之意,足见晚明时期江南、徽州地区讼师群体之猖獗,对社会风气影响之恶劣。

　　晚明剧作家徐复祚在其笔记中记述了江南健讼风俗,以及讼师所分"等级"及其来源:

　　　　甚矣,吴人之健讼也! 俗既健讼,故讼师最多。然亦有等第高下,最高者名曰"状元",最低者曰"大麦"。然不但状元以此道获厚利,成家业,即大麦者亦以三寸不律足衣食,赡俯仰,从无有落莫饥饿死者,则吴人之健讼可想矣。然多是衣冠子弟为之。余识一张"状元",昆山人,忘其名。每与筹计一事,辄指天画地,真有悬河建瓴之势。可令死者生、生者死,诪张变幻,时阴时阳,百出不穷,何愧状元名号哉! 乃其初亦曾为博士弟子也。②

① (明)江天一:《江止庵遗集》卷六《杂著·讼师首恶》,《四库未收书辑刊》六辑,第 28 册,北京:北京出版社,2000,第 344 页。
② (明)徐复祚:《花当阁丛谈》卷三《朱应举》,《续修四库全书》子部杂家类,第 1175 册,上海:上海古籍出版社,1995,第 45 页。

徐复祚所言的"状元""大麦",实际上是讼师能力的差别,高水平讼师能达到"指天画地,真有悬河建瓴之势。可令死者生、生者死,诪张变幻,时阴时阳,百出不穷"的程度,即使水平偏低,也是"大麦"水平,能维持基本生活。徐复祚所说的那位"张状元",还是生员出身,放弃功名,以从事专职诉讼致富,不仅可见当时健讼之风,亦可见因受利益驱使,相当一部分生员已放弃了科考,专以讼师为业。

再看晚明时期的松江府,范濂直言不讳地称"刁告乃松人故态,而未为异常","上海健讼,视华、青尤甚"①。崇祯时期,即使是上海县外冈镇这样的弹丸之地,讼师群体不仅人数众多,而且分层明晰:

> 吴民健讼莫如吾邑,即三家村犊鼻负担之人,无不持囊吮笔,随手信口,动成爱书。昔维沈天池、杨玉川有状元、会元之号,近金荆石、潘心逸、周道卿、陈心卿,较之沈、杨虽不逮,然自是能品,其一词曰"此战国策也",其一词曰"左国语也",其自负如此。至湮没者不可胜数,谓之讼师,侦民有小不平事,嗾之讼,佐之请谒,缘以自资,有两造不欲终讼,而坚执之不容其息者。或持官府之短长,而托言条陈利弊,或诬良善为巨豪,而借名公举,谓之设呈(言陈说其事而呈之也)。夫词以达情,小民有冤抑不申者,借词以达之,原无取浮言巧故,故官府每下令禁止无情之词,选代书人为之陈其情,然其词质而不文,不能耸观,多置勿理,民乃不得不谋之讼师。田土而诬人命,斗殴而诬盗劫。对簿之日,官府即审,其情惘然,未必按以反坐之律,或虚情期以其方,官府弗能察,而小民受冤。近有主人逐其仆者,主人有仆以赖婚告,官断以为婿。西乡有白日劫烧者,乃牵连田土,官断以田价,皆讼师之谋也。如此之类,不可枚举,虽民之无良,亦上人之可以期售,而情诉者多不见信耳,禁奸之道,盍求其源乎?②

通过上述史料可知,即使是松江地区的小市镇外冈,其讼师也是人数众多,很多人将讼师作为职业选择,而且外冈镇的讼师亦如苏州讼师那样,按照讼师的能力高低、社会影响力大小,存在一套行业内和社会认同的民间

---

① (明)范濂:《云间据目钞》卷二,《笔记小说大观》第13册,扬州:广陵古籍刻印社,1983,第112页。

② (明)殷聘尹编:(崇祯)《外冈志》卷一《俗蠹》,《中国地方志集成·乡镇志专辑》第2册,第893页。

"评价体系"。被评价为"状元""会元"等的讼师,个人能力确实突出,尤其是在诉讼中巧舌如簧,颠倒黑白。殷聘尹又简要阐述了讼师众多的社会原因,即宋以来司法行为均奉行文本原则,如果不持文本,或者法律文书的书写者不谙司法程序,不熟悉法律法规条文,那么在诉讼中根本无法实现其诉求,故讼师产生有其社会需求的土壤。殷聘尹记述这条史料的目的是强调讼师混淆是非,颠倒黑白,但却暴露出地方理刑官自身的昏聩与不作为。在审理各类诉讼时,"官府弗能察"。理刑官员是否与讼师勾结,我们暂且不论,由于受制于层出不穷地诉讼和堆积如山的案牍,理刑官根本不会进行调研,审理时完全是偏听偏信,依赖诉状内容和讼师们的"辩护意见",归根结底即谁能闹、谁能折腾、谁会说、谁能说,谁就占上风,谁就能诉讼获胜。如此一来则恶性循环,不仅客观上助长了诉讼之风,而且促进了讼师群体的发展和壮大。

此后,江南讼师问题愈演愈烈,清初三大家之一的顾炎武更是一针见血地指出争讼之弊和讼师群体在诉讼中所起的恶劣作用:

> 民间少失意则讼,讼则务求胜,既问无冤矣,不胜必番,讼之所争之端甚微,而枝蔓相牵,为讼者累十数事不止。每赴诉会城,人持数词,于巡院则曰豪强;于盐院则曰兴贩;于戎院则曰埋没;于藩司则曰侵欺;于臬司则曰人命、强盗;于水利道则曰淤塞,随所在遍投之,唯觊唯理,即涉虚坐诬不恤,而被讼者且破家矣。曰起灭民之阴鸷而黠者,上不能通经学,下不肯安田亩,以其聪明试于刀笔,捏轻为重,饰无为有,一被笼络,牢不可出。凡健讼者之为害,皆此辈尸之也。人有指斥其恶者,则以他词中之,即有司且有拘制,上下莫之谁何者矣。曰扛帮,城中歇保户与讼家为地者,每偏相佐佑,曲为陈禀,以乱是非,或伺而遮之,俾其情不获上达。稍与抗则结众殴辱之,使负屈而去,故人家有讼,必重贿歇保之桀黠者以为羽翼。盖未至于庭而所费固已不赀,此贫弱所以重受困也。曰揽纳浮浪,无籍之人代当粮里而包收之,尝点收头而侵克之,求田问舍,娶妇嫁女,或以耗诸声妓之娱,罔故后患。一遇追并,多方诡避,及发觉,则诸宗族亲戚邻里与素所拂意之人,令其陪偿,或牵连数十人又弗克。完则有司官吏,或并受课殿之罚,公私盖又病焉。曰聚集民健而不知法者,遇有争竞,辄逞凶聚众,多或百人,少亦不下十数

人,鸣锣持杖,交相击斗,不惟大狱缘之而起,而习乱之风不可长也。①

　　晚明江南讼师不仅教唆词讼,而且有组织、有针对性地组织民众到省城相应管辖机关投诉。讼师与省城歇家、保长相互勾结,形成黑恶势力,把控诉讼。对于指责者或不找讼师代理者,或造谣中伤,或勾结衙蠹阻拦,甚至对当事人采取殴打、驱离方式,使之控告无门,有冤难伸。在乡间,讼师或挑唆栽赃富户,或为从中渔利而教唆聚众斗殴,讼师的行为造成江南治安混乱,社会严重失序。当然,讼师群体对于晚明司法环境的改变,也起到了一些推动作用。试想,如果没有讼师群体辩护,完全是司法官员一言堂式断案,在帝制时期的专制环境下,将会制造出更多冤假错案。

---

① （清）顾炎武:《天下郡国利病书》原编第廿二册《浙江下》,《续修四库全书》史部地理类,第597册,上海:上海古籍出版社,1995,第95—96页。

第五章　"车船店脚牙,无罪也该杀"?

——晚明江南商业秩序

我国民间有句俗语叫"车船店脚牙,无罪也该杀"。这句俗语折射出民间对"车船店脚牙"这五个行业及其从业者的厌恶之情。顾名思义,车,指的是古代通过人力、畜力从事陆路客货运输的行业及其从业人员;船,即从事水上客货运输的行业及其从业人员;店,主要为旅店业及相关从业人员;脚,为脚夫,即力工,从事搬运装卸的人员;牙,则是指古代从事商品交易中介的社会组织——牙行,以及在牙行中从事中介业务的牙人。

著名评书表演艺术家单田芳先生在其讲述的多部古代题材评书中,也经常提及"车船店脚牙,无罪也该杀"这句话。众所周知,评书源于宋代的"说话"艺术,受从业人员文化程度所限,近代以前评书鲜有文本,一般是师徒间口传心授。单田芳先生20世纪30年代初出生于曲艺世家,其父母、师父李庆海均为晚清时出生的民间艺术家,其评书艺术亦属于口耳相传的非物质文化传承。20世纪50年代以前,艺人社会地位很低,因生活所迫,只能走南闯北,在各地演出,与"车船店脚牙"行业接触频繁。从单田芳先生在评书中对这五个行业及其从业人员持批评和否定的观点,亦可窥见传统艺人对此五类行业的认识,对此五类行业从业者所持的鄙夷态度,以及这五个行业中不法从业者所产生的恶劣社会影响。

无论是"车船店脚牙"哪个行业,其发展、壮大及其社会影响,都与南宋以降商品经济发展的社会环境紧密关联。20世纪50年代以来,古代史研究领域出现了"五朵金花",作为"金花"之一的"资本主义萌芽"观点影响甚大。牙行作为商品流通的中介组织,歇家作为与牙行类似的社会团体,自然成了古代经济史研究领域的重要课题。因此,学界对牙行、歇家等社会组织的研究较深入,学术成果丰硕,现择要进行简要述评。

前辈学者刘重日、左云鹏二位先生从牙人的溯源及其演变、牙行名称蜕变及其组织形式、牙人牙行的性质及其在交换中的无赖行为三个方面进行了探讨,对牙行的中介作用大致持肯定观点。他们认为牙行控制市场,对交换关系存在强制、煽惑、引诱、勒索等现象,不能反映牙行"有经济上的权力","不是牙行控制了当地市场,相反的是操重资上市的大商人通过了牙行这层关系对市场进行控制,但决不能就把它说是牙行"。明代后期至清代,牙行已经对交换关系起阻碍作用,变成了经济发展中的消极因素。同时,牙行由于"既不从事商品贩卖,更不参加购进原料的商业活动,自然谈不到包买商的性质了"①。吴其衍先生认为在中国古代商业史中"牙人和牙行占着极其重要的地位,对商业和商业资本的发展产生过重大的影响。牙行制问题是商业史研究的重要课题"②。韩大成先生认为牙行的中介行为,不仅增加了政府收入,而且推动了商品生产和交换的发展。虽然牙行有把持行市、勒索牙佣等弊端,但其积极作用是主要的③。韩先生在其专著《明代城市研究》中进一步阐释了牙行的功能和作用。他认为在明代"由于市场的扩大与商业的日益繁荣,牙行的重要性也日益显示出来"。因为对于商品生产者而言,"由于社会分工的发展与市场的扩大,他们对各地市场的供求情况和商品价格,不易全面掌握"。"在运输货物的过程中,船户、脚夫的偷盗换货等事也经常发生,这一状况迫使小商贩和小商品生产者不得不依赖牙行",大商人对牙行的依赖则更强,其在各地收购商品,因为人地生疏,费时费力,成本过高,"两者相比,委托牙行收购较为有利"④。陈忠平先生讨论了明清时期江南市镇的牙人和牙行,他认为明代中叶后,伴随江南商品经济发展,江南地区牙行大批出现。牙人作为市镇商品交换的中介人,并不需要雄厚的商业资本,但却需要一定的社会关系、社会地位和社会阅历。牙行作为牙人组成的行帮组织,并不要固定完备的门面设施。牙人与牙行是强化统治和商品经济发展之间矛盾的产物。它是出于官府控制商业活动的目的,又是适应行商客贩正当经商要求而在市镇中大批出现。"在当时的市镇经济生活中主要起了积极的作用"⑤。杨其民先生根据当时新发现的嘉靖牙帖,考释了牙人牙行历史、牙帖的发放和领取机构、官给店历籍簿、路引等,并讨论了牙帖的法律依据及牙行的演变和消失过程,指出直至 20 世纪前期,牙行虽名亡而实存,1933 年上海郊县菜农成立合作社,还受到当地牙行的阻挠

---

① 刘重日、左云鹏:《对"牙人""牙行"的初步探讨》,《文史哲》1957 年第 8 期,第 39 页。

② 吴其衍:《清代前期牙行制试述》,中国社科院历史研究所清史室编:《清史论丛》第 6 辑,北京:中华书局,1985,第 26 页。

③ 韩大成:《明代牙行浅论》,《社会科学战线》1986 年第 2 期。

④ 韩大成:《明代城市研究》(修订本),第 137—138 页。

⑤ 陈忠平:《明清时期江南市镇的牙人与牙行》,《中国经济史研究》1987 年第 2 期,第 38 页。

和干扰①。关于古代交易中介人的称谓变化,陈明光、毛蕾二位先生进行了考述,提出驵侩、牙人、经纪、掮客、媒人等是随时代变化的不同称谓,交易中介人的各种称谓中蕴含着不同时代社会经济内容的观点②。南炳文先生认为明代虽然时常发生不法牙人为图私利,设局坑害买卖双方的事件,但在商人和政府的有效防范下,就整体商业运行而言,牙人的存在尚有积极意义,其积极作用大于弊端③。樊树志先生认为"牙行是市镇经济结构的中枢,操纵市镇经济的运行","牙行一方面凭借势要之家撑腰,另一方面自恃经济实力雄厚,常常成为地方一霸"。"牙行是市镇上新兴势力与守旧势力的混合物,带有自相矛盾的两重性:一方面助长商品经济的发展,借以从中获利;另一方面却利用自己的手破坏商品经济的正常发展"④。樊先生甚至认为牙行等组织是商品经济发展的必然产物,或是商贾云集,市场繁荣的衍生物,是市镇经济运作的润滑剂,是不可或缺的,只要存在发达的商品经济与市场运作,就有行霸等恶势力存在的合理性⑤。童光政先生对明律中"私充牙行埠头"条进行了解读,他认为《大明律》将牙行制确定为全国通行的一种法定制度,是对宋元以来市场交易中介行为进行总结继承和明初社会经济秩序要求"因事制律"的结果。该法条几乎涉及了市场管理的各个环节,通过该法条的制定,使明代官府能够通过控制市场交易中介组织来调整市场秩序,实现规范管理市场的目的⑥。黄东海先生从新制度经济学的角度对牙行制进行分析,他认为牙行制度产生于商品经济发展的内在需要,是参加商品交换的各种经济主体在经济理性的驱动下,自发选择的经济制度,这个过程是诱致性的制度变迁过程;由于牙行制的变迁,使其公法性职能越来越占据重要地位。牙人由原本受雇于买卖双方、为促成交易提供信息服务,而一变成为受雇于官府,代收商课杂税、组织"应行""当官",维持市场秩序,预防调处商业纠纷⑦。李潇先生以明代小说为中心,对明代牙人、牙行的职能与商牙

① 杨其民:《买卖中间商"牙人"、"牙行"的历史演变——兼释新发现的〈嘉靖牙帖〉》,《史林》1994 年第 4 期。

② 陈明光、毛蕾:《驵侩、牙人、经纪、掮客——中国古代交易中介人主要称谓演变试说》,《中国社会经济史研究》1998 年第 4 期。

③ 南炳文:《明代的不良牙人及其防范》,《中国社会历史评论》(第一辑),天津:天津古籍出版社,1999。

④ 樊树志:《晚明史》,上海:复旦大学出版社,2003,第 139—140 页。

⑤ 樊树志:《明清江南市镇探微》,上海:复旦大学出版社,1990,第 170—171 页。

⑥ 童光政:《明律"私充牙行埠头"条的创立及其适用》,《法学研究》2004 年第 2 期。

⑦ 黄东海:《传统中国商业法制的一段秘史——制度变迁视角下的牙人牙行制度》,《中西法律传统》,2009,第 343 页。

关系进行了探讨,他认为明代牙人除了代客买卖外,还与客栈结合形成了歇家牙行,为客商提供食宿,并代为雇佣船脚夫,客观上保护了商人利益,特别是牙人通过协助商人买卖建立商业信用,进而逐渐出现代为收账,继而又出现商人委托牙人经营资本,甚至将资本直接投入到生产领域,揭示了明代商牙活动相互促进商业经营模式的发展和变化。但明代不法牙人对商人利益的侵害亦不能忽视,这些案例揭示出明政府对牙人牙行的控制力日趋衰微①。苏州在明清时期工商业繁荣昌盛,是江南区域经济发展的缩影,故沈俊杰先生以苏州为例,认为公所是对牙行的继承和创新,改变了牙行强制性、模糊性和针对性的行业准入职能。在一定程度上昭示着明清时期工商业运行从自由散漫到政府管控,再到行业自治的发展历程。这种由外而内的结构—功能转变,是明清时期工商业法制发展的有力见证②。

　　学界对于女性牙人研究较少,台湾女学者衣若兰先生在其硕士论文的基础上,充分利用明代官书、文集、方志、笔记等史料,对三姑六婆进行了职业划分,从女性视角详细地阐释了从事中介活动的牙婆群体及其社会活动形式,在此基础上系统分析了晚明世风和明代女性的职业生计等问题。衣若兰先生的这部著作对于明代女性职业生计研究具有开创性贡献③。

　　所谓歇家是明清时期商人在从事旅店业的基础上,开展商品中介、职业介绍、包揽钱粮、词讼等业务。学术界关于歇家的研究,最初主要集中于对清代至民国时期西北地区从事汉蕃贸易的歇家研究。例如王致中先生早在1987年即对清代青海湟源地区歇家进行了考述④。许文继先生对明清时代歇家资料进行了梳理和分析,认为歇家作为非正式制度在功能上是对作为正式制度的赋役制度、诉讼制度和商业贸易的一种补充⑤。对于明代歇家研究,胡铁球先生用力颇多,虽然其个别观点被高寿仙、范金民等前辈学者质疑和商榷,但总体而言,胡铁球先生对明代歇家的研究深入细致,将歇家研究推向高峰,可谓研究明代歇家的集大成者。胡铁球先生认为歇家为客店的别称,除了这一基本含义外,后来还特指住所和一些衙门某些特殊的职役,歇家虽是客店的别称,但在客店的基础上兼营各种业务,其中商业贸易

---

① 李潇:《明代牙人、牙行的职能与商牙关系的探讨——以明代小说材料为中心》,《东南大学学报(哲学社会科学版)》2014年第5期。

② 沈俊杰:《从牙行到公所:明清苏州工商业的中介组织》,《苏州大学学报(法学版)》2018年第4期。

③ 衣若兰:《三姑六婆——明代妇女与社会的探索》,上海:中西书局,2019。

④ 王致中:《歇家考》,《青海社会科学》1987年第2期。

⑤ 许文继:《歇家与明清社会》,《明史研究论丛》第6辑,北京:中国社会科学出版社,2004。

特性尤为突出,歇家利用其商业势力和特殊身份强力介入了赋役和司法领域①。对于歇家与牙行结合这一问题,胡铁球先生认为,在明清商贸民营和赋役货币化的过程中,歇家与牙行相互结合,形成集客店、经纪人、仓储、贸易,甚至运输、借贷于一体的新商业运行模式,即歇家牙行经营模式。该模式上承邸店、塌房,下接字号、坐庄,成为明中叶至民国的主导模式之一②。对于歇家参与赋役和司法领域的原因和方式,胡铁球先生认为自明中叶起,歇家以仓场为中心,利用其自身功能,在为纳户提供各种服务的同时,他们还与各色人员相勾结,包揽了纳户赋役上纳,成了仓场支配纳户行为的核心力量。明政府为了控制歇家,将歇家编为仓役,形成了盘踞仓场型歇家③。而歇家参与司法领域是其社会功能的延伸,其介入司法领域的方式主要有三种:利用其赋役征收功能延伸到司法领域;利用提供食宿服务功能延伸到司法领域;利用其保人、职役、解户的身份直接或间接干预司法审理及监狱制度的延伸管理④。胡铁球先生在其博士论文中,系统地解读了歇家概念、构成人员,考察了设立歇家职业的衙门、歇家产生的制度变革背景、县乡歇家和仓场型歇家⑤。保歇制度在明中期至清初一度盛行,胡铁球先生进一步阐述了其产生原因。他界定了保歇的概念,指出就县域保歇而言,是县衙与乡民之间的中间机构,是政府为了追征赋役和词讼审理的方便而设置的一种制度,在政府方面言其为保户,在乡民方面则言其为歇家,故合称为保歇。他认为政府赋予保歇的核心职责主要是追征赋役、拘禁里长或纳户、勾摄、拘提、引领所保里长到衙门等。就乡民而言,歇家几乎成了他们进城的桥梁,不管是应役、缴纳赋税,还是进城贸易、打官司,皆需经过歇家这个环节,使歇家成为实际控制乡村的势力群体⑥。杜立晖先生则根据稀见文献《滨州革除歇家批头记》的记载,将歇家界定范围扩大,他认为歇家"应当是从事这一类职业的人和组织的统称,它的涵义至少包含两个层次,第一层次,是指从事经营客店、生意经纪、赋税追缴、治安管理、司法诉讼等活动,甚至还有一些参与到军事活动中,也有一部分被直接纳入政府职役的范畴。第二个层次,歇家在一定条件下还具有组织的含义","它既指行业组织或行

① 胡铁球、霍维洸:《"歇家"概况》,《宁夏大学学报(人文社会科学版)》2006年第6期。
② 胡铁球:《"歇家牙行"经营模式的形成与演变》,《历史研究》2007年第3期。
③ 胡铁球:《明及清初"歇家"参与赋役领域的原因和方式》,《史林》2007年第3期。
④ 胡铁球:《"歇家"介入司法领域的原因和方式》,《社会科学》2008年第5期。
⑤ 胡铁球:《明清歇家研究》,华东师范大学博士学位论文,2010。
⑥ 胡铁球:《明清保歇制度初断——以县域"保歇"为中心》,《社会科学》2011年第6期。

业协会，也可能是独立从事经营的实体单位等"①。

上述关于牙行、歇家的部分学术成果，使我们对牙、歇制度运行、影响等问题有了较清晰的了解，学界既有成果多是集中关注牙、歇在赋役、商品流通领域的作用和影响，对牙、歇组织多持肯定的态度。但学界对于牙、歇组织对晚明江南社会治安的影响则关注较少，故本章在其他学者研究基础上，考察牙行、歇家、脚夫等群体对江南社会治安秩序的影响，以及官府对其管控手段之得失。

第一节　牙行

明代牙人群体是明代商业发展的重要中介组织，政府监控市场的执行者，明政府通过牙帖、牙税等对商业活动进行管理。经历元末自然灾害和农民战争而建立的明政权，其立国之初的首要任务是恢复生产，促进社会经济复苏。在恢复农业生产方面，明政府先后制定"均工夫""黄册""鱼鳞图册""里甲""粮长"等制度，确保赋役征收。正如清人赵翼所言，"明祖行事多仿汉高"②。明太祖朱元璋不仅在政治上效仿汉高祖刘邦的制度设计，而且在经济领域亦成为抑商政策的践行者，特别是由于朱元璋出身社会底层，青少年时期耳濡目染了牙行种种弊端和社会危害，对牙行及其从业者非常厌恶，故朱元璋在其亲自制定的带有判例法性质的三编《大诰》中，试图以强制手段禁止一切牙人活动。《大诰续编》第八十二篇即以"牙行"为标题，此篇中所载：

> 天下府、州、县、镇店去处，不许有官牙、私牙。一切客商应有货物照例投税之后，听从发卖。敢有称系官牙、私牙，许邻街坊厢拿获赴京，以凭迁徙化外。若系官牙，其该吏全家迁徙。敢有为官牙、私牙，两邻不首，罪同。巡阑敢有刁蹬取货者，许客商拿赴京来。不应税而税者，且如海南民有娶新妇者，其县官将下礼牲口并新妇俱要税钱，已行拿赴京师，治以死罪。今山东胶水县丞欧阳祥可不鉴前非，又将人家下礼牲口索要税钱，诈取财物，自取之罪，安可逃乎？所以罪同海南县官者，为

---

① 杜立晖：《关于明清之际"歇家"的再探讨——以〈滨州革除歇家批头记〉为中心》，《历史档案》2012年第3期。

② （清）赵翼著，王树民校证：《廿二史札记校证》卷三十二，"明祖行事多仿汉高"，北京：中华书局，1984，第737页。

其蹈恶也。①

尽管朱元璋严厉禁止牙行,但受利益驱使,仍有很多人不惜铤而走险。《大诰续编》颁布没多久,在朱元璋辇毂之下的应天府上元、江宁二附郭县即出现了当地居民私设牙行的事件,令朱元璋非常恼火。朱元璋在《大诰三编》中言道:

> 军民有违令而不从教者,莫甚于应天府上元、江宁两县民刘二等,男丁王九儿等一十四名,先为天下府、州、县及人烟辏集村店、马头去处,各商人等贩卖物货,多被官私牙行等高抬低估,刁蹬留难,使客商不得其便。商有强者,本利无亏。才有淳良者,皆被牙行所制,本利俱伤,亦且留难迟滞。所以《续诰》颁行,明章禁治。其刘二等暗出京师百里,地名边湖,称为牙行,恃强阻客,以致拿缚赴京,常枷号令,至死而后已,家迁化外。此诰一出,所在人民,观此以为自戒。倘不奉命,罪同刘二等。②

虽然刘二等人的行为已不单纯为私设牙行,有强迫交易、寻衅滋事之嫌,但其被捉拿至京后,被实施枷号之刑,直至枷死方罢休的做法,参照明律的刑罚标准,此种惩处方式无疑是量刑畸重,且属法外用刑。当然帝制时期,皇权干预司法的事例不胜枚举,通过此案例足见朱元璋残暴的性格和打击牙行的坚定之心。洪武时期朱元璋无视经济规律的做法比比皆是,禁止牙行只是其中之一,其以行政强制力和严刑峻法的手段遏制牙行的做法,均以失败告终。

朱元璋去世后,随着社会经济的恢复和商品经济的发展,作为中介组织的牙行成为商品流通和社会经济发展不可或缺的机构。朱元璋禁止官、私牙行的做法,本身就是违背经济规律的行为,但在祖制"阴魂"笼罩下,明统治者欲调整经济政策,只能采取变通的手段。从永乐时期开始,明廷不断对洪武政策进行修正和变通,朱元璋禁绝牙行的做法自然也在变通之列。对于恢复牙行,则是通过弛禁的方式进行,即对各地开设官、私牙行的行为,持

---

① (明)朱元璋:《大诰续篇》,《牙行第八十二》,见张德信、毛佩琦主编:《洪武御制全书》,第851页。

② (明)朱元璋:《大诰三篇》,《私牙骗民第二十六》,见张德信、毛佩琦主编:《洪武御制全书》,第911页。

不闻不问、不予禁止、任其发展的态度。故自仁、宣时期开始,在调整江南政策的大背景下,各地牙行纷纷复兴。"景泰二年收税,则创每修始有牙钱,而今官、私牙遍天下"①。

虽然牙行弛禁,但为保障商品有序流通,避免其他人染指商业税收,防止商业税流失,故统治层在《大明律·户律·市廛》中设"私充牙行埠头"条,严禁私人设置牙行,充当牙人。该条规定:"凡城市乡村诸色牙行及船埠头,并选有抵业人户充应,官给印信文簿,附写客商船户住贯、姓名、路引字号,物货数目,每月赴官查照。私充者杖六十,所得牙钱入官,官牙埠头容隐者,笞五十,革去。"《集解》所作司法解释为"革去通官牙埠头,言恶其容隐分利也"。《大明令》规定"凡客店每月置店历一扇,在内赴兵马司、在外赴有司署押讫,逐日附写到店客商姓名人数,起程月日,各赴所司查照。如有客商病死,所遗财物别无家人亲属者,官为见数行移,招召父兄子弟或已故之人嫡、妻识认给还,一年后无识认入官"。《大明律》所附《问刑条例》规定"杨村、蔡店、河西务等处,如有用强拦截民运粮船,在家包雇车辆,逼勒多出脚钱者,问追给主,仍发边卫充军"②。嘉靖时期刑部郎中雷梦麟对此条的解读为"有抵业人户者,谓其人有家业可以抵客货业。并选有抵业人户充应,则有所顾惜,无诬骗之弊。虽或被诬骗,而有所抵还,无亏折之患。官给印信文簿,附写客船户住贯、姓名、路引字号、物货数目,则客商有所察而无越关之弊,物货有所稽而无匿税之弊。若有私充者,杖六十,所得牙钱入官。官牙埠头容隐者,笞五十,各革去"③。从上述律令可知,无论是明初制定的律令,还是后来刑部官员所作的《集解》《琐言》《问刑条例》,都显示出统治者试图在制度层面控制牙行,继而控制商品流通领域的意图。由于牙行能够给政府带来巨大的税金收益,故从政府层面而言,以法律形式规范牙行运行,保障税收,推动社会经济发展是其最佳选择。面对如此巨大的利益,明代统治者不可能与民间共享,不会容忍他人来分"一杯羹",故最初弛禁牙行,也只是恢复官牙,对于私牙,明前期依然持禁止的态度。明中叶以降,随着商品经济迅速发展,江南地区及运河沿线,市镇林立,一方面为适应商品流通,需要牙行这样的中介组织来满足市场需求;另一方面则因为牙行能带来巨大的商业利润,故各地豪强、缙绅纷纷插手牙行,设立私牙牟利。基于此原

---

① (明)杨嗣昌:《杨嗣昌集》卷十二《恭承召问疏·议诸司职掌》,第257页。

② 《大明律》卷十《户律七·市廛·私充牙行埠头》,《续修四库全书》史部政书类,第862册,第484页。

③ (明)雷梦麟:《读律琐言》卷十《户律·市廛·私充牙行埠头》,第200页。

因,各地官方对出现的私牙均持默许态度,任其发展。这里需要说明的是,朱元璋之后的历任统治者,并未颁布恢复牙行的诏令,只是弛禁而已,因此,晚明时期部分地方官员将《大诰》中禁止设立官、私牙行的相关判例,作为其禁止牙行经营的法律依据。

所谓官牙,前辈学者韩大成先生认为"官府开设。官牙涉及的方面很广,明王朝以及诸王开设于各地的官店,最初原是为征收商税和充当塌房而设。后来逐渐发展为官牙。自明中叶以后,在各市舶司中叶设有专主华夷贸易的牙行,如浙江市舶司中主贡夷交易的'行人';嘉靖时,广东市舶司中的客纲、客纪等,都属于官牙。在福建市舶司中就有牙人二十四名之多。此外,在一些市镇中,明朝地方官府为检查税收、管理市场,也设有官牙"①。多数市镇中的"官牙"并非真正意义的官办、"国营"牙行,而是地方势力在官府申领牙帖后,经营的贸易中介机构。即获得地方政府特许经营,并按一定比例向政府缴纳税金的牙行,同样也被视为官牙。

仁、宣以降,全国大部分地区社会经济得到恢复,特别是江南和运河沿线地区市镇林立,商业繁荣。市镇发展,主要通过当地商贾经营和外地行商贩卖、采购等商业形式来推动。市场的发展,为当地带来巨大的商机和利润,必定被地方势力所觊觎。故经营牙行,仅仅有资金基础、经营理念,是完全没办法运营和获利的。如果想获利,则必须要有强大的社会背景作为靠山,或有官府势力来撑腰,或以当地卫所为倚靠。很多牙行经营者本身即是当地豪强,利用其强大的势力和雄厚资金,豢养大量奴仆和社会闲散人员作为打手,把控市场,攫取利润。晚明士人揭重熙认为"即一小小牙行,皆系异民充当,土民无敢与分利者"②,揭氏所言的"异民"即是有势力、背景者。

前文所讨论的"打行",在市镇中往往与牙行势力相互勾结,欺行霸市,扰乱社会秩序,破坏市场经营。万历八年(1580)以后,打行开始在松江盛行。打行"名撞六市,分列某处某班,肆行强横,有瞯乡人持物入城,设计诳骗至深广之处,半骗半夺者;有同赴官理讼,为仇家赂集,驾祸扛打,而其人无所控诉者;有白昼偷摸,地方结扭送官,适遇党与救解脱去,反受侮虐。如俗所称炒盐豆者,诸如此类,不可殚述"③。在松江府上海县南翔镇"市井恶少无赖,所谓打降、白拉者,是处有之,南翔为甚。打降逞其拳勇,凡抢亲扛

---

① 韩大成:《明代城市研究》(修订本),第139页。
② (明)揭重熙:《揭蒿庵先生文集》卷三《劝农悃言》,《四库禁毁书丛刊》集部,第182册,北京:北京出版社,1997,第587页。
③ (明)范濂:《云间据目抄》卷二《纪风俗》,《笔记小说大观》第13册,第112页。

媪,抬神扎诈,诸不法事,多起于若辈。白拉聚集恶党,潜伏道侧,候村氓入市,邀夺赍物。或私开牙行,客商经过,百计诱致,不罄其赍不止。此等恶习,最为民害"①。同属松江府的南汇县,晚明时期"无籍之徒三五为群,酿酒肆横,强取市物。或习拳勇聚党结盟,谓之小弟兄。迎神赛会敛钱演戏,勒派良善。伙赌窝娼,留蔽盗贼,借力打降,此类不一,各以其地,名曰某帮某帮,此乱民也"②。打行与牙行结合,已成为晚明市镇经济和商业流通领域的痼疾。直至清中期,江南市镇依然是"市中贸易,必经牙行。非是,市不得鬻,人不得售"③。普通民众想到市镇经营,就必须受到牙行盘剥,否则无法完成交易,牙行俨然成了市场的管理者。

在晚明松江地区,棉布为当地特产,供需两旺,"前朝标布盛行,富商巨贾,操重资而来市者,白银动以数万计,多或数十万两,少亦以万计,以故牙行奉布商如王侯,而争布商如对垒,牙行非借势要之家不能立也"④。通过叶梦珠的记述可知,为了争夺"大客户",攫取巨额利润,各牙行之间剑拔弩张,不惜诉诸武力。牙行之间若想在对垒中占据上风,所凭借的只有自身实力和背后的靠山。当然,那些携巨资来江南经销、采购的富商巨贾也绝非善类,例如"竹木商人多募凶恶水手,连簰横撑,依牙行门首摊泊,挤塞河道,拦绝水势"⑤,严重阻碍交通,却无人敢过问。

牙行虽然对富商巨贾奉若神明,但对普通交易者却没有那么高的职业道德。清代太仓士人认为行霸是市镇经营环境的极大危害,"旧时棍徒,赤手私立牙店,曰行霸。贫民持物入市,不许私自交易,横主价值,肆意勒索,名曰用钱。今则花市柴米纱缭,下及粪田之属,皆有牙行。类皆领帖开张,悉照市价,主其交易。惟用钱之名由旧"⑥。同时期的嘉定士人亦持同样观点,认为"行霸,私立牙行,高低物价擅取用钱,买者卖者各有除勒,名曰内

① (嘉庆)《南翔镇志》卷十二《杂志·纪事》,上海:上海古籍出版社,2003,第185页。
② (光绪)《南汇县志》卷二十《风俗志》,《中国地方志集成·上海府县志辑》第5册,南京:江苏古籍出版社,2008,第901页。
③ (嘉庆)《安亭志》卷三《风俗》,《上海乡镇旧志丛书》第2册,上海:上海社会科学院出版社,2004,第32页。
④ (清)叶梦珠:《阅世编》卷七《食货五》,北京:中华书局,2007,第179页。
⑤ (明)张内蕴、周大韶《三吴水利考》卷十三《朱郎中条约》,《景印文渊阁四库全书》史部地理类,第577册,台北:商务印书馆,1986,第485页。
⑥ (嘉庆)《直隶太仓州志》卷十六《风俗》,《续修四库全书》史部地理类,第697册,上海:上海古籍出版社,1995,第273页。案,(光绪)《月浦志》(《上海乡镇旧志丛书》第10册)卷九《风俗》中关于牙行的记述与嘉庆太仓志一字不差,显然是晚清上海月浦士人抄袭太仓州志所致。详见是书第190页,上海:上海社会科学院出版社,2006。

用、外用,结连光棍,邀人货物,卖布者夺其布,贸花者夺其花。人不得自由,此一害也"①。由此可见,牙行与打行地痞相勾结,不仅对交易双方进行敲诈,而且还强买强卖,巧取豪夺,甚至公开抢夺商品,形同劫匪。

由于牙行拥有对市场物价定价的权力,故能够通过操控价格来获取巨额利润。牙行不仅能够操控正常商品价格,甚至对军需品——马匹也敢操控价格。故明前期的名臣丘濬建议"朝廷酌为中制,定为马价。马之价公私交易,皆不许过二十缗,违者马与价俱入官,牙行之人坐以违制罪"②。丘濬的建议最终不了了之,牙行把控物价的局面并未有任何改变。明中叶时,梁材上疏称"迩来京师物价,间多腾贵。科道时估,常欲樽节,不敢骤加,惟恐上亏官价,下招物议。况又有等无籍小人,捏词投报,缉事衙门,多端生事,吓诈贿赂,遂致行户利或得一二,而资本已亏其八九,于今人人告退,日逐驱迫,若差遣然,殊非事体"。梁材认为之所以出现如此窘境是因为"凡买卖诸物,两不和同,而把持行市,专取其利。及贩鬻之徒,通同牙行,共为奸计"③。明末政府奖励宣府边防军的物资,居然也要在兵部、兵科、户部、户科等相关官员云集东朝房进行监督之下,由"崇文门监督唤集牙行人等,逐一再行估计"④。

至于牙行对交易双方强买强卖、敲诈勒索等不法行为,晚明时期在全国各地已经是常态。万历十一年(1583),两淮巡盐御史任养心上疏称"淮南、淮北二所被积棍给帖充行,科敛商人,派取供应,每岁吞噬不啻万两"⑤。晚明江南白粮北运已成为江南百姓最难承受的苦差事,究其原因,"盖因埠头横索牙用,每船扣银四十两,多者五十两。船户既受埠头之勒索,势不得不从"⑥。粮长受到牙行勒索,运粮成本陡增,早已不堪重负。

明末战乱不断,即使是输边军粮,其价格也会被牙行哄抬,借以渔利。毕自严在奏疏中写道:"奸商通贿牙行,往往高抬妄报,司道好为姑息,往往

---

① (康熙)《嘉定县志》卷四《风俗》,《中国地方志集成·上海府县志辑》第 7 册,南京:江苏古籍出版社,2008,第 494 页。

② (明)丘濬:《马政议·市马养马》,见(明)陈子龙编:《明经世文编》卷七十五,第 647 页。

③ (明)梁材:《议勘光禄寺钱粮疏·平估均派》,见(明)陈子龙编:《明经世文编》卷一百二,第 909—910 页。

④ (明)毕自严:《度支奏议》,《堂稿》十九《再估宣镇抚赏货物疏》,《续修四库全书》史部诏令奏议类,第 484 册,第 194 页。

⑤ 《明神宗实录》卷一百三十五,万历十一年三月丁酉,第 2522—2523 页。

⑥ (明)陈龙正:《几亭外书》卷四《乡邦利弊考·己巳冬送邑侯十议》,《续修四库全书》子部杂家类,第 1133 册,第 330 页。

曲法市恩。"①牙行把控市场已成不可救药之势,甚至连明末蓟辽总督熊廷弼在与友人的书信中,谈及牙行时,也无奈地称其副将万化孚不仅善相马,而且又出身于宣化、大同一带军户,"熟经夷市,不受牙行欺"②。可见,牙行已经到了连边防军军官都敢欺诈的嚣张程度。崇祯七年(1634),李自成大兵压境,即使是处于戒严状态的交战前线陕西韩城,当地牙行也根本不顾事态的严峻,依旧操纵物价,把控市场,借机攫取利润。为内忧外患所困的地方官只能"设为平准之法,私枭者禁,必致于市,而复立乡人之老有德者四人为市长,以防小贩之圈买,牙行之妄索"③。

明末"惟衙棍把持,勒掯百方;牙行需索,横征无艺"④。在上海县罗店地区,"镇之为患者曰行霸,如花布柴米,以及猪行高低物价擅取用钱,卖者买者各有抑勒,名曰内外用。甚有不肖之徒,至市梢拦接,乡民莫知所适。其狡者更以赝银小钱予之,种种弊害不可胜记"⑤。

牙行甚至已经发展到了使用假币坑害交易双方的地步。在晚明松江府嘉定地区,"市中交易未晓而集,每岁棉花入市,牙行多聚少年以为羽翼,携灯拦接,乡民莫知所适,抢攘之间,甚至亡失货物。其狡者,多用赝银,有撺铜、吊铁、灌铅、淡底三倾炼熟,诸色溷杂贸易,欺侮愚讷,或空腹而往,恸哭而归,无所告诉"⑥。故范濂认为"行使假银,民间大害,而莫如近年为甚。盖昔之假银可辨,今则不可辨矣。昔之行使者尚少,今则在在有之矣。昔犹潜踪灭迹,今则肆然无忌矣。甚至投靠势豪,广开兑店,地方不敢举,官府不能禁。此万姓之所切齿也"⑦。因为有当地豪强撑腰,松江市场上居然假银横行,而地方官却不过问,是时社会秩序的混乱程度可见一斑。

明人叶权认为,"今天下大码头,若荆州、樟树、芜湖、上新河、枫桥、南濠、湖州市、瓜州、正阳、临清等处,最为商货辏集之所,其牙行经纪主人,率

---

① (明)毕自严:《度支奏议》,《堂稿》卷七《议祛饷司宿蠹十款疏》,《续修四库全书》史部诏令奏议类,第483册,第270—271页。

② (明)熊廷弼:《与阎宪副海道·买马宣大》,见(明)陈子龙编:《明经世文编》卷三百八十一,第5299页。

③ (明)左懋第:《萝石山房文钞》卷二《自韩城再寄亲友书》,《四库未收书辑刊》六辑,第26册,北京:北京出版社,2000,第570页。

④ (明)毕自严:《度支奏议》,《堂稿》卷五《题覆会议边饷议单十二款疏》,《续修四库全书》史部诏令奏议类,第483册,第219页。

⑤ (光绪)《罗店镇志》卷一《风俗》,《上海乡镇旧志丛书》第11册,上海:上海社会科学院出版社,2006,第9页。

⑥ (万历)《嘉定县志》卷二《疆域考下·风俗》,《四库全书存目丛书》史部,第208册,第697页。

⑦ (明)范濂:《云间据目钞》卷二,《笔记小说大观》第13册,第113页。

赚客钱。架高拥美,乘肥衣轻,挥金如粪土,以炫耀人目,使之投之。孤商拼性命出数千里,远来发卖,主人但以酒食饵之,甚至两家争扯,强要安落。货一入手,无不侵用,以之结交官府,令商无所控诉,致贫困不能归乡里。商中有奸黠者,又为之引诱后至之人,使那前趦后,已得脱去,俗谓之做移夫。如此不数年,主人亦以奢败,固所甘心,而不知曾坑几商矣"①。不法牙行、不良牙人想尽一切办法,不择手段榨取客商钱财。

针对牙行扰乱社会的诸多不法行为,官员采取的措施基本是一禁了之。万历十年(1582),神宗在皇子出生而昭告天下的诏书中强调,"天下司府州县税课抽分衙门旧有定额,近年各路关津货物经由处所,擅立牙行抽税,罔利病民,诏书到日,抚按司道官查,系额外私设者,尽行裁革,违者两京科道官访实参奏"②。神宗的诏令,并未得到有效执行,牙行强迫交易,扰乱商业秩序的行为仍层出不穷。万历十一年(1583),针对两淮地区地棍把控牙行,强迫交易,扰乱商业秩序等不法行为,两淮巡盐御史任养心上疏建议,对于牙行的管制方式,"应于各衙门首竖立木榜,通行严禁,操抚衙门不得听嘱批允,以紊职掌"③。

由于明代制度执行缺乏持续性,对牙行的治理往往是运动式执法,一阵风过去,一切如故。万历《嘉定县志》记述了宦官与胥吏、牙行相互勾结,造成运户沉重负担的事实:"由江淮而北达于京师,中使多置无赖以为爪牙,如贪狼馁虎,无虑数十处,转输上供之米,比于杂货所榷,等于商人抵湾之日,又不得以时入仓,北地早寒,一夕冻合,赁屋贮米须明年冰解乃入。故役之繁重,莫过北运,官布类入内库,中官主收之,以入贿之多寡为美恶,拣换刁蹬,常经数岁不得毕事,至有死者"。"夫官非能自买也,必托之胥徒,胥徒必托之牙行,辗转之间,其费已甚,当解京时,无复赢余之财以佐驳换之用,遂至窘辱"④。我们通过《嘉定县志》的记述可知,晚明时地棍在地方胥吏等不法官吏劣绅的指使下,在各个关津要道邀劫船只,敲诈勒索,而地方官员则视而不见。这些牙行棍徒即使在灾荒时期,也趁火打劫,借机渔利,造成社会失序,民众生活雪上加霜,困苦不堪。

明末周孔教在江南救荒时严令"如有奸牙狡侩乘借年荒,故意增减,病商病民,定行拿究"。"本境之米不许出境,仍不定价,听其随便交易,如系外

---

① (明)叶权:《贤博编》,第 22 页。
② 《明神宗实录》卷一百二十八,万历十年九月辛酉,第 2378 页。
③ 《明神宗实录》卷一百三十五,万历十一年三月丁酉,第 2523 页。
④ (万历)《嘉定县志》卷六《徭役》,《四库全书存目丛书》史部,第 208 册,第 760 页。

省之米船,或往闽,或往越,船到即放,仍不许抽税,听其往来自便,关津棍徒不许邀截拦阻,以病邻国"。"凡本境米不许出境,外省米不许拦阻,最善矣,而多有富民籴米于本处铺行里排,及地方积棍亦指为私籴,乘机诈害,又闻各牙行多通各衙吏书及衙官,每本地米潜籴外境者,每石得银二分,安然放去而外方米出境者,又动禀衙官,索诈阻抑,与本院赈济实意水火相反,言之可恨,自后正官须加意稽察,再有如前弊,里排衙棍,枷号究治,不肖衙官,密报以便拿问"①。

天启时,亦因皇子出生,熹宗昭告天下时称"天下税课抽分衙门原有祖宗旧制,其各路关津隘口,商货经繇处所,曾经万历二十七等年设立征榷者,近因新旧兵饷诎乏至极,暂议开复,责成廉明经管,务期通商,于民不扰,此外倘有擅立牙行,私抽税钱网利病民者,抚按官严行查革,参奏重治"②。由于积弊已深,且牙行事关诸多体制内官商士绅的利益,故这种查革牙行的诏令,无异于一纸空文,根本无法贯彻执行。

在江南地区,地方官为整顿商业秩序,发展地方经济,往往规定"庶民云集沿河店铺,商人贩卖鱼肉酒米茶盐等物,俱许两平交易,敢有委官夫隶人等挟势减价强买,及牙行人等高抬时价贵卖者,许指实陈告以凭拿问"③。试图通过商民举报,打击牙行操控物价的气焰。堵胤锡分管杭州税务时,到任伊始即表明自己整肃牙行,清理逋税的态度,下令称"如有衙门胥役,巧立名色,指索诸商,许被害商人并诸色人等确据人赃,不时举告,尽法究治,以祛商蠹。各商亦宜重本急公,循则输报,不许轻信刁胥,作弊漏匿,以致事发,并究不贷"。"或有奸胥豪役,依凭城社,扰害地方,素为商民切齿者,到任之日,即许诸人告发,依凭拿究参治。本部为上为国,为下为民,矜寡不欺,强御不畏,冰心铁面,期与商民人等共见悉之"。"本部雅意釐奸,矢心秉法,一应权务可否兴革,俱虚公亲理,在内并无幕宾,在外不任衙役,敢有狐鼠弄权,假借打点名色者,许不拘人等,据实告发,科赃依律"。"奸胥、奸商并牙行、船户、脚夫,透漏税课,诡弊百出,何可枚举?本部未任之先,读书西湖数载,凡此伎俩,略在睹闻。特置赏罚二格,首发有功者,破例重赏,不逾时刻,事发诸犯,务在直搜根槩,穷究底里,毫无情面与尔姑容,尚革面心,一

---

① (明)周孔教:《周中丞疏稿》,《西台疏稿》卷二《救荒事宜·督抚军门救荒事宜》,《续修四库全书》史部诏令奏议类,第481册,第236、237页。

② 《明熹宗实录》卷六十四,天启五年十月庚子,第3038—3039页。

③ (明)张内蕴、周大韶:《三吴水利考》卷十三《颜郎中开江条约》,《景印文渊阁四库全书》史部地理类,第577册,第481页。

洗腹肠"①。堵胤锡又针对为"牙埠包漏",造成税款流失的局面,重申禁令称:"以杭郡上通闽广,下接苏松,凡商贾凑泊之区,多即乡绅士夫驻节之地,遂有卷稍民座站船游山浪船等公,将应税货物夹带,诈冒名色,讨关漏税国课,莫此为甚。当兹功令严切,课税烦殷,若果系缙绅先生在船,自然恕己爱人,闻恶共愤。凡为此弊皆系牙行、船头通同作弊,甚有商人爱惜资本,不肯入揽,而恶棍掣扶,不容分说者。本部稔知,深可痛恨,为此示仰黑、北二埠头、脚夫、船头知悉,如有仍兜揽商货,查出首发,定行尽法究治,设牙行、脚夫不发货,商人岂能鬼输? 设埠头、船户不肯装货,商人岂能飞渡? 此破里得奸,撅根除弊之捷法也。每逢朔望日期,牙行埠头各递,并不包揽甘结缴查,法在必行,决不姑息,须至示者"②。

明代江南商业经济高速发展,主要表现在苏州市镇经济繁荣,商品流通便捷。然而苏州当地牙行邀劫行商,已成常态,不仅严重侵害了商民的利益,同时对江南商业秩序起到了极大的破坏。苏州南濠地区牙行纠集当地地痞无赖,遇到商船、货船,立即蜂拥而上,"丛打乱抢","致使异乡孤客,素手空回"。故天启七年(1627)九月,苏州府下令"永禁南濠牙户截抢商民客货",并立碑为证,以示打击牙行不法行为的决心③。

虽然部分牙行牙人对社会秩序破坏性极大,但该群体中亦不乏正义之士。"癸卯甲辰间,税棍俞愚、金阳等所在恣行,民不堪命,敝里有牙行赵焕者,慨然发愤,具呈前抚院曹嗣老公祖,尽暴其奸,俞愚一班痛恨入骨,适遇焕于江阴之长泾,缧绁之而去,杀而沉其尸于河,则是赵焕为地方而受祸也"④。赵焕因举报不法税棍,为民请命而遭到税棍的报复,惨遭杀害,故晚明名士顾宪成对赵焕的正义行为给予了高度评价,对其被害表现出悲愤和惋惜。

浒墅关不法人员勾结胥吏,"奸棍为害"的现象由来已久,对商民侵害的案件层出不穷,苏州府及南直抚按官员多次下令严禁税棍包揽税务,由于受利益驱使,且犯罪成本极低,又有官员胥吏作为保护伞,故屡禁不止。当地税棍有恃无恐,变本加厉,"乘机煽毒,遂违明制,毁灭院文,酷督贸商,横加

---

① (明)堵胤锡:《权政纪略》卷一《申禁令·到任日牌示》,《续修四库全书》史部政书类,第834册,上海:上海古籍出版社,1995,第368页。

② (明)堵胤锡:《权政纪略》卷四《黑北船埠示》,《续修四库全书》史部政书类,第834册,第381页。

③ 江苏省博物馆编:《江苏省明清以来碑刻资料选集》,第一一三《苏州府永禁南濠牙户截抢商民客货碑记》,第186页。

④ (明)顾宪成:《泾皋藏稿》卷四《东浒墅榷关使者》,《景印文渊阁四库全书》集部别集类,第1292册,台北:商务印书馆,1986,第38页。

苛税,扰诈多方,官庇蠹奸,□凭官势,虎噬狼吞,称拂饕婪,立成畜粉"①。在这种黑白不分的社会背景下,赵焕敢于挺身而出,揭发税棍罪行,亦可见其正义善良的品质和不畏强暴的勇气。

虽然不法牙行和牙人对商业流通秩序、社会治安领域起了严重的破坏作用。但对商人群体而言,多数牙行在商品流通环节所发挥的积极作用,还是应予肯定。正如徽商程春宇所言,"买卖要牙,装载须埠。买货无牙,称轻物假。卖货无牙,银伪价盲。所谓牙者,权贵贱,别精粗,衡重轻。革伪妄也"②。当然,即使同一市镇的一条街上,牙行也是良莠不齐,还要商人自己做好区分辨别。

第二节　牙婆

还有一个值得注意的现象,即明中叶以降,大量女性牙人出现,即所谓"三姑六婆"。台湾女学者衣若兰先生认为"'三姑六婆'这个集体名词,约当形成于南宋末年至元代初期,也就是 13 世纪中后期"③。元末士人陶宗仪对"三姑六婆"的范畴进行了界定和评述,他认为"三姑者,尼姑、道姑、卦姑也。六婆者,牙婆、媒婆、师婆、虔婆、药婆、稳婆也。盖与三刑六害同也。人家有一于此,而不致奸盗者,几希矣。若能谨而远之,如避蛇蝎,庶乎净宅之法"④。按照衣若兰先生的观点,虽然元初三姑六婆这个集体名词刚形成,尚未群体性粉墨登场,但到了元末,随着三姑六婆群体不断壮大,不法行为日渐增多,在当时士人眼中,三姑六婆群体已对社会危害极大,是各种罪恶的渊薮,将她们视为蛇蝎毒物,对她们敬而远之,方能保家宅平安。可见这些职业女性群体,社会认同度和社会评价之低。

在六婆群体中,牙婆,即女性牙人。媒婆,即婚姻的介绍人,靠撮合陌生男女的婚姻来收取礼金。师婆与卦姑类似,即从事跳神、扶鸾、请仙等迷信活动的女性人员,也可以视为"灵媒"。时至今日,在常州的城市乡村还有这一群体的身影,当代常州人将这些人员称为"念佛婆",她们主要通过在白事

① 江苏省博物馆编:《江苏省明清以来碑刻资料选集》,第一四九《院道移会浒墅关禁革盐商银钱船钞与铺役生情指索碑示》,第 233 页。
② (明)程春宇辑:《士商类要》卷二《买卖机关》,见杨正泰:《明代驿站考》附录三,上海:上海古籍出版社,2006,第 363 页。
③ 衣若兰:《三姑六婆——明代妇女与社会的探索》,第 27 页。
④ (元)陶宗仪:《南村辍耕录》卷十《三姑六婆》,第 126 页。

中为丧家读"宝卷","超度"逝者来获得报酬。其读宝卷行为又称"宣卷",已被列为江苏省级非物质文化遗产。至于虔婆,即青楼妓馆的老鸨子,属"淫媒"。药婆则是女性医生、药师群体,由于古人对女性存在歧视和偏见,且"古代女性医者大多沾染道教与巫术的神秘色彩"①,"今日巫觋,江南为盛","楚蜀之间,妖巫尤甚,其治病祛灾,毫无经验,而邪术为祟,往往能之"②。故古代士人常将药婆与师婆混为一谈,视为同类。稳婆是接生婆,也应属医者范畴。

前文所言,牙人主要是在商品流通领域从事中介活动的牙行从业人员。故本节只简要讨论从事中介业务的牙婆、媒婆,以及从事"淫媒"的虔婆对晚明社会秩序的影响。至于从事"灵媒"的师婆、医疗行业的药婆、稳婆,此处暂不讨论。

明清史料对牙婆的记述甚少,而在明代小说中,则不乏对牙婆形象的描述。例如在《水浒传》第二十四回《王婆贪贿说风情　郓哥不忿闹茶肆》中,王婆自诩自己"为头是做媒,又会做牙婆,也会抱腰,也会收小的,也会说风情,也会做马泊六"③。《水浒传》成书于明初,从书中表述看,明初牙婆已不乏其人,而且与媒婆、药婆、稳婆、虔婆并无明显的区分边界。《金瓶梅》第二回《西门庆帘下遇金莲　王婆子贪贿说风情》中,作者对王婆作如是描述:"原来这开茶坊的王婆子,也不是守本分的。便是积年通殷勤,做媒婆,做卖婆,做牙婆,又会收小的,也会抱腰,又善放刁"。其哄诱通奸的"淫媒"——虔婆本事更大,"只鸾孤凤,霎时间交仗成双;寡妇鳏男,一席话搬唆摆对。解使三重门内女,遮么九级殿中仙。玉皇殿上,侍香金童把臂拖来;王母宫中,传言玉女拦腰抱住。略施奸计,使阿罗汉抱住比丘尼;才用机关,教李天王搂定鬼子母。甜言说诱,男如封陟也生心;软语调和,女似麻故须乱性。藏头露尾,撺掇淑女害相思;送暖偷寒,调弄嫦娥偷汉子。这婆子端的惯调风月巧安排,常在公门操斗殴"④。

无论是明初施耐庵,还是晚明兰陵笑笑生,他们笔下的王婆是集媒婆、药婆、牙婆、稳婆、虔婆于一身的泼妇,六婆的职业竟被她占了五个!王婆不仅有当讼师的本事,甚至还有统领打、访二行的潜质。

我们再看《醒世恒言》第一回《两县令竞义婚孤女》中对牙婆的描绘,故

---

① 衣若兰:《三姑六婆——明代妇女与社会的探索》,第75页。

② (明)谢肇淛:《五杂组》卷六《人部二》,第122、123页。

③ (明)施耐庵:《水浒传》(百回本)第二十四回,第317页。

④ (明)兰陵笑笑生:《金瓶梅词话》第二回,北京:人民文学出版社,2000,第28页。

事中江州德化县知县石璧在任时因天灾人祸未能完成税粮上缴,其去世后,女儿、养娘(丫鬟)被没为官奴婢。商人贾昌因受过石县令的恩惠,故欲为石县令女儿、养娘赎身,"到李牙婆家,问要多少身价。李牙婆取出朱批官票来看"。问清价钱后,贾昌"兑足了八十两纹银,交付牙婆,又谢他五两银子,即时领取二人回家。李牙婆把两个身价,交纳官库"①。故事中的李牙婆,能取出朱批官票,并将石小姐二人的身价钱如数交公,应属于在官牙充当牙人,所获的五两银子,则是其中介佣金,属于利润。但其行为,用现代人的价值观来审视,李牙婆无异于官准立案的合法人贩子。在《二刻拍案惊奇》第五卷《襄敏公元宵失子 十三郎五岁朝天》中,宗王之女真珠姬被绑架后,被"蒙汗药灌倒","抬到后面去。后面走将一个婆子出来,扶去放在床上眠着"。"奸淫已毕,分付婆子看好,各自散去"。"原来这婆子是牙婆,专一走大人家雇卖人口的。这伙剧贼掠得人口便来投他家下,留下几晚,就有头主来成了去的。那时留了真珠姬,好言温慰得熟分。刚两三日,只见一日一乘轿来抬了去,已将他卖与城外一个富家为妾了"②。凌濛初笔下的牙婆,本身即是强盗团伙成员,完全是打着媒婆幌子的人贩子。

笔者认为上述几处明代小说中的引文,并非小说家对牙婆行为的夸张描述和艺术想象,而是对明代社会牙婆群体的真实写照。晚明著名文人张岱在扬州曾亲历牙婆贩卖人口之事,他对贩卖过程进行了详细记述,现录于下:

> 扬州人日饮食于瘦马之身者数十百人。娶妾者切勿露意,稍透消息,牙婆驵侩,咸集其门,如蝇附膻,撩扑不去。黎明,即促之出门,媒人先到者先挟之去,其余尾其后,接踵伺之。至瘦马家,坐定,进茶,牙婆扶瘦马出,曰:"姑娘拜客。"下拜。曰:"姑娘往上走。"走。曰:"姑娘转身。"转身向明立,面出。曰:"姑娘借手睄睄。"尽褫其袂,手出、臂出、肤亦出。曰:"姑娘睄相公。"转眼偷觑,眼出。曰:"姑娘几岁?"曰几岁,声出。曰:"姑娘再走走。"以手拉其裙,趾出。然看趾有法,凡出门裙幅先响者,必大;高系其裙,人未出而趾先出者,必小。曰:"姑娘请回。"一人进,一人又出。看一家必五六人,咸如之。看中者,用金簪或钗一股插其鬓,曰"插带"。看不中,出钱数百文,赏牙婆或赏其家侍婢,又去看。

① (明)冯梦龙编:《醒世恒言》第一回,北京:人民文学出版社,1956,第4页。
② (明)凌濛初:《二刻拍案惊奇》第五卷,北京:人民文学出版社,1996,第111—112页。

牙婆倦，又有数牙婆踵伺之。一日、二日至四五日，不倦亦不尽，然看至五六十人，白面红衫，千篇一律，如学字者，一字写至百至千，连此字亦不认得矣。心与目谋，毫无把柄，不得不聊且迁就，定其一人。插带后，本家出一红单，上写彩缎若干，金花若干，财礼若干，布匹若干，用笔蘸墨，送客点阅。客批财礼及缎匹如其意，则肃客归。归未抵寓，而鼓乐盘担、红绿羊酒在其门久矣。不一刻，而礼币、糕果俱齐，鼓乐导之去。去未半里，而花轿花灯、擎燎火把、山人候相、纸烛供果牲醴之属，门前环侍。厨子挑一担至，则蔬果、肴馔汤点、花棚糖饼、桌围坐褥、酒壶杯箸、龙虎寿星、撒帐牵红、小唱弦索之类，又毕备矣。不待复命，亦不待主人命，而花轿及亲送小轿一齐往迎，鼓乐灯燎，新人轿与亲送轿一时俱到矣。新人拜堂，亲送上席，小唱鼓吹，喧阗热闹。日未午而讨赏遽去，急往他家，又复如是。①

通过张岱的记述可知，晚明南直隶牙婆不仅形成了职业群体，而且已实现了集牙、媒、虔婆于一身。牙婆以公开贩卖人口为业，已经不单纯是信息传递的中介者，甚至已经成为整个买卖人口过程的主导者，张岱所述"瘦马"交易中的牙婆与晚明市井小说中所描述的牙、媒、虔婆的行为完全一致。这一群体为了逐利，已不择手段，时人"娶妾者切勿露意，稍透消息，牙婆驵侩，咸集其门，如蝇附膻，撩扑不去"。做成一单"生意"后，"日未午而讨赏遽去，急往他家，又复如是"。故明代士大夫对这一群体持极度鄙夷的态度，田艺衡"恶其贻害之甚也，今则三姑六婆之害处处有之"②，同时又列举了诸如绣花娘、插带婆、瞎先生等不法女性的种种劣迹。有士大夫在家训中告诫子孙远离三姑六婆群体，称"尼姑、道婆、媒婆、牙婆及妇人，以买卖、针灸为名，皆不可令入家。凡脱漏及引诱为不美之事，皆此辈也"③。晚明士人徐三重非常认可陶宗仪对三姑六婆的论断，他在《家则》中告诫子孙称，陶宗仪元末移居松江，"三姑六婆必吴下旧俗，目睹弊事，故为戒深切如此"④，要求子孙务必按照陶宗仪的告诫，远离三姑六婆。

直至晚清和民国时期，三姑六婆群体口碑依然极差。晚清时创作的传

---

① （明）张岱：《陶庵梦忆》卷五《扬州瘦马》，北京：中华书局，2007，第69—70页。
② （明）田艺衡：《留青日札》卷二十一《绣花娘、插带婆、瞎先生》，《续修四库全书》子部杂家类，第1129册，上海：上海古籍出版社，1995，第176页。
③ （明）张萱：《西园闻见录》卷四《教训》，《续修四库全书》子部杂家类，第1168册，第79页。
④ （明）徐三重：《家则》，清抄本。

统京剧《法门寺》中刘媒婆与其子刘彪被押赴法门寺审判路上的唱段,非常形象地展现出厚颜无耻、自私自利的媒婆群体众生相。剧中刘媒婆被设计为彩婆子形象,她并未指责其子杀人犯罪,而是责怪其子行凶后未将关键证物绣鞋毁灭,以致连累于她。刘媒婆居然无耻地色诱押解她的公差,她唱道:"你若是不嫌我的容貌丑,我与你铺床叠被共枕头。你祖上若是阴功有,生儿养女在你的后头。"①虽然刘媒婆的唱词是剧作家为渲染剧情进行的艺术夸张设计,带有插科打诨的戏谑成分,但亦足见晚清、民国时期剧作家对媒婆群体的厌恶之情。

这里需要说明的是,之所以晚明牙婆敢公开贩卖人口,是因为明律只对略卖良人有惩戒措施,对转卖属于贱民层的奴婢、妓女等并无相应的刑罚。《大明律·刑律》中"略人略卖人"条明确规定:"凡设方略而诱取良人,及略卖良人为奴婢者,皆杖一百、流三千里。为妻、妾、子、孙者,杖一百,徒三年。因而伤人者,绞。杀人者,斩"。"买良家子女转卖者,罪亦如之"。"若略卖和诱他人奴婢者,各减略卖和诱良人罪一等"。"若窝主及买者知情,并与犯人同罪。牙保各减一等,并追价入官。不知者俱不坐,追价还主"。《问刑条例》所作司法解释强调"其窝主与买主并牙保邻佑人,知情不首者,各治以罪"②。《大明律》的立法思想是维护尊卑秩序,对于法律主体始终强调良贱有别。在该条款中,对于拐卖贩卖人口行为,反复强调被害人必须是"良人",只有拐卖良人才能受到法律制裁。即便如此,惩戒力度亦较轻,只要不出现伤害、人命案件,即无死刑。而对于贩卖他人奴婢,惩戒措施更轻,实行减等处理,这样的法律规定,完全是将奴婢视为私人物品而非自然人。张岱所述扬州牙婆公开贩卖"瘦马"的行为,在当时至少不被视为违法行为,因为这些青楼女子都属于贱民阶层,并不受法律保护。即使其中有个别是被拐卖为娼的良家女子,一旦事发,牙婆完全可以利用《大明律》和《问刑条例》中"不知者俱不坐"的规定,只要坚持咬定自己不知情,在政法不分、官商勾结、贿赂公行的帝制时期,基本都能逍遥法外。

所谓"卖婆",从表面上看,她们主要从事商品销售活动,似乎可以划入商人群体。然而清中叶士人梁章钜引述明人杨慎之注认为"妇驵今谓之卖婆,是又云妇驵,牙婆也。姗婆,妇之老者,能以甘言悦人,如今之三姑六

---

① 《中国京剧音像配像·法门寺》,马连良、张君秋、裘盛戎、萧长华等录音主演。
② 《大明律》卷十八《刑律·贼盗》,《续修四库全书》史部政书类,第862册,第550—551页。

婆"①。陶宗仪所言的三姑六婆中并无"卖婆",衣若兰先生认为"市井之中的卖婆与牙婆往往难以划分"②。故"卖婆"群体似应划归"牙婆"群体更为合适。范濂以其亲身经历,记述了晚明时期松江"卖婆"的不法行径:

> 卖婆,自别郡来者,岁不上数人。近年小民之家妇女,稍可外出者,辄称卖婆。或兑换金珠首饰,或贩卖包帕花线,或包揽做面篦头,或假充喜娘说合。苟可射利,靡所不为。而且俏其梳妆,洁其服饰,巧其言笑,入内勾引,百计宣淫,真风教之所不容也。松郡虽称淫靡,向来未有女帮闲名色。自吴卖婆出,见医士高鹤琴无后,佣身与生子,吴遂以女侠名。而富宦之家,争延致之。足迹所临,家为至宝。吴因托名卖婆,日以一帮闲富室为生,工制淫具淫药,纵酒恣欢。自是起家数千金,乘舆出入,号曰"三娘子"。一日,遇唐大参于道。舆人皆醉,撞破大参舆。大参怒,拟送有司,治以法,不果。会甘按院至,有里人施山者,公举男女帮闲,为地方除害。吴始伏辜,而以潘道姑与之同事。潘少年为私妓,有声,以适人失望,乃归净土。山以旧怨株连之。县令项公,各杖二十下狱。独坐吴赃三百两,禁锢终身。山呈词有曰:"名为卖婆,实则吴歌北曲,假以尼姑,实则饮酒食肉。"时论快之。帮闲虽经问遣,而此辈踵相继者不绝。陈按院至,有武生风某,疏论地方便宜五事,内及帮闲一节,大为民害。次日解审吴三娘等,各杖三十。因令遍举若干,株连男妇几数人。而卖婆一辈,妖媒靡不协息。③

通过范濂的记述可知,晚明时期卖婆群体最早在松江仅是零星出现,其后日渐增多,这种现象与明代商品经济发展,导致社会风气变迁,人们价值观发生变化,功利心日盛关系密切。是时,相当一部分江南人士,无论男女,只要能将利润最大化,便不择手段。如文中所言,这些卖婆开始只是正常贩卖一些女性饰品,其后"苟可射利,靡所不为"。卖婆为了逐利,不择手段,甚至已经到了"入内勾引,百计宣淫"的程度,松江地区居然还出现了女帮闲!吴卖婆即为此恶劣先例的始作俑者。吴卖婆游走于缙绅商贾之间,"日以一帮闲富室为生,工制淫具淫药,纵酒恣欢",竟然颇受当地上层人士的欢迎,

---

① (清)梁章钜:《称谓录》卷三十一《三姑六婆》,《续修四库全书》子部类书类,第1253册,上海:上海古籍出版社,1995,第633页。
② 衣若兰:《三姑六婆——明代妇女与社会的探索》,第101页。
③ (明)范濂:《云间据目钞》卷二,《笔记小说大观》第13册,第110—111页。

其行为对社会伦理、社会风气造成极大的破坏作用,影响非常恶劣。然而即使是被士大夫视为罪大恶极的罪魁祸首吴卖婆,被当地士人举报后,最终得到的惩罚也仅是罚银三百两、获杖三十而已。白银三百两,在晚明对于普通农民而言,无异于天文数字,但对吴卖婆这样的女人来说,不过是九牛一毛而已。明律规定"妇人犯奸",凡属和奸,最多只是杖八十,不涉及人命和重伤害者,根本不能适用于流、死等重刑。虽然实施杖刑时,因奸罪受刑的妇女必须去衣受刑①,此举是有意羞辱犯"奸罪"妇女,"恶其无耻也"②。但这种对多数女性羞辱极大的附加刑,放在毫无廉耻可言的卖婆身上,基本起不到任何效果,甚至卖婆还可能借此炫耀,迎合部分心理扭曲缙绅的嗜好,成为日后的"卖点"。

《大明律·刑律·断狱》中规定,犯罪妇女如果怀孕,"未产而拷决,因而堕胎者,官吏减凡斗伤罪三等;致死者,杖一百,徒三年;产限未满而拷决者,减一等"③。晚清律学家沈家本在解读明律中"工乐户及妇人犯罪"条时,认为"唐目曰'工乐杂户',明改如此。此条本言留住及加杖之法,妇人犯流亦留住,故类附焉。明于工乐留住仍唐法,而改加杖为收赎,大略尚不差。妇人改决杖一百,余罪收赎,与唐法不同。又增入决罚一层,则与前后主义全不同矣。周有女春、女章。汉法,妇人不豫外徭,但春作米;孝宣帝幼时女徒乳养。北齐刑罪妇人配春及掖庭织。此皆妇人役法也。明误以妇人无拘役之理,遂改留住为收赎,其收赎之银为数又极微。此妇人之所以有恃无恐,逞恶放刁,无所不至,岂非改法之不善乎"④?且不论明律制定时,立法人员是否是对前代相关律条理解偏差。明律如此严格规定,其立法初衷确有保护妇女权利之意,然而在科学和刑事鉴定技术并不发达的晚明时期,这样的法律规定,无疑限定了理刑官对违法犯罪妇女的惩戒权,因此很多理刑官处理此类问题时,多数采取大事化小的原则,这种处理方式,虽然在一定程度上保护了妇女权利,但却变相地纵容了不法"六婆"的气焰。

松江府在"倭乱后,翕然尚白莲道教,及无为教。白莲教者,烧香念佛,如僧家修四方之类。无为教者,并佛像香供而废之,即父母之丧,不作祭享。竟不知此教从何处入来。于是愚夫愚妇,煽惑奔赴者若狂。而男女混杂,恣

---

① 《大明律》卷一《名例律》,"工乐户及妇人犯罪"条,《续修四库全书》史部政书类,第862册,第398页。

② (明)雷梦麟:《读律琐言》卷一《名例律》,"工乐户及妇人犯罪"条,第29页。

③ 《大明律》卷二十八《刑律·断狱》,"妇人犯罪"条,《续修四库全书》史部政书类,第862册,第620页。

④ (清)沈家本:《历代刑法考》,《明律目笺一·工乐户及妇人犯罪》,第1799—1780页。

肆奸淫"。"时上海吏员康姓者,妻妾皆为淫妒。后事觉,蒋通判以严刑毙之市曹"①。同为松江府发生的奸情案件,松江府通判之所以对上海康吏员及其妻妾判处死刑,而其他官员却对吴卖婆、潘道姑判处杖刑,是因为两案适用法律完全不同。对吴卖婆、潘道姑的行为,由于二人只是利用贩卖商品之机进行卖淫活动,并未假宗教之名装神弄鬼,其行为属和奸,适用"妇人犯奸"款,只能杖刑了事。而康吏员与其妻妾的行为符合《大明律》中"师巫邪术"要件,该条规定"凡师巫假降邪神,书符咒水,扶鸾祷圣,自号端公、太保、师婆,及妄称弥勒佛、白莲社、明尊教、白云宗等会,一应左道乱正之术,或隐藏图像,烧香集众,夜聚晓散,佯修善事,扇惑人民,为首者,绞;为从者,各杖一百,流三千里"②。康吏员等的行为,属于利用邪教"宣淫",故松江府通判判处康吏员等死刑,完全顺理成章。

从吴卖婆、潘道姑的不良行为及其处理结果可以推测,大概晚明江南妇女从事卖婆行当,只要稍有姿色且不顾廉耻,必能获得巨额利润回报,而犯罪成本却极为低廉,如此轻微的惩戒措施,在奢靡逐利,"笑贫不笑娼"的社会环境下,只能促使更多女性从事不法职业,"此辈踵相继者不绝","卖婆一辈,妖媸靡不协息",陷入越治理事态越严重的怪圈之中。

此外,我们还应注意到,相对男性而言,女性属于弱势群体。女性如果从事不法活动,其背后一般都有男性团伙为其撑腰。他们利用女性在前台"表演",实施犯罪,其他团伙成员则躲在幕后望风、保护,获利后再进行分赃。例如前文所引《贤博篇》中所记江南无赖实施"仙人跳",欺诈僧人钱财的事件③,即是由无赖团伙中男性成员策划,女性成员为主导,共同实施犯罪的表现。由此可见,古代的三姑六婆群体在从事不法行为时,必然依赖男性犯罪团伙,或与打行的地痞无赖合作,或依赖青楼妓馆自己豢养的打手。无论古今,绝大多数女性在实施犯罪时,大多都能够表现出较强的欺骗性和依赖性,若其欺骗性被戳穿,其依赖性即显现出来,她们背后的男性团伙则很可能通过实施暴力犯罪行为来保护其团伙中的女性成员,故女性从事不法行为的社会危害性并不亚于男性犯罪集团。

---

① (明)范濂:《云间据目钞》卷二,《笔记小说大观》第 13 册,第 113 页。
② 《大明律》卷十一《礼律一·祭祀》,"禁止师巫邪术"条,《续修四库全书》史部政书类,第 862 册,第 488 页。
③ (明)叶权:《贤博篇》,第 7 页。

第三节 歇家

所谓歇家,简单地说,即是旅店业及其从业人员。古代商人无论进行长短途贸易,囿于当时的交通条件所限,在商品交易过程中均离不开旅店业,歇家的重要性不言而喻。明代随着商品经济发展、社会文化变迁,歇家已由普通的旅店行业发展成为集牙行中介、代理税收、包揽词讼等多种业务于一体的社会组织。在很多区域,形成了牙行即歇家的牙歇一体模式。

早在明代中叶,"南京有无籍之徒,名为跟子。遇各处起解粮草布绢到京,先于舣舟处迎引赴官,每米一百石,草一千包,索取歇家银一钱。其歇家亦百端遮说取利,事败法司罪如常例,人无所惩"。歇家与地方无赖勾结,坑害起解粮草民户,但由于司法惩戒不足,量刑过轻,以致屡禁不止,故曾任左都御史的马昂建议"请令南京法司,如有犯此,徒罪以上者枷号三月,谪戍边方"①。然而即使在官方的严厉打击下,受利益驱使,"跟子"与歇家勾结的案件仍时有发生。

成化时,南京总督粮储右都御史周瑄"奏称南京无籍军民人等,称为跟子名色,迎接纳粮人等,跟送歇家,哄诱银两,买嘱官攒人等,通同作弊",请求对"跟子"群体予以严厉制裁。宪宗闻报后立即批准周瑄的建议。然而,实际情况却是跟子并未因宪宗"禁革诳骗"的诏令而销声匿迹,甚至呈愈演愈烈之势,弘治初南京吏部尚书倪岳在奏疏中解释了"跟子"群体屡禁不止的原因,并提出了解决方案。倪岳称"臣等看得事体贵合人情,法令在得中道。各司府州县纳户初到南京,不能熟知道路,未免寻人指引。别无官房住歇,未免寻讨歇家,此人情所不能无者。查得见行事例,揽纳之人,坑陷纳户及打搅仓场,虚出通关者,止问充军,不曾枷号。今跟子、歇家,止是晒晾驼载籴买等项,多取工钱价直,比之揽纳作弊,轻重不同。既枷号三月,又发遣充军,法令似乎过中。以致近年纳户,往往仓前露卧,人家不容安歇。一入歇家,辄被恐吓,受害多端。近该法司问拟,又皆拘执前例,或连引情轻人犯,俱问枷号充军,远近称冤,有伤和气。合无今后南京法司,如遇跟子、歇家有犯,指称官吏名色,诳骗财物,满贯与坑陷纳户限外不完,及通同官攒虚出通关者,俱照原拟事例,问罪充军,免其枷号。若止因晒晾驼载籴买等项,多取工钱价直财物至满贯者,枷号一个月。与不满贯者,俱依律问罪,照依

---

① (明)马昂:《漕运事宜》,见(明)陈子龙编:《明经世文编》卷四十一,第323页。

常例发落,如此则刑罚平而和气应矣"①。通过此奏疏可以看出,倪岳认为不应对跟子、歇家执行一刀切的政策,试图通过按照跟子、歇家实施的犯罪行为不同,而采取不同的打击措施,这样既能够解决输粮户入南京的住宿及缴纳粮米的困难,又可以有效避免因打击面过宽而殃及无辜的冤案发生。倪岳的建议虽然有一定道理,但他却回避了"跟子"群体滋生土壤这一现实问题。尽管弘治十二年(1499)即规定"京仓小脚歇家营求在官,指称公用为由,索取囤基等项钱物及别项求索,许被害之人赴总督及巡仓官处陈告,就于本仓门首枷号一个月,军发边卫充军,民发口外为民"②。

嘉靖六年(1527),又重申"运粮入仓,不许门官、歇家、伴当、光棍人等揸留粮袋,索要银钱。缉事衙门访出,照依打搅仓场事例问拟发遣"③。但这些诏令并未起到任何作用,南北两京歇家坑害运粮民户事件依然层出不穷。之所以"跟子"与歇家相互勾结,屡禁不止,其根源在于"南都积棍,内则户部粮储巡仓各衙门书手、皂隶人等,外则歇家、军斗、军余、驴脚夫人等,无虑数千人,皆倚仓场为生命"④。所谓"靠山吃山",包揽粮米入仓、拉客住宿等事,已经成为"跟子"等群体谋生手段,这也正是"跟子"、歇家包揽粮米入仓等屡禁不止的症结所在。万历时期,南京都察院官员直言不讳地称"浦口歇家之害极矣!尽革之可乎?曰难矣"。之所以明确意识到歇家之害,又难以革除积弊,是因为在两京、江南地区,歇牙一体的模式已经形成,"夫屯戍散处村落,此输彼运,竭蹙数百里,方抵浦城,势不能风餐露宿,必借居停,势不能遽知仓场用费,必借指点,故寄囤于歇家势也"。而歇家则利用其熟悉缴粮流程的优势,代办缴纳粮米,从中渔利。但不法歇家借机"或厚索薄输,或挂筹揸勒","恣意侵渔",导致运粮旗军、民户"至倾家鬻子"⑤。

嘉靖四年(1525),明廷即已下令,明确要求相关官员"严加访察,申明晓谕,不许歇家车户人等通同,高抬时价,靠损小民,违者从重究治"⑥。法令不可谓不严,打击歇家坑害民众的决心不可谓不强,但"积年衙棍代揽包俵,百计揸勒,巧取至京衙门打点歇家诓骗",以至"一马费百金有余矣"的事件

---

① (明)倪岳:《灾异陈言》,见(明)陈子龙编:《明经世文编》卷七十八,第690页。
② (明)申时行:(万历)《明会典》卷二一《户部八·仓庚一》,第138页。
③ (明)申时行:(万历)《明会典》卷二七《户部十四·漕禁》,第204页。
④ (明)万士和:《四上徐存斋相公》,见(明)陈子龙编:《明经世文编》卷三百十二,第3303页。
⑤ (明)施沛:《南京都察院志》卷十六《职掌九·巡视屯马职掌三·万历年御史陈玉辉屯田纪略》,《四库存目丛书》补编第73册,第455页。
⑥ (明)申时行:(万历)《明会典》卷二八《户部十五·京粮》,第207页。

仍屡有发生①。"各州县粮解听信歇家希图作弊"②。隆庆六年(1572),在南京发生了"歇家潘序索要张总等米四十二石,又假指船户驴头脚价,除正价外,多勒索银近四十两,及在仓门首小歇家傅志等又勒索米二十一石"的敲诈勒索事件③。万历四十二年(1614)户部尚书高耀针对"供用甲丁等库岁派黄白蜡、铜漆、绢布、颜料等项钱粮俱被积年棍徒包揽为害"的积弊,建议"五城御史严禁,仍督行兵马司密加查访,凡差官解部到京,即将公文同歇家具保,赴部投下领单上纳,若潜住拾日不赴部者,参送法司,歇家问以包揽官解,治以重罪。各兵马司缉访不严,及通同容纵,查出一体坐赃参治"④。试图以严格的缉查和追责手段遏制歇家包揽、棍徒把控仓场事件的发生。

光宗即位诏书中,明确指出"各省直解官押进内库钱粮入京,多投歇家揽头,概陷局骗,相聚日久,先后那补侵费,以致败露"。要求"诏下之日,若五年以上未完者,姑准押发原籍,歇家揽头行抚臣勘估家产,抵完拖欠。果系家产尽绝,准与豁免"⑤。万历四十八年(1620)八月,巡视仓场御史参劾监督仓政主事涂乔芳勾结不法歇家,坑害解户。京师仓场已是"狐鼠借丛,班皂、歇家、车脚夫役,无一不作圈套",各解户"奔诉环泣"⑥。天启四年(1624),毕自严在其关于天启五年粮食预算的奏疏中称,"积猾纳户,包揽歇家一味打点衙门,钻球书札,上仓米石,俱系搀糠插水,曾未逾年,辄成红腐,州县有司又或视为不急之务,逋负相仍,檄催弗顾"⑦。崇祯四年(1631),又出现了嘉兴歇家王云从趁输米入仓的混乱时机,试图用粗米冒充白粮,以次充好的事件⑧。

在浙江嘉善县"有积猾、有包头,在县与衙门埠头串通,至京与保识歇家

---

① (明)张萱:《西园闻见录》卷七十《兵部十九·马政前》,《续修四库全书》子部杂家类,第1169册,第576页。

② (明)章守诚:《敬陈仓场末议疏》,见《皇明留台奏议》卷十三《财储类》,《续修四库全书》史部诏令奏议类,第467册,第589页。

③ (明)高拱:《高文襄公集》卷十七《掌铨题稿·覆南京户部尚书曹邦辅参主事张振选疏》,《四库存目丛书》集部第108册,第226页。

④ (明)张学颜:《万历会计录》卷三十《沿革事例》,《续修四库全书》史部政书类,第832册,上海:上海古籍出版社,1995,第526页。

⑤ 《明光宗实录》卷三,万历四十八年八月丙午,第60页。

⑥ 《明光宗实录》卷八,万历四十八年八月癸酉,第209页。

⑦ (明)毕自严:《饷抚疏草》卷三《预计天启五年关鲜粮料疏》,《四库禁毁书丛刊》史部第75册,北京:北京出版社,1997,第153页。

⑧ (明)毕自严:《度支奏议》,《浙江司》卷一《题参歇家王云从等插和白粮疏》,《续修四库全书》史部诏令奏议类,第488册,第184页。

纠合"①。歇家参与兑运,买通仓吏,以次充好,已成积弊。究其原因,正如官员万士和指出的那样,"仓场积弊,其端不一。一半在司,一半在仓,大要歇家指称打点,以弊生弊,而挟骗解粮人户粮解,希图插和,而买求在官人役"②。高寿仙先生指出"明代歇家广泛渗入各种钱粮水匮的收支过程,相关衙门为了保障赋税收入甚或牟取额外利益,往往听任歇家包揽,甚至制定他们担任保人"③。也正是基于此原因,歇家对兑运军民敲诈勒索已成惯例,即使在天子辇毂之下,"官粮歇家苛刻,意外先索见面礼五两",故守备李遇阳以其亲身经历,上疏直指弊端,"仓棍包兑抵换,奸旗通同折乾","歇家苛索,间有暗行挪换过囷也"。李遇阳所言句句是实,直指时弊。在京师,甚至有部分不法歇家借游走仓场之机,私藏盗卖铺廒板木④。户部尚书毕自严也承认"歇家之勒索,而暗中挪换也,事非一端,地非一处"⑤。两京歇家尚且如此为所欲为,江南歇家的嚣张程度可想而知。故句容地方官曾明令"歇家不许哄诱粮长"⑥。晚明时歇家敲诈兑运军民已是常态,早已积重难返,直至明亡也无任何改观。

歇家的主业是经营旅店住宿。由于投宿的流动人员结构复杂,良莠不齐,存在治安隐患,故无论古今均将旅店业视为特种行业,由地方政府的相关机构进行日常管控。弘治时,为遏制北直隶无赖愈演愈烈的私阉行为,孝宗下诏,明令"私自净身者、本身及下手之人处斩,全家发烟瘴地面充军"。"诸色人等当时首告,本地官司奏闻,赏银十两,里老、邻右、歇家不举,从重治罪"⑦。孝宗试图通过严刑峻法震慑和鼓励举报,严惩隐匿、包庇行为,来严厉打击自宫私阉。同时,通过对基层组织和特种行业的严格管控,以提升基层治安监控能力。如果歇家对投宿的自宫者不进行举报,将受连带责任而被从重处罚。然而此举并未能产生长效机制,北直隶私阉行为如故,甚至还出现了类似成化时期的自宫人员集体"上访"事件。嘉靖二十五年

① (明)陈龙正:《几亭外书》卷四《乡邦利弊考·己巳冬送邑侯十议》,《续修四库全书》子部杂家类,第1133册,第331页。
② (明)万士和:《条陈南粮缺乏事疏》,见(明)陈子龙编:《明经世文编》卷三百十二,第3304页。
③ 高寿仙:《嘤其鸣——明清社会经济论评》,北京,人民出版社,2019,第264页。
④ (明)杨嗣昌:《杨嗣昌集》卷十二《恭承召问疏·议诸司职掌》,第255页。
⑤ (明)毕自严:《度支奏议》《云南司》卷十五《覆守备李遇阳条陈漕事疏》,《续修四库全书》史部诏令奏议类,第490册,第48、50、51页。
⑥ (明)陈龙正:《几亭外书》卷三《家载·治句遗迹序》,《续修四库全书》子部杂家类,第1133册,第313页。
⑦ (明)金日升辑:《颂天庐笔》卷二《恤民》,《续修四库全书》史部杂史类,第439册,上海:上海古籍出版社,1995,第194、195页。

(1546),针对宗室派入京师请名、请封人员打着王府旗号招摇撞骗等不法行为,礼部奏请,对"各府奏事已完人役严行禁革,不许久住京师地方,歇家毋得容隐。如违,本部体访得出,从重参究治罪,仍听缉事衙门指实,一并访拿"①。礼部试图通过严管歇家留宿的方式,来杜绝王府人员滞留京师,从事不法行为事件发生,但此举并未见效。究其原因,即商人重利,歇家唯利是图,阳奉阴违,而法令在执行过程中,并无长效机制,故此类事件不断。

隆庆五年(1571),京师发生了"无籍光棍号为走空之人",到各级衙门"打点诓骗人财"的案件,甚至还发生了不法人员冒充高拱亲属,四处招摇撞骗,诈取钱财的案件。部分骗子最终被京师侦缉部门抓获,并移交刑部审理。高拱闻讯后,在上疏自辩的同时,请求穆宗敕令"厂卫及巡视五城御史严加缉访捉拿,务期尽绝。如歇家敢有窝藏,许两邻举首。若不举首,事发一体连坐重罪"。穆宗当即批准,下诏称"这奸徒指称诓骗,情罪可恶。着厂卫并五城御史严行访拿,务要尽绝。歇家不举者与同罪,还着都察院榜示禁约"②。从高拱的奏疏和穆宗的敕令中可以得知,部分歇家已成为不法人员聚集的窝点,官方解决歇家窝藏问题的手段,却只能采用严打、邻里举报,以及连坐的方式。然而这种管理模式,不过是运动型执法,雷声大、雨点小,治标不治本,一阵风过后,一切如故,并无任何长效作用。

穆宗整顿歇家的敕令下达还不足两月,京师又发生了南直隶太仓州崇明县不法人员进京为离任县丞孙世良"保官"的事件。在明代,地方官员离任,地方乡绅、社会名流、普通民众对官员进行挽留、保官的事件时有发生,有些挽留行为是地方民众出于对官员政绩认可的自发行为,有些则是在当事官员唆使和纵容下,由当地的"群众演员"进行"演出",制造社会影响,为离任官员造势,希图将来能更快速升迁。地方"民众"进京"保官"在明代本来是一个很正常的社会现象,隆庆五年(1571)冬季,崇明县民进京"保官",不仅是当事官员唆使使然,而且进京"保官"的"耆民"都是当地的"无籍棍徒"。吏部欲向"保官"者核对当事官员的政绩时,发现这些所谓"耆民",在"保官"书上签署的姓名竟然全部是假名,进京住店时所登记的姓名依然为假名。"通政司查出各歇家姓名,行兵马司拘审,又寂无一人,而歇家者固鬼

① (明)林尧俞:《礼部志稿》卷八十《禁约宗室奏请设骗》,《景印文渊阁四库全书》史部职官类,第598册,台北:商务印书馆,1986,第425页。
② (明)高拱:《高文襄公集》卷十《掌铨题稿·禁奸伪以肃政体疏》,《四库存目丛书》集部,第108册,第150页。

名也"①。即使在皇帝关于整顿歇家登记制度的敕令和都察院禁约发布不足两个月的时段，京师各歇家在实际执行中，仍然是阳奉阴违，敷衍了事。其登记并核对入住旅客身份的做法，完全是流于形式。虽然万历十年(1582)，再次重申弘治十二年(1499)例，对"无籍棍徒诈骗各府财物，交通歇家，潜住京师打点者，许缉事衙门访拿，照前例问遣"②。但不法人员交通歇家，招摇撞骗案件依然屡有发生。

相对京师而言，南京则在制度层面规范了歇家的旅客登记行为。南京都察院规定"凡京城客店每月置店历一扇，赴各该管兵马司正官署押讫，逐日附写到店客商姓名、人数、起程月日。月终各赴所司查照"③。南京都察院的规定，在制度层面规范了旅客登记制度。南京城内所有旅店的旅客登记册的格式，必须经官方核准，且旅客信息必须填写清晰，并逐月上报有关部门查验的做法，在当时的社会环境下，能够最大限度地消除治安隐患。曾任都察院右副都御史，巡抚延绥、陕西的佘自强，对于自诉案件，试图在立案环节即遏制歇家讼师参与词讼，扰乱司法秩序的行为，要求"状中里甲姓名籍贯与厥经不对，不准。状中无写状人歇家姓名，不准。审出情虚系歇家讼师拨置者重责"④。

中晚明时期，歇家的"业务范围"已从代理缴纳仓场税粮的牙歇一体模式，发展扩大到包揽词讼，并与为害社会的打行、访行、讼师群体紧密合作，形成了歇讼一体或牙歇讼一体的模式。相当一部分歇家把控市场，教唆词讼，成为扰乱社会秩序的毒瘤。首演于 1912 年的传统京剧《宋士杰》(又名《四进士》)、首映于 1992 年的香港影片《审死官》，以及 1997 年出品的香港电视连续剧《状王宋世杰》，其主人公宋士(世)杰即是歇家与讼师结合的范式。以京剧《宋士杰》为例⑤，此剧至今久演不衰，无论是麒派还是马派，除个别唱腔唱词不同，故事情节完全一致。该剧故事背景是明嘉靖、隆庆时期，剧中主人公宋士杰，其本人在河南信阳经营客店，因其曾在衙门担任书吏多年，熟悉司法流程，故在经营旅店的同时，又代理词讼。江西巡按田伦派人行贿信阳知州顾读的书信，即被宋士杰趁差人投宿其店，酒醉昏睡之

① (明)高拱：《高文襄公集》卷十《掌铨题稿·参处崇明县民黄善述等保官疏》，《四库存目丛书》集部第 108 册，第 150—151 页。
② (明)申时行：(万历)《明会典》卷五六《礼部十四·奏事》，第 353 页。
③ (明)施沛：《南京都察院志》卷二十《五城职掌》，《四库存目丛书》补编第 73 册，第 552 页。
④ (明)佘自强：《治谱》卷四《词讼门·自理状式》，《续修四库全书》史部职官类，753 册，上海：上海古籍出版社，1995，第 535 页。
⑤ 剧情见周信芳、沈金波等主演京剧《宋士杰》(又名《四进士》)。

机,私拆并抄写书信内容。其抄写的书信内容,日后成为宋士杰向都察院举报当事官员因受贿而制造冤案的关键证据。最终在宋士杰的据理力争之下,女主人公杨素贞冤案得以昭雪。由于宋士杰一案告倒三个官,故其自身也落得被杖责四十板,发配边外去充军的悲惨结局。虽然此剧中宋士杰是不畏强暴、见义勇为、帮助弱者的正义形象,但却生动地反映出明代府县的歇讼一体模式,以及恼羞成怒的理刑官员对胜诉讼师的处理方式。最终宋士杰能随机应变,抓住主审官巡按御史毛朋曾为杨素贞写诉状一事大做文章,迫使毛朋当庭取消了对宋士杰的充军刑罚,对其安抚后当庭释放,此剧圆满结束。此亦可见歇家讼师善于随机应变,能够利用法律漏洞,因势利导,摆脱困境的本事。

嘉靖时期曾任江西巡抚、南京兵部尚书的张时彻对这种歇讼一体模式深恶痛绝,他认为,江西、江南刁讼盛行,歇家是罪魁祸首。各种无谓的争端,"大半由于歇家之射利者鼓惑诱引,扛帮佐使以为之。夫所谓歇家者,皆在县棍徒,市井无赖,不事农业,不务生理,专一出入衙门,局骗为计者也。穷乡小民一或投入其家,则户役听其包揽,钱粮听其诓收,又且交相引诱,妄兴讼端。或为之打点衙门,而以一科十;或与之拨制上下,而装无为有名。虽托为腹心,实则吮其膏血,小民无知,受其笼络,虽有息讼之心,不能逃其唆哄之计。甚至不通本家而代为上司诉告,冒顶名字,而自行到官对理。柄权不由公门,歇家互争胜负,讼而得胜则必招引党类以迎送,其家陈设鼓乐,以张大其事。若此者,岂诚各为其主哉?良以所业在此,非是则无以欺骗,则物养赡身家。譬诸农不耕则无以获,粟工不作则无以取财故也。夫各省州县岂无歇家?然不过代替迎接上司,书画卯酉,未有扛唆词讼,贻害乡民若此者也"①。在张时彻的心目中,歇家本身就是由有前科劣迹的社会闲散人员、不法之徒构成。这些人游手好闲,出入衙门,打着旅店业的旗号,以设局诓骗,教唆词讼,借机敛财为业,是破坏司法秩序,导致社会秩序混乱的渊薮。

崇祯时担任应天巡抚的张国维认为歇家主要由地痞流氓构成,这一群体"口欲裁而心惟恐其尽裁者,则包揽歇家市棍也。市棍无家产父子,世世以包当坊里为生业,其什物器具素备也,其人素习也,其衙门趋走吏胥面孔

---

① (明)张时彻:《芝园别集》,《公移》卷五《咨利弊以便兴革案》,《四库存目丛书》集部,第82册,济南:齐鲁书社,1997,第562页。

素熟也。故或一人而包三四役,每年渔利累百,是歇保之生理也"①。清代桐乡士人对歇讼一体的模式也是深恶痛绝,认为歇讼一体是当地恶俗。他认为"讼师皆在城中,每遇两造涉讼者不能直达公庭,而必投讼师,名曰歇家。人证之到案不到案,虽奉票传,原差不能为政,惟讼师之言是听。堂费差费亦由其包揽,其颠倒是非,变乱黑白,架词饰控,固不待言。甚至两造欲息讼,而讼师不允;官府已结案,而讼师不结;往往有奉断释放之人,而讼师串通原差私押者,索贿未满其欲也"②。歇讼一体不仅是基层司法的破坏者,更是坑害当事百姓的祸首,很多无谓的争端,皆因歇家讼师挑唆而起,直至当事人家破人亡。

对于歇家的治理,很多官员习惯采取强硬手段来解决问题。例如戚继光为避免伤病士兵在歇家因调养不善,造成二次伤害,曾下严令称:"各兵远来,原为保障地方,不幸有病,地方主家当为调理,何乃忍视仆卧当街,于是风日吹曝,更兼雨露侵伤,情惨极为可悯,应着原歇之家领回调理,或驱逐不容,及调理不善,致伤本兵者,歇家抵罪。"③通过戚继光所下的军令,可以推测当时歇家遗弃、虐待养伤养病士兵的事件层出不穷。故戚继光针对不收留或虐待伤、病士卒的歇家,欲采用军法手段来解决。张时彻认为只要各有司、府县严格要求百姓遵照其制定的保甲事例,"逐户挨编,但有不务生理而名为歇家者,一一开报在官,里老公同保结,使之朔望呈递执结,不致鼓惑乡民扛唆词讼,如有怙终不悛,重为民病者,从重究治,照例问罪发遣,不许因循轻纵,以长刁风"④。如此,不仅能减少歇家及其从业者数量,而且还能有效地打击歇家教唆词讼的不法行为。崇祯时东阁大学士、兵部尚书杨嗣昌欲采用连坐手段惩治不法歇家,他提出"外来之人,不知作何生理,忽然到一家歇下,不通知邻右,行迹可疑者,左右邻举报保甲,保甲报官司严加查究。如有奸盗等弊,歇家连坐不饶"⑤。

万历时期身为提督雁门关军务兼巡抚山西地方都察院右佥都御史吕坤的想法则更加极端。他在《实政录》中谈及边境城市守城问题时,为了防范

① (明)张国维:《抚吴疏草》,《再覆沙田疏》,《四库禁毁书丛刊》史部第39册,北京:北京出版社,1997,第443—444页。
② (清):严辰:(光绪)《桐乡县志》卷二《疆域下·风俗》,台北:成文出版社有限公司,1970,第89页。
③ (明)戚祚国:《戚少保年谱耆编》卷七,隆庆二年十一月,《存恤病兵》,《续修四库全书》史部传记类,第553册,上海:上海古籍出版社,1995,第236页。
④ (明)张时彻:《芝园别集》,《公移》卷五《咨利弊以便兴革案》,《四库存目丛书》集部,第82册,济南:齐鲁书社,1997,第562—563页。
⑤ (明)杨嗣昌:《杨嗣昌集》卷二十二《南方盗贼渐起疏》,第512页。

奸细混入城中,刺探情报、惑乱民心,竟然提出"但有店主歇家不行觉察,一概混留者,审实奸细,与房主歇家一同打死"的荒唐主张①。晚明官员周鉴与吕坤好像是一师之徒,为防范奸细入城,提出的想法和吕坤如出一辙。他在论述防范奸细的方法时提出"但有房主歇家不行觉察,一概混留者,查实奸细,与房主歇家一同枭示。贼无内应,虽开门不敢径入,此守城第一要务"②。周鉴提出将歇家"枭示",并认为这一做法是"守城第一要务"。可见,他的想法比起吕坤,更是有过之而无不及,而且更加残忍。继而,周鉴又提出"禁歇家"的建议,认为"歇家不许住居城内,恐有奸人窟宅"③。这种歇家不许住城内的荒唐想法,无异于因噎废食。周鉴为自己的极端想法辩护称"歇家、乐户、茶坊、酒肆、混堂及名胜、寺院,果皆薮奸之所也。若有明智之人,正宜留之,以为捕役耳目之径,一概拒绝,尚属下策,但恐格外之事,非时贤所及,故宁取其次焉者耳"④。其实就是不惜采取不分良莠,无论曲直,"宁可错杀一千,也不放走一人"的极端"一刀切"手段,借以维持短暂的安宁。不知道吕坤、周鉴等人的荒唐理念是否真正付诸实施,即使出于对边地要塞的国防安全考虑,这种将房主歇家与奸细一同打死、枭首示众的想法,也无异于法外用刑。张时彻和杨嗣昌的治理歇家思想,尚在当时的法律框架之内,而吕坤、周鉴的想法,完全属于滥用刑罚,有草菅人命之嫌。倘若付诸实施,虽然在一定程度上能有效防范奸细入城侦查,但这种不分情节轻重,而采取"一刀切"的做法,足见帝制时期酷吏的荒唐行政理念与残暴行为。我们也应注意到,吕坤、周鉴等官员欲对歇家采取极端措施的想法,虽然荒唐残暴,但也在一定程度上,反映了晚明时期官府对歇家治理之难的现实窘境,大概在当时抚按官、地方官的心中,如果不采取铁血手段,则根本无法治理不法歇家。

第四节 脚夫

脚夫本是明代徭役的一种,洪武时,明太祖朱元璋听从户部郎中刘九皋

---

① (明)吕坤:《实政录》卷九《督抚约》,《续修四库全书》史部职官类,第753册,上海:上海古籍出版社,1995,第496页。

② (明)周鉴:《金汤借箸》卷六《设防部·防奸细》,《四库全书存目丛书》子部,第34册,济南:齐鲁书社,1995,第243页。

③ (明)周鉴:《金汤借箸》卷九《禁约部·禁奸盗》,《四库全书存目丛书》子部,第34册,第269页。

④ (明)周鉴:《金汤借箸》卷九《禁约部·禁浪游》,《四库全书存目丛书》子部,第34册,第270页。

的建议，"徙直隶、浙江民二万户于京师，充仓脚夫"①。应役充任脚夫的人员主要在京师仓库担任搬运工，由于明代白粮、供品运输多以漕运为主，故两京仓场、码头成为脚夫群体的工作场所和主要聚集地。在地方，脚夫承担往来官员随身物品，物资流通的装卸搬运等力役。由于明初力役负担沉重，脚夫收入微薄，地位低下，逃亡事件时有发生，官员试图用严刑峻法来扼制脚夫逃避应役，"南北二京富户仓脚夫等役于京城居住者，多有逃回原籍及避他处。应天、顺天二府即查究挨捕，若亲邻里老首举及自首者俱免罪，或知而不首及占吝不发者逮问如律，正逃者发口外充军"②。

明中叶开始，随着江南商品经济发展，江南地区和沿运河地区市镇兴起，里甲制度、关津制度对人口流动束缚松弛，特别是行条鞭后，人地依附关系减轻，以银代役，逐渐实行雇役制，大量农村无地人口涌入城镇。由于商品经济发展，市镇货物流通量日益增多，脚夫这种只需身体健康，不需要其他任何技术的职业，为入城农民提供了大量的就业机会，脚夫数量激增。万历二十七年(1599)四月，在运河进出北直隶的漕运枢纽临清，百姓不堪税使压榨，发生民变。从东昌府参议马怡呈递给山东巡抚尹应元的报告可知，当时临清"有脚夫小民三四千名围绕马监丞衙门"③。马怡的数据是由临清卫驻军提供，发生民变时，临清卫负责弹压，其通报给东昌府的参加民变人数应大体准确。临清在明代是进出北直隶的运河枢纽，货物集散地、中转站，船只来往频繁，码头货物吞吐量大，故无论是在官府应役，还是从事个体劳动的脚夫数量已多达三四千人。

应天府有京仓，"南都积棍，内则户部粮储巡仓各衙门书手、皂隶人等；外则歇家、军斗、军余、驴脚夫人等，无虑数千人，皆倚仓场为生命"。④ 万士和所言南都仓场数千人，包含书手、皂吏、歇家等群体，并非单纯的脚夫数量。在古代汉语的语境中，"数千"一般是四千以上，八千以下，如果超过九千，一般说成"近万"。这里我们姑且将"数千"设为平均值六千。崇祯时期户部尚书毕自严称天津仓由于"搬运不分昼夜，脚夫尝至数千"⑤。可见，天津仓最繁忙时，仅脚夫数量即达数千，而南都仓场货物吞吐量绝不逊于天津仓，需要大量脚夫从事装卸工作，除去军余、歇家等群体，民户脚夫的日常数

① (清)张廷玉：《明史》卷七十七《食货志一》，第 1880 页。
② 胡濙：《攒造黄册事宜疏》，见(明)陈子龙编：《明经世文编》卷十九，第 149 页。
③ 《万历邸钞》万历二十七年己亥卷，四月条，扬州：江苏广陵古籍刻印社，1991，第 1164 页。
④ (明)万士和：《四上徐存斋相公》，见(明)陈子龙编：《明经世文编》卷三百十二，第 3303 页。
⑤ (明)毕自严：《度支奏议》，《云南司》卷六《覆津通漕粮滥恶腐块查参各官疏》，《续修四库全书》史部诏令奏议类，第 489 册，第 323 页。

量,最保守估计也应在三千人以上。

镇江、常州两府为江南运河过江孔道,船只来往同样频繁,其货物吞吐量虽不及临清、南都,但亦不会相差过于悬殊。苏、松地区市镇林立,商铺、货栈、牙行在城镇随处可见,商品流通频繁,商业贸易更为发达,脚夫群体最起码应超过常、镇,甚至可能与临清、南都相埒。由此可以推测,江南各府脚夫的数量平均至少应在两三千人以上。如此庞大的脚夫数量,鱼龙混杂,人员素质自然是良莠不齐。韩大成先生认为脚夫群体"是处于最底层者,生活不比乞丐好多少。由于劳动、生活等原因,他们往往被土豪劣绅所把持操纵,受游民无赖的影响,沾染了一些恶习"[1]。

晚明徽商程春宇认为,脚夫、船家偷窃商人财物成风,对这类群体必须严加提防,即所谓"千货千弊,百狡百奸""十个船家九个偷","至于脚夫,无所不至,先揩脚价,后设偷心","得空便偷","惟处州、福建盘山脚夫,还可寄托。张家湾、河西务车脚,甚是能偷。若论船户、脚夫之奸恶,律罪充徒,理的当也。奈何掌法之官,不知有此弊端,每怜贫而轻宥,情法何勘?""船脚之奸,甚于窃盗"[2]。明人都穆记载文宗儒担任永嘉县令期间破获脚夫携货潜逃的案例:某米商雇佣脚夫运米,结果脚夫趁商人不备,携货逃走,商人去县衙报案,文宗儒假意不受理,召来仓官,称"欲下食视粮,命各乡里正集脚夫于仓",待脚夫到齐后,由被害人辨认,终将携货潜逃的脚夫抓获归案[3]。通过此案例和程春宇总结的外地经商注意事项可知,明代携货逃走、私吞货物、盗窃客商财物的脚夫为数众多。如果损失数量不多,价值不大,多数客商苦于报案烦琐,耽误时日,多是自认倒霉。地方理刑官大概是出于同情"弱势群体"的理念,对于有盗窃行为的脚夫,往往从宽从轻处理,如此则助长了不法脚夫的气焰,脚夫偷窃行为变本加厉,故此类事件在各地层出不穷。

脚夫群体"其人既不足比数,而闾里恒耻与为伍。人无智愚,客无远近,不过资其力,肩挑背负,任彼定价横索,惟恐弗得其欢心,以致货物壅塞河干市口,遂酿成彼等骄横之习,日盛一日。而米客受其笼络,米店受其凌虐,米牙受其挟制,彼等且收其无穷之利,贿赂公行,结纳败类,于是焰日以炽,祸

---

① 韩大成:《明代城市研究》(修订本),北京:中华书局,2009。
② (明)程春宇辑:《士商类要》卷二《船脚总论》,见杨正泰:《明代驿站考》附录三,第359页。
③ (明)都穆:《都公谭纂》卷下,《续修四库全书》子部小说家类,第1266册,上海:上海古籍出版社,1995,第678页。

日益烈,至于今历有年所,莫能除者"。以致"拳勇之患,脚夫为甚"①。脚夫群体在商业活动中,不仅漫天要价,恣意妄为,甚至连小型牙行都被其挟持、控制。由于"积奸船户结连地棍,假冒豪奴,恣肆包揽",地方税务稽查人员"畏其声势,反与为奸",即使是在官员严令下,稽查人员如果欲严格检查,"船户举手一呼,合船哄声百应",稽查人员也只能"束手归报,噤不出声",任其逃税,扬长而去②。在松江地区"罗店四角皆有脚夫,一切货物出入,铺户不得自行挑运,甚至婚嫁丧葬,鼓手、炮手、轿夫、脚夫私分地界,把持勒索,扰害不勘,虽叠奉宪谕禁止,而此风如故。更有大婢(俗谓喜嫔),遇里中婚嫁,各依其家眷属,索所剃面名分勒索接送喜钱,甚有一人而居三四分者,谓之门堂,不遂意则出言不逊,嫁娶家每苦之"③。"脚夫、乐人聚伙结党,私画地界,搬运索重直,婚丧勒厚犒,莫甚于南翔,种种恶习,夫人知之,而积弊已久,莫可如何"④。在江南地区脚夫甚至成为世业,"有包牙包脚,朋党盘踞,父子世授,编为字号,肆无顾忌"⑤。不仅职业代际传承,连犯罪经验都能世代相传。

祁彪佳按吴时,在奏疏中向明思宗汇报了江南脚夫群体扰害治安的现状,以及自己为解决脚夫问题所采取的措施:"吴中为百货所聚,自宜立牙囤发,乃近有刁棍窜作牙行,串同无赖脚夫,凡客货到埠,任意搬发,坐守行钱,十无一二,有远商赍本既倾,告取无补,丧身害命","言之可痛"。"臣严为禁止,诸商听其随便投牙,货从商发,银从商收,不许以招接而强搬,不许以囤放而轧没,至于脚夫多系打行,令各铺自认平日诚实若干名报官存案,听其挑接客货"。"又有假充关役,强盘货物,实以恣其打抢者,臣皆严行拿究"⑥。晚明江南市镇的脚夫群体已经成为地方黑恶势力,不仅为害地方,破坏商业秩序,甚至公开抗税,地方榷关对其亦无可奈何。

堵胤锡认为"奸胥、奸商并牙行、船户、脚夫,透漏税课,诡弊百出,何可

---

① (清)石崧:《建抚宪赵公长生书院碑记》,见(清)张承先:(嘉庆)《南翔镇志》卷二《书院》,第15—16页。

② (明)堵胤锡:《权政纪略》卷四《都院详文·为夜航船天开河闸口三大弊》,《续修四库全书》史部政书类,第834册,第378页。

③ (清)潘履祥:(光绪)《罗店镇志》,《上海乡镇旧志丛书》第11册,卷一《风俗》,上海:上海社会科学院出版社,2006,第9—10页。

④ (清)张承先:(嘉庆)《南翔镇志》卷十二《杂志·纪事》,上海:上海古籍出版社,2003,第186页。

⑤ (明)堵胤锡:《权政纪略》卷四《都院详文·为夜航船天开河闸口三大弊》,《续修四库全书》史部政书类,第834册,第379页。

⑥ (明)祁彪佳:《宜焚全稿》卷十七,《续修四库全书》史部诏令奏议类,第492册,第795页

枚举"①? 胥吏、奸商、牙行、船户、脚夫等为逃避纳税,相互勾结,沆瀣一气,导致税款流失的事件也是层出不穷。因此,堵胤锡在给杭州城南牙行、脚夫、船户等的公告中,要求"牙人先行报数,即令本商投单,定须填明某处商人,起某埠、落某牙",以及到岸时间、商品件数等②。然而堵胤锡的公告如同一纸空文,丝毫未能起到任何约束作用,依旧是"积棍豪户结连船霸脚夫兜揽大起商货,竟不输税",即使是堵胤锡动以危言,声称欲"密拿包揽地棍,并着该处巡司督令弓兵昼夜巡缉"③,但牙行、船户、脚夫勾结逃税的事件依然是屡禁不止。堵胤锡在黑北船埠的公告中再次警告称,"凡此弊皆系牙行、船头通同作弊","商人爱惜资本,不肯入揽,而恶棍挈扶,不容分说者"。"为此示仰黑、北二埠头、脚夫、船头知悉,如有仍兜揽商货,查出首发,定行尽法究治,设牙行、脚夫不发货,商人岂能鬼输? 设埠头、船户不肯装货,商人岂能飞渡? 此破里得奸,撅根除弊之捷法也。每逢朔望日期,牙行埠头各递,并不包揽甘结缴查,法在必行,决不姑息,须至示者"④。

崇祯三年(1630)七月,京师发生了"各仓役庙会聚众,一齐俱往,名为乞讨工食之计,实为要挟逃窜之谋,以致仓内之口袋壅滞而不得出,桥上粮米堆积而不得入"的事件。不久因京粮厅核查运米石数,"于是一二凶顽之徒恫疑虚猲,恐有裁节,鼓众潜逃,大误公事。脚夫一唱,而车户亦因而借口,便谓仓中收受无人,两相观望,互为耽阁,而口袋压阁之事,所从来矣"⑤。无论古今中外,劳动者为索要薪酬而采取集体行动,向资方施加压力行为,一般都被视为正义的社会行动。这里,我们暂不去评判索薪事件的性质。此次脚夫群体讨薪的领导者被官员视为"凶顽之徒",官员如此定性并不过分,因为脚夫群体在明季"推强有力者为头,胁余辈苛索民间"⑥,康熙前期,上海县令史彩对不法脚夫群体的头目实施过严厉打击,但基本无济于事,治标不治本,短时期虽然取得一定效果,但一阵风过去,随着官方组织者调离,

---

① (明)堵胤锡:《榷政纪略》卷一《申禁令·到任日牌示》,《续修四库全书》史部政书类,第834册,第368页。

② (明)堵胤锡:《榷政纪略》卷三《禁约城南牙脚示》,《续修四库全书》史部政书类,第834册,第376页。

③ (明)堵胤锡:《榷政纪略》卷四《天开河严禁示》,《续修四库全书》史部政书类,第834册,第379页。

④ (明)堵胤锡:《榷政纪略》卷四《黑北船埠示》,《续修四库全书》史部政书类,第834册,第381页。

⑤ (明)毕自严:《度支奏议》,《云南司》卷七《查明漕粮过坝口袋停压缘繇疏》,《续修四库全书》史部诏令奏议类,第489册,第356—357页。

⑥ (同治)《上海县志》卷一《风俗》,《中国方志丛书·华中地方》,第1册,台北:成文出版社有限公司,1983,第136页。

或官员对脚夫作案关注度降低,又是一切如故,脚夫在脚头控制下为害一方的案件一直持续到 20 世纪前期。清末民初,即使是在上海这样的国际大都市,脚夫群体依然是"强而黠者为脚头"①。"一二凶顽之徒"能组织起大量脚夫进行集体讨薪、罢工,亦足见脚夫群体组织结构紧密,脚头对脚夫的控制能力非同一般。

当然并不是所有脚头都是黑恶势力的代表。徽商程春宇强调"车马不可无脚头",因为"车无脚头,脚子弃货中途,此皆因小而失其大"②。可见脚夫群体基本无信誉可言,必须依赖组织约束方能有所收敛。程春宇本身就是行商,其观点来源于自身商业实践的总结。其强调必须找脚头,说明在商品流通过程中,多数脚头尚能秉持商业理念,还多少有一些契约精神,能够约束所辖脚夫,为客商提供相应的服务。

晚明松江士人陈继儒在其所辑的《捷用云笺》中记述了雇佣脚夫的契约,现录于下:

> 立雇脚夫文契人某,今将自己亲身,揽到某客人名下,行囊货物若干,挑至某处交卸,三面议定,工价若干。自上路之后,一心看管货物,不致疏失。脚人自管赔还,或有一人不到,仍□将己银另雇人送。今恐无凭,立此为照。③

通过该契约可知,既然"三面议定"除供需双方外,应有中介组织或保人,这个中介组织、保人即是牙行、歇家或脚头。牙行、歇家承揽商品流通中介业务,客商住宿、货物存放、装卸等事务均需要力工承担。脚夫只有依附于大规模的牙行、歇家,才能获得更多的挣钱机会。由于船户、脚夫坑害客商手段花样百出,"虽本地刁钻之人,尚难逃其术,何况异乡孤客哉"④!所以程春宇奉劝商人必须通过有信誉的牙行中介、担保,才能最大限度地减少损失。

---

① (民国)《法华乡志》卷二《风俗》,《中国地方志集成·乡镇志专辑》第 1 册,上海:上海书店出版社,1992,第 27 页。
② (明)程春宇辑:《士商类要》卷二《买卖机关》,见杨正泰:《明代驿站考》附录三,第 363 页。
③ (明)陈继儒辑:《捷用云笺》卷六《短札·"雇脚夫契"条》,《四库未收书辑刊》三辑,第 30 册,北京:北京出版社,2000,第 555 页。
④ (明)程春宇辑:《士商类要》卷二《船脚总论》,见杨正泰:《明代驿站考》附录三,第 358 页。

第五节　船户、车夫

明代人将车夫、船户视为脚夫群体。例如前文中商人程春宇，官员堵胤锡、祁彪佳等均将脚夫、船户、车夫视为同一群体。因为车夫、船户与脚夫从事行当本质上相同，船户除了承担客运，更多是从事水上货物运输，车夫则借助畜力从事陆路货物运输兼及客运，而脚夫从事的工作则完全是依靠人力进行货运，用现代语言通俗地解释，即车夫、船户、脚夫都是物流业的从业人员，只是在开展业务时，使用的工具不同而已。

船户与脚夫群体一样，唯利是图，见利忘义。船只超载，危险驾驶之类事件层出不穷。基于船户不法行为众多，统治者也在制度层面对船户行为进行规范，试图杜绝或减少船户的不法行为。明律规定"若撑驾渡船稍水，如遇风浪险恶，不许摆渡，违者笞四十；若不顾风浪，故行开船，至中流停船，勒船钱者，杖八十。因而杀伤人者，以故杀伤论"①。即便统治者以严刑峻法震慑，船户为了追逐蝇头小利，心怀侥幸，不惜铤而走险。洪武时期，在开封黄河渡口处"候渡者常数百人，舟才至岸，人争趋先登，既登而开，水工执橹未得措手足，而舟已在急流中矣"②。成化七年（1471），明廷规定各州县设老人一名在巡检司附近管理渡口，受理民众对船户"远误摆渡及勒要渡钱"的投诉③。此令下达还不到一年，在天子辇毂之下的顺天府竟发生了"无赖之徒，冒贵戚名色，私造渡船，勒取往来人财物，深为民害"的恶劣事件④。成化二十三年（1487），明廷再下严令称"凡豪强据河津要处，以船摆渡规利者，拿问治罪，渡船入官"⑤，但收效甚微。所谓"恶人自有恶人磨"，不可一世的船户却又受制于埠头，因"埠头横索牙佣，每船扣银四十两，多者五十两，船户既受埠头之勒索，势不得不从粮长取偿用，是雇船之价，数倍于前"⑥。船户又将费用转嫁在粮长身上，运粮户负担更加沉重，更加速了农民的逃亡，此弊已积重难返。此外，"村落市镇多有军人兴贩私盐，卖与过往船户，稍不承领，逞凶欺害。其常镇交界埠头大户每遇贩牛客商，因禁践踏

① 《大明律》卷十五《兵律三·关津留难》，《续修四库全书》史部·政书类，第862册，第522页。
② 《明太祖实录》卷二百六，洪武二十五年二月辛未，第3182页。
③ （明）申时行：（万历）《明会典》卷二〇〇《工部·河渠五·桥道》，第1001页。
④ 《明宪宗实录》卷一百八，成化八年九月丙申，第2095页。
⑤ （明）申时行：（万历）《明会典》卷二〇〇《工部·河渠五·桥道》，第1001页。
⑥ （明）陈龙正：《几亭外书》卷四《乡邦利弊考·己巳冬公送邑侯十议》，《续修四库全书》子部杂家类，第1133册，第330页。

塘岸,尽行兜回,不容各船分揽"。针对这种失序的局面,官府只能"仰巡捕巡司严加究治"①。然而,巡捕官员又与地方势力狼狈为奸,弱小船户和客商苦不堪言。

至于不法船户待船到江心,敲诈勒索外地乘客钱财,甚至图财害命,杀人灭口的案件,在明代层出不穷。我们先看《水浒传》对此类事件的描述。

该书第三十七回《没遮拦追赶及时雨 船火儿夜闹浔阳江》中讲述宋江由于资助了卖艺的病大虫薛永,遭到当地恶霸穆弘、穆春兄弟追杀。宋江等仓皇逃到江边,遇到芦苇荡中一只小船,宋江许诺了十两银子的船费后三人登船。当艄公张横发现宋江三人携带重金后,将船划至江心,凶相毕露,声称"你三个却是要吃板刀面,却是要吃馄饨?"继而又解释了何谓"板刀面"与"馄饨"。任凭宋江等人苦苦哀求,许诺愿将所有银两都交出来保命,张横也不依不饶,坚持要杀人灭口②。再看《水浒》第六十五回《托塔天王梦中显圣 浪里白跳水上报冤》,该回讲述张顺奉命去金陵聘请名医安道全为宋江治病,雇船过长江时,艄公发现张顺携带巨资,顿生歹意,趁张顺熟睡之机将张顺捆绑,并称"金银也要,你的性命也要",遂将张顺扔进江中。继而艄公又将自己的同伙杀死灭口,独吞张顺所带黄金③。《西游记》附录《陈光蕊赴任逢灾 江流僧复仇报本》中,艄公刘洪、李彪"将船撑至没人烟处,候至夜静三更,先将家僮杀死,次将光蕊打死,把尸首都推进水里去了"④。

众所周知,文学来源于生活,无论是明初的施耐庵,还是明中叶的吴承恩,两位文学家都是底层文人出身,与三教九流、各色人等接触频繁,对于船户群体不法行为耳濡目染。本书所引情节,并非文学家出于文学的想象和建构,完全是作者对不法艄公行为的真实写照,说明船户的不法行为贯穿明代始终。《水浒传》和《西游记》中所述的这三起船户劫杀乘客案件,如果既遂,即使是在现代社会,侦破起来也比较困难,更何况刑事技术、侦查手段落后的古代。

南京都察院在《巡江巡约》中多次提及此类船户在水上杀人越货的恶性案件。南京都察院官员认为"江盗公行,尚可踪迹。惟船户谋杀船客,其行秘密,官兵难于觉察"。避免出现此类恶性案件的办法,只能是"通行江防

---

① (明)张国维:《吴中水利全书》卷十五《朱衮水利兴革事宜条约》,《景印文渊阁四库全书》史部地理类,第 578 册,台北:商务印书馆,1986,第 536 页。

② (明)施耐庵:《水浒传》(百回本)第三十七回,第 484—486 页。

③ (明)施耐庵:《水浒传》(百回本)第六十五回,第 860 页。

④ (明)吴承恩:《西游记》,《附录》,北京:人民文学出版社,1980,第 94 页。

官,略仿保甲之法","责令各埠口船总小甲将本埠大小船只,尽数清查见在实数,开报在官,给与稍牌"在船尾刻上船主信息,并用白油漆涂抹,便于官方盘查。同时船只属地各县严格登记,责令各船户互相监督,对于船尾无白漆字等信息者,"追船入官,从重究拟"①。"长江渡船揽装人货,多至满载。任风涛狂湃,亦所不避,且停棹中江,多方勒掯,致使舟覆人溺"。可见,南都船户,不仅危险驾驶,而且还在江中趁火打劫,敲诈勒索。为避免船户危险驾驶和趁夜色作案,南京都察院勒石禁止,要求明码实价,在恶劣天气时,在各个码头竖起旗帜示警,如遇冒险摆渡,敲诈勒索乘客者,"许在处官兵拿究"②。在一定程度上遏制了船户的不法行为。虽然在南京都察院的严格管控下,南京周边码头秩序,在一定程度上有所改观,但其他地区则乱象依旧。万历后期,徐鸿儒利用白莲教起事,战乱波及山东各地,百姓纷纷逃亡,而船户水手竟然趁火打劫,哄抬船价,发不义之财,"水手不过乌合之徒,乘乱恃强逼勒煽诈,每名索银二两,且多激变"③,船户水手见利忘义,欲壑难填,直接引发并激化新的社会矛盾。

　　徽商程春宇认为,雇佣脚夫、船只"必须投牙计处,询彼虚实,切记贪小私雇,此乃为客第一要务也"④,程春宇之所以告诫商人必须通过牙行雇佣,是因为是时脚夫、船家坑害客商事件层出不穷,已成为常态。程春宇又强调务必观察同船之人,注意保管自己财物。船户脚夫盗窃手法甚多,"客商慎勿妆束","出外为商,务宜素朴","服饰整齐,小人必生窥觊,潜谋劫盗,不可不慎"⑤。"若搭人载小船,不可出头露面,尤恐船夫相识,认是买货客人。陆路而行,切休奢侈,囊沉箧重,亦要留心,下跳上鞍,必须自挈,岂宜相托舟子车家"⑥通过程春宇对商人的告诫可知,晚明时期车夫、船户、脚夫群体作案频繁,经商环境险恶。

　　船户之所以如此胆大包天,公然抗税、暴力抗法,是因为"埠头、船户,各种奸人夤缘表里,动百成千,不可限制"⑦。不法官员与船户沆瀣一气,狼狈

①　(明)施沛:《南京都察院志》卷九《操江职掌·巡约十八则》,《四库全书存目丛书补编》第73册,第241页。
②　(明)施沛:《南京都察院志》卷九《操江职掌·巡约十八则》,《四库全书存目丛书补编》第73册,第243页。
③　(明)何三畏:《云间志略》卷六《郡别驾凌霄张公传》,《四库禁毁书丛刊》史部第8册,第287页。
④　(明)程春宇辑:《士商类要》卷二《船脚总论》,见杨正泰:《明代驿站考》附录三,第358页。
⑤　(明)程春宇辑:《士商类要》卷二《买卖机关》,见杨正泰:《明代驿站考》附录三,第362页。
⑥　(明)程春宇辑:《士商类要》卷二《客商规略》,见杨正泰:《明代驿站考》附录三,第357页。
⑦　(明)陈龙正:《几亭外书》卷四《乡邦利弊考·户例十二条·乡绅充北运》,《续修四库全书》子部杂家类,第1133册,第346页。

为奸。例如户部尚书毕自严在给锦衣卫指挥使外戚田弘遇的批复中明确指出，"总运守备陈于朝、耿应魁与船户猫鼠同眠。每粮上船开舱，先偷卖好米，插和糠秕、沙土。又用天灵盖、斑毛、甘草、石灰等毒药，每石可出加二三，临时买嘱收粮委官，通同作弊"①。押运官员勾结船户，监守自盗，以次充好，甚至掺杂沙土、毒药，可谓丧心病狂。入京师的粮米尚且敢如此恣意妄为，更何况输入其他地方的粮米？勾结贪官污吏，以之为靠山，竟然成为部分运粮船户发财致富、逃税和暴力抗法的不二法门。

无论是车夫、船户、脚夫，还是牙行、歇家，相对官方而言都是弱势群体。在帝制时代，社会环境如丛林，在弱肉强食的丛林法则下，牙歇车脚船等群体一方面按照行业分工形成各自行业组织，借以壮大声势；另一方面则与不法官员、胥吏相结合，二者各取所需，在仓储物流、商品交易等领域形成了利益共同体。"导行之费以媚胥皂，船户、水手、扛夫、歇家之属，夤缘为奸利，百亩之家辄破"②。不法官员、胥吏与牙行、歇家、车夫、船户、脚夫等相互勾结，盘踞仓场码头、城镇集市，形成黑恶势力，为非作歹，欺压良善。中小牙人、商人，普通民众受尽其盘剥，苦不堪言，民众对车船店脚牙群体发自内心地痛恨和厌恶。故民间所谓"车船店脚牙，无罪也该杀"之言，实非空穴来风也！

---

① （明）毕自严：《度支奏议》，《新饷司》卷三《题覆田锦衣条议饷运疏》，《续修四库全书》史部诏令奏议类，第 484 册，第 378 页。
② （明）魏大中：《藏密斋集》卷十二《杂著·贺康明府恩封序》，《四库禁毁书丛刊》集部，第 45 册，北京：北京出版社，1997，第 164 页。

第六章　晚明江南民变与地方政权应对方式探析

——以崇祯宜兴民变为例

崇祯六年(1633)正月,南直隶常州府宜兴县南刘、杨山村民,因不堪乡宦豪奴欺压,奋起抗争,民变愈演愈烈,从针对豪奴的自卫反抗,演变为肆意烧抢,导致宜兴县城闭城戒严,同时民变亦成燎原之势,迅速波及毗邻的溧阳、金坛、武进三县,历经两个月方告平息,崇祯七年(1634)四月,宜兴再次发生针对致仕首辅周延儒的焚庄、掘墓事件,虽被迅速扑灭,仍波及溧阳等县,又引起轩然大波。由于民变事发于南直隶重镇常州府,并直接造成周边府县社会动荡,影响甚大,朝野震惊。

关于宜兴民变问题的相关研究较少。前辈学者孟森先生、谢国桢先生、陈守实先生、傅衣凌先生等,早在民国时期即对明季的江南民变、奴变进行了开拓性的研究。谢国桢先生在讨论晚明江南奴变时,曾谈到宜兴民变,由于受当时历史环境和文献资源缺乏的限制,先生误将宜兴民变当成奴变[①]。巫仁恕先生将其博士学位论文《明清城市民变研究——传统中国城市群众集体行动之分析》进行修订后,更名为《激变良民——传统中国城市群众集体行动之分析》[②]后出版。该书是近年来研究明代民变的集大成之作,书中列举了一百多起明代的民变,但对宜兴民变却只字未提。王家范先生对宜兴民变曾进行过概括性阐释[③],吕杨较系统地梳理了宜兴民变的相关文献,并对宜兴民变发生的原因、过程、影响,周延儒与引发宜变的陈氏家族关系等问题,进行了较细致的讨论[④]。此后,吕杨又对宜变当事人陈于鼎的事迹进行了研究[⑤],夏维中先生则对另一宜变当事人陈于泰的史学评价问题进

---

① 谢国桢:《明清之际党社运动考》,附录一《明季奴变考》,上海:上海古籍出版社,2004,第 188 页。

② 巫仁恕:《激变良民——传统中国城市群众集体行动之分析》,北京:北京大学出版社,2011。

③ 王家范:《明清史料感知录(八)》,《历史教学问题》2008 年第 5 期。

④ 吕杨:《明朝末年宜兴民变考论》,《辽宁大学学报(哲学社会科学版)》2010 年第 2 期。

⑤ 吕杨:《陈于鼎事迹述略及其评价》,《常州大学学报(社会科学版)》2015 年第 6 期。

行了讨论①。虽然王家范、夏维中、吕杨等先生对宜兴民变进行了较细致地研究，但他们都是从史学领域来讨论事件的影响和人物的历史评价等问题，对于常州府官员处理宜兴民变善后问题、会审宜兴事件当事人等司法问题则未见讨论。究其原因，大概是由于宜兴民变是乡民合力抵抗缙绅豪奴欺压而采取的自发行动，既无生员组织、参与，更无反抗、推翻政府的政治诉求，故相关材料零散。祁彪佳在第一次宜变平息后，出任巡按苏松御史，在其文集《宜焚全稿》中记录该事件之始末缘由、审判过程。故本章再以宜兴民变为个案，通过《宜焚全稿》所载审判宜变豪奴案卷，探研明代巡按御史、分巡道、分守道官员及府县官平息民变、处理善后、司法审判等问题。

第一节　宜兴民变之始末

宜兴在明代为南直隶常州府属县，为江南"巨邑"。宜兴人文鼎盛，科第蝉联，入仕后于两京出任高官者甚多，故时称宜兴"多豪家"②。由于宜兴为常州府属县，故该县亦为重赋地区，且宜兴滨湖倚山，可耕土地较少，民众赋役负担沉重，明代编遣差役、缴纳地税，虽然原则上按土地多寡进行差派，但"绅衿贫户有奏销之例，民困不堪"③，而且"两榜乡绅，无论官阶及田之多寡，决无签役之事"④。不难看出，明代的优免制度为缙绅阶层提供了法律保障，但却使沉重的赋役负担自然转嫁到农民身上，普通农民为求自保，逃避赋役负担，只能采用"投献"的方式"投倚于豪门"⑤。明代自中叶以来，江南地区投献之风日甚一日。缙绅层在大量接受平民的投献后，迅速发展为田连阡陌、家藏万贯的富豪。缙绅地主不仅有雄厚的财富，而且凭借自己的仕途资历、同僚关系，科举中的同年、门生、座主等关系，为自己及家族提供强大的政治保障。晚明江南地区"以绅士为主体的新型地方精英成为乡村社会的主要支配阶层"⑥。

由于相当多农民"投献"土地是被缙绅以欠租、欠债、设计诬陷，逼写身、

---

① 汪莉、夏维中：《试论宜兴亳村陈于泰的评价失真问题》，《南京大学学报（哲学·人文科学·社会科学版）》2013 年第 4 期。
② （清）佚名编：《明季烈臣传（四）·蒋英传》，国家图书馆藏《稀见明史史籍辑存》第 26 册，北京：线装书局，2006，第 350 页。
③ （清）顾公燮：《丹午笔记》四八《苏松粮重之由》，第 67 页。
④ （清）叶梦珠：《阅世编》卷六《徭役》，第 166 页。
⑤ （清）张廷玉：《明史》卷七十七《食货志一》，第 1881 页。
⑥ 万明主编：《晚明社会变迁问题与研究》，北京：商务印书馆，2005，第 301 页。

田契等各种暴力、强制手段实现,其结果是导致农民陷入佃农兼奴婢的境地。明代后期,江南缙绅之家蓄奴之风盛行,"人奴之多,吴中为甚"①。这些奴仆"即是庶民主动出来承担士大夫的仆役,充当其爪牙,而在庶民之间逞威风的一种人","是自庶民阶层析出的畸形儿,其出现是以困苦的庶民生活、特别是社会上的失业问题为背景的"②,"缙绅居乡者,亦多倚势恃强,视细民为弱肉,上下相护,民无所控诉也"③。这些替缙绅为恶的豪奴,他们的任务就是"催逼收集地租"、"经营典当店铺","掌握极大的权限和持有对民众的强有力的发言权",并具备"文字、经理以及处理其他事务方面的高度能力",在其身上"体现了主人的权威"④。晚明江南缙绅"子弟僮仆,假势横行,兼并小民,侵渔百姓,撄其锋者,中人之产,无不立破"⑤。

　　引发民变的宜兴陈氏,从普通的耕读之家,通过科举走入仕途。引发民变的乡绅陈一教,万历二十九年(1601)进士,曾任浙江参政等职。其妻"琅玕曹氏,工部尚书曹公三旸嫡侄女,庠生儒官秉旸女,诰封淑人"⑥,陈一教长子陈于泰为崇祯四年(1631)状元、次子陈于鼎为崇祯元年(1628)二甲第六名进士,事发时俱任职于翰林院,族侄陈于廷是东林党魁,南京都察院右都御史。姻亲吴宗达是万历三十二年(1604)探花,崇祯时期内阁辅臣;周延儒是万历四十一年(1613)状元,崇祯时期内阁首辅⑦。如此显赫的科举世家和深厚政治背景,使陈氏成为宜兴显赫的豪强势族。宜兴陈氏家族倚势敛财,鱼肉乡里,大公子陈于泰挥金如土,奢靡无度,妻妾成群。《明史》称"修撰陈于泰、编修陈于鼎兄弟尤横"⑧,陈氏家族同其他为富不仁的江南缙

① (清)顾炎武著、(清)黄汝成集释:《日知录集释》卷十三《奴仆》,上海:上海古籍出版社,2006,第800页。

② (日)宫崎市定:《明代苏松地方的士大夫和民众》,刘文俊主编,栾成显、南炳文译:《日本学者研究中国史论著选译·第六卷·明清》,北京:中华书局,1993,第259页。

③ (清)赵翼著,王树民校证:《廿二史札记校证》卷三十四《明乡官虐民之害》,第785页。

④ (日)佐伯有一:《明末董氏之变》,刘文俊主编,栾成显、南炳文译:《日本学者研究中国史论著选译·第六卷·明清》,第331—332页。

⑤ (清)叶梦珠:《阅世编》卷四《宦迹一》,第101页。

⑥ 《宜兴亳里陈氏家乘》卷六,清咸丰刻本,宜兴市档案馆藏。

⑦ 关于周延儒与宜兴陈氏的"姻亲"关系,清代史学家谈迁认为二人是表亲。但综合《宜兴亳里陈氏家乘》等文献的相关记载可知,陈于泰之妻、周延儒之妻均出自宜兴北渠吴氏。陈于泰的岳父名吴宗亮,吴宗亮之父为吴中行,吴中行另一子是吴宗达。周延儒的岳父名吴宗逸,吴宗逸之父为吴同行。吴中行与吴同行,是亲兄弟。通俗地说,陈于泰的岳父和周延儒的岳父为堂兄弟,陈妻与周妻为未出五服的堂姐妹,故二人确实有姻亲关系,但属于远亲连襟。吴宗达是陈于泰之妻的亲叔,周延儒之妻的堂叔。此外,陈一教的女婿名为周继儒,亦是宜兴亳村人,疑似周延儒之弟,但未见史料佐证,只能存疑。

⑧ (清)张廷玉:《明史》卷二四五《蒋英传》,第6360页。

绅一样,也豢养了大量的豪奴。其家奴狗仗人势,"豪仆肆毒"①,"收租勒耗、翻债取盈,甚至锁拷而逼写田地,计陷而吞占子女"②,以致民怨沸腾。陈氏不仅在宜兴横行乡里,巧取豪夺,甚至在毗邻的附郭县武进,陈于泰竟然指使家奴公然殴打凌辱县令岳凌霄,而作为常州府首县主官的岳知县,慑于陈家的权势,也只能忍气吞声③。

崇祯六年(1633)初,由于不堪忍受陈氏家奴欺压,南刘村、杨山村民众自发组织起来,对抗陈氏家奴。又因陈奴周文爌等在收租过程中手持官府捕人的"拘票",导致矛盾迅速激化,由于乡民追杀陈氏豪奴不获,遂将陈奴家及所在的马家庄付之一炬,继而陈氏遍布宜兴的各庄园皆被焚毁殆尽,陈一教仓皇逃入太湖舟中避难,愤怒的乡民又刨掘了陈氏祖坟。至此,矛盾升级,使原本只针对豪奴的反抗活动,演变为大规模烧抢,地方无赖趁机哄抢、焚烧与陈家并无关联的富户庄房。参与民变的民众"群执兵鼓噪,势汹汹"④,"白昼攻剽,官不能禁"⑤,乡民"声言次第欲更焚某庄、更掘某坟,又恐吓劫狱,致该县城门昼闭"⑥。不仅宜兴境内因烧抢肆虐,导致人心惶惶,而且宜兴邻县武进、溧阳,亦有效尤之势,均出现了因地方无赖借机寻衅滋事,而引发的大规模烧抢事件⑦。

---

① (明)祁彪佳:《祁彪佳集》卷十《行实》,北京:中华书局,1960,第 237 页。
② (明)祁彪佳:《宜焚全稿》卷一《初报宜情》,《续修四库全书》史部·诏令奏议类,第 492 册,第 176 页。
③ (明)祁彪佳:《宜焚全稿》卷二《周文爌招》,《续修四库全书》史部·诏令奏议类,第 492 册,第 253 页。按,关于陈于泰指使家奴在宾馆殴打武进县令岳凌霄一事,常州府理刑推官吴兆莘和镇江知府王秉鉴在会审陈奴时,陈奴在供词中多次提及此事,祁彪佳在奏疏中也多次强调陈于泰纵奴行凶,殴打凌辱武进知县的罪行,但因受害人岳凌霄早已去职回籍,会审期间未能取证,故会审官员并未深究此事。
④ (光绪)《重修嘉善县志》卷十九《官业·蒋英》,《中国地方志集成·浙江府县志辑》第 19 册,南京:凤凰出版社,2004,第 607 页。
⑤ (雍正)《浙江通志》卷一百六十一《人物一·名臣四》,《景印文渊阁四库全书》史部地理类,第 523 册,第 336 页。
⑥ (明)祁彪佳:《宜焚全稿》卷一《初报宜情》,《续修四库全书》史部诏令奏议类,第 492 册,第 176 页。
⑦ 关于宜变始末,参见吕杨:《明朝末年宜兴民变考论》,《辽宁大学学报(哲学社会科学版)》2010 年第 2 期,本文不再赘述。

第二节　官府对民变的应对方式

一、宜兴地方官员处理方式

在宜兴民变爆发伊始,县令童兆登已察觉到了事态的严重性,想亲自到民变现场进行调解,试图迅速平息,但为时已晚,"不知烈焰之余,不能扑燎原之势",虽然派兵将民变领导人陈轼、杨元珊及趁火打劫的罜棍陈谋等抓获,但依然无济于事,事件并未就此平息,而是愈演愈烈。之所以出现这样的局面,是因为此事件的导火索即是县令童兆登"徒知禁名之不宜立,以拘票谬付文燨之手。此辈执票恐吓,益挑众怒"①。擅自签发"拘票"给陈氏家奴,导致民怨沸腾,酿成民变。故民变平息后,常州府向皇帝及江南抚、按官员汇报事件始末,认为民变"衅酿于豪奴,祸发于禁头"②。所谓"衅酿于豪奴",是因为陈氏豪奴一贯横行,仗势欺人,鱼肉乡里,以致激起民愤。而"祸发于禁头",则是指时民变领导人陈轼曾在县衙担任过禁头,应该知道一些当时的基本司法流程,他认为贱民阶层的奴仆竟然非法持有官府拘票,狐假虎威,横行乡里,收租勒耗,欺压乡民,这些家奴的一系列不法行为,肯定是出于陈一教的授意,是典型的官绅勾结的结果,故在他鼓动下,彻底激起民愤。家奴持拘票收租,成为事件导火索,最终引发了大规模的烧抢事件。宜兴县令童兆登之所以如此纵容陈氏家奴,是因为童兆登慑于陈氏家族的政治威势。童兆登是浙江慈溪人③,崇祯四年(1631)辛未科三甲第一百五十人名进士,而此科的状元,则是陈一教的长子陈于泰,童兆登与陈于泰有"同年"之情。在明代"非进士不入翰林,非翰林不入内阁,南、北礼部尚书、侍郎及吏部右侍郎,非翰林不任。而庶吉士始进之时,已群目为储相,通计明一代宰辅一百七十余人,由翰林者十九。盖科举视前代为盛,翰林之盛,则前代所绝无也"④。陈于泰既具备状元身份,又在翰林院任修撰,已被"群目为

---

① (明)祁彪佳:《宜焚全稿》卷一《初报宜情》,《续修四库全书》史部诏令奏议类,第 492 册,第 178 页。

② (明)祁彪佳:《宜焚全稿》卷一《初报宜情》,《续修四库全书》史部诏令奏议类,第 492 册,第 176 页。

③ (嘉庆)《增修宜兴县志》卷五《守令》,《中国地方志集成·江苏府县志辑》第 39 册,南京:凤凰出版社,2008,第 145 页。按县志此卷记载童兆登于崇祯三年(1630)就任知县,而童系四年进士,显然该县志记载有误,童兆登应为崇祯四年就任。

④ (清)张廷玉:《明史》卷七十《选举志二》,第 1702 页。

储相",仕途前景一片光明,加之陈氏显赫的政治背景,县令童兆登必然会通过讨好陈氏家族,以其为靠山,积累政治资本。

明代缙绅,虽然在法律意义上,是地方官的属民,但由于缙绅在任之时的官阶品级一般高于府县官,即使致仕乡居,不仅有一定的政治待遇,而且多数缙绅通过同年、门生、座主、同僚等关系,与上层保持一定的联系。由于"凡科甲出身者,无论爵之尊卑,郡县俱答拜"①,缙绅在一定程度上能够影响地方官的名声和仕途。缙绅"给州县官增加的施政障碍,不弱于来自上方的阻力"②。前辈学者吴晗先生认为"明人重年谊和乡谊,科举的同榜,构成师生和同年的政治关系,同一乡里则又构成同乡关系,这种关系在政治上的表现是党争,在地方的反映,是利用在朝座主同年同乡来控制地方守令,使其顾惜前途,不敢加以钤制。尤其是父兄或子弟在朝的乡绅,更是势焰熏赫,奴使守令,成为地方政府的太上政权"③。

在明代,尤其是中叶之后,一旦地方官与缙绅发生矛盾,缙绅往往会动用其朝野关系进行对抗。如果地方官与缙绅对抗到底,必然会再现万历时期湖州地方官的结局④。之所以会出现这种不利于地方官行政的局面,是因为在明代,地方出现官绅矛盾,往往会小题大做,成为中枢政争的导火索,最终裁定权不在三法司而在皇帝,皇帝在处理此类事件时,为了谋求中枢稳定、不被言官指责,多数采取的是"和稀泥"的方式,即"各打四十大板",以示"公允"。因此,很多地方官面对缙绅盘根错节的朝野势力,为了保全自己的仕途,只能被迫认输,对缙绅的不法行为只能听之任之,甚至在乡绅显赫的政治背景压力和仕途的诱惑下,不惜充当其保护伞。这也就是陈氏家奴能够非法持有拘票,用来威胁恫吓乡民,横行乡里、收租勒耗的原因。而正是县令童兆登这种"以拘票谬付文爝之手"的错误行为,直接激化矛盾,导致大规模民变的爆发。

二、上级政府应对方式

巫仁恕先生将明代政府处理民变的政策分为五个层级,即:A.采取直接镇压、逮捕政策;B.名义上抚谕,实则派兵镇压;C.采取剿抚并用政策;D.

---

① (清)叶梦珠:《阅世编》卷八《交际》,第212页。
② 柏桦:《明代州县政治体制研究》,北京:中国社会科学出版社,2003,第249页。
③ 吴晗:《明代的新仕宦阶级,社会的政治的文化的关系及其生活》,引自《明史研究论丛》第五辑,南京:江苏古籍出版社,1991,第25—26页。
④ 参见(美)赵结:《试论明代后期权势之家与中央地方政治间的关系:董份与湖州之变》,张国刚主编:《中国社会历史评论》第2卷,天津:天津古籍出版社,2000。

欲镇压但形势不利,改为抚谕政策;E. 直接采取抚谕政策①。很显然,宜兴民变对抗的对象并非政府,而是缙绅豢养的奴仆。参与民变民众实施的暴力行为,也是针对缙绅、富户,而非有组织的反政府叛乱。南京守备官员根本没必要动用南京留守军卫,即使是常州府所辖巡检司、民壮等地方武装就完全有能力轻而易举地平息民变,也不存在无法控制局面的事态发生。但由于农民战争席卷中原,很多官员早已如同惊弓之鸟。民变的消息传到留都南京,面对突如其来的民变大潮,部分留都官员主张调南京军卫进行武力弹压,但这种简单粗暴的处理方式,被时任常镇道按察副使的徐世荫制止,他认为参与民变的民众是"乱民,非寇也,为开陈祸福,间取不职者,创惩之事遂宁息"②。其实徐世荫的做法,并非因其性格"仁厚",而是他完全秉承明代建国以来以宣谕安抚为主、"先礼后兵"的社会治理方式。

应天巡抚庄祖诲采纳了徐世荫的建议,启用了已离职的分巡常镇道按察副使蒋英,令其立即去平息宜兴事件。与此同时,常州知府洪周禄、理刑推官吴兆莘也紧急赶赴宜兴试图平息民变。随着洪周禄、蒋英的到来,采取疏导措施,即传统的"抚谕"手段。洪周禄命令解除戒严,大开宜兴城门,接受纷至而来的百姓避难、告状述冤。同时释放了被捕的民变领导人陈轼,并"将豪奴姓名榜示四门,悬赏捕缉。随提在监诸犯,挞惩首恶,释去胁从"③。蒋英则"单骑往谕,惩豪家僮客数人,令乱民自献其首恶"④。知府洪周禄、按察副使蒋英对于参与民变的群众,不问胁从,不使用武力镇压的处理方式,而对于肇事的豪奴和趁火打劫的无赖,则采取了严厉的镇压手段,悬赏通缉漏网的豪奴,派"乡兵直捣其穴",抓捕借机闹事的无赖⑤。洪、蒋二人的这种处理模式,在一定程度上解决了参与民变群众的诉求,很大程度上弱化了民众与官府的对立情绪,扭转了危机局面,使民变迅速平息。

---

① 参见巫仁恕:《激变良民——传统中国城市群众集体行动之分析》,第118—119页。

② (雍正)《浙江通志》卷一百六十一《人物一·名臣四》,《景印文渊阁四库全书》史部地理类,第523册,第336页。

③ (明)祁彪佳:《宜焚全稿》卷一《初报宜情》,《续修四库全书》史部诏令奏议类,第492册,第176页。

④ (清)张廷玉:《明史》卷二百四十五《蒋英传》,第6360页。

⑤ (明)祁彪佳:《宜焚全稿》卷一《初报宜情》,《续修四库全书》史部诏令奏议类,第492册,第178页。

第三节　民变善后处理与审判

祁彪佳,浙江山阴人,天启二年(1622)进士,初为兴化府推官,崇祯四年(1631)为御史,六年(1633)受命按吴,出巡南畿苏、松、常、镇等地。祁彪佳四月初离京,"于(崇祯六年)六月初四日入境受事"①。到任后"审状不发有司,民词尽行亲问,凡占产打抢,假命装陷,种种恶习,势豪莫容"②,严行保甲,稳定社会秩序。

因宜兴地处南畿,此次民变又波及常州府所辖之武进、镇江府所辖之金坛、应天府所辖之溧阳等县,影响甚大,朝野震惊。崇祯帝亦对宜兴事件极为关注,多次下诏询问。宜兴陈氏为江南豪强缙绅,朝中势力盘根错节,特别是东林党魁,时任南京都察院右都御史的陈于廷是宜兴事件祸首陈一教的族侄,而内阁首辅周延儒又是陈家的姻亲,故处理此事,对于新任巡按,以及常州、镇江两府的地方官员来说,来自外界的干扰极大,非常棘手。宜兴常镇道副使徐世荫、常州知府洪周禄、常州府理刑推官吴兆荃等在初审宜兴事件时,均将审理重点放在奴仆身上,将引发动乱的原因归罪于奴仆肆虐,而有意回避陈氏的纵容行为。例如徐世荫指责豪奴"收租盘债"、吴兆荃称豪奴"催租用极"、洪周禄称豪奴"所称锁拷而逼写田地,计陷而吞占子女",甚至连向豪奴签批"拘票"的宜兴县令童兆登也惺惺作态地指责豪奴"贫佃之挂欠者,锁阱幽室,隆冬不放,如此横肆,真可谓无日无天"③!从这几位官员所作的案情汇报来看,他们可能是慑于陈氏在朝野庞大的关系网,担心自己的仕途。故众口一词,将民变责任归咎于豪奴肆虐,把豪奴作替罪羊,而对陈氏家族横行乡里、纵奴行凶等众多劣迹却只字未提。

在祁彪佳到任之前,山东道御史禹好善即已上"为愚民作乱之因未详,庸抚庇宦之情有据,乞敕严究激变根因,以雪民冤,以安重地事"的奏疏④。礼部主事骆天闲"题为民贼济恶已极等事"、广东道御史刘兴秀"题为江南财

① (明)祁彪佳:《宜焚全稿》卷一《初报宜情》,《续修四库全书》史部诏令奏议类,第492册,第175页。

② 《朝野公言》,《北京图书馆古籍珍本丛刊》史部杂史类,第12册,北京:书目文献出版社,1998,第862页。

③ (明)祁彪佳:《宜焚全稿》卷一《初报宜情》,《续修四库全书》史部诏令奏议类,第492册,第180页。

④ (明)祁彪佳:《宜焚全稿》卷一《初报宜情》,《续修四库全书》史部诏令奏议类,第492册,第175页。

赋重地等事"、兵科给事中史可镜"题为泄玩抚臣等事"①,诸言官交章上疏议论宜兴事件,在中枢引发强大政治压力和舆论压力,陈家在朝中的靠山均未敢轻举妄动②。言官的奏疏引起明思宗的重视,思宗对诸言官所上题本均一一进行批复,先后下旨称"陈一教父子婪横异常,近日地方愤逞,明系积衅酿变,着该抚按一并严查,作速据实奏夺","陈一教、徐廷锡贪横实迹,速查奏夺"③。同时多次严令南直隶抚按官、理刑官、常州府县两级地方官严肃处理宜兴事件。

　　皇帝的政治压力、中枢的舆论压力既已制造出来,并初显成效,抚、按官与地方官处理宜兴事件善后的方式则可以相对灵活。为了避免陈家势力对案件审理的干扰,祁彪佳采取会审的形式,参加会审的官员分别为巡按御史祁彪佳、分巡常镇按察副使徐世荫、常州府知府洪周禄(洪离职后,推官吴兆莩接任知府)、理刑推官吴兆莩、镇江府带管理刑知府王秉鉴。这种参与人员的构成,既包括了中央都察院系统的派出官员、地方分管官员,事发地主官、理刑官,事件波及地主官,又可使参与会审官员互相监督、制衡,不易徇私舞弊,枉法裁判。

　　常州府理刑推官吴兆莩、镇江府带管理刑知府王秉鉴负责对陈一教进行调查和审理。吴兆莩、王秉鉴二人调查审理后,归结陈一教"忍毁师像""窝贼盗粮""殴打县官""捆杀青衿""捏陷多命"五大罪状,祁彪佳复核案情,上疏称"五款该臣覆审无异"④,彻底坐实了陈一教的劣迹和罪行,礼部主事骆天闲即根据此五大罪状上疏弹劾陈一教,起到了坚定明思宗严惩宜兴事件祸根决心的作用。

　　对于陈、徐二家豢养的豪奴,依然采取会审方式,由分巡常镇道按察副使徐世荫负责,常州府推官吴兆莩和镇江知府王秉鉴负责具体执行。吴、王二人调查审理后,归纳出陈、徐二家豪奴周文爌、张瑞、刘宁、吴君可、张凤池、张成、樊士章等诸多罪行,仅判词即达2万字。其实祁彪佳与常州地方官员对于豪奴的处理态度一致,他在到任伊始的奏疏中即表明了自己的态

---

① (明)祁彪佳:《宜焚全稿》卷二《初报宜情》,《续修四库全书》史部诏令奏议类,第492册,第232页。

② 至今未见时任内阁首辅的周延儒、阁臣吴宗达和南京都察院左都御史陈于廷任何与宜兴民变相关的文献记载。

③ (明)祁彪佳:《宜焚全稿》卷二《周文爌招》,《续修四库全书》史部诏令奏议类,第492册,第232、233页。

④ (明)祁彪佳:《宜焚全稿》卷二《周文爌招》,《续修四库全书》史部诏令奏议类,第492册,第252—254页。

度,即"不先治奴之豪,则民忿莫泄;不并治民之乱,则王法莫伸"①。因此,在重惩豪奴的同时,民变领导人陈轼及其子陈天益也被一并处死。之所以会审官员如此不遗余力地将罪责归咎于奴仆,原因有三,一是陈氏豪奴为害地方多年,民愤极大;二是来自皇帝和中枢舆论的压力;三是常、镇地方官员均不愿意得罪陈家。肇事的豪奴,在明代社会属于贱民阶层,虽然可以在地方横行不法,但其势力完全来自背后的靠山,一旦靠山失势,奴仆一切威势立即化为乌有。在明代司法实践中,按《大明律》规定,贱民阶层犯罪,比照良人从重处罚②。官员将罪行归咎于奴仆身上,对奴仆的不法行为进行严厉处置,即可以平民愤,又可以应对来自中枢的压力,还可以最大限度减轻陈氏父子罪责,避免遭到陈家遍布朝野的关系网报复。

常州、镇江两府理刑官的审判结果上报后,引起明思宗的震怒,除陈一教因年老多病,且受民变冲击、惊吓,民变不久即去世于太湖舟中,未受处理,倚势横行乡里的豪奴或被斩,或被流放。陈一教长子翰林院修撰陈于泰、次子翰林院编修陈于鼎皆被削籍。这里需要说明的是陈于泰被削籍,宜兴事件是重要的"催化剂"。崇祯六年(1633)正月,发生了首辅周延儒与宣府监军宦官王坤的争执,陈家与周家不仅是宜兴同乡,而且又有姻亲之系,故陈于泰上疏弹劾王坤,王坤亦不甘示弱,反唇相讥,不仅为自身行为辩护,同时揭发周延儒诸多不法事,攻击陈于泰,称"细绎陈于泰之疏,明讥暗刺,谤讪欺妄,日后宣付史馆信为实然,则亏损圣政,匪渺小也"③。明思宗当时虽未对周、陈进行处置,但埋下了祸根。因宜兴事件爆发,科道官交章揭发陈家横行乡里诸多不法事,促使思宗先罢周延儒首辅,再削于泰、于鼎籍,将陈氏兄弟赶出朝堂。

虽然宜兴民变的平息及后来的司法审判顺利且相对公正。但南直隶、常州府、常府所辖宜兴县诸多涉及宜兴事件的官员,却多数受到影响。除了常州府理刑推官吴兆莹升任知府,镇江知府王秉鉴、按察副使徐世荫仍任原职,其他诸如宜兴县令童兆登、常州知府洪周禄、分巡苏松按察副使蒋英、应天巡抚庄祖海因失职被罢免,甚至连未曾参与平息民变的祁彪佳,亦被考核

① (明)祁彪佳:《宜焚全稿》卷一《初报宜情》,《续修四库全书》史部诏令奏议类,第492册,第176页。

② (明)雷梦麟:《读律琐言》卷二十《大明律·刑律三·斗殴》,第381页。

③ 中国第一历史档案馆、辽宁档案馆编:《中国明朝档案总汇》,"监视宣镇太监王坤为科臣陈于泰力排内员乞免谢奸事题本",第82册,桂林:广西师范大学出版社,2001,第283页。

下等而罚俸。关于祁彪佳被罚俸的原因,笔者在多年前即已进行讨论①,这里需要补充的是,祁彪佳到任后,处理完宜兴事件善后事宜,在其向思宗所上的奏疏中,洋洋数千言,反复强调"豪奴害民",乡民"聚众焚庐,统凶掘墓","天罚效而纵横",但只字未提陈家纵奴行凶等诸多不法事②。处理周延儒祖坟被刨一事时,认为此事件的起因,并非如传言所说,因周延儒"纵下虐小民如故",导致"冤民相聚,夜发其祖茔"③,而是周延儒的佃户胡才"原系湖州人,以养鱼为业,向佃赁周宦池房,去年正月十九日被蒋墅人烧毁,罄掳才赀,才随避去,近因乱定来理,并与周宦无涉,而文正等借端鼓众漫试烧掘",强调掘坟者"袁文正等一十一犯,村落游棍,鸷悍无良,视法纪如弁髦,以烧掘为暗箭,真闯不畏死之枭獍也"④!可见,祁彪佳在奏疏中最大限度将落职还乡的周延儒摘除。尽管如此,由于祁彪佳在此前的奏疏中,依据理刑官的调查和审理结果,如实上报了陈一教五大罪状,户部主事骆天闲等中枢官员即以此为依据,上疏弹劾陈一教,导致明思宗下决心对陈氏父子严厉制裁,故引发了东林党人的不满。东林的大本营地处常州府所辖之无锡县,宜兴县亦同为常州府所辖。宜兴亳里乡宦陈一教之族侄,时任南京都察院右都御史的陈于廷又是曾入"东林点将录"黑名单,遭阉党残酷迫害,劫后余生的东林党魁。虽然目前尚无证据证实陈于廷插手宜兴事件善后,但从钱谦益为陈一教所撰墓志铭中可见部分东林党人对宜兴事件的态度。墓志铭中言"癸酉之春,佃丁与庄奴争余逋升合,哄斗不解,至啸聚多人,皆负租恶少,白棓烈焰,庄居遂毁,其实被灾者,四宦之庄。知县骆天闲承权奸之指,独皆一门,而台使张大其事,奏称潢池弄兵,上干君怒";陈一教之死"此远迩所称仁者之末路也,天可问哉"!将横行乡里的陈家说成了蒙冤受害的好人。文中所称"权奸"是不是温体仁,我们不得而知;但"台使"明显是指祁彪佳。钱谦益将陈家被惩治之事,归咎为祁彪佳无事生非、混淆视听、小题大做使然,表现出对祁彪佳强烈的不满。钱谦益之所以如此颠倒黑白地为陈氏辩护,一方面是因其为东林党骨干,故为党人之行径竭力护短、辩护;另一

---

① 关于蒋英落职、祁彪佳被罚俸等问题,参见吕杨:《明朝末年宜兴民变考论》,《辽宁大学学报(哲学社会科学版)》2010 年第 2 期。

② (明)祁彪佳:《宜焚全稿》卷三《宜变始末》,《续修四库全书》史部诏令奏议类,第 492 册,第 283 页。

③ (清)王思任编:《祁忠敏公年谱》(清初乌丝栏稿本),引自北京图书馆编:《北京图书馆珍本年谱丛刊》第 63 册,北京:北京图书馆出版社,1999,第 284 页。

④ (明)祁彪佳:《宜焚全稿》卷八《再报宜变》,《续修四库全书》史部诏令奏议类,第 492 册,第 500—501 页。

方面则是因为他"与两翰林为前后辈,夙昔有通门之雅,故不尽依依"①。钱谦益为晚明东林名士,从他对宜兴事件的起因及处理结果的论述,可以管见当时部分东林党人对此事处理结果的不满。是时,"钦定逆案"不久,朝中门户对立,党同伐异,身为东林党人的祁彪佳,如此严厉处置党魁族叔家,必然招致党人的不满和报复。

明代江南地区,文魁闪耀、科第蝉联,形成了庞大的缙绅群体,缙绅群体利用官府赋予的特权,以及同年、同乡、门生、座主、同僚等关系,形成错综复杂的权力网络。晚明相当一部分江南缙绅已经出现无赖化倾向,他们豢养大量奴仆,而这些奴仆的构成,很多又是流氓无产者,奴仆倚仗主人之势横行不法,成为扰乱江南地方秩序的主要因素。宜兴陈一教等缙绅群体凭借自己的财富、权势及深厚的政治背景,官绅勾结,为害地方,激起民变,造成了江南社会的动荡。宜兴县令与乡绅勾结、狼狈为奸,擅自给陈氏家奴签发拘票等不法行为,不仅助长了陈氏家奴的嚣张气焰,而且直接引发了大规模群体性事件。县令采取偏袒陈氏,镇压乡民的强制措施,不仅未能平息事件,反而进一步激化了矛盾,导致事态愈演愈烈。民变伊始,徐世荫力排众议,拒绝使用武力镇压的做法,在很大程度上弱化了官民矛盾。当上级官员等赶赴宜兴后,采取的抚谕、疏导措施,受理百姓诉求,对为恶乡绅不护短、对趁火打劫的无赖不手软,以惩治肇事豪奴与民变领导者,不问胁从的方式,迅速平息了事件,稳定了局面。

由于缙绅在任时的官阶往往高于地方官,在很大程度上影响着地方官员的行政、仕途以及地方的稳定。故地方官多数深谙此中奥妙,对于缙绅诸多不法行为,往往听之任之,甚至充当其保护伞。即使缙绅酿出祸乱,抚、按官,地方官在审理相关案件时,若想秉公依法处理,都必须制造出政治压力和舆论压力,以图先声夺人,避免出现来自各方的干扰。即便如此,处理宜兴事件的官员事后多数遭到打压,原因则在于晚明江南缙绅在朝野的关系网络和党同伐异的政治环境。

---

① (明)钱谦益:《中大夫参政陈公墓志铭》,《宜兴亳里陈氏家乘》卷十一,清咸丰刻本。按,骆天闲于天启时曾任宜兴县令,但发生民变时,其早已调任户部主事多年,称骆天闲为知县,或是钱谦益笔误。钱谦益此文未收入其文集,只见于宜兴陈氏族谱,其原因是"被有意剔除"。参见汪莉、夏维中所撰《试论宜兴亳村陈于泰的评价失真问题》,《南京大学学报(哲学·人文科学·社会科学版)》2013年第4期。

结　语

　　晚明江南地区经济发达，人文鼎盛，为全国之翘楚。江南地区经济发展带动社会文化繁荣；社会文化繁荣则进一步推动江南经济的发展。

　　古人江南印象的形成，大概与历代文人墨客的渲染相关。从汉乐府中"江南可采莲，莲叶何田田"的意趣，到老杜"正是江南好风景"与故友劫后重逢时的悲欣交集，一切皆尽现古人的江南情结。乐天词中"江南好，风景旧曾谙"，"郡亭枕上看潮头。何日更重游"之语，表现出白居易对江南景色的留恋与依依不舍之情。韦庄同样留恋江南，他慨叹"人人尽说江南好，游人只合江南老。春水碧于天，画船听雨眠。垆边人似月，皓腕凝霜雪。未老莫还乡，还乡须断肠"。元代张养浩"一江烟水照晴岚，两岸人家接画檐，芰荷丛一段秋光淡。看沙鸥舞再三，卷香风十里珠帘。画船儿天边至，酒旗儿风外飐。爱杀江南"！尽显古时文人对江南的艳羡与留恋。历代文人墨客，通过自己的诗词文章，使江南景色在各地广为人知，在各地人们的心目中留下了山清水秀，烟雨蒙蒙、亭台楼阁、小桥流水，白墙碧瓦，景色秀美的江南印象。

　　自明仁、宣时期对洪武"江南政策"进行调整、变通后，江南地区不仅经济迅速恢复，而且科第蝉联。江南地区文魁闪耀，江南士人金榜题名，步入政坛后，在中枢、各地方任职，不仅发挥治国安邦的才能，同时亦将江南文化传播到全国各地。因江南经济繁荣，各地行商客贾往返于江南各地，在促进商品流通的过程中，又将江南文化推广到全国各个角落。在士人、商贾的助推下，江南成为彼时人们心中的圣境。在各地人们的心目中，江南不仅有"日出江花红胜火，春来江水绿如蓝"，繁花似锦的旖旎风光，而且还有丰富的物产，精美的丝织，更有鼎盛的人文。江南物阜民丰，百姓知书达礼，市井繁荣，百业兴旺，童叟无欺。这种江南印象甚至已经固化，并完全内化于各地人们的心中，直到今日依旧如此。

　　然而明代的江南地区虽然景色依旧，但江南社会并非文人笔下的礼仪之邦、太平盛世。伴随社会经济的快速发展，彼时江南地区社会结构复杂，贫富差距悬殊，各类社会矛盾尖锐、突出。奢靡之风自成化时期开始，日甚一日,直至明亡也无任何改观。随之而来的各类群体性事件、暴力犯罪引发的各类治安案件和恶性刑事案件层出不穷。

由于明代江南地区抚按官、地方官为适应生产力发展的需要,不断调整、变通江南赋役政策。随着社会经济发展和社会变迁,法网松弛,里甲制度崩坏,农民人身束缚减轻,不再被禁锢在土地上。人口流动加速,农民离开土地进入城镇谋生。大量农民进入城镇,提供了大量的劳动力,对江南手工业及商品经济发展起到了极大的推动作用。然而,流动人口群体良莠不齐,大量流氓无产者充斥其间,这些流氓无产者在古代官书中往往被称为"无籍之徒"。这类"无籍之徒"群体大多游手好闲,而市镇经济中,无论是手工业加工制造,还是商业贸易等行业,劳动强度大,收入微薄,也仅够糊口而已。然而此类群体中好逸恶劳之徒,一般多妄想"天上掉馅饼",一夜暴富。由于"无籍之徒"文化程度偏低,不仅极易受到诱惑和蛊惑,还更易冲动,做事不计后果,为蝇头小利,不惜铤而走险,进行违法犯罪活动。他们或混迹于市井、乡里,从事各类不法行为;或投倚豪门,充当打手,敲诈恐吓商贾、平民;或拉帮结伙,形成黑恶势力称霸一方,成为违法犯罪的主体,其行为严重地破坏了江南的社会秩序。

由于受时代生产力发展水平所限,明代陆路交通只能靠畜力和人力,水路交通也只能依靠人力撑船掌舵来进行,故官方治安力量机动能力差,配置分散,治安人员管辖范围大,一旦遇到突发警情,治安力量捉襟见肘之弊立现。受交通条件限制,治安人员很难迅速集结并在第一时间到达现场处置,加之当时仍处于冷兵器时代,军队尚疏于训练,更何况民壮、乡兵等地方民兵组织。若遇悍匪或大股武装犯罪团伙,政府基层治安力量根本无法实施有效防御和打击,只能在任其蔓延的同时,逐级上报,由上级或更高级别组织来集结正规武装力量解决问题。明代日常治安管控只能通过关津制度和保甲制度来实现。实行保甲制度,既能够加强人口属地化管理,维护基本社会秩序,打击各类暴力犯罪,平息小规模起义、暴乱事件,又可以在边、海防地区发挥基础防范作用,对于外敌入侵等突发事件,进行初步抵御,在一定程度上缓解了沿边、沿海兵力不足,守备空虚,捉襟见肘的窘迫局面。然而保甲制度在执行过程中也是弊端百出,尤其是实行残酷的株连手段,虽然在表面上起到了强化治安的作用,但保甲采用连坐制度的惩戒方式,从法理而言,即使是在明代,也完全与《大明律》所规定的律条相抵触、与明代的司法理念相背离。尤其在山高皇帝远的边远地带,地方保甲担心连坐,遇到发生匪盗劫掠等突发事件,因为担心连坐而不敢告官,不仅导致民众损失惨重,而且加剧了官民对立,甚至将一些良民逼上绝路,铤而走险,加入到匪盗之中,导致匪盗猖獗,治安问题愈发严重。

历代政府都对盐业实行全方位管控,虽然盐业利润巨大,但作为盐业生产的主体——盐徒,除了高强度体力劳动外,并无任何利润可言,可谓“遍身罗绮者,不是养蚕人”。由于私盐利润极大,在政府盘剥和利益驱使下,一些盐徒不惜铤而走险,贩卖私盐。为避免被缉捕,私盐贩运必须武装掩护,遇到官府盘查,不惜武力对抗,甚至鱼死网破。为了保证贩卖成功,大的私盐贩卖者,往往组织武装团伙,少则数十人,多则数百,甚至上千。武装贩盐团伙成员一般为赤贫的流氓无产者,勇武好斗,做事不计后果。在贩卖私盐过程中或武装对抗官府,或借机劫掠客商、民众,社会危害性极大。盐徒劫掠行为与明末农民起义完全不能同日而语。明末陕北农民起义,不仅有组织,而且目标明确,即为颠覆明王朝而斗争,代表北方贫苦农民的利益。虽然农民起义军亦存在滥杀无辜平民、劫掠商人的极端事件,但总体言之,李自成农民军一般不骚扰百姓和普通商人,在一定程度上能够维护普通百姓的基本利益。江淮、江南盐徒武装斗争,虽然有一定的官逼民反性质,但并无明确的斗争目标和宗旨,更无组织和纪律规则可言,盐徒的“窝主”多数为地方豪强、黑恶势力,盐徒作案形式是团伙抢劫作案,无论平民百姓,还是普通行商,只要遭遇盐徒,即被洗劫一空。盐徒的行为无任何正义可言。其行为无论在何种社会形态,均属于暴力刑事犯罪范畴,都属于官府严厉打击的对象。

明代相当一部分当事官员提出的适当放宽盐业管制,提升盐徒生活水平等治理盐徒滋事的理念,完全符合实际,非常切实可行。如若实施,则有助于缓解盐徒问题。但由于盐税涉及统治阶层利益,尤其是既得利益集团,丝毫不肯作任何形式、任何比例的利益让渡。各级官员解决盐徒的唯一手段即采取联防联控的方式,对于重点区域和交通枢纽严防死守,对盐徒实行“严打”。除了特定的历史时期,社会矛盾转化,部分将领、官员将盐徒群体收编为军,短时期地缓解了盐徒问题外,其余时期采取以暴制暴的手段对付盐徒群体,始终是治标不治本。盐徒群体面对官府的高压态势和自身窘迫的生存状况,唯一的选择只能是铤而走险,或从事武装走私贩运私盐,或结伙实施拦路、入室抢劫,导致终明之世,盐徒问题层出不穷,愈演愈烈,盐徒群体虽未能如明末西北农民起义那样成燎原之势,但对江南、江淮、东南沿海地区的社会秩序造成了极大的破坏,并产生了极为恶劣的影响。

晚明江南商品经济发展,新的社会分工形成,但也为“喇唬”、棍徒等地痞流氓群体提供了新的滋生土壤和活动空间。"喇唬"、棍徒这些无赖群体在江南市镇城乡迅速发展壮大，不仅横行地方，为非作歹，而且包揽词讼，把控牙行，与不法官吏相互勾结，成为破坏江南社会秩序的"毒瘤"。江南市镇乡村的地痞无赖迅速从"耍单帮"的喇唬凶徒，结成团体，形成"打行""访行"等黑恶组织，这些流氓群体遍布城乡市镇，严重破坏了江南社会秩序。

晚明时期卖婆群体最早在松江仅是零星出现，其后日渐增多，这种现象与明代商品经济发展，导致社会风气变迁，人们价值观发生变化，功利心日盛关系密切。相当一部分江南人士，无论男女，只要能将利润最大化，便不择手段。虽然女性从事商业活动是古代社会进步、社会风气开放的表现之一，但江南相当多的卖婆多以商品销售为幌子，从事诸如卖淫、教唆女性犯罪、敲诈勒索等不法活动。女性群体在从事不法行为时，必然依赖男性犯罪团伙，或与打行的地痞无赖合作，或依赖青楼妓馆自己豢养的打手。无论古今，绝大多数女性在实施犯罪时，大多都能够表现出较强的欺骗性和依赖性，若其欺骗性被戳穿，其依赖性即显现出来，她们背后的男性团伙则很可能通过实施暴力犯罪行为来保护其团伙中的女性成员，故女性从事不法行为的社会危害性并不亚于男性犯罪集团。

牙行是明代商业发展的重要中介组织、政府监控市场的执行者，由于牙行能够给政府带来巨大的税金收益，故从政府层面而言，统治者试图在制度层面控制牙行，继而控制商品流通领域。明政府以法律形式规范牙行运行，保障税收，推动社会经济发展是其最佳选择。经营牙行，仅仅有资金基础、有经营理念，是完全没办法运营和获利的。如果想获利，则必须要有强大的社会背景作为靠山，或以官府势力来撑腰，或以当地卫所为倚靠。很多牙行经营者本身即是当地豪强，利用其强大的势力和雄厚资金，豢养大量奴仆和社会闲散人员作为打手，把控市场，攫取利润。

歇家是旅店业及其从业人员。古代商人无论进行长短途贸易，囿于当时的交通条件，在商品交易过程中均离不开旅店业，歇家的重要性不言而喻。在明代随着商品经济发展、社会文化变迁，歇家已由普通的旅店行业发展成为集牙行中介、代理税收、包揽词讼等多种业务于一体的社会组织。在很多区域，形成了牙行即歇家的牙歇一体模式。

随着江南社会经济的发展，牙行、歇家等组织，逐渐合流，发展为牙歇一体模式，其业务范围亦从中介、住宿、税务代理等商业业务扩展到包揽词讼，开始涉足司法事务。特别是不法牙行、歇家与打行、访行、讼师等群体沆瀣一气，网罗大量社会闲散人员及各类不法人员，以暴力手段控制市场，把控乡评,教唆并包揽词讼,不仅对近古时期江南商品经济发展造成摧毁和遏制作用,而且严重破坏了江南社会秩序、司法运行和社会风气。

对于牙行、歇家及其从业人员的治理,很多官员习惯采取强硬手段来解决问题。官员的极端做法虽然荒唐残暴,但也在一定程度上反映了晚明时期官府对牙行、歇家治理之难的现实窘境,大概在当时抚按官、地方官的心中,如果不采取铁血手段,则根本无法治理不法歇家。

无论是车夫、船户、脚夫,还是牙行、歇家,相对官方而言都是弱势群体。在帝制时代,社会环境如丛林,在弱肉强食的丛林法则下,牙歇车脚船等群体一方面按照行业分工形成各自行业组织,借以壮大声势;另一方面则与不法官员、胥吏相结合,二者各取所需,在仓储物流、商品交易等领域形成了利益共同体。不法官员、胥吏与牙行、歇家、车夫、船户、脚夫等相互勾结,盘踞仓场码头、城镇集市,形成黑恶势力,为非作歹,欺压良善。中小牙人、商人、普通民众受尽其盘剥,苦不堪言,民众对车船店脚牙群体发自内心地痛恨和厌恶。故民间所谓“车船店脚牙,无罪也该杀”之言,实非空穴来风也!

宋元时期“好讼”之风盛行不衰,特别是经过洪武时期普法宣传和全民法制学习,使民众法律意识得到进一步提升,维权意识明显增强,故终明一世,各地健讼之风盛行。由于中古时期,各类民事诉讼案件、刑事自诉案件大多需要以文书形式呈递官府方能立案,而普通民众虽有法律意识,但相当一部分民众目不识丁,不仅对于法律文书体例一无所知,对诉讼程序更是一窍不通,这就给讼师群体提供了广阔的活动空间和业务范围。讼师群体不仅结成行业组织,同时又与不法牙、歇组织合流。晚明江南讼师不仅教唆词讼,而且有组织、有针对性地组织民众到省城相应管辖机关投诉、“上访”。讼师与省城歇家、保长相互勾结,形成黑恶势力,把控诉讼。对于指责者或不找讼师代理者,或造谣中伤,或勾结衙蠹阻拦,甚至对当事人采取殴打、驱离方式,使之控告无门,有冤难伸。在乡间,讼师或挑唆栽赃富户,或为从中渔利而教唆聚众斗殴,讼师的行为造成江南治安混乱,社会严重失序。但同时,讼师群体客观上也或多或少推动了晚明时期的法治建设,在一定程度上遏制了不法官员司法随意、草菅人命、枉法裁判的弊端,使晚明司法基层环境得到些许改观。

晚明士人阶层呈现无赖化趋势,相当一部分生员毫无士人风骨可言。例如文人结社,在明代是一种正常的社会文化现象,从科举的“同年会”到晚明“东林党”、复社等带有政治性色彩的社会组织,各种社团遍及全国各地,本不足为奇。然而无赖生员往往采取歃血盟誓的结社形式,这种带有极强帮会、绿林色彩的结社形式,已使组织学术社团完全蜕变为江湖组织拉帮结伙,使其正义性消亡殆尽。黑恶化乡绅与无赖化生员结合,凭借自身享有的司法豁免权,无恶不作,为害江南社会,已成为破坏晚明江南基层治安秩序的重要因素。江南相当一部分讼师由不法生员担任,其代理诉讼行为亦非为伸张社会正义,而是借机敛财生事。其破坏司法、扰乱社会秩序的行为主要表现为教唆词讼、勾结衙蠹、地痞敲诈勒索,挟制官府,坑害当事人。只要有诉讼,棍徒讼师立即粉墨登场,发挥"才能"。讼师这些不良的行为,违反了正常的诉讼程序,以捏造事实、扩大事实的方式进行诉讼,造成司法秩序的混乱,严重削弱了法律的严肃性和审判的正当性。

南京作为政治中心城市,社会开放,人员流动大。南京城内社会结构复杂,尤其是城内有为数众多的特权阶层。这些特权阶层如果利用其自身权力、财富从事不法活动,则极易形成黑恶势力。黑恶势力形成,极大地破坏了南京正常的社会秩序。由于这些特权阶层皆有政治光环笼罩,其不法行为很难得到及时有效的制止和惩戒,更易造成官民对立,加重人民对政权的敌视情绪。

由于明代南京的特殊城市地位,应天府实行多重治安管理体制,各层级管理机构相互制衡的同时,更多的是相互配合,确保南京社会秩序有序运行。南京城内保留的那套形式上的中央班子,从权力运行角度而言,相对京师,南京中枢官员多是有职无权的空架子,但由于其法定级别与地位高,故各类公务能够直接"通天"。都察院系统的巡城御史直接负责城内治安管理,高层官员直接介入基层事务,能使民意诉求的渠道更为畅通。从这个角度而言,对于制衡南京城内由特权阶层形成的黑恶势力发挥了很大作用。例如刘世延一案,虽几经起伏,但在南京官员不断弹劾下最终成狱,恶贯满盈的刘世延被瘐死南京刑部狱中,这样的结果,大概得益于南京特殊的城市地位和管理模式。

晚明江南地方缙绅势力膨胀,已呈现黑恶化的趋势,成为基层行政的阻碍。江南缙绅一般都豢养大量奴仆,而这些奴仆很多都是有前科案底的社会闲散人员。奴仆倚仗主人之势横行不法,作案手段残忍,成为扰乱江南地方秩序的主要因素。缙绅群体凭借自己的财富、权势及深厚的政治背景,与地方官员相互勾结,为害地方,激起民变,造成了江南社会的动荡。由于缙绅在任时的官阶往往高于地方官,在很大程度上影响着地方官员的行政、仕途以及地方的稳定。故江南地方官多数深谙此中奥妙,对于缙绅诸多不法行为,往往听之任之,甚至充当其保护伞。即使缙绅酿出祸乱,抚、按官,地方官在审理相关案件时，若想秉公依法处理，都必须制造出政治压力和舆论压力，以图先声夺人，避免出现来自各方的干扰。晚明江南出现大规模群体性事件后，江南地方官员往往不使用武力镇压的做法，大多采取抚谕、疏导措施，受理百姓诉求，对为恶乡绅不护短、对趁火打劫的无赖不手软，以惩治肇事豪奴与民变领导者，不问胁从的方式，弱化官民矛盾，一般都能够迅速平息事件，稳定局面。

　　由于明代政策经常朝令夕改，很多大案的司法判例又经常根据皇帝的意志而形成，使各级司法官员无所适从。帝制时期的官员执法随意性大，从上至下，遇到大案要案，经常是运动性执法，一阵风过后，一切照旧，对于社会治理始终是头痛医头脚痛医脚，治标不治本。明代司法官员在治安管理领域的办案手段带有明显的时代特征，即政治案件经济办（党争时往往利用当事人贪腐的原罪，打击异己）；经济案件政治办（对于贪腐官吏，一般则将当事人的行为在量刑时向谋反、谋叛等政治行为上引）；思想案件邪教办（例如南京教案则是南京礼部官员将西洋教士传教行为向邪教领域靠）；邪教案件刑事办（例如南京理刑官员对于刘天绪那种不折不扣的邪教行为，则有意将其行为向恶性刑事犯罪上靠）。明代司法官员采取此四类办案手段，不仅能够最大限度地实现司法目标，同时亦能够有效地平息舆情，减轻办案的政治压力和舆论压力。

参考文献

一、古籍文献

(一)纪传体正史

1.(西汉)司马迁:《史记》,北京:中华书局,1959。

2.(东汉)班固:《汉书》,北京:中华书局,1962。

3.(西晋)陈寿著,(南朝宋)裴松之注:《三国志》,北京:中华书局,1959。

4.(南朝宋)范晔:《后汉书》,北京:中华书局,1965。

5.(南朝梁)沈约:《宋书》,北京:中华书局,1974。

6.(元)脱脱:《宋史》,北京:中华书局,1977。

7.(明)宋濂:《元史》,北京:中华书局 1976。

8.(清)张廷玉:《明史》,北京:中华书局,1974。

(二)明实录

9.《明太祖实录》,上海:上海书店出版社,2015。

10.《明太宗实录》,上海:上海书店出版社,2015。

11.《明仁宗实录》,上海:上海书店出版社,2015。

12.《明宣宗实录》,上海:上海书店出版社,2015。

13.《明英宗实录》,上海:上海书店出版社,2015。

14.《明宪宗实录》,上海:上海书店出版社,2015。

15.《明孝宗实录》,上海:上海书店出版社,2015。

16.《明武宗实录》,上海:上海书店出版社,2015。

17.《明世宗实录》,上海:上海书店出版社,2015。

18.《明穆宗实录》,上海:上海书店出版社,2015。

19.《明神宗实录》,上海:上海书店出版社,2015。

20.《明光宗实录》,上海:上海书店出版社,2015。

21.《明熹宗实录》,上海:上海书店出版社,2015。

22.《崇祯长编》,上海:上海书店出版社,2015。

(三)四库系列丛书

文渊阁四库全书

23.（东汉）郑玄注，（唐）贾公彦疏：《周礼注疏》，《景印文渊阁四库全书》经部礼类，第 90 册，台北：商务印书馆，1986。

24.《雍正浙江通志》，《景印文渊阁四库全书》史部地理类，第 523 册，台北：商务印书馆，1986。

25.（清）官辑：《明臣奏议》，《景印文渊阁四库全书》史部诏令奏议类，第 445 册，台北：商务印书馆，1986。

26.（清）金鉷监修《广西通志》，《景印文渊阁四库全书》史部地理类，第 566 册，台北：商务印书馆，1986。

27.（明）张国维：《吴中水利全书》，《景印文渊阁四库全书》史部地理类，第 578 册，台北：商务印书馆，1986。

28.（明）林尧俞：《礼部志稿》，《景印文渊阁四库全书》史部职官类，第 598 册，台北：商务印书馆，1986。

29.（清）嵇璜、曹仁虎：《续通典》，《景印文渊阁四库全书》史部政书类，第 639 册，台北：商务印书馆，1986。

30.（唐）长孙无忌：《唐律疏议》，《景印文渊阁四库全书》史部政书类，第 672 册，台北：商务印书馆，1986。

31.（明）丘濬：《大学衍义补》，《景印文渊阁四库全书》子部儒家类，第 712 册，台北：商务印书馆，1986。

32.（战国）托名管仲：《管子》，《景印文渊阁四库全书》子部法家类，第 729 册，台北：商务印书馆，1986。

33.（明）徐光启：《农政全书》，《景印文渊阁四库全书》子部农家类，第 731 册，台北：商务印书馆，1986。

34.（北宋）沈括：《梦溪笔谈》，《景印文渊阁四库全书》子部杂家类，第 862 册，台北：商务印书馆，1986。

35.（春秋）老聃：《老子道德经》，《景印文渊阁四库全书》子部道家类，第 1055 册，台北：商务印书馆，1986。

36.（南宋）袁燮：《絜斋集》，《景印文渊阁四库全书》集部别集类，第 1157 册，台北：商务印书馆，1986。

37.（南宋）方大琮：《铁庵集》，《景印文渊阁四库全书》集部别集类，第 1178 册，台北：商务印书馆，1986。

38.（明）张永明：《张庄僖文集》，《景印文渊阁四库全书》集部别集类，第 1277 册，台北：商务印书馆，1986。

39.（明）王世贞：《弇州续稿》，《景印文渊阁四库全书》集部别集类，第

1284 册,台北:商务印书馆,1986。

40.(明)王樵:《方麓集》,《景印文渊阁四库全书》集部别集类,第 1285 册,台北:商务印书馆,1986。

41.(明)叶春及:《石洞集》,《景印文渊阁四库全书》集部别集类,第 1286 册,台北:商务印书馆,1986。

42.(明)归有光:《震川别集》,《景印文渊阁四库全书》集部别集类,第 1289 册,台北:商务印书馆,1986。

43.(明)高攀龙:《高子遗书》,《景印文渊阁四库全书》集部别集类,第 1292 册,台北:商务印书馆,1986。

44.(明)顾宪成:《泾皋藏稿》《景印文渊阁四库全书》集部别集类,第 1292 册,台北:商务印书馆,1986。

45.(明)范景文:《文忠集》,《景印文渊阁四库全书》集部别集类,第 1295 册,台北:商务印书馆,1986。

46.(清)汪森编:《粤西文载》,《景印文渊阁四库全书》集部总集类,第 1466 册,台北:商务印书馆,1986。

续修四库全书

47.(明)邓元锡:《皇明书》,《续修四库全书》史部别史类,第 316 册,上海:上海古籍出版社,1995。

48.(明)雷礼:《皇明大政记》,《续修四库全书》史部编年类,第 354 册,上海:上海古籍出版社,1995。

49.(明)陈建:《皇明通纪法传全录》,《续修四库全书》史部编年类,第 357 册,上海:上海古籍出版社,1995。

50.(明)高汝栻辑:《皇明续纪三朝法传全录》,《续修四库全书》史部编年类,第 357 册,上海:上海古籍出版社,1995。

51.(明)朱国桢辑:《皇明史概·皇明大事记》,《续修四库全书》史部杂史类,第 430 册,上海:上海古籍出版社,1995。

52.(明)周念祖辑:《万历辛亥京察记事始末》,《续修四库全书》史部杂史类,第 435 册,上海:上海古籍出版社,1995。

53.(明)瞿九思:《万历武功录》,《续修四库全书》史部杂史类,第 436 册,上海:上海古籍出版社,1995。

54.(明)金日升辑:《颂天庐笔》,《续修四库全书》史部杂史类,第 439 册,上海:上海古籍出版社,1995。

55.(明)孔贞运辑:《皇明诏制》,《续修四库全书》史部诏令奏议类,第

458 册,上海:上海古籍出版社,1995。

56.《皇明留台奏议》,《续修四库全书》史部诏令奏议类,第 467 册,上海:上海古籍出版社,1995。

57.(明)吴亮辑:《万历疏钞》,《续修四库全书》史部诏令奏议类,第 468 册,上海:上海古籍出版社,1995。

58.(明)杨博:《杨襄毅公本兵奏疏》,《续修四库全书》史部诏令奏议类,第 477 册,上海:上海古籍出版社,1995。

59.(明)周孔教:《周中丞疏稿》,《续修四库全书》史部诏令奏议类,第 481 册,上海:上海古籍出版社,1995。

60.(明)毕自严:《度支奏议》,《续修四库全书》史部诏令奏议类,第 483—490 册,上海:上海古籍出版社,1995。

61.(明)祁彪佳:《宜焚全稿》,《续修四库全书》史部诏令奏议类,第 492 册,上海:上海古籍出版社,1995。

62.(明)戚祚国:《戚少保年谱耆编》,《续修四库全书》史部传记类,第 553 册,上海:上海古籍出版社,1995。

63.(清)顾炎武:《天下郡国利病书》,《续修四库全书》史部地理类,第 596 册,上海:上海古籍出版社,1995。

64.(嘉庆)《直隶太仓州志》,《续修四库全书》史部地理类,第 697 册,上海:上海古籍出版社,1995。

65.(明)官修:《诸司执掌》,《续修四库全书》史部职官类,第 748 册,上海:上海古籍出版社,1995。

66.(明)吕坤:《实政录》,《续修四库全书》史部职官类,第 753 册,上海:上海古籍出版社,1995。

67.(明)佘自强:《治谱》,《续修四库全书》史部职官类,第 753 册,上海:上海古籍出版社,1995。

68.(明)王圻:《续文献通考》,《续修四库全书》史部政书类,第 763 册,上海:上海古籍出版社,1995。

69.(元)官修:《大元圣政国朝典章》,《续修四库全书》史部政书类,第 787 册,上海:上海古籍出版社,1995。

70.(明)张卤辑:《皇明制书》,《续修四库全书》史部政书类,第 788 册,上海:上海古籍出版社,1995。

71.(明)张学颜:《万历会计录》,《续修四库全书》史部政书类,第 831—833 册,上海:上海古籍出版社,1995。

72.(明)堵胤锡：《権政纪略》，《续修四库全书》史部政书类，第 834 册，上海：上海古籍出版社，1995。

73.(明)官修：《大明律》，《续修四库全书》史部政书类，第 862 册，上海：上海古籍出版社，1995。

74.(明)陈实功：《新刊外科正宗》，《续修四库全书》子部医家类，第 1013 册，上海：上海古籍出版社，1995。

75.(明)陈全之：《蓬窗日录》，《续修四库全书》子部杂家类，第 1125 册，上海：上海古籍出版社，1995。

76.(明)田艺衡：《留青日札》，《续修四库全书》子部杂家类，第 1129 册，上海：上海古籍出版社，1995。

77.(明)陈龙正：《几亭外书》，《续修四库全书》子部杂家类，第 1133 册，上海：上海古籍出版社，1995。

78.(明)许自昌：《樗斋漫录》，《续修四库全书》子部杂家类，第 1133 册，上海：上海古籍出版社，1995。

79.(明)张萱：《西园闻见录》，《续修四库全书》子部杂家类，第 1168－1170 册，上海：上海古籍出版社，1995。

80.(明)徐复祚：《花当阁丛谈》，《续修四库全书》子部杂家类，第 1175 册，上海：上海古籍出版社，1995。

81.(清)梁章钜：《称谓录》，《续修四库全书》子部类书类，第 1253 册，上海：上海古籍出版社，1995。

82.(明)都穆：《都公谭纂》，《续修四库全书》子部小说家类，第 1266 册，上海：上海古籍出版社，1995。

83.(明)方凤：《改亭存稿》，《续修四库全书》集部别集类，第 1338 册，上海：上海古籍出版社，1995。

84.(明)陈继儒：《陈眉公集》，《续修四库全书》集部别集类，第 1380 册，上海：上海古籍出版社，1995。

85.(明)陈仁锡：《陈太史无梦园初集》，《续修四库全书》集部别集类，第 1382 册，上海：上海古籍出版社，1995。

86.(明)董斯张辑：《吴兴艺文补》，《续修四库全书》集部总集类，第 1679 册，上海：上海古籍出版社，1995。

四库全书存目丛书

87.(明)谭希思：《明大政纂要》，《四库全书存目丛书》史部，第 14 册，济南：齐鲁书社，1996。

88.（明）刘辰：《国初事迹》，《四库全书存目丛书》史部，第 46 册，济南：齐鲁书社，1997。

89.（明）范守己：《皇明肃皇外史》，《四库全书存目丛书》史部，第 52 册，济南：齐鲁书社，1996。

90.（明）闻人诠：《南畿志》，《四库全书存目丛书》史部，第 190 册，济南：齐鲁书社，1996。

91.（万历）《湖州府志》，《四库全书存目丛书》史部，第 191 册，济南：齐鲁书社，1997。

92.（万历）《嘉定县志》，《四库全书存目丛书》史部，第 208—209 册，济南：齐鲁书社，1996。

93.（明）郑汝璧：《皇明功臣封爵考》，《四库全书存目丛书》史部，第 258 册，济南：齐鲁书社，1997。

94.（明）周鉴：《金汤借箸》，《四库全书存目丛书》子部，第 34 册，济南：齐鲁书社，1995。

95.（明）冯梦龙辑：《智囊补》，《四库全书存目丛书》子部，第 135 册，济南：齐鲁书社，1996。

96.（明）林希元：《同安林次崖先生文集》，《四库全书存目丛书》集部，第 75 册，济南：齐鲁书社，1997。

97.（明）张时彻：《芝园别集》，《四库全书存目丛书》集部，第 82 册，济南：齐鲁书社，1997。

98.（明）高拱：《高文襄公集》，《四库全书存目丛书》集部，第 108 册，济南：齐鲁书社，1997。

99.（明）吕坤：《吕新吾先生去伪斋文集》，《四库全书存目丛书》集部，第 161 册，济南：齐鲁书社，1996。

100.（明）丁元荐：《尊拙堂文集》，《四库全书存目丛书》集部，第 170 册，济南：齐鲁书社，1996。

101.（明）海瑞：《海忠介公集》，《四库全书存目丛书》集部，第 406 册，济南：齐鲁书社，1996。

102.（明）施沛：《南京都察院志》，《四库全书存目丛书》补编，第 73—74 册，济南：齐鲁书社，1996。

四库禁毁书丛刊

103.（明）潘龙游：《康济谱》，《四库禁毁书丛刊》史部，第 7 册，北京：北京出版社，1997。

104.(明)何三畏:《云间志略》,《四库禁毁书丛刊》史部,第 8 册,北京:北京出版社,1997。

105.(明)陈九德辑:《皇明名臣经济录》,《四库禁毁书丛刊》史部,第 9 册,北京:北京出版社,1997。

106.(明)陈建辑,(明)江旭奇补订:《皇明通纪集要》,《四库禁毁书丛刊》史部,第 34 册,北京:北京出版社,1997。

107.(明)王以宁:《南国疏草》,《四库禁毁书丛刊》史部,第 69 册,北京:北京古籍出版社,1997。

108.(明)刘若愚:《酌中志》,《四库禁毁书丛刊》史部,第 71 册,北京:北京古籍出版社,1997。

109.(明)毕自严:《饷抚疏草》,《四库禁毁书丛刊》史部,第 75 册,北京:北京古籍出版社,1997。

110.(明)陈际泰:《已吾集》,《四库禁毁书丛刊》集部,第 9 册,北京:北京出版社,2000。

111.(明)冯琦:《宗伯集》,《四库禁毁书丛刊》集部,第 15 册,北京:北京出版社,1997。

112.(明)赵用贤:《松石斋集》,《四库禁毁书丛刊》集部,第 41 册,北京:北京出版社,1997。

113.(明)丁宾:《丁清惠公遗集》,《四库禁毁书丛刊》集部,第 44 册,北京:北京古籍出版社,2000。

114.(明)魏大中:《藏密斋集》,《四库禁毁书丛刊》集部,第 45 册,北京:北京古籍出版社,2000。

115.(明)李应升:《落落斋遗集》,《四库禁毁书丛刊》集部,第 50 册,北京:北京出版社,1997。

116.(明)李邦华:《文水李忠肃先生文集》,《四库禁毁书丛刊》集部,第 81 册,北京:北京出版社,1997。

117.(明)郑鄤:《峚阳草堂文集》,《四库禁毁书丛刊》集部,第 126 册,北京:北京出版社,1997。

118.(明)张世伟:《张异度先生自广斋集》,《四库禁毁书丛刊》集部,第 162 册,北京:北京古籍出版社,1997。

119.(明)骆问礼:《万一楼集》,《四库禁毁书丛刊》集部,第 174 册,北京:北京出版社,1997。

120.(明)揭重熙:《揭蒿庵先生文集》,《四库禁毁书丛刊》集部,第 182

册,北京:北京出版社,1997。

  四库未收书辑刊

  121.(明)陈继儒辑:《捷用云笺》,《四库未收书辑刊》三辑,第 30 册,北京:北京出版社,2000。

  122.(明)蔡献臣:《清白堂稿》,《四库未收书辑刊》六辑,第 22 册,北京:北京出版社,2000。

  123.(明)左懋第:《萝石山房文钞》,《四库未收书辑刊》六辑,第 26 册,北京:北京出版社,2000。

  124.(明)江天一:《江止庵遗集》,《四库未收书辑刊》六辑,第 28 册,北京:北京出版社,2000。

  125.(明)葛麟:《葛中翰遗集》,《四库未收书辑刊》七辑,第 16 册,北京:北京出版社,2000。

  126.(明)徐昌治辑:《圣朝破邪集》,《四库未收书辑刊》十辑,第 4 册,北京:北京出版社,2000。

  (四)其他版本史料(以出版年限为序)

  127.(明)徐三重:《家则》(不分卷),清初抄本。

  128.(明)尚湖渔父:《虞谐志》,清抄本,南京图书馆藏书,GJ/3012190。

  129.《宜兴亳里陈氏家乘》,清咸丰刻本,江苏省宜兴市档案馆藏。

  130.(明)陆文衡:《啬庵随笔》,清光绪二十三年刻本,南京图书馆藏书,GJ/3013067。

  131.(清)傅维鳞:《明书》,《丛书集成初编》,第 3956 册,上海:商务印书馆,1936。

  132.(明)冯梦龙编:《醒世恒言》,北京:人民文学出版社,1956。

  133.(清)龙文彬:《明会要》,北京:中华书局,1956。

  134.(清)谈迁:《国榷》,北京:中华书局,1958。

  135.(元)陶宗仪:《南村辍耕录》,北京:中华书局,1959。

  136.(明)何良俊:《四友斋丛说》,北京:中华书局,1959。

  137.(明)沈德符《万历野获编》,北京:中华书局,1959。

  138.江苏省博物馆编:《江苏省明清以来碑刻资料选编》,北京:生活·读书·新知三联书店,1959。

  139.(清)祁熊佳编:《祁彪佳集》,北京:中华书局,1960。

  140.(明)陈子龙编:《明经世文编》,北京:中华书局,1962。

  141.(清)严辰:(光绪)《桐乡县志》,《中国方志丛书·华中地方》,台北:

成文出版社有限公司,1970。

142.(明)吴承恩:《西游记》,北京:人民文学出版社,1980。

143.(明)余继登:《典故纪闻》,北京:中华书局,1981。

144.(明)李诩:《戒庵老人漫笔》,北京:中华书局,1982。

145.(明)范景文:《南枢志》,《中国方志丛书·华中地方》,台北:成文出版社有限公司,1983。

146.(清)黄印辑:《锡金识小录》,《中国方志丛书·华中地方》,台北:成文出版社有限公司,1983。

147.(同治)《上海县志》,《中国方志丛书·华中地方》,台北:成文出版社有限公司,1983。

148.(明)范濂:《云间据目抄》,《笔记小说大观》第13册,扬州:江苏广陵古籍刻印社,1983。

149.《皇明诏令》,《元明史料丛编》第一辑,台北:文海出版社有限公司,1984。

150.(清)赵翼著、王树民校证:《廿二史札记校证》,北京:中华书局,1984。

151.(明)陆容:《菽园杂记》,北京:中华书局,1985。

152.(明)陈洪谟:《治世余闻》,北京:中华书局,1985。

153.(明)张翰:《松窗梦语》,北京:中华书局,1985。

154.(清)沈家本:《历代刑法考》,北京:中华书局,1985。

155.(明)李乐:《见闻杂记》,上海:上海古籍出版社,1986。

156.(正德)《姑苏志》,《中国史学丛书初编》第31辑,台北:学生书局,1986。

157.(南宋)佚名辑:《名公书判清明集》,北京:中华书局,1987。

158.(明)顾起元:《客座赘语》,北京:中华书局,1987。

159.(明)叶权:《贤博篇》,北京:中华书局,1987。

160.(明)申时行:(万历)《明会典》,北京:中华书局,1989。

161.(春秋)左丘明著,杨伯峻注:《春秋左传注》,北京:中华书局,1990。

162.(三国·魏)王肃注:《孔子家语》,上海:上海古籍出版社,1990。

163.(清)吴伟业:《吴梅村全集》,上海:上海古籍出版社,1990。

164.(清)孙承泽:《春明梦余录》,扬州:江苏广陵古籍刻印社,1990。

165.《万历邸钞》,扬州:江苏广陵古籍刻印社,1991。

166.(成化)《湖州府志》,《日本藏中国罕见地方志丛刊》第26册,北京:

书目文献出版社,1991。

167.(明)张应俞著,孟昭连整理:《杜骗新书》,天津:百花文艺出版社,1992。

168.(民国)《法华乡志》,《中国地方志集成·乡镇志专辑》第 1 册,上海:上海书店出版社,1992。

169.(明)殷聘尹编:(崇祯)《外冈志》,《中国地方志集成·乡镇志专辑》第 2 册,上海:上海书店出版社,1992。

170.(清)钱希文编:《续外冈志》,《中国地方志集成·乡镇志专辑》第 2 册,上海:上海书店出版社,1992。

171.(明)徐学聚编:《国朝典汇》,北京:北京大学出版社,1993。

172.(明)戴金:《皇明条法式类纂》,杨一凡主编:《中国珍稀法律典籍集成》乙编第 5 册,北京:科学出版社,1994。

173.(明)朱元璋:《大诰》三编,张德信、毛佩琦主编:《洪武御制全书》,合肥:黄山书社,1995。

174.(明)凌濛初:《二刻拍案惊奇》,北京:人民文学出版社,1996。

175.(明)施耐庵:《水浒传》,北京:人民文学出版社,1997。

176.《朝野公言》,《北京图书馆古籍珍本丛刊》史部杂史类,第 12 册,北京:书目文献出版社,1998。

177.(清)王思任编:《祁忠敏公年谱》(清初乌丝栏稿本),北京图书馆编:《北京图书馆珍本年谱丛刊》第 63 册,北京:北京图书馆出版社,1999。

178.(清)顾公燮:《丹午笔记》,南京:江苏古籍出版社,1999。

179.(战国)韩非著、陈奇猷校注:《韩非子新校注》,上海:上海古籍出版社,2000。

180.(明)雷梦麟:《读律琐言》,北京:法律出版社,2000。

181.(明)兰陵笑笑生:《金瓶梅词话》,北京:人民文学出版社,2000。

182.中国第一历史档案馆、辽宁档案馆编:《中国明朝档案总汇》第 82 册,桂林:广西师范大学出版社,2001。

183.(明)黄景昉:《国史唯疑》,上海:上海古籍出版社,2002。

184.(清)张承先:(嘉庆)《南翔镇志》,上海:上海古籍出版社,2003。

185.(清)孙岱、陈树德:(嘉庆)《安亭志》,《上海乡镇旧志丛书》第 2 册,上海:上海社会科学院出版社,2004。

186.谢国桢编:《明代社会经济史料选编》,福州:福建人民出版社,2004。

187.（光绪）《重修嘉善县志》，《中国地方志集成·浙江府县志辑》第 19 册，南京：凤凰出版社，2004。

188.（清）张人镜：（光绪）《月浦志》，《上海乡镇旧志丛书》第 10 册，上海：上海社会科学院出版社，2006。

189.（清）潘履祥：（光绪）《罗店镇志》，《上海乡镇旧志丛书》第 11 册，上海：上海社会科学院出版社，2006。

190.（清）佚名编：《明季烈臣传（四）》，国家图书馆藏《稀见明史史籍辑存》第 26 册，北京：线装书局，2006。

191.（清）顾炎武著、（清）黄汝成集释：《日知录集释》，上海：上海古籍出版社，2006。

192.（明）程春宇辑：《士商类要》，见杨正泰：《明代驿站考》附录三，上海：上海古籍出版社，2006。

193.（明）周晖：《金陵琐事》，《南京稀见文献丛刊》第 2 辑，南京：南京出版社，2007。

194.（明）张岱：《陶庵梦忆》，北京：中华书局，2007。

195.（清）叶梦珠：《阅世编》，北京：中华书局，2007。

196.（明）杨嗣昌：《杨嗣昌集》，长沙：岳麓书社，2008。

197.（嘉庆）《增修宜兴县志》，《中国地方志集成·江苏府县志辑》第 39 册，南京：凤凰出版社，2008。

198.（光绪）《南汇县志》，《中国地方志集成·上海府县志辑》第 5 册，南京：江苏古籍出版社，2008。

199.（康熙）《嘉定县志》，《中国地方志集成·上海府县志辑》第 7 册，南京：江苏古籍出版社，2008。

200.杨伯峻译注：《论语译注》，北京：中华书局，2009。

201.（明）谢肇淛：《五杂组》，上海：上海书店出版社，2009。

202.（明）朱国桢：《涌幢小品》，上海：上海古籍出版社，2012。

203.（清）陈玉璂：（康熙）《武进县志》，《北京大学图书馆稀见方志丛刊》第 111 册，北京：国家图书馆出版社，2013。

204.（明）葛寅亮：《金陵梵刹志》，《金陵全书》甲编方志类，南京：南京出版社，2013。

205.（明）郭勋：《英烈传》，北京：中华书局，2013。

206.（明）陶尚德、庞嵩：《南京刑部志》，《金陵全书》乙编史料类，南京：南京出版社，2015。

207.(明)郑若曾:《江南经略》,合肥:黄山书社,2017。

208.(明)黄光升:《昭代典则》,北京:商务印书馆,2017。

二、今人论著

(一)辞书

1.《辞源》,北京:商务印书馆,1983。

2.李伟民主编:《法学辞源》,北京:中国工人出版社,1994。

3.张传玺主编:《中国古代史教学参考手册》(第二版),北京:北京大学出版社,1995。

4.王力主编:《王力古汉语字典》,北京:中华书局,2000。

5.陈复华主编:《古代汉语词典》(缩印本),北京:商务印书馆,2007。

6.吕宗力主编:《中国历代官制大辞典》,北京:商务印书馆,2015。

(二)著作

7.韦庆远:《明代的锦衣卫和东西厂》,中华书局,1979。

8.刘石吉:《明清时代江南市镇研究》,北京:中国社会科学出版社,1987。

9.洪焕椿、罗仑:《长江三角洲地区社会经济史研究》,南京:南京大学出版社,1989。

10.陈学文:《明清时期杭嘉湖市镇史研究》,北京:群言出版社,1993。

11.樊树志:《明清江南市镇探微》,上海:复旦大学出版社,1990。

12.唐文基:《明代赋役制度史》,北京:中国社会科学出版社,1991。

13.楼劲、刘光华:《中国文官制度》,兰州:甘肃人民出版社,1992。

14.朱绍侯:《中国古代治安制度史》,开封:河南大学出版社,1994。

15.白钢:《中国政治制度通史·明代卷(杜婉言、方志远撰)》,北京:人民出版社,1996。

16.王书奴:《中国娼妓史》,长沙:岳麓书社,1998。

17.陈鸿彝:《中国古代治安简史》,北京:群众出版社,1998。

18.范金民:《明清江南商业的发展》,南京:南京大学出版社,1998。

19.张德信:《明朝典章制度》,长春:吉林文史出版社,2001。

20.南炳文:《佛道秘密宗教与明代社会》,天津:天津古籍出版社,2001。

21.冯贤亮:《明清江南地区的环境变动与社会控制》,上海:上海人民出版社,2002。

22.南炳文、汤纲:《明史》,上海:上海人民出版社,2003。

23.樊树志:《晚明史》,上海:复旦大学出版社,2003。

24.柏桦:《明代州县政治体制研究》,北京:中国社会科学出版社,2003。

25.陈智勇:《中国古代社会治安管理史》,郑州:郑州大学出版社,2003。

26.梁方仲:《梁方仲文集》,广州:中山大学出版社,2004。

27.谢国桢:《明清之际党社运动考》,附录一《明季奴变考》,上海:上海古籍出版社,2004。

28.那思陆:《明代中央司法审判制度》,北京:北京大学出版社,2004。

29.徐茂明:《江南士绅与江南社会(1368-1911)》,北京:商务印书馆,2004。

30.陈宝良:《明代儒学生员与地方社会》,北京:中国社会科学出版社,2005。

31.万明主编:《晚明社会变迁问题与研究》,北京:商务印书馆,2005。

32.丁易:《明代特务政治》,北京:中华书局,2006。

33.何朝晖:《明代县政研究》,北京:北京大学出版社,2006。

34.万川:《中国警政史》,北京:中华书局,2006。

35.武舟:《中国妓女文化史》,上海:东方出版中心,2006。

36.陈宝良:《中国流氓史》,上海:上海人民出版社,2008。

37.张显清主编:《明代后期社会转型研究》,北京:中国社会科学出版社,2008。

38.张德信:《明代职官年表》,合肥:黄山书社,2009。

39.韩大成:《明代城市研究》(修订本),北京:中华书局,2009。

40.张艳芳:《明代交通设施管理研究》,天津:天津人民出版社,2009。

41.瞿同祖:《中国法律与中国社会》,北京:商务印书馆,2010。

42.杨念群:《何处是"江南"?——清朝正统观的确立与士林精神世界的变异》,北京:生活·读书·新知三联书店,2010。

43.陈玉女:《明代的佛教与社会》,北京:北京大学出版社,2011。

44.巫仁恕:《激变良民——传统中国城市群众集体行动之分析》,北京:北京大学出版社,2011。

45.王瑞山:《中国传统治安思想史》,北京:法律出版社,2012。

46.邵雍:《近代江南秘密社会》,上海:上海人民出版社,2013。

47.李文治:《晚明民变:底层暴动与明朝的崩溃》,北京:中国电影出版社,2014。

48. 商传:《走进晚明》,北京:商务印书馆,2014。

49. 王天有:《明代国家机构研究》,北京:故宫出版社,2014。

50. 刘笃才、祖伟:《民间规约与中国古代法律秩序》,北京:中国社会科学出版社,2014。

51. 中国人民大学清史所、中国会党史研究会编:《中国秘密社会与民间文化》,福州:福建人民出版社,2015。

52. 秦宝琦:《清代如何治理帮会》,北京:中国人民大学出版社,2015。

53. 樊树志:《晚明大变局》,北京:中华书局,2015。

54. 冯贤亮:《明清江南的州县行政与地方社会研究》,上海:上海古籍出版社,2015。

55. 侯会:《食货〈金瓶梅〉:晚明市井生活》,北京:中华书局,2016。

56. 吴艳红、姜永琳:《明朝法律》,南京:南京出版社,2016。

57. 刘涛:《明〈大诰〉与社会管理》,济南:山东大学出版社,2016。

58. 巫仁恕:《优游坊厢:明清江南城市的休闲消费与空间变迁》,北京:中华书局,2017。

59. 罗晓翔:《陪京首善:晚明南京的城市生活与都市性研究》,南京:凤凰出版社,2018。

60. 高寿仙:《嘤其鸣——明清社会经济论评》,北京:人民出版社,2019。

61. 薛理禹:《明代保甲制研究》,北京:中国社会学科出版社,2019。

62. 胡克诚:《逋赋治理与明代江南财赋管理体制的变迁》,北京:科学出版社,2019。

63. 衣若兰:《三姑六婆——明代妇女与社会的探索》,上海:中西书局,2019。

(三)期刊论文

64. 林金树:《明代江南塘长述论》,《社会科学战线》1956 年第 2 期。

65. 刘重日、左云鹏:《对"牙人""牙行"的初步探讨》,《文史哲》1957 年第 8 期。

66. 刘志琴:《试论万历民变》,《明清史国际学术讨论会论文集》,天津:天津人民出版社,1982。

67. 王恩厚:《明代的镇压机构"锦衣卫"》,《中学历史教学》1982 年第 5 期。

68. 栾成显:《论厂卫制度》,《明史研究论丛》(一),南京:江苏人民出版社,1982。

69.伍丹戈:《明代徭役的优免》,《中国社会经济史研究》1983 年第3 期。

70.王家范:《明清江南市镇结构及历史价值初探》,《华东师范大学学报(哲学社会科学版)》1984 年第1 期。

71.吴其衍:《清代前期牙行制试述》,中国社科院历史所清史室编:《清史论丛》第6 辑,北京:中华书局,1985。

72.韩大成:《明代牙行浅论》,《社会科学战线》1986 年第2 期。

73.樊树志:《市镇与乡村的城市化》,《学术月刊》1987 年第1 期。

74.陈忠平:《明清时期江南市镇的牙人与牙行》,《中国经济史研究》1987 年第2 期。

75.王致中:《歇家考》,《青海社会科学》1987 年第2 期。

76.李默:《广东瑶官、瑶兵、瑶田考》,《广东社会科学》1989 年第3 期。

77.陈学文:《明清时期湖州府市镇经济的发展》,《浙江学刊》1989 年第4 期。

78.李伯重:《简论"江南地区"的界定》,《中国社会经济史研究》1991 年第1 期。

79.王昊:《明代乡里组织初探》,《明史研究》第1 辑,合肥:黄山书社,1991。

80.吴晗:《明代的新仕宦阶级,社会的政治的文化的关系及其生活》,《明史研究论丛》第5 辑,南京:江苏古籍出版社,1991。

81.陈宝良:《明代的保甲与火甲》,《明史研究》第3 辑,合肥:黄山书社,1993。

82.李洵:《论明代的吏》,《明史研究》第4 辑,合肥:黄山书社,1994。

83.陈宝良:《明代的民兵与乡兵》,《中国史研究》1994 年第1 期。

84.杨其民:《买卖中间商"牙人"、"牙行"的历史演变——兼释新发现的〈嘉靖牙帖〉》,《史林》1994 年第4 期。

85.陈明光、毛蕾:《驵侩、牙人、经纪、掮客——中国古代交易中介人主要称谓演变试说》,《中国社会经济史研究》1998 年第4 期。

86.南炳文:《明代的不良牙人及其防范》,《中国社会历史评论》(第一辑),天津,天津古籍出版社,1999。

87.周振鹤:《释江南》,《中华文史论丛》第49 辑。

88.陆敏珍:《论明末反天主教运动》,《安徽史学》2000 年第2 期。

89.郝秉健:《晚明清初江南打行研究》,《清史研究》2001 年第1 期。

90.陈宝良:《明代生员与地方社会:以政治参与为例》,《明史研究》第 8 辑,合肥:黄山书社,2003。

91.刘光明:《我国古代秘密侦查技术源流探析》,《湖北警官学院学报》2003 年第 3 期。

92.赵轶峰、孙强:《晚明经济生活中的诈骗现象二则》,《沈阳电力高等专科学校学报》2004 年第 1 期。

93.周志斌:《晚明"南京教案"探因》,《学海》2004 年第 2 期。

94.童光政:《明律"私充牙行埠头"条的创立及其适用》,《法学研究》2004 年第 2 期。

95.许文继:《歇家与明清社会》,《明史研究论丛》第 6 辑,北京:中国社会科学出版社,2004。

96.王裕明:《明代总甲设置考述》,《中国史研究》2006 年第 1 期。

97.吴滔:《明清江南基层区划的传统与市镇变迁》,《历史研究》2006 年第 5 期。

98.江卫社:《明朝的"秘密警察":极权统治的血腥工具》,《北京人民警察学院学报》2006 年第 5 期。

99.胡铁球、霍维洮:《"歇家"概况》,《宁夏大学学报(人文社会科学版)》2006 年第 6 期。

100.胡铁球:《"歇家牙行"经营模式的形成与演变》,《历史研究》2007 年第 3 期。

101.胡铁球:《明及清初"歇家"参与赋役领域的原因和方式》,《史林》2007 年第 3 期。

102.郑震:《犯罪压力下的警力资源不足之探讨》,《中国人民公安大学学报》2008 年第 1 期。

103.邹振环:《明末南京教案在中国教案史研究中的"范式"意义——以南京教案的反教与"破邪"模式为中心》,《学术研究》2008 年第 5 期。

104.王家范:《明清史料感知录》(八),《历史教学问题》2008 年第 5 期。

105.胡铁球:《"歇家"介入司法领域的原因和方式》,《社会科学》2008 年第 5 期。

107.黄东海:《传统中国商业法制的 段秘史——制度变迁视角下的牙人牙行制度》,《中西法律传统》,2009 年。

108.吕杨:《明朝末年宜兴民变考论》,《辽宁大学学报(哲学社会科学版)》2010 年第 2 期。

109. 吕杨:《橘化为枳:明一条鞭法的北方困境》,《西北师大学报(社会科学版)》2010 年第 2 期。

110. 王泉伟:《明代县巡捕官初探》,《江苏警官学院学报》2010 年第 5 期。

111. 谭树林、张伊玲:《晚明南京教案起因再探——以西方殖民活动为视角》,《江苏社会科学》2011 年第 5 期。

112. 胡铁球:《明清保歇制度初断——以县域"保歇"为中心》,《社会科学》2011 年第 6 期。

113. 杜立晖:《关于明清之际"歇家"的再探讨——以〈滨州革除歇家批头记〉为中心》,《历史档案》2012 年第 3 期。

114. 商传:《关于晚明竞奢风气的一点看法》,《学习与探索》2012 年第 5 期。

115. 罗晓翔:《从刘世延案看明末南京治安管理与司法制度》,《明清论丛》第 12 辑,北京:故宫出版社,2012。

116. 方金平:《所谓"暗伤王化":南京教案与晚明司法》,《北大法律评论》2013 年第 2 辑。

117. 汪莉、夏维中:《试论宜兴亳村陈于泰的评价失真问题》,《南京大学学报(哲学·人文科学·社会科学版)》2013 年第 4 期。

118. 陈玉芳:《明政府对入华西洋教士的态度和政策》,《古代文明》2014 年第 3 期。

119. 李潇:《明代牙人、牙行的职能与商牙关系的探讨——以明代小说材料为中心》,《东南大学学报(哲学社会科学版)》2014 年第 5 期。

120. 吕杨:《陈于鼎事迹述略及其评价》,《常州大学学报(哲学社会科学版)》2015 年第 6 期。

121. 张金奎:《锦衣卫形成过程述论》,《史学集刊》2018 年第 1 期。

122. 沈俊杰:《从牙行到公所:明清苏州工商业的中介组织》,《苏州大学学报(法学版)》2018 年第 4 期。

123. 吕杨:《党争与乡评旋涡中的江南缙绅——明末郑鄤案考论》,《常州大学学报(社会科学版)》2019 年第 2 期。

(四)学位论文

124. 廖元琨:《明代锦衣卫行为研究》,西北师范大学硕士学位论文,2007。

125. 郑迎光:《宋代地方社会治安问题初探》,河北大学博士学位论文，2007。

126. 谢彦明：《秦汉京师治安制度研究》，首都师范大学博士学位论文，2008。

127. 王洪兵：《清代顺天府与京畿社会治理研究》，南开大学博士学位论文，2009。

128. 吕杨：《佞幸与明代政治研究》，南京大学博士学位论文，2010。

129. 胡铁球：《明清歇家研究》，华东师范大学博士学位论文，2010。

130. 杨瑞军：《北宋东京治安研究》，首都师范大学博士学位论文，2012。

131. 杨月君：《唐代京畿地区治安管理研究》，河北师范大学届博士学位论文，2013。

（五）外国学者论著

132.（法）费赖之著，冯承钧译：《在华耶稣会士列传及书目》，北京：商务印书馆，1978。

133.（日）川胜守：《中国近世都市の社会構造——明末清初、江南都市について》，《史潮》新6号，1979。

134.（日）濱島敦俊：《明代江南農村社会の研究》，東京大學出版會，1982。

135.（日）上田信：《明末清初·江南の都市の「無頼」をめぐる社會関係——打行と腳夫》，《史學雜誌》90—11。

136.（日）宫崎市定：《明代苏松地方的士大夫和民众》，刘文俊主编，栾成显、南炳文译：《日本学者研究中国史论著选译·第六卷·明清》，北京：中华书局，1993。

137.（日）佐伯有一：《明末董氏之变》，刘文俊主编，栾成显、南炳文译：《日本学者研究中国史论著选译·第六卷·明清》，北京：中华书局，1993。

138.（日）岸本美绪：《明清交替与江南社会——17世纪中国的秩序问题》，东京大学出版社，1999。

139.（美）赵结：《试论明代后期权势之家与中央地方政治间的关系：董份与湖州之变》，张国刚主编：《中国社会历史评论》第2卷，天津：天津古籍出版社，2000。

140.（日）森正夫、滨岛敦俊等编著，周绍泉、栾成显等译：《明清时代史的基本问题》，北京：商务印书馆，2013。

141.（日）森正夫著，伍跃、张学锋等译：《明代江南土地制度研究》，南京：江苏人民出版社，2014。

142.杨一凡、（日）寺田浩明主编：《日本学者中国法制史论著选·明清卷》，北京：中华书局，2016。

143.（韩）吴金成著，崔荣根译：《国法与社会惯行——明清时代社会经济史研究》，杭州：浙江大学出版社，2020。

后　记

　　本文是 2015 年度国家社科基金项目《晚明江南社会治安研究》结项成果的修订稿。之所以选此题目进行研究，主要是因为本人未成为研究生之前，曾在商业领域从事过行政管理和法务工作。1999 年，本人供职的国企兴建了当时鞍山最大的综合批发市场，该市场交易涵盖食品、轻工品、冷冻品、各类宠物等，可谓五花八门。基于此原因，市场里无论是业户还是顾客，三教九流，各色人等俱全。此外，在我家不远处还有一处自发形成的大型早市，至今尚存。和批发市场一样，只要是商品流通领域，一定会出现某些不三不四的群体，彼时自由市场的收费人员兼管理者，形象、气质上似乎和政府公职人员存在很大的差别，他们虽无制服和统一着装，但发型基本一致，多留着紧贴头皮的"劳改"发型，因当年尚未流行"花胳膊"，故这个特征还不算明显。不知道当时的基层政府或工商管理机构"外包"给他们去管理自由市场，是为解决其就业？还是"借力打力"的"太极"招式？或是无师自通并践行商鞅"以奸民治善民者，必治必强"的理念？至于本人所供职的综合批发市场，虽然未见这种收费群体，但市场中善于摔打砸拉者也不在少数，虽说未曾日日目睹，却也时有耳闻。彼时虽未进入史学圈子，但一直有着一种困惑和疑问，此类群体起源于何时？为何商品流通领域尤多？为何代不乏人，屡禁不止、屡打不绝？

　　带着这样的疑问，进入西北师范大学跟随著名明史专家田澍先生学习明史，与导师讨论选题时，我的社会治安选题被田先生否决。他认为我选题过大，无法深入进行，因此硕士学位论文在明代政治史范畴进行选题。进入南京大学后，我的两位博士导师夏维中先生、范金民先生都是以明清社会经济史研究而享誉学林的著名学者。在谈及博士论文选题时，我又欲以社会治安为选题，奈何又被两位老师否决。他们同样认为此选题过大，史料零散，以我当时的学术能力难以驾驭，故只能再度回归"老本行"明代政治史领域选题并开展相关研究。

　　2010 年 6 月，获得博士学位后，来到常州大学任教，因该校没有历史专业，故只能混迹于社会专业、中文专业，幸好自己早年还读了些书，"童子功"

尚可,不仅积累了一些古诗词、古典文学名著,而且对于社会学、法学基本著作亦有涉猎,特别是作为听着单田芳先生评书长大的鞍山人,耳濡目染,多少还有点评书表演的底子,故教学上还算游刃有余,有幸蝉联常州大学"最受学生喜爱的老师"。在学术研究领域,由于既没有学科支撑,又没有同行交流,全凭自己单打独斗,很容易在学术研究上出现自说自话、一叶障目的局面。为避免坐井观天,多年来一直私人订阅《中国史研究动态》《人大复印资料·明清史》等期刊,同时积极参加中国明史学会举办的各类会议,在了解研究动态的同时,积极向前辈学者和同行学习。

早在2005年,业师田澍先生承办第十一届明史国际学术研讨会,因我有工作经验,成为了会务组骨干,负责各种会议事务。正是有了这个打杂的机会,使我有幸结识了张德信先生、商传先生等著名学者,并得到诸位先生的悉心指导。2012年常州大学为提升青年博士、新教师的科研水平,鼓励教师拜校外名师,继续学习,提升科研能力。利用荆州召开张居正国际学术研讨会的契机,我向商传先生提出拜师请求,蒙先生不弃与提携,先生慨然应允,收了我这个学生,虽无拜师仪式,但也算成就了师生名分。其后,商先生对我耳提面命,悉心指导,对于社科基金申请书反复提出修改意见,使我于2015年顺利获批国家社科基金。岂料天妒英才,商先生于2017年12月不幸病逝,使我痛失良师。虽然本结项成果侥幸获评"良好"等级,但以商老师渊博的学识和严谨的治学态度,相信他对本人粗浅的研究成果并不会太满意,我只能端正态度,竭尽全力,争取在今后的各类学术研究中取得更好的成绩,借以告慰商老师在天之灵。

通过对本课题的研究,本人才知道硕博导师当年不让我以此为选题进行研究的良苦用心。这个课题确实很难进行,虽然将时限设为晚明、地域设为江南,但由于相关材料零散,收集史料成为极大障碍,本课题又是制度史与社会史、法制史交叉学科研究,更为研究增添了难度。加之本人资质驽钝、学力浅薄,对此课题极难驾驭。所谓开弓没有回头箭,只能硬着头皮弄下去,幸好本人早年的法学基础、司法考试积累还没忘光,现学现卖,前后折腾五年,方才实现了课题结项。

感谢恩师田澍先生、夏维中先生、范金民先生多年的教诲和指导;感谢毛佩琦先生、林延清先生、柏桦先生、高寿仙先生、赵中男先生、阿风先生、何孝荣先生、王剑先生、彭勇先生等良师多年来的指导和帮助。

感谢我高中时的历史老师王瑾女士,是她大幅提升了我对历史的兴趣;感谢我的同学兼好友傅传侃先生,是他以自身成功的范例,将我引向考研之路。

感谢朱晓罕、傅樨童、孙兴华、邓科、阎振双、高原、任松楠等好友一直以来的关心与支持。感谢"鞍山七子"——温和、小李欣、曾元良、王毅、高勇、孙涛、孔令壮,在我每次回鞍时给予的盛情款待。

感谢常州大学张宏如、王永利、葛彦东、焦洁庆、葛金华、潘道广、陈婷、杨明星、沈秀、汤斌等领导和同事在项目申请、学术研究领域给予帮助。

感谢我的学生王园园同学多年来一直为我这个电脑"半盲"加英语"全盲"老师,制图、排版、插目录,翻译英文题目、摘要和关键词。

本人自从进入古代史学习、研究,一直局限于政治史、法律史范畴,对于社会史涉猎较少。在文献应用上,习惯使用正史、别史、实录、政书、文集等史料,对于地方志等文献使用不多。至于谱牒资料,由于辨伪难度较大,加之个人惰性十足,精力有限,故只用了一部多年前曾系统研究过的《宜兴亳里陈氏家乘》。

本人学力不足,水平有限,文中不足之处,还请同行学者批评指正。虽然本人理论水平较低,但收集整理史料的能力尚可,本文征引文献较多,注释还算规范、参考文献分类也算明晰,实在不行,您就把它当成一部关于明代江南社会治安的文献索引吧。

吕杨

辛丑秋日谨识于毗陵陋室

图书在版编目(CIP)数据

晚明江南社会治安研究 / 吕杨著. —杭州:浙江
大学出版社，2021.11
ISBN 978-7-308-21957-0

Ⅰ.①晚… Ⅱ.①吕… Ⅲ.①江南(历史地名)－社会
治安－研究－晚明 Ⅳ.①D693.6

中国版本图书馆 CIP 数据核字(2021)第 236822 号

晚明江南社会治安研究
吕　杨　著

责任编辑	蔡　帆
责任校对	吴　庆
封面设计	项梦怡
出版发行	浙江大学出版社
	（杭州市天目山路 148 号　邮政编码 310007）
	（网址:http://www.zjupress.com）
排　版	浙江时代出版服务有限公司
印　刷	杭州高腾印务有限公司
开　本	710mm×1000mm　1/16
印　张	17.25
字　数	300 千
版印次	2021 年 11 月第 1 版　2021 年 11 月第 1 次印刷
书　号	ISBN 978-7-308-21957-0
定　价	68.00 元